Gewaltverbot, Menschenrechtsschutz und Selbstbestimmungsrecht im Kosovo-Konflikt

SCHRIFTEN ZUM STAATS- UND VÖLKERRECHT

Herausgegeben von Prof. Dr. Dieter Blumenwitz

Band 95

Peter Lang

Frankfurt am Main · Berlin · Bern · Bruxelles · New York · Oxford · Wien

Katharina Wodarz

Gewaltverbot, Menschenrechtsschutz und Selbstbestimmungsrecht im Kosovo-Konflikt

Peter Lang
Europäischer Verlag der Wissenschaften

Die Deutsche Bibliothek - CIP-Einheitsaufnahme

Wodarz, Katharina:

Gewaltverbot, Menschenrechtsschutz und Selbstbestimmungsrecht im Kosovo-Konflikt / Katharina Wodarz. - Frankfurt am Main ; Berlin ; Bern ; Bruxelles ; New York ; Oxford ; Wien : Lang, 2002
(Schriften zum Staats- und Völkerrecht ; Bd. 95)
Zugl.: Würzburg, Univ., Diss., 2001
ISBN 3-631-39365-2

D 20
ISSN 0172-7796
ISBN 3-631-39365-2

www.peterlang.de

Meinen Eltern

Vorwort

Die vorliegende Arbeit wurde im April 2001 dem Fachbereich Rechtswissenschaft der Bayerischen Julius-Maximilians-Universität Würzburg als Dissertation vorgelegt. Für die Veröffentlichung wurden die politischen Entwicklungen bis Dezember 2001 soweit wie möglich einbezogen.

Mein herzlicher Dank gilt an erster Stelle meinem Doktorvater, Herrn Prof. Dr. Dieter Blumenwitz.

Herr Prof. Dr. Blumenwitz hat sowohl die Bearbeitung des Themas dieser Arbeit angeregt als auch ihre Entstehung mit viel persönlichem Engagement hervorragend betreut.

Herrn Priv.-Doz. Dr. Burkhard Schöbener danke ich für die wohlwollende Erstellung des Zweitgutachtens.

Mein Dank gilt weiterhin Frau Dr. Heidi Hellwig für die geduldige Korrektur meiner Entwürfe, Herrn Marc-Andreas Schultze für die Erstellung der Druckvorlage sowie meiner Schwester Franziska Wodarz und Herrn RiLG Peter Höhn.

Meinen Eltern, die die Entstehung der Arbeit von Anfang an unterstützt und mit großem Interesse verfolgt haben, ist die vorliegende Untersuchung gewidmet.

Katharina Wodarz

Inhaltsverzeichnis

Abkürzungsverzeichnis

a.A.	andere Ansicht
a.a.O.	an angegebenem Ort
Abs.	Absatz
a.D.	außer Dienst
AdG	Archiv der Gegenwart
AG	Amtsgericht
AHB	Ausschuß Hoher Beamter
AJIL	American Journal of International Law
Anm.	Anmerkung
APuZ	Aus Politik und Zeitgeschichte
Art.	Artikel
Artt.	Artikel (Plural)
AVNOJ	Antifaschistischer Rat der Volksbefreiung Jugoslawiens
AVR	Archiv des Völkerrechts
AWD	Außenwirtschaftsdienst des Betriebsberaters
BayVBL	Bayerische Verwaltungsblätter
Bd.	Band
BdKJ	Bund der Kommunisten Jugoslawiens
BerDGVR	Berichte der Deutschen Gesellschaft für Völkerrecht
BGBl.	Bundesgesetzblatt
BGH	Bundesgerichtshof
BRJ	Bundesrepublik Jugoslawien
BRJ-Verf.	Verfassung der Bundesrepublik Jugoslawien
BT	Bundestag
BVerf.	1946 Verfassung der Föderativen Volksrepublik Jugoslawien
BVerfG	Bundesverfassungsgericht
BVerfGE	Entscheidungen des Bundesverfassungsgerichts
BVerfGG	Bundesverfassungsgerichtsgesetz
bzgl.	bezüglich
bzw.	beziehungsweise
ca.	zirka
Cal. W. Int`l L.	California Western International Law Journal
CDU	Christliche Demokratische Union
CR	Compte Rendu
CSU	Christliche Soziale Union
d.	des/der
d.h.	das heißt
ders.	derselbe
Doc.	Document

DOS	Demokratische Opposition Serbiens
Ds.	Drucksache
DVBl	Deutsche Verwaltungsblätter
EA	Europa-Archiv
EEA	Einheitliche Europäische Akte
EG	Europäische Gemeinschaft
EJIL	European Journal of International Law
EL	Ergänzungslieferung
EMRK	Europäische Menschenrechtskonvention
EPIL	Encyclopedia of Public International Law
EPZ	Europäische Politische Zusammenarbeit
EU	Europäische Union
EuGRZ	Europäische Grundrechte-Zeitschrift
FAZ	Frankfurter Allgemeine Zeitung
FDP	Freie Demokratische Partei Deutschlands
f.	folgende
ff.	folgende (Plural)
Fn	Fußnote
FR	Frankfurter Rundschau
FS	Festschrift
GA	General Assembly
GASP	Gemeinsame Außen- und Sicherheitspolitik
gem.	gemäß
GG	Grundgesetz
ggf.	gegebenenfalls
GOBT	Geschäftsordnung des Bundestages
GV	Generalversammlung
h.M.	herrschende Meinung
Hrsg.	Herausgeber
HuV	Humanitäres Völkerrecht
ICJ	International Court of Justice
ICJ-Reports	International Court of Justice Reports
IGH	Internationaler Gerichtshof
IGH-Statut	Statut des Internationalen Gerichtshofs
IGH-VerfO	Verfahrensordnung des Internationalen Gerichtshofs
ILA	International Law Association
ILC	International Law Commission
ILM	International Legal Materials
IPBPR	Internationaler Pakt über bürgerliche und politische Rechte
IPWSKR	Internationaler Pakt über wirtschaftliche, soziale und kulturelle Rechte
i.S.v.	im Sinne von

i.V.m.	in Verbindung mit
JA	Juristische Arbeitsblätter
Jg.	Jahrgang
JOR	Jahrbuch für Ostrecht
JöR	Jahrbuch des öffentlichen Rechts
JRP	Journal für Rechtspolitik
JuS	Juristische Schulung
JZ	Juristenzeitung
KJ	Kritische Justiz
KSZE	Konferenz für Sicherheit und Zusammenarbeit in Europa
KVM	Kosovo Verification Mission
LDK	Demokratische Liga Kosovo
lit.	litera
m.w.N.	mit weiteren Nachweisen
NATO	North Atlantik Treaty Organisation
NJ	Neue Justiz
NJW	Neue Juristische Wochenschrift
NStZ	Neue Strafrechtszeitung
OSZE	Organisation für Sicherheit und Zusammenarbeit in Europa
OVG	Oberverwaltungsgericht
para	Paragraph
PDS	Partei des Demokratischen Sozialismus
RdC	Receuil des Cours de l`Académie de Droit International
Rep.	Report(s)
Res.	Resolution
RGBl.	Reichsgesetzblatt
ROW	Recht in Ost und West
RR	Rechtsprechungsreport
S.	Seite
s.	siehe
SFRJ	Sozialistische Föderative Republik Jugoslawien
SFRJ-Verf.	Verfassung der Sozialistischen Föderativen Republik Jugoslawien
SoldatenG	Soldatengesetz
SPD	Sozialdemokratische Partei Deutschlands
S/PV	Security Council, Procès Verbaux
StGB	Strafgesetzbuch
SZ	Süddeutsche Zeitung
u.a.	und andere
UCK	Ushtria Clirimtare e Kosoves
UN	United Nations

UNHCR	United Nations High Comission Human Rights
UNMIK	United Nations Interim Administration Mission in Kosovo
UNO	United Nations Organisation
USA	United States of America
Verf.	Verfassung
VerfO-IGH	Verfahrensordnung der Internationalen Gerichtshofs
vgl.	vergleiche
VN	Vereinte Nationen
Vol.	Volume
VRÜ	Verfassung und Recht in Übersee
WVK	Wiener Vertragsrechtskonvention
ZaöRV	Zeitschrift für ausländisches öffentliches Recht und Völkerrecht
ZfP	Zeitschrift für Politik
Ziff.	Ziffer
zit.	zitiert
ZP	Zusatzprotokoll
ZRP	Zeitschrift für Rechtspolitik

Einleitung und Gang der Untersuchung

In der Präambel und in den einleitenden Artikeln der Charta der Vereinten Nationen wird die Wahrung des Weltfriedens als wichtigstes Ziel der UNO formuliert. Um dieses Ziel zu verwirklichen, verzichten die Mitglieder der Vereinten Nationen auf die Anwendung von Gewalt in ihren internationalen Beziehungen und verpflichten sich, die Menschenrechte sowie die Selbstbestimmung der Völker zu achten.
Der Kosovo-Konflikt gibt Anlaß, die genannten Prinzipien der UNO-Charta in Beziehung zueinander zu setzten und zu untersuchen, ob und wie das Gewaltverbot, der Menschenrechtsschutz und das Selbstbestimmungsrecht der Völker im konkreten Fall miteinander in Einklang gebracht werden können.
Seit 1996 war die Situation im Kosovo von blutigen Auseinandersetzungen zwischen der kosovo-albanischen Befreiungsarmee UCK und serbischen Polizeieinheiten gekennzeichnet. Diese Entwicklung konnte angesichts der Geschichte der Region nicht überraschen, denn schon seit Jahrzehnten war das Kosovo Schauplatz serbischer Repressionspolitik gegenüber den Kosovo-Albanern gewesen. Dennoch fand der Kosovo-Konflikt zunächst wenig internationale Beachtung. Dies änderte sich erst, als ab 1998 zunehmend von Menschenrechtsverletzungen gegenüber der albanischen Zivilbevölkerung des Kosovo berichtet wurde, die international Empörung hervorriefen und den Sicherheitsrat der Vereinten Nationen veranlassten, die Situation im Kosovo als „Friedensbedrohung" im Sinne von Art. 39 UNO-Charta zu qualifizieren und die Konfliktparteien zu einer friedlichen Lösung aufzufordern. Auf ein militärisches Eingreifen im Kosovo konnten sich die ständigen Mitglieder des Sicherheitsrates allerdings nicht einigen, was die NATO-Staaten veranlaßte, ab dem 24. März 1999 eigenständig Luftoperationen gegen die Bundesrepublik Jugoslawien durchzuführen, um die Menschenrechtsverletzungen im Kosovo zu beenden.
Der militärische Einsatz der NATO, der unter dem Schlagwort der „humanitären Intervention" auch noch nahezu drei Jahre nach dem Ende der Luftangriffe von Politik und Wissenschaft diskutiert wird, stellt das erste, im Rahmen dieser Arbeit zu untersuchende völkerrechtliche Problem dar. Dabei ist eine Untersuchung der Rechtsgrundlagen der „humanitären Intervention" nicht nur als Nachbetrachtung zu den Vorgängen im Kosovo zu verstehen, sondern die Frage, ob ein militärisches Eingreifen einzelner Staaten oder eines Staatenverbunds zur Beendigung von Menschenrechtsverletzungen ohne Ermächtigung des Sicherheitsrates zulässig sein kann, und wenn ja unter welchen Voraussetzungen, stellt sich auch weiterhin. Die NATO hat sich in ihrem neuen Strategischen Konzept von 1999 ausdrücklich vorbehalten, zukünftig auch außerhalb ihres traditionellen Aufgabenbereichs der kollektiven Selbstverteidigung tätig zu werden, so daß das Verhältnis von NATO und Vereinten Nationen im Bereich der Friedenssicherung einer grundsätzlichen Klärung bedarf.
Bei der Bewertung der „humanitären Intervention" der NATO sind das Gewaltverbot und die Verpflichtung zum Menschenrechtsschutz in Beziehung zueinan-

der zu setzen. Fundamentale Menschenrechte wie das Recht auf Leben, die Freiheit von Folter und Sklaverei sowie das Verbot der Diskriminierung sind mittlerweile unbestritten Gegenstand der „internationalen Sorge“ und damit der ausschließlichen Zuständigkeit der einzelnen Staaten entzogen. Ebenso unbestritten ist die Einsicht, daß der Menschenrechtsschutz einer effektiven Durchsetzung bedarf, bei welcher allerdings das universelle Gewaltverbot zu beachten ist. Art. 2 Ziff. 4 UNO-Charta verbietet die zwischenstaatliche Gewaltanwendung durch einzelne Staaten oder Staatengruppen unbedingt und unabhängig von der Motivation der Gewaltanwendung, es sei denn es liegt ein Fall der Selbstverteidigung vor. Darüber hinausgehende militärische Zwangsmaßnahmen kann allein der Sicherheitsrat der Vereinten Nationen ergreifen. Die Tatsache, daß der Sicherheitsrat nach dem Ende des Kalten Krieges, Menschenrechtsverletzungen innerhalb eines Staates unter den seine Tätigkeit eröffnenden Begriff der Friedensbedrohung subsumiert und sich damit die Möglichkeit eröffnet hat, die Beachtung von Menschenrechten auch mit militärischer Gewalt zu erzwingen, stellt einen bedeutenden Fortschritt in der Verwirklichung des Menschenrechtsschutzes dar. Eine Lücke bei der Durchsetzung von Menschenrechten kann jedoch dann auftreten, wenn sich, wie im Fall des Kosovo-Konflikts, die ständigen Mitglieder des Sicherheitsrates nicht zu militärischen Maßnahmen durchringen können. Hier stellt sich die Frage, ob im Ausnahmefall auch einzelne Staaten oder eine Staatengruppe wie die NATO befugt sein können, militärische Zwangsmaßnahmen zu ergreifen. In der politischen Diskussion um den NATO-Einsatz ist die Zulässigkeit einer solchen Vorgehensweise überwiegend mit moralischen Argumenten begründet worden. So verständlich diese Argumente angesichts der Menschenrechtsverletzungen im Kosovo auch sein mögen, verstellen sie den Blick auf die Tatsache, daß das Gewaltverbot nicht nur eine Verfahrensregel darstellt, sondern eine große Errungenschaft der Völkerrechtsordnung ist, die nicht leichtfertig aufs Spiel gesetzt werden darf. Eine Güterabwägung zwischen Gewaltverbot und Menschenrechtsschutz bedarf deshalb einer genauen Untersuchung der tatsächlichen und rechtlichen Umstände des konkreten Falls, um zu verhindern, daß die humanitäre Intervention zu einem Instrument der Machtpolitik wird. Der Kosovo-Einsatz der NATO hat in diesem Bereich viele Fragen aufgeworfen, die es aus völkerrechtlicher Sicht im Rahmen dieser Untersuchung zu beantworten gilt.

Mit Blick in die Zukunft befaßt sich diese Arbeit schließlich mit dem zweiten völkerrechtlichen Problemfeld des Kosovo-Konflikts: Der Frage, ob sich aus dem Selbstbestimmungsrecht der Völker im Ausnahmefall auch ein Recht auf Sezession ableiten läßt.

Die Kosovo-Albaner fordern in Reaktion auf die serbische Repressionspolitik und die Abschaffung der ihnen von der jugoslawischen Bundesverfassung 1974 eingeräumten Autonomie seit 1990 die staatliche Unabhängigkeit des Kosovo und machen damit ein Recht auf Sezession geltend. Ob und unter welchen Bedingungen sich aus dem Selbstbestimmungsrecht der Völker ein solches Recht auf Sezession ableiten läßt, ist in der Völkerrechtslehre heftig umstritten, da das

Selbstbestimmungsrecht grundsätzlich nur im Einklang mit der staatlichen Souveränität ausgeübt werden darf. Die Staatenpraxis stand einem Sezessionsrecht stets ablehnend gegenüber, aus der Befürchtung heraus, die Anerkennung eines solchen Rechts könnte zu einer Zersplitterung der Staatenwelt und damit zu einer Bedrohung des Weltfriedens führen. Diese Haltung hat sich auch im Kosovo-Konflikt bestätigt, denn die Staatengemeinschaft hat die Forderung der Kosovo-Albaner nach staatlicher Unabhängigkeit bis zum gegenwärtigen Zeitpunkt zurückgewiesen. Allerdings deutet die Anerkennungspraxis der europäischen Staaten gegenüber den ehemaligen jugoslawischen Teilrepubliken an, das dem staatlichen Souveränitätsanspruch nicht mehr grundsätzlich der Vorrang gegenüber den Selbstbestimmungsforderungen eines Volkes eingeräumt werden soll. Diese Staatenpraxis gilt es zu untersuchen und im Hinblick auf die anhaltende Forderung der Kosovo-Albaner nach staatlicher Unabhängigkeit kritisch zu bewerten, denn die gegenwärtige Situation im Kosovo zeigt, das in der politischen Realität das Festhalten an der territorialen Integrität der Bundesrepublik Jugoslawien nicht geeignet erscheint, den Konflikt zwischen Kosovo-Albanern und Serben einer dauerhaften Lösung zuzuführen. Die Vereinten Nationen haben nach dem Ende der NATO-Bombardements auf der Grundlage der Resolution 1244 im Kosovo ein Übergangsregime errichtet, das den Kosovo-Albanern zu „substantieller Autonomie" innerhalb der Bundesrepublik Jugoslawien verhelfen soll. Die Umsetzung der Resolution hat dazu geführt, daß das Kosovo inzwischen de facto aus dem Rechtsrahmen der Bundesrepublik Jugoslawien herausgelöst ist, wenn es auch de jure Bestandteil der Bundesrepublik Jugoslawien bleibt.

Ob sich unter diesen Umständen die ablehnende Haltung der Staatengemeinschaft gegenüber einer Unabhängigkeit des Kosovo auf Dauer aufrecht erhalten läßt, erscheint fraglich. Das Völkerrecht kann der Staatengemeinschaft ihre noch ausstehende Entscheidung über den endgültigen rechtlichen und politischen Status des Kosovo nicht abnehmen. Die im Rahmen dieser Arbeit angestellte Untersuchung vermag allenfalls die aktuelle politische Diskussion auf einen völkerrechtlichen Boden zu führen.

Auf der Grundlage der dargestellten Überlegungen verläuft der Gang dieser Untersuchung wie folgt:

Im Rahmen des ersten Kapitels wird zunächst ein Überblick über die historische Entwicklung des Kosovo-Konflikts gegeben. Dabei gilt es sowohl die bis ins Mittelalter zurück verfolgbaren Ursprünge des Konflikts zwischen Serben und Albanern darzustellen, als auch und vor allem auf die Situation der Kosovo-Albaner im ehemaligen Jugoslawien einzugehen, welche letztlich die Eskalation des Konflikts ab Anfang der 90er Jahre auslöste. In diesem Zusammenhang wird auch das Engagement der Staatengemeinschaft im Kosovo-Konflikt dargestellt.

Im zweiten Kapitel werden zunächst die rechtlichen Rahmenbedingungen untersucht, an denen sich die Bewertung der „humanitären Intervention" der NATO zu orientieren hat. Im folgenden werden die von den NATO-Staaten zur Zulässigkeit ihres Militäreinsatzes vertretenen rechtlichen und politischen Positionen

herausgearbeitet und anschließend rechtlich gewürdigt. Das zweite Kapitel endet mit einer Überprüfung der Art und Weise der Durchführung der NATO-Intervention anhand des Verhältnismäßigkeitsgrundsatzes.
Das dritte Kapitel beschäftigt sich schließlich mit der Frage, ob die von den Kosovo-Albanern erhobene Forderung nach staatlicher Unabhängigkeit eine Grundlage im Völkerrecht findet. Um diese Frage beantworten zu können, werden zunächst der Rechtscharakter und der Inhalt des Selbstbestimmungsrechts dargestellt und die gewonnenen Ergebnisse anschließend auf die Kosovo-Albaner übertragen. Sodann wird die Haltung der Völkerrechtslehre zu einem aus dem Selbstbestimmungsrecht der Völker abzuleitenden Rechts auf Sezession dargestellt und anhand der Staatenpraxis überprüft. Dabei wird insbesondere die Anerkennungspraxis der europäischen Staaten gegenüber den ehemaligen jugoslawischen Teilrepubliken untersucht. Das dritte Kapitel schließt mit einer kritischen Bewertung dieser Anerkennungspraxis unter besonderer Berücksichtigung der Sezessionsforderung der Kosovo-Albaner.

1. Kapitel: Die historische Entwicklung des Kosovo-Konflikts

Das Kosovo[1] liegt im Süden der jugoslawischen Teilrepublik Serbien und grenzt an Albanien und Mazedonien. Das Gebiet umfaßt eine Fläche von 10.887 km und wird zu etwa 90 % von muslimischen Albanern besiedelt[2]. Die Kosovo-Albaner fordern seit Anfang der 90er Jahre die staatliche Unabhängigkeit des Kosovo, während Jugoslawien auf dem Verbleib des Kosovo innerhalb Serbiens besteht.

Im Frühjahr 1998 eskalierten die gewaltsamen Auseinandersetzungen zwischen der kosovo-albanischen Befreiungsarmee UCK und jugoslawischen Armee- und Polizeieinheiten und das Kosovo geriet in den Mittelpunkt internationaler Aufmerksamkeit, als von immer schwerwiegenderen Menschenrechtsverletzungen gegenüber der albanischen Bevölkerung des Kosovo durch die serbisch dominierte Staatsgewalt berichtet wurde.

Die Geschichte der Region zeigt, daß der Konflikt zwischen Serben und Albanern auf dem Gebiet des Kosovo schon seit Jahrhunderten währt. Ein Überblick über die historische Entwicklung des Kosovo-Konflikts ist daher notwendig, um bei den im Rahmen dieser Arbeit anzustellenden völkerrechtlichen Betrachtungen des derzeitigen Konflikts auch den historischen Gegebenheiten Rechnung tragen zu können. Dabei ist für das Verständnis der jüngsten Auseinandersetzungen zwischen Serben und Albanern, die 1999 zum militärischen Einsatz der NATO führten und heute die Präsenz der Vereinten Nationen in der Region erfordern, in erster Linie die Situation des Kosovo im ehemaligen Jugoslawien von Bedeutung[3]. Die folgende Darstellung der Entwicklung bis zur Gründung des kommunistischen Jugoslawiens im Jahre 1945 ist aber erforderlich, um die historischen Wurzeln des Konflikts zwischen Serben und Albanern zu verstehen.

A. Die Ursprünge des Konflikts zwischen Serben und Albanern

Sowohl die Serben als auch die überwiegend albanische Bevölkerung des Kosovo machen bezüglich des Gebiets ein „historisches Erstgeburtsrecht" geltend, das ihnen als Rechtfertigung für ihre heutigen Gebietsansprüche dienen soll[4].

---

[1] Die albanische Bezeichnung für das Gebiet lautet „Kosova". Im folgenden wird bei der Bezeichnung von Städten und Gegenden auf dem Gebiet des ehemaligen Jugoslawiens die serbische Schreibweise verwendet, da diese gebräuchlicher ist.

[2] Genaue Angaben über die ethnische Zusammensetzung der Bevölkerung des Kosovo sind nicht möglich, da die Albaner aus Protest gegen die serbische Politik nach der letzten Volkszählung von 1981 weitere Volkszählungen boykottiert haben. 1981 betrug der albanische Bevölkerungsanteil im Kosovo 77, 4 %, der der Serben 13, 2 %, vgl. die Tabelle bei Büschenfeld, Kosovo, S. 23.

[3] Unter B.

[4] Zur Problematik der historischen Herleitung von Gebietsansprüchen vgl. Simmler, VRÜ 32 (1999), S. 231: „Die oft ins Spiel gebrachten mittelalterlichen Königreiche Kroatiens und Serbiens können nicht zur Fundierung eines Gebietstitels verwendet werden, da dem mittel-

Die Serben beziehen ihren Anspruch auf das Kosovo als „Wiege des Serbentums“ aus der Blütezeit des serbischen Königreichs im Mittelalter. Die Albaner betrachten sich dagegen als Nachfahren der Illyrer und damit als Ureinwohner des Balkan[5]. Dem Anspruch der Serben auf das Kosovo steht zudem das in der Zeit der Osmanischen Herrschaft erworbene Wohn- und Lebensrecht der Albaner im Kosovo gegenüber. Der Konflikt zwischen den christlich-orthodoxen Serben und den überwiegend muslimischen Kosovo-Albanern ist tief in beiden Völkern verwurzelt und beherrscht in der heutigen Zeit immer noch die Unruhen auf dem Balkan.

I. Das mittelalterliche Serbien

Das Gebiet des heutigen Kosovo stand im Zentrum des mittelalterlichen Serbiens. Hier lag der politische, wirtschaftliche und kulturelle Mittelpunkt des Reiches der Nemajiden-Dynastie im 12. / 13. Jahrhundert. Aus der Blütezeit des serbischen Reiches unter Zar Dusan (1331-1351) im 14. Jahrhundert stammt die Bezeichnung des Kosovo als „Wiege des Serbentums“ oder als „heilige Erde“[6]. Das serbische Königreich umfaßte in dieser Zeit neben dem Kosovo als Zentrum Teile des heutigen Serbiens, Montenegros, Albaniens, Nordgriechenlands, Mazedoniens und Bosnien-Herzegowinas[7].
Die Schlacht auf dem im Kosovo liegenden Amselfeld (kosovo polje), beendete 1389 die serbische Vormachtstellung auf dem Balkan. Das serbische Heer unter Fürst Lazar Hrebeljanovic (1329-1389) unterlag den osmanischen Türken unter Murad I (1360-1389)[8]. Mit diesem Ereignis begann die jahrhundertelange Herrschaft des Osmanischen Reiches über Südosteuropa. Bis zur Eroberung Belgrads im Jahre 1521 unterwarfen die Türken das gesamte Gebiet des serbischen Königreiches und Serbien sollte bis 1878 Bestandteil des Osmanischen Reiches bleiben.
Seit der Niederlage auf dem Amselfeld ist die Idee des serbischen Nationalstaates untrennbar mit dem Gebiet des Kosovo verbunden. Im serbischen Nationalbewußtsein symbolisiert die Schlacht den Kampf für Freiheit und Unabhängig-

---

alterlichen Personenverbandsstaat eine feste territoriale Definition fremd ist. Herrschaft und Loyalität ergibt sich in der mittelalterlichen Gesellschaft aus persönlicher Verbundenheit, nicht aus Gebietsherrschaft.“

[5] Die Illyrer waren ein indoeuropäisches Volk, das ca. 1.000 v.Chr. den westlichen Teil der Balkanhalbinsel besiedelte. Die These, wonach die Albaner von den Illyrern abstammen, wird von vielen Wissenschaftlern bestritten. Tatsächlich werden die Albaner in der Geschichte des Balkans erst nach der slawischen Landnahme (6./7. Jhdt. n. Chr.) im 11. Jahrhundert erwähnt, vgl. Reuter, Die Albaner in Jugoslawien, S. 11 ff.; Gashi/Steiner, Albanien, S. 39 ff.

[6] Büschenfeld, Kosovo, S. 26.

[7] Vgl. Beckmann-Petey, Jugoslawischer Föderalismus, S. 27.

[8] Vgl. dazu Beckmann-Petey, Jugoslawischer Föderalismus, S. 27; Bartl, Grundzüge der jugoslawischen Geschichte, S. 32; Razumovsky, Chaos Jugoslawien, S. 25.

keit des serbischen Volkes. Der 1389 entstandene „Kosovo-Mythos“ hat durch Heiligenkult und mündliche Tradierung seine national-integrative Kraft bis in die heutige Zeit hinein bewahrt[9] und prägt das Verhältnis zwischen Serben und Albanern. Die heute im Kosovo lebenden Albaner werden mit den damals siegreichen Osmanen gleichgesetzt und als Bedrohung des serbischen Volkes empfunden[10]. Das wird etwa daran deutlich, daß der damalige serbische Präsident Slobodan Milosevic den sechshundertsten Jahrestag der Schlacht auf dem Amselfeld im Jahre 1989 zum Anlaß nahm, zu verkünden: „Serbien hat seine staatliche und verfassungsrechtliche Souveränität wiedergewonnen“ und „Heute, sechshundert Jahre später befinden wir uns wieder im Kampf und stehen vor neuen Kämpfen“[11]. Im Rahmen der Veranstaltung wurden Parolen laut wie „Wir geben unser Leben, aber Kosovo geben wir nicht“, „Es lebe Serbien - Tod den Albanern“[12], die verdeutlichen, wie sehr das geschichtliche Feindbild auch heute noch das Verhältnis von Albanern und Serben beherrscht.

II. Die Zeit der Osmanischen Herrschaft

Nach der Schlacht auf dem Amselfeld dehnte sich das Osmanische Reich auf dem Balkan aus. Sowohl die Serben als auch die Albaner, was in der serbischen Geschichtsschreibung meist vergessen wird, lehnten sich gegen die türkischen Besatzer auf, so daß die Zeit der Osmanischen Herrschaft das Nationalbewußtsein beider Seiten stärkte.

Im 15. Jahrhundert einte Fürst Georg Kastriota von Kruja (1405-1468), genannt Skanderbeg, die bis dahin lose verbundenen albanischen Stämme zu einem Feldzug gegen die Türken. Der albanische Widerstand brach 1479 erst nach 25 Jahren zusammen. Die Zeit des als Volkshelden verehrten Skanderbeg markiert den Beginn albanischen Nationalbewußtseins[13].

Auf dem Gebiet des Kosovo bestand bis ins 17. Jahrhundert die Bevölkerung mehrheitlich aus Serben. Die albanischen Stämme zerstreuten sich überwiegend in der das Kosovo umgebenden Berglandschaft. Ende des 17. Jahrhunderts führten die politischen Ereignisse in Europa zu einer Verschiebung der Bevölkerungsstruktur des Kosovo zu Ungunsten der Serben.

Nachdem 1683 die habsburgisch-österreichischen Truppen die Türken vor Wien geschlagen hatten, schien der europäische Teil des Osmanischen Reiches in Auflösung begriffen. Kaiser Leopold I. rief daraufhin die christliche Bevölkerung des Balkan auf, sich gegen die türkische Herrschaft zu erheben. Vorwiegend orthodoxe Serben folgten diesem Aufruf. Als sich die habsburgischen

---

[9] Vgl. Sundhaussen, Geschichte Jugoslawiens, S. 15 ff.

[10] Rauert, Kosovo, S. 5.

[11] Zit. nach Kohl/ Libal, Kosovo, S. 14/ 15.

[12] Zit. nach Reuter, Südosteuropa 1989, S. 334. Vgl. auch unten C. II. 2.

[13] Das Familienwappen Skanderbegs, der schwarze Doppeladler, ist die Nationalfahne des heutigen Albaniens.

Truppen jedoch vom Balkan zurückziehen mußten, weil Ludwig XIV die Westgrenze ihres Reichs bedrohte, fürchtete die christliche Bevölkerung des Balkan die Rache der Türken. Im Jahr 1690 setzte eine Massenflucht der serbischen Bevölkerung aus dem Kosovo in den Norden ein, wo sich die Serben in den von Österreich neu gewonnenen Gebieten des Banats, der Vojvodina und in Sirmien niederließen. Eine zweite Migrationswelle setzte in der Mitte des 18. Jahrhunderts als Folge des zweiten Russisch-Türkischen Krieges ein.
Die Abwanderung der Serben aus dem Kosovo führte dazu, daß sich die bisher überwiegend im Bergland lebenden Albaner in den verlassenen Ebenen des Kosovo ansiedelten. Ein Großteil der bis dahin katholischen Albaner konvertierte zum Islam[14], so daß sich in dieser Zeit sowohl die ethnische als auch die religiöse Zusammensetzung des Kosovo änderte.
Anfang des 19. Jahrhunderts gelang es Serbien, sich aus eigener Kraft erfolgreich gegen die osmanische Herrschaft zu erheben. Nachdem in der ersten Phase des serbischen Unabhängigkeitskrieges (1804-1813) der serbische Aufstand gewaltsam niedergeschlagen worden war, erhielt Serbien im Jahre 1830 eine gewisse innere Autonomie als tributpflichtiges Fürstentum innerhalb des osmanischen Reiches[15].
Im 19. Jahrhundert regte sich erstmals seit den Zeiten Skanderbegs auch das albanische Nationalbewußtsein, das in der 1878 gegründeten Liga von Prizren politischen Ausdruck fand. Hintergrund der Gründung dieser „Liga für die Verteidigung der Rechte des albanischen Volkes" war der Vorfriede von San Stefano, der den russisch-türkischen Krieg von 1877/ 1878 beendete. An dem Krieg gegen die Türken hatten sich zunächst nur Serbien und Montenegro beteiligt, bis Rußland zu ihrer Hilfe einschritt. In dem Friedensvertrag wurde die volle staatliche Unabhängigkeit Serbiens, Montenegros und Rumäniens anerkannt[16]. Zudem sah der Frieden von San Stefano die Abtretung albanischer Siedlungsgebiete an das neu geschaffene Bulgarien sowie an das Fürstentum Serbien auf Kosten der Türkei vor.
Die Liga von Prizren forderte von dem 1878 zur Neuordnung Europas einberufenen Berliner Kongreß die Zusammenfassung aller albanischen Siedlungsgebiete in einen Regierungsbezirk sowie politische Autonomie innerhalb des Osmanischen Reiches[17]. Den Forderungen der Albaner wurde nur insoweit entsprochen als das Gebiet des Kosovo Bestandteil des Osmanischen Reiches blieb. Auf dem Berliner Kongreß wurden dagegen die Fürstentümer Serbien, Monte-

---

[14] Vgl. zu den Hintergründen Bartl, Die Albaner, S. 187. Die osmanischen Herrscher räumten den Moslems gegenüber den Katholiken zahlreiche Vorteile ein. Während die christliche Bevölkerung hohe Steuern zahlen mußte, wurden die Muslime von diesen Abgaben befreit. Zudem wurde durch wirtschaftlichen Druck und Repressionen die Konvertierung erzwungen.

[15] Vgl. hierzu Weithmann, Balkan-Chronik, S.250 ff.

[16] Vgl. Weithmann, Balkan-Chronik, S. 296.

[17] Zu den Forderungen der Liga von Prizren vgl. Kohl/Libal, Kosovo, S. 28 ff.

negro und Rumänien als unabhängige Staaten anerkannt. Serbien hatte damit nach fast 500 Jahren seine staatliche Souveränität wiedererlangt und 1882 wurde das serbische Fürstentum in ein Königreich umgewandelt[18].
Die Entscheidungen des Berliner Kongresses berücksichtigten nicht die ethnischen und kulturellen Gegebenheiten der Region, sondern trugen den Interessen der Großmächte auf dem Balkan Rechnung. Ein französischer Diplomat beschrieb diese Politik wie folgt:

> „Der Kongreß wies den Serben oder Türken Gebiete zu, oder schlug sie ihnen ab, ohne sich um die Wünsche und Einwendungen der einen oder anderen Seite zu kümmern, denen man eine erhabene Gleichgültigkeit entgegensetzte."[19]

Die Liga von Prizren fand durch die türkische Regierung zunächst Unterstützung, wurde aber, nachdem sie immer größeres politisches Gewicht bekam, zerschlagen. Den Forderungen nach Autonomie innerhalb des Osmanischen Reiches wurde nicht entsprochen[20]. Die Liga hat zum ersten Mal den Wunsch der Albaner nach einem eigenen Regierungsbezirk, wenn auch zunächst nur innerhalb des Osmanischen Reiches zum Ausdruck gebracht und steht damit am Anfang des Strebens nach politischer und staatlicher Unabhängigkeit. Daß auf dem Berliner Kongreß die Interessen aller Balkanvölker außer den Albanern in irgendeiner Form berücksichtigt wurden, hat die Albaner aller Konfessionen geeint und ihnen das Bewußtsein ihrer nationalen Eigenständigkeit gegeben[21]. Da mit Prizren der Ausgangspunkt der nationalen Bewegung der Albaner eine Stadt im Kosovo ist, hat das Kosovo für das albanische Nationalempfinden wohl eine eben solche historische Bedeutung wie für das serbische Volk. Unabhängig davon stellte das Kosovo spätestens seit Ende des 17. Jahrhunderts den Lebensraum der Albaner dar.
Trotz der Zerschlagung der Liga verstummten die Forderungen der Albaner nach politischer Unabhängigkeit nicht. So kam es zwischen 1880 und den Balkankriegen immer wieder zu Aufständen im Kosovo. 1912 besetzten albanische Aufständische die heutige Hauptstadt von Mazedonien Skopje, woraufhin die türkische Regierung den Albanern die von diesen schon seit langem geforderte Autonomie einräumte..
Unmittelbar nach der Besetzung von Skopje brach der 1. Balkankrieg aus, als der Balkanbund (Serbien, Montenegro, Griechenland und Bulgarien) der Türkei den Krieg erklärte. Um zu verhindern, daß das albanische Siedlungsgebiet unter den siegreichen Balkanstaaten aufgeteilt wurde, rief Ismail Quemal am 28. November 1912 nunmehr ein freies unabhängiges Albanien aus, dessen Grenzen

---

[18] Bartl, Grundzüge der jugoslawischen Geschichte, S. 56; Beckmann-Petey, Jugoslawischer Föderalismus, S. 27.

[19] Zitiert nach Weithmann, Balkan-Chronik, S. 298.

[20] Vgl. Bartl, Albanien, S. 92; Kohl/ Libal, Kosovo, S. 30.

[21] Bartl, Die Albaner, S. 178 ff.

auch das Gebiet des Kosovo umfaßten. Der neue Balkanstaat wurde 1913 auf der Londoner Botschafterkonferenz von den europäischen Großmächten als unabhängiges Fürstentum anerkannt[22], allerdings in veränderten Grenzen, welche nicht den ethnischen Grenzziehungen entsprachen. Nur etwa ein Drittel der auf dem Balkan lebenden Albaner wurde in den neuen Staat integriert. Kosovo und Metohija sowie Teile Mazedoniens wurden Serbien zugesprochen. Damit war das Kosovo zum ersten Mal seit Beginn der osmanischen Herrschaft auf dem Balkan wieder Bestandteil Serbiens.

In der Zeit nach dem 1. Balkankrieg versuchte Serbien die albanische Bevölkerung des Kosovo gewaltsam aus dem Gebiet zu vertreiben und durch die Ansiedlung von Serben das Kosovo wieder „serbisch-rein" zu machen. Im Bewußtsein der Serben waren die Albaner des Kosovo mit den ehemaligen türkischen Besatzern identisch, denen diese sich freiwillig unterworfen hatten. Zudem sollte das Kosovo in den Mittelpunkt des neuen serbischen Nationalstaates gelangen. Der serbischen Vertreibungs- und Repressionspolitik fielen in dieser Zeit zwischen 12.000 und 30.000 Albaner zum Opfer[23]. Aufgrund der systematischen Neuansiedlung von Serben im Kosovo stieg der serbische Bevölkerungsanteil zwischen 1919 und 1927 von 24 % auf 37 %[24]. Aus Furcht vor den Serben flohen in dieser Zeit Tausende Albaner in das Fürstentum Albanien und trugen dadurch zur Destabilisierung des ohnehin schwachen Staates bei. Als 1914 der Erste Weltkrieg ausbrach, herrschten in Albanien chaotische Zustände. Weder die provisorische Regierung Qemals, noch die 1913 gebildete Gegenregierung von Essad Pascha hatten sich durchsetzen können. Ferner destabilisierten muslimische Aufstände das Land.

Die nach Albanien geflohenen Kosovaren kehrten nach Kriegsbeginn zum Teil in das Kosovo zurück, um die albanische Bevölkerung gegen die Serben aufzubringen. Sie wurden dabei von Österreich-Ungarn unterstützt[25].

1915 wurden die serbische Armee und der serbische König gezwungen, sich auf die Insel Korfu zurückzuziehen. Das Kosovo wurde im Rahmen der Besetzung serbischer Gebiete zum Streitfall zwischen Bulgarien und Österreich-Ungarn[26]. Das Deutsche Reich griff in die Auseinandersetzungen ein und verfügte eine provisorische Neuaufteilung des Kosovo[27]. Als 1918 die Mittelmächte zusammenbrachen, setzte sich der Streit um das Kosovo als Streit um die Grenzen Albaniens fort.

---

[22] Als Staatsoberhaupt setzte die Botschafterkonferenz den deutschen Prinzen Wilhelm zu Wied ein. Eine internationale Kommission sollte zudem den Aufbau von Zivilverwaltung, Finanzwesen und Gendarmerie überwachen, vgl. Bartl, Albanien, S.138 ff.

[23] Vgl. Monnesland, Land ohne Wiederkehr, S. 187; Kohl/ Libal, Kosovo, S. 36.

[24] Bartl, Die Albaner, S. 190.

[25] Kohl/Libal, Kosovo, S. 39.

[26] Zu den Folgen des 2. Balkankrieges vgl. Weithmann, Balkan-Chronik, S. 326 f.

[27] Kohl/ Libal, Kosovo, S. 39.

III. Die Zwischenkriegszeit

Die Vereinigung der Balkanländer in einem gemeinsamen südslawischen Staat war schon im 19. Jahrhundert das Ziel politischer Strömungen gewesen[28], während nationalistische Bewegungen in Serbien und Kroatien für ein Großserbien bzw. Groß-Kroatien eintraten[29]. Als sich im Ersten Weltkrieg die Niederlage Österreich-Ungarns abzuzeichnen begann, wurde die jugoslawische Idee wieder aufgegriffen[30]. Bereits 1915 hatten serbische, kroatische und slowenische Emigranten der Donaumonarchie das „Jugoslawische Komitee" mit dem Ziel gegründet, einen südslawischen Einheitsstaat zu bilden[31]. Am 29. Oktober 1918 wurde auf dem ehemaligen Gebiet Österreich-Ungarns der souveräne „Staat der Slowenen, Kroaten und Serben" gegründet. Kurz darauf kam es aufgrund der gespannten außenpolitischen Lage[32] zu einer Vereinigung des neu entstandenen Staates mit dem serbischen Königreich.

Am 1. Dezember 1918 rief Alexander, der Thronfolger der serbischen Königsdynastie Karodjordje, das „Königreich der Serben, Kroaten und Slowenen" (Kraljevina Srba, Hrvata i Slovenaca, kurz SHS-Staat) aus. Der neue Staat wurde als konstitutionelle Monarchie unter der serbischen Königsdynastie gegründet und erhielt erst 1921 eine Verfassung. Zum Zeitpunkt der Ausrufung des SHS-Staates herrschte noch keine Einigkeit über den Staatsaufbau. Kroatien und Slowenien befürworteten eine föderalistische Staatsstruktur, während Serbien für einen zentralistischen Einheitsstaat eintrat. Während für die Slowenen, Kroaten und auch für die bosnischen Muslime das Motiv zur Gründung Jugoslawiens die Loslösung von der Habsburger Herrschaft war, setzte sich auf serbischer Seite das Verständnis durch, mit Jugoslawien den seit Jahrhunderten angestrebten Zusammenschluß aller serbischen Gebiete erreicht zu haben[33]. Der SHS-Staat kam schließlich nach den Vorstellungen Serbiens zustande und er-

---

[28] Vgl. dazu Bartl, Grundzüge der jugoslawischen Geschichte , S. 68; Sundhaussen, Geschichte Jugoslawiens, S. 27.

[29] Vgl. Kaufmann, ZIR 31 (1923), S. 215.

[30] Bartl, Grundzüge der jugoslawischen Geschichte, S. 69.

[31] Vgl. Beckmann-Petey, Jugoslawischer Föderalismus, S. 29 ff.; Bartl, Grundzüge der jugoslawischen Geschichte, S. 69. Eine völkerrechtliche Grundlage fand die Gründung eines jugoslawischen Staats in den vom damaligen amerikanischen Präsidenten Wilsons entwickelten 14 Punkten, wonach bei der Neuordnung Europas nach dem 1. Weltkrieg das Selbstbestimmungsrecht der Völker beachtet werden sollte. Für die Nationalitäten der Habsburger Monarchie bedeutete dies, daß sie auf der Grundlage des Selbstbestimmungsrechts eigenständig über ihre Zukunft entscheiden sollten. Vgl. dazu Singleton, A short history, S. 47. Zu Wilsons Selbstbestimmungskonzeption vgl. auch 3. Kapitel unter C. I. 1.

[32] Italien beabsichtigte Istrien und Dalmatien, also slowenische und kroatische Gebiete zu besetzen. In dieser Situation erwarteten sich Kroatien und Slowenien von einer Vereinigung mit dem einflußreichen serbischen Königreich Schutz.

[33] Grotzky, Balkankrieg, S. 51; vgl. ferner Beckmann-Petey, Jugoslawischer Föderalismus, S. 32; Weithmann, Balkan-Chronik, S. 373 f; Kaufmann, ZIR 31 (1923), S. 211.

hielt 1921 eine zentralistische Verfassung. Nach der damaligen Verfassungskonzeption gab es in Jugoslawien ein Volk mit drei Namen, welches ohne Rücksicht auf religiöse und sprachliche Unterschiede eine nationale Einheit darstellen sollte[34]. Dies führte schon bald nach der Staatsgründung dazu, daß die nationalen und sozialen Unterschiede zwischen den vereinigten Nationen Auseinandersetzungen provozierten[35]. Der Widerspruch zwischen Kroaten und Slowenen als Befürworter einer föderalen Staatsstruktur mit nationaler Autonomie und den Serben als Verfechter eines zentralistischen Einheitsstaates verschärfte sich und führte bald zum offenen Bürgerkrieg[36]. König Alexander reagierte 1929 auf die gespannte innenpolitische Lage mit der Ausrufung des „Königreichs Jugoslawien" und errichtete eine Militärdiktatur.

Für die Kosovo-Albaner brachte die Zwischenkriegszeit keine wesentliche Veränderung ihrer Lage. Als nichtslawisches Volk konnten sie sich schon vom Staatsnamen her nicht mit einem „Staat der Südslawen" identifizieren. Die Albaner wurden nicht als nationale Minderheit anerkannt und fielen somit nicht unter die Bestimmungen des Minderheitenschutzes, zu welchem sich der SHS-Staat im Rahmen der Pariser Vorortsverträge verpflichtet hatte. Als nationale Minderheiten wurden nur die Deutschen, Ungarn und Rumänen anerkannt, die erst seit dem Ersten Weltkrieg zu Jugoslawien gehörten, nicht hingegen diejenigen Bevölkerungsgruppen, die wie die Albaner und Bulgaren schon zuvor zum Königreich Serbien gehört hatten[37]. Auf der Londoner Botschafterkonferenz von 1921 war der Streit zwischen Italien und dem SHS-Staat um die Grenzen Albaniens zugunsten der Vorkriegsgrenzen entschieden worden. Das Kosovo blieb also Bestandteil Serbiens. Die Kolonisationspolitik der Serben im Kosovo aus der Zeit nach dem 1. Balkankrieg setzte sich fort. In einer 1937 vorgelegten Denkschrift über „Die Vertreibung der Arnauten" war unverhüllt von Massenaussiedlungen der Kosovo-Albaner die Rede[38].

Der Zerfall des SHS-Staates kann ebenso wie der spätere Zerfall des sozialistischen Jugoslawiens auf die unüberwindbaren Konflikte zwischen den staatstragenden Völkern zurückgeführt werden. Bis zur Ausrufung des „Königreichs der Serben, Kroaten und Slowenen" hatten die Balkanstaaten eine sehr unterschiedliche Entwicklung durchlaufen, die dazu geführt hatte, daß sich die nun vereinigten Staaten in kultureller und religiöser Hinsicht unterschieden. Der Ausgangspunkt dieser Entwicklung kann letztlich bereits in des Teilung des römischen Reichs 395 n. Chr. gesehen werden, die sich später dadurch fortsetzte, daß einige Balkanländer dem Einfluß des Habsburger Reichs, andere dem des Osmanischen Reichs unterstanden. Als Jugoslawien nach dem Ende des Ersten

---

[34] Beckmann-Petey, Jugoslawischer Föderalismus, S. 32.

[35] Vgl. Weithmann, Balkan-Chronik, S. 373.

[36] Weithmann, Balkan-Chronik, S. 376.

[37] Kohl/ Libal, Kosovo, S. 42.

[38] Weithmann, Balkan-Chronik, S. 382.

Weltkrieges gegründet wurde, gehörten etwa die Slowenen und Kroaten dem katholischen Glauben an, Serben, Montenegriner und Mazedonier bekannten sich zum christlich-orthodoxen Glauben und Bosnien-Herzegowina stand unter dem Einfluß des Islam[39].
In der Zwischenkriegszeit spitzten sich insbesondere die Auseinandersetzungen zwischen Serben und Kroaten zu. Erst 1939 kam es zu einem Ausgleich, der die Gründung einer weitgehend autonomen Banschaft Kroatien vorsah und für Jugoslawien praktisch einen serbisch-kroatischen Dualismus bedeutete[40]. Auf der Grundlage dieses Ausgleichs konnte kurz vor Ausbruch des Zweiten Weltkrieges jedoch keine staatliche Neuordnung mehr erfolgen.

IV. Der Zweite Weltkrieg

1939 wurde Albanien von Italien besetzt. Am 6. April 1941 griff Deutschland Jugoslawien an und die jugoslawische Armee kapitulierte 11 Tage darauf bedingungslos[41]. Bereits am 12. April 1941 hatte der Führer der faschistischen Ustascha-Bewegung, Ante Pavelic, den „Unabhängigen Staat Kroatien" ausgerufen[42]. Im Zuge der Zerschlagung Jugoslawiens geriet das Kosovo unter italienische Besatzung. Italien vereinigte seine Besatzungsgebiete zu einem großalbanischen Staat, der auch nach der Kapitulation Italiens 1943 unter deutscher Besatzung fortbestand. Damit wurde der Traum der Albaner von einem großalbanischen Staat, wenn auch nur vorübergehend und „von Mussolinis bzw. Hitlers Gnaden", verwirklicht. Die Serben im Kosovo sahen sich während dieser Zeit nun ihrerseits einer massiven Verfolgung und Vertreibung durch die Albaner ausgesetzt. Serbischen Quellen zufolge sind zwischen 1941 und 1944 80.000 bis 100.000 Serben aus dem Kosovo vertrieben worden[43].
In den besetzten Gebieten Jugoslawiens[44] organisierte sich der bewaffnete Widerstand gegen die Besatzungsmächte. Im November 1943 legten die kommu-

[39] Vgl. Beckmann-Petey, Jugoslawischer Föderalismus, S.25.

[40] Libal, Das Ende Jugoslawiens, S. 47; Sundhaussen, Geschichte Jugoslawiens, S. 99; Bartl, Grundzüge der jugoslawischen Geschichte, S. 124.

[41] Vgl. dazu Sundhaussen, Geschichte Jugoslawiens, S. 108; Bartl, Grundzüge der jugoslawischen Geschichte, S. 127; Libal, Das Ende Jugoslawiens, S. 48.

[42] Libal, Das Ende Jugoslawiens, S. 48.

[43] Kohl/ Libal, Kosovo, S. 48.

[44] Nach Auffassung der Achsenmächte war Jugoslawien durch die Zerstückelung des ehemaligen Staatsgebietes als Staat untergegangen. Dagegen spricht für den Fortbestand Jugoslawiens als Völkerrechtssubjekt zum einen, daß ein Gebietserwerb unter Gewaltanwendung nicht zum Untergang eines Staates führen kann. Zum anderen ist die Staatsqualität Kroatiens und damit ein möglicher Untergang Jugoslawiens durch Dismembration insofern zweifelhaft, als die kroatische Staatsgewalt in einem Abhängigkeitsverhältnis zu den Besatzungsmächten stand. Damit lag keine effektive Staatsgewalt vor. Schließlich blieb die jugoslawische Regierung, wenn auch im Exil, im Amt und nahm am völkerrechtlichen Verkehr teil. Vgl. hierzu, insbesondere zur völkerrechtlichen Einordnung des Königreichs Kroatien:

nistischen Partisanen unter Josip Broz Tito auf der Konferenz des Antifaschistischen Rates der Volksbefreiung Jugoslawiens (AVNOJ) in Jajce die Grundlagen für ein kommunistisches Nachkriegsjugoslawien fest. Das künftige Jugoslawien sollte aus mehreren gleichberechtigten Völkern bestehen, die sich in Ausübung des Selbstbestimmungsrechts der Völker in einem gemeinsamen föderativen Staat zusammenschließen sollten[45].
Das in dem besetzten „Großalbanien" neu erwachte albanische Nationalgefühl fand zur gleichen Zeit seinen Ausdruck in der Bildung eines Nationalen Befreiungskomitees, welches die dauerhafte Vereinigung der albanischen Siedlungsgebiete zum Ziel hatte. Auf seiner ersten Konferenz in Bujane vom 31. Dezember 1943 bis zum 2. Januar 1944 verabschiedete das Befreiungskomitee eine für das Kosovo bedeutende Resolution. Dort hieß es:

> „Kosovo und Metohija bilden eine Region, in der die albanischen Einwohner überwiegen, diese wünschen wie eh und je, mit Albanien vereinigt zu werden (... Der einzige Weg für die Albaner von Kosovo und Metohija mit Albanien vereinigt zu werden, führt über den gemeinsamen Kampf mit den anderen Nationen Jugoslawiens gegen die Invasionen und ihre Kräfte, weil es der einzige Weg ist, die Freiheit zu gewinnen, wenn alle Völker einschließlich der Albaner in die Lage versetzt werden, ihr eigenes Schicksal zu wählen, das heißt Selbstbestimmung unter Einschluß des Rechts auf Sezession." [46]

Zwar mußte der Beschluß von Bejahen auf den Druck der Kommunistischen Partei Jugoslawiens später widerrufen werden[47]. Die Albaner blieben der Aussage des Beschlusses aber eng verbunden. So berief sich 1991 die provisorische Regierung des Kosovo in ihrem Antrag an die Europäische Gemeinschaft, das Kosovo als selbständige Republik anzuerkennen, ebenfalls auf dieses Dokument[48].
Im Frühjahr 1945 übernahmen die Partisanen Titos die Macht in ganz Jugoslawien und am 10. Juli 1945 beschloß das Nationale Befreiungskomitee das Kosovo wieder Serbien anzuschließen.
Der im folgenden darzustellenden politischen und rechtlichen Situation des Kosovo im kommunistischen Jugoslawien kommt für den gegenwärtigen Konflikt zwischen Serben und Albanern eine unmittelbare Bedeutung zu.

Beckmann-Petey, Jugoslawischer Föderalismus, S. 37 ff.

[45] Beckmann-Petey, Jugoslawischer Föderalismus, S. 40.

[46] Zit. nach Reuter, Die Albaner in Jugoslawien, S. 38.

[47] Kohl/ Libal, Kosovo, S.51.

[48] Vgl. das Schreiben des Chefs der provisorischen Regierung Bujar Bukoshi an Lord Carrington, den Vorsitzenden der Jugoslawien-Konferenz in Kohl/ Libal, Kosovo, Anhang 1. Zur Reaktion der europäischen Staaten auf das Anerkennungsgesuch Kosovos vgl. 3. Kapitel

B. Die Situation der Kosovo-Albaner im ehemaligen Jugoslawien

Die verfassungsrechtliche und politische Situation des Kosovo bis zum Zerfall des ehemaligen Jugoslawiens läßt sich in zwei Entwicklungsphasen einteilen. In der ersten Phase (1945-1966) wurde gegenüber den Kosovo-Albanern unter der Führung des damaligen serbischen Innenministers Rankovic eine brutale Repressionspolitik betrieben, obwohl das Kosovo verfassungsrechtlich zunächst den Status eines „Autonomen Gebiets" und nach der Verfassung von 1963 den Status einer „Autonomen Provinz" innehatte. Der Sturz Rankovic` leitete ab 1966 die zweite Phase der jugoslawischen Kosovo-Politik ein, die auf eine verstärkte Anerkennung der Minderheiten abzielte. Für das Kosovo war im Rahmen dieser Entwicklung die Aufwertung der „Autonomen Provinz" als konstitutiver Bestandteil der Föderation durch die jugoslawische Bundesverfassung von 1974 von besonderer Bedeutung.

I. Die Zeit von 1945-1966

1. Serbische Repressionspolitik

Nach dem Ende des Zweiten Weltkrieges galt die albanische Bevölkerung des Kosovo in Jugoslawien als „unzuverlässiges Element", da sie den Befreiungskampf der kommunistischen Partisanen zur Zeit des Zweiten Weltkrieges nicht unterstützt hatte[49]. Dieses Mißtrauen verstärkte sich noch während des Kominformkonflikts, in dessen Folge Albanien zu den erbittertsten Gegnern Jugoslawiens wurde[50]. Der Konflikt zwischen Albanien und Jugoslawien übertrug sich auf die im Kosovo lebenden Albaner. Vor diesem Hintergrund wurde die erste Phase der jugoslawischen Kosovo-Politik durch den serbischen Innenminister Rankovic` versinnbildlicht, der im Kosovo eine gewaltsame Assimilierungspolitik betrieb[51]. Kosovo-Albaner wurden willkürlich verhaftet, in Schauprozessen verurteilt und zwangsemigriert[52].

An dieser Situation der Kosovo-Albaner als „Staatsbürger 2. Klasse"[53] änderte auch ihre verfassungsrechtliche Stellung nichts.

---

[49] Weithmann, Balkan-Chronik, S. 471.

[50] Albanien verurteilte die „revisionistischen Verräter der Tito-Clique", während Jugoslawien seinerseits Albanien verdächtigte, im Kosovo ein gegen die Souveränität Jugoslawiens gerichtetes Agentennetz im Kosovo aufgebaut zu haben. Vgl. dazu Reuter, Die Kosovo-Albaner im ehemaligen Jugoslawien, S. 189; ders., Die Albaner in Jugoslawien, S. 103; Kohl/Libal, Kosovo, S. 58 f.; Razumovsky, Chaos Jugoslawien, S. 152.

[51] Vgl. dazu Weithmann, Balkan-Chronik, S. 471.

[52] Vgl. Razumovsky, Chaos Jugoslawien, S. 152 f.; Bartl, Die Albaner, S. 199, demzufolge bis 1966 mehr als 200.000 Albaner Jugoslawien verließen.

[53] Bartl, Die Albaner, S. 199.

2. Die verfassungsrechtliche Stellung der Kosovo-Albaner

Nach Art. 2 Abs. 2 der jugoslawischen Bundesverfassung von 1946[54] war das Kosovo als „Autonomes Gebiet Kosovo-Metohija" ebenso wie die Vojvodina, welcher der Status einer „Autonomen Provinz" zukam, integrativer Bestandteil der Republik Serbien[55]. Der Status einer eigenen Teilrepublik wurde den Kosovo-Albanern mit Hinweis auf die verfassungsrechtliche Unterscheidung zwischen „Nationen" (narodi) und „Nationalitäten" (narodnosti) verweigert. Danach konnte der Status einer eigenen Teilrepublik nur den staatstragenden Völkern Jugoslawiens zukommen, die außerhalb Jugoslawiens über keinen Nationalstaat verfügten[56]. Obwohl die Verfassung von 1946 der albanischen Bevölkerung Jugoslawiens grundlegende Minderheitenrechte und Grundrechte[57] gewährte, wurden diese Rechte in der Verfassungswirklichkeit nicht beachtet. Durch Art. 111 der neuen Bundesverfassung von 1963[58] erhielt das Gebiet des Kosovo zwar den Status einer „Autonomen Provinz", es blieb aber Bestandteil der Republik Serbien und damit faktisch rechtlos[59]. Auch an der realpolitischen Situation änderte die Verfassungsänderung zunächst nichts[60].

---

[54] Der Text der Verfassung findet sich in deutscher Übersetzung bei Schulz, JöR 1958, S. 289 ff.

[55] Zu der Unterscheidung zwischen dem „Autonomen Gebiet" und der „Autonomen Provinz" vgl. Beckmann-Petey, Jugoslawischer Föderalismus, S. 108. Das „Autonome Gebiet" Kosovo erhielt durch die Verfassung von 1946 wesentlich weniger Rechte als die „Autonome Provinz". Im Gegensatz zu der Vojvodina verfügte das Kosovo über keine eigene Gerichtsbarkeit (Art. 115 BVerf. 1946) und über kein Parlament (Art. 105 BVerf. 1946), sondern nur über einen sog. „Gebietsvolksausschuß" (Art. 106 BVerf. 1946). Zur verfassungsrechtlichen Stellung der Kosovo-Albaner unter der jugoslawischen Bundesverfassung von 1946 vgl. ausführlich Rauert, Kosovo, S. 21 f.

[56] Vgl. dazu Markovic, Yugoslav Law 1985, S. 122. Zu den Auswirkungen dieser Unterscheidung auf die Forderungen der Kosovo-Albaner nach einem unabhängigen Staat vgl. 3. Kapitel unter B.

[57] Vgl. im einzelnen Rauert, Kosovo, S. 23.

[58] Der Text der Verfassung von 1963 findet sich in deutscher Übersetzung bei Krbek, JöR 1964, S. 289 ff. Durch die Verfassung von 1963 wurde die „Föderative Volksrepublik Jugoslawien" umbenannt in die „Sozialistische Föderative Republik Jugoslawien".

[59] Beckmann-Petey, Jugoslawischer Föderalismus, S. 62 geht sogar davon aus, daß die Verfassung von 1963 eine noch engere Bindung der Autonomen Provinzen an die Republik Serbien zur Folge hatte. Dies läßt sich damit erklären, daß nach der Verfassung von 1963 der Föderalismus insgesamt an Bedeutung verlor. Vgl. dazu Rauert, Kosovo, S. 24.

[60] Kohl/Libal, Kosovo, S. 52.

II. Die Zeit von 1966-1980

1. Der Sturz Rankovic`

1966 wurde Rankovic gestürzt[61]. Für die Kosovo-Albaner markierte dieses Ereignis eine Wende in der jugoslawischen Kosovo-Politik, die nun darauf ausgerichtet war, die Interessen der Albaner als Nationalität zu fördern[62]. Hinter dieser neuen Politik stand zum einen das innenpolitische Kalkül, die Republik Serbien innerhalb der Föderation zu schwächen[63]. Aus außenpolitischer Sicht wollte die jugoslawische Regierung zum anderen den Kosovo-Albanern zeigen, daß das Leben in Jugoslawien besser war als im „stalinistischen Albanien", wodurch die Sezessionsbestrebungen der Kosovo-Albaner unterbunden werden sollten[64]. Unter dem Schutz des Bundes formierte sich im Kosovo dennoch eine Bewegung, die für mehr Autonomie kämpfte. Im Rahmen von Demonstrationen Ende 1968 wurde der Ruf nach einer eigenen Republik innerhalb der jugoslawischen Föderation laut. Dies begründeten die Kosovo-Albaner mit demographischen und ethnisch-nationalen Argumenten[65]: Zum einen wurde argumentiert, daß die Montenegriner und Mazedonier über eine eigene Teilrepublik verfügten, obwohl sie den Albanern zahlenmäßig unterlegen waren. Zum anderen stellten die Kosovo-Albaner die Existenz eines montenegrinischen und mazedonischen Volks in Frage. Als staatstragende „Nation" mit einem Recht auf eine eigene Republik seien diese „Völker" nach 1945 erst künstlich geschaffen worden[66]. „Warum haben 370.000 Montenegriner eine eigene Republik, 1, 2 Millionen Albaner aber nicht einmal volle Autonomie?" lautete die Frage, die die Kosovo-Albaner an die jugoslawische Führung stellten[67].
Durch die neue Föderationsverfassung von 1974 erhielt das Kosovo zwar nicht den Status einer eigenen Teilrepublik[68], die Rechtsstellung der Albaner wurde aber erheblich aufgewertet.

---

[61] Nach der offiziellen Begründung wurde Rankovic auf der 4. Sitzung des Zentralkomitees des Bundes der Kommunistischen Partei Jugoslawiens in Brioni (sog. „Brioni-Plenum") abgesetzt, weil er sich mit den Übergriffen seiner Staatspolizei der Kontrolle der kommunistischen Partei entzogen hätte. Inoffiziell wurde Rankovic vorgeworfen, er habe sogar Tito und seine Frau ausspioniert. Vgl. hierzu Kohl/Libal, Kosovo, S. 61 f.

[62] Reuter, Die Kosovo-Albaner im ehemaligen Jugoslawien, S. 189. Im Rahmen des Brioni-Plenums wurde die Tätigkeit von Rankovic`s Staatspolizei im Kosovo ausdrücklich verurteilt und die Diskriminierung der Albaner als ein Verstoß gegen die Parteilinie bezeichnet. Vgl. Kohl/Libal, Kosovo, S. 61.

[63] Gashi/Steiner, Albanien, S. 54.

[64] Rauert, Kosovo, S. 25; Weithmann, Balkan-Chronik, S. 471.

[65] Dazu Marko, Der Minderheitenschutz in den jugoslawischen Nachfolgestaaten, S. 206.

[66] Marko/Tretter/Boric, JRP 1993, S. 20.

[67] Reuter, Die Albaner in Jugoslawien, S. 52.

[68] Historischen Quellen zufolge soll Tito zunächst bereit gewesen sein, den albanischen For-

2. *Die Rechtsstellung der Kosovo-Albaner unter der Verfassung von 1974*

Die neue Verfassung von 1974[69] beinhaltete eine völlige Neustrukturierung des jugoslawischen Föderalismus[70]. Während Jugoslawien bisher stark zentralistisch aufgebaut gewesen war, erfuhren die Republiken und Autonomen Provinzen eine erhebliche Aufwertung, wohingegen der Föderation ein nur begrenzter Zuständigkeitsbereich zukam. Die jugoslawische Regierung beabsichtigte, durch eine Erweiterung der Befugnisse der föderativen Einheiten den Zusammenhalt im Vielvölkerstaat zu stärken und die Nationalitätenkonflikte zu verringern[71], um so ein Auseinanderfallen Jugoslawiens zu verhindern[72].

Die Umstrukturierung des jugoslawischen Föderalismus geschah im wesentlichen durch eine Verlagerung von Gesetzgebungskompetenzen auf die föderativen Einheiten. Nach Art. 281 SFRJ-Verf. 1974 bezog sich die Kompetenz des Bundes nur noch auf die in der Verfassung ausdrücklich geregelten Bereiche der Landesverteidigung, der auswärtigen Beziehungen, der Staatssicherheit und der Aufrechterhaltung der einheitlichen Wirtschaft des Bundes. In allen anderen Bereichen waren die Republiken und Autonomen Provinzen zuständig.

Das Kosovo und die Vojvodina blieben auf der Grundlage der neuen Verfassung zwar formal Bestandteil der Republik Serbien. Sie wurden aber gleichzeitig zu konstitutiven Einheiten der Föderation ernannt und waren dadurch faktisch den Teilrepubliken gleichgestellt, da sie nun, ebenso wie die Republiken in unmittelbarer Beziehung zur Föderation standen[73]. Von den Republiken unterschieden sich die Autonomen Provinzen letztlich nur dadurch, daß sie keine eigene Staatsangehörigkeit besaßen und daß ihnen kein Recht auf Sezession zukam, welches nach den Verfassungsgrundsätzen nur den „Nationen" Jugoslawiens zustehen sollte[74].

---

derungen nachzugeben und das Kosovo zur siebten Republik zu machen. Auf den Druck serbischer Politiker hin, habe er diese Vorstellung jedoch aufgeben müssen. Vgl. dazu Rauert, Kosovo, S. 26.

[69] Die Verfassung der Sozialistischen Föderativen Republik Jugoslawien vom 21. Februar 1974 ist in deutscher Übersetzung abgedruckt bei Roggemann, Verfassungen, S. 133 ff.

[70] Vgl. hierzu allgemein Roggemann, Die neuere Verfassungsentwicklung in Jugoslawien, S. 257 ff; Schulz, JOR 1974, S. 13 ff.

[71] Schulz, JOR 1974, S. 15. Roggemann, Die neue Verfassungsentwicklung in Jugoslawien, S. 282.

[72] Parallel zu einer Dezentralisierung der Gesetzgebungskompetenzen wurden allerdings die Einflußmöglichkeiten der Parteiorgane des Bundes der Kommunisten Jugoslawiens auf das gesellschaftliche, politische und kulturelle Leben erheblich erweitert. Vgl. dazu Schulz, JOR 1974, S. 15.v

[73] Zur Rechtsstellung der Autonomen Provinzen unter der Verfassung von 1974 vgl. ausführlich Repishti, Evolution, S. 216 ff.

[74] Vgl. zu der Frage, ob die ehemaligen jugoslawischen Teilrepubliken ihre staatliche Unabhängigkeit nach dem Zerfall Jugoslawiens auf ein verfassungsrechtliches Sezessionsrecht stützen konnten 3. Kapitel unter B. I.

Die Aufwertung der Autonomen Provinzen kam in Art. 2 SFRJ-Verf. 1974 zum Ausdruck, der wie folgt lautete:

„Die Sozialistische Föderative Republik Jugoslawien bilden: die Sozialistische Republik Bosnien und Herzegowina, die Sozialistische Republik Kroatien, die Sozialistische Republik Mazedonien, die Sozialistische Republik Montenegro, die Sozialistische Republik Serbien sowie die Sozialistische Autonome Gebietskörperschaft Kosovo und die Sozialistische Autonome Gebietskörperschaft Vojvodina im Verband der Sozialistischen Republik Serbien, und die Sozialistische Republik Slowenien.“[75]

Die faktische Gleichstellung der Autonomen Provinzen mit den jugoslawischen Teilrepubliken wird auch anhand einzelner Verfassungsbestimmungen deutlich. Die Autonomen Provinzen verfügten über eine eigene Verfassungs-, Gesetzgebungs- und Budgethoheit und die Organstruktur ihrer gesetzgebenden, exekutiven und judikativen Gewalt entsprach jener der Republiken[76]. Nach Artt. 398, 402 SFRJ-Verf. 1974 besaß das Kosovo als Autonome Provinz auf Bundesebene bei Verfassungsänderungen ein absolutes Vetorecht auch gegen die Stimme Serbiens. Darüber hinaus konnten die Autonomen Provinzen nach Art. 273 SFRJ-Verf. 1974 die Bundesgesetze unmittelbar durch eigene Provinzorgane vollziehen. Auch auf der Ebene der Republik Serbien kam den Autonomen Provinzen ein absolutes Vetorecht bei Verfassungsänderungen zu (Art. 427) und Verfassungsbestimmungen der Autonomen Provinzen, die gegen die Republikverfassung verstießen konnten durch die Republikorgane nicht beseitigt werden (Art. 402)[77].

Für die Republik Serbien bedeutete die durch die Verfassung von 1974 erfolgte Umstrukturierung der jugoslawischen Föderation eine große Schwächung und Demütigung, da sich Serbien durch die Neuregelung faktisch dreigeteilt sah und somit nicht mehr über die volle staatliche Souveränität verfügte[78]. Dieser Status Serbiens widersprach der serbischen Vormachtstellung auf dem Balkan und verstärkte im serbischen Nationalbewußtsein noch die Abneigung gegenüber den Kosovo-Albanern, denen die Verfassungsänderungen zugute kamen. Hinzu kam, daß zwischen 1970 und 1981 der slawische Anteil der Bevöl-

---

[75] Die Verfassung von 1974 brachte auch einen politischen Umdenkungsprozeß mit sich, was in der Diktion der Verfassung zum Ausdruck kommt. Während in der Verfassung von 1946 noch von „nationalen Minderheiten“ die Rede war, wurden die jugoslawischen Minderheiten in der neuen Verfassung als „Nationalitäten“ bezeichnet, um den abwertenden Begriff der „Minderheit“ zu vermeiden. Darüber hinaus war die „Autonome Provinz Kosovo-Metohija“ bereits 1970 in „Kosovo“ umbenannt worden, weil die Albaner die frühere Bezeichnung, die serbische Gebietsansprüche impliziert, als pejorativ ablehnte. (Rauert, Kosovo, S. 29).

[76] Vgl. Marko/Tretter/Boric, JRP 1993, S. 21.

[77] Vgl. Artt. 427 und 402 der Serbischen Republikverfassung von 1974. Dazu Marko, Der Minderheitenschutz in den jugoslawischen Nachfolgestaaten, S. 10 f.

[78] Marko/Tretter/Boric, JRP 1993, S. 21; Marko, Der Minderheitenschutz in den jugoslawischen Nachfolgestaaten, S. 209.

kerung des Kosovo von 18 % auf etwa 13 % sank[79]. Diese Abwanderung von Serben aus dem Kosovo mag zwar in erster Linie wirtschaftliche Gründe gehabt haben[80]. In der serbischen Öffentlichkeit wurde diese Entwicklung aber als eine Folge albanischer Vertreibungspolitik perzipiert. Daher bemühte sich Serbien nach dem Tode Titos im Jahr 1980, die Autonomiebestimmungen der Bundesverfassung von 1974 rückgängig zu machen und eine Rezentralisierung Jugoslawiens zu erreichen. Zur ideologischen Untermauerung dieses als „serbische Frage“[81] bezeichneten politischen Vorhabens wurden die Kosovo-Albaner, denen die neue Verfassung unmittelbar zugute kam, verteufelt. Der sich an der Verfassung von 1974 entzündende serbische Nationalismus der 80er Jahre führte schließlich zum Zerfall des sozialistischen Jugoslawiens. Rückblickend kann daher gesagt werden, daß die Verfassung von 1974, die dem Ziel diente, den Zusammenhalt der Völker Jugoslawiens zu stärken und ein Auseinanderfallen der Föderation zu verhindern, nach Titos Tod letztlich zum Gegenteil führte[82].

C. Der Zerfall Jugoslawiens und die Eskalation des Kosovo-Konflikts

I. Allgemeine Tendenzen

Der endgültige Zerfall des sozialistischen Jugoslawiens wird überwiegend auf zwei Aspekte zurückgeführt[83]: Auf die schwere Wirtschaftskrise, die bereits Ende der 70er Jahre einsetzte und auf das Wiederaufbrechen des Kosovo-Konflikts, das mit dem aufkeimenden serbischen Nationalismus einher ging und mit den allgemeinen Diskussionen um eine Reform der jugoslawischen Föderation nach Titos Tod im Zusammenhang stand[84].

Nach Titos Tod im Jahre 1980 brachen in Jugoslawien die bisher nur schwer überbrückten Nationalitätenkonflikte wieder auf. Titos Jugoslawien war von der Vorstellung zusammengehalten worden, die sozialistische Gesellschaftsstruktur, könne einen „jugoslawischen Patriotismus“ schaffen, wodurch sich die nationale Frage von selbst löse[85]. Die sozialistische Gesellschaftsordnung sollte also das Dahinschwinden der Nationen bewirken und ein Volk von Jugoslawen schaffen. Daß dieses Konzept unter Tito zunächst aufgegangen war, hing zum einen mit

---

[79] Weithmann, Balkan-Chronik, S. 472.

[80] Zur wirtschaftlichen Situation des Kosovo vgl. unten unter C. II.

[81] Vgl. Marko, Der Minderheitenschutz in den jugoslawischen Nachfolgestaaten, S. 209.

[82] Hinzu kam eine schwere Wirtschaftskrise, die die Nationalitätenkonflikte verstärkte. Dazu gleich unter C. I.

[83] Vgl. die Nachweise bei Baer, Zerfall Jugoslawiens, S. 30.

[84] Boric, Perspektiven eines zukünftigen Jugo-slawiens, S. 65.

[85] Dazu Rauert, Kosovo, S. 31. Zu den historischen Ursachen des Zerfalls Jugoslawiens vgl. auch Cviic, EA 1991, S. 414 f.

dem stark zentralistischen Staatsaufbau der SFRJ vor 1974 zusammen und zum anderen ermöglichte es der Einparteienstaat der Kommunistischen Partei Jugoslawiens Tito, alle wesentlichen Entscheidungen selbst zu treffen und Nationalitätenkonflikte auch militärisch zu unterdrücken. Darüber hinaus genoß Dito als Integrationsfigur allgemeine Anerkennung[86]. Die noch vor Titos Tod vorgenommene Kompetenzstärkung der Teilrepubliken, die den Zusammenhalt des Staatswesens erleichtern sollte, führte angesichts der Wirtschaftskrise zum Gegenteil[87]. Die Teilrepubliken besannen sich auf ihre nationalen Eigenheiten und die einsetzenden Diskussionen um eine Reform der Föderation führten zu keinem Ergebnis. Während sich vor allem Slowenien und Kroatien und ihnen folgend später auch Mazdeonien und Bosnien-Herzegowina für eine weitere Dezentralisierung Jugoslawiens und für die Einführung eines Mehrparteiensystems aussprachen[88], trat Serbien für eine stärkere Zentralgewalt ein, was von den übrigen Teilrepubliken als Absicht verstanden wurde, Serbien, wie in der Zwischenkriegszeit, die Vormachtstellung auf dem Balkan einzuräumen[89]. Die unterschiedlichen Vorstellungen über eine Neuordnung der Föderation wirkten sich auch auf die Wirtschaftsbeziehungen der Republiken aus[90]. 1979 betrug das Handelsdefizit 7, 2 Milliarden Dollar und die Zahlungsbilanz schloß mit einem Defizit von 3, 6 Milliarden Dollar ab. 1981 stieg die Inflationsrate auf 45 %. Zwischen 1979 und 1984 sank das Realeinkommen der Beschäftigten um 34 % und der Lebensstandard der Jugoslawen fiel auf den Stand von Mitte der 60er Jahre zurück[91]. Die Republiken gaben sich gegenseitig die Schuld an der Wirtschaftslage, wodurch der Boden für nationalistisches Gedankengut bereitet wurde, was insbesondere für Serbien galt, wo sich der Nationalismus gegen die Kosovo-Albaner richtete.

II. Serbischer Nationalismus

In Serbien wiederholte sich nach dem Tod Titos die anti-albanische Politik aus der Zeit Rankovic`.

1. Die Niederschlagung der Unruhen von 1981

Im Frühjahr 1981 kam es im Kosovo zu den ersten gewaltsamen Auseinandersetzungen zwischen den Kosovo-Albanern und der serbischen Polizei. Ihren Ausgangspunkt fanden die Ausschreitungen in einer Studentendemonstration am 11. März 1981 an der Universität Prishtina, im Rahmen derer zunächst die For-

---

[86] Schönfeld, EA 1989, S. 477.

[87] Schönfeld, EA 1989, S. 477.

[88] Vgl. Boric, Perspektiven eines zukünftigen Jugo-slawiens, S. 70 ff.; Baer, Zerfall Jugoslawiens, S. 35 ff.

[89] Libal, Das Ende Jugoslawiens, S. 1

[90] Boric, Perspektiven eines zukünftigen Jugo-slawiens, S. 71.

[91] Libal, Das Ende Jugoslawiens, S. 102.

derung nach gesellschaftlichen und sozialen Reformen erhoben wurde[92]. Das Kosovo zählte Anfang der 80er Jahre zu den ärmsten Regionen Europas[93]. Die Studentendemonstrationen weiteten sich im Frühjahr 1981 zu Protesten gegen die rechtliche Diskriminierung der Albaner aus. Die Kosovo-Albaner, die zu diesem Zeitpunkt 77, 4 % der Bevölkerung des Kosovo darstellten und mit etwa 1, 2 Millionen Menschen doppelt so viele Einwohner wie die Republik Montenegro zählten[94], waren nicht mehr bereit, sich mit dem Status einer Minderheit zufriedenzugeben und forderten, wie schon 1968, eine eigene Teilrepublik und ihre Anerkennung als staatstragende Nation.
Die Demonstrationen wurden von Serbien gewaltsam niedergeschlagen und über das Kosovo wurde der Ausnahmezustand verhängt. Die militärische Zwangsverwaltung „säuberte“ die politische und intellektuelle Elite der kosovarischen Bevölkerung und es kam zu zahlreichen politischen Verhaftungen[95]. Die brutale Vorgehensweise Serbiens im Kosovo führte in ganz Jugoslawien zu Protesten[96].
Eine ideologische Rechtfertigung erhielt die serbische Repressionspolitik im Kosovo 1986 durch das Memorandum der Serbischen Akademie der Wissenschaften und Künste, das mit der „antiserbischen Politik Titos“ abrechnete. Über das Kosovo hieß es in dem Memorandum, das sich auf die Tatsache bezieht, daß im Zuge der Unruhen von 1981 zahlreiche Serben aus dem Kosovo abwanderten:

> „Im Kosovo wird seit 1981 gegen die serbische Nation ein offener und totaler Krieg geführt, Serben und Montenegriner werden von den Albanern mit Gewalt zur Abwanderung gezwungen. Wenn sich das nicht ändert, wird es in zehn Jahren keine Serben mehr im Kosovo geben, es wird »ethnisch rein« sein, wie es die albanischen Rassisten anstreben. Dagegen muß mit allen gesetzlichen Mitteln vorgegangen werden, denn das Schicksal des Kosovo ist eine Lebensfrage für die gesamte serbische Nation. Der physi-

---

[92] Vgl. dazu Kohl/Libal, Kosovo, S. 80 ff.; Repishti, Evolution, S. 195; Rauert, Kosovo, S. 33 ff.; Baer, Zerfall Jugoslawiens, S. 32 f.

[93] Zum Entwicklungsniveau des Kosovo zwischen 1981 und 1988 vgl. die Tabelle bei Büschenfeld, Kosovo, S. 18.

[94] Reuter, Die Kosovo-Albaner, S. 190.

[95] Bei den blutigen Auseinandersetzungen zwischen Albanern und serbischer Polizei soll es nach offiziellen Angaben 11 Tote gegeben haben. Die Kosovo-Albaner sprechen dagegen von Hunderten von Toten. Vgl. hierzu Rüb, Kosovo, S. 28; Kohl/Libal, Kosovo, S. 84. Reuter, Die Albaner in Jugoslawien, S. 82 geht von über 1000 Toten und einer nicht zu schätzenden Zahl von Verletzten aus. Zu den Opfern der Demonstrationen vgl. auch amnesty international Jahresbericht 1981, S. 405 ff. Danach wurden 1981 883 Personen angeklagt und 585 rechtskräftig verurteilt und mit hohen Strafen belegt.

[96] Rüb, Kosovo, S. 27. Kohl/Libal, Kosovo, S. 87. Während sich Slownien, Bosnien-Herzegowina und Kroatien eine Teilrepublik Kosovo durchaus vorstellen konnten, lehnte Mazedonien eine solche Grenzveränderung ab, da die Albaner Mazedoniens, die etwa 30-40 % der Bevölkerung ausmachen, im Zuge der Unruhen von 1981verlangten, einer Republik Kosovo angeschlossen zu werden (Kohl/Libal, Kosovo, S. 87).

sche, politische und rechtliche Genozid[97] an der serbischen Bevölkerung im Kosovo und in Metohija ist eine der schwersten Niederlagen seit den serbischen Freiheitskämpfen von 1804 und 1941."[98]

Ob, wie im Memorandum niedergelegt, die serbische Abwanderung auf eine gezielte Vertreibungspolitik der Albaner zurückgeführt werden kann, ist allerdings sehr fraglich. Realistischer ist wohl die Annahme, daß die Serben das Kosovo aus wirtschaftlichen Gründen verließen. In dem Memorandum kommen jedenfalls die serbische Urängste zum Ausdruck, erneut die Macht über das historische Kernland zu verlieren. Diese Ängste wurden von Milosevic politisch instrumentalisiert.

2. *Der Aufstieg Milosevic` und die Abschaffung der Autonomie des Kosovo*

1986 wurde Slobodan Milosevic an die Spitze der Kommunistischen Partei Serbiens gewählt und ein Jahr später zum Präsidenten der Serbischen Republik ernannt. Für Milosevic wurde das Kosovo-Problem zum Fundament seiner nationalistischen, großserbischen Politik[99]. Um die Bedeutung des Kosovo für Serbien zu begründen, wurden die Erinnerungen an die Zeit des mittelalterlichen Serbiens wachgerufen und mit Parolen wie „Wir geben unser Leben, aber Kosovo geben wir nicht" und „Es lebe Serbien, Tod den Albanern" popularisiert[100]. Daß die nationalistische Politik Milosevic` auf große Resonanz stieß, obwohl die von ihm in Bezug genommene Blütezeit Serbiens schon über 500 Jahre zurücklag und das Kosovo mit einer Unterbrechung während des Zweiten Weltkrieges erst seit 1913 wieder Bestandteil Serbiens war[101], ist zunächst überraschend. Zum einen muß aber berücksichtigt werden, daß trotz der 500jährigen osmanischen Besetzung in Serbien das Bewußtsein erhalten blieb, auf eine mittelalterliche Staatstradition zurückblicken zu können. Wichtigster Träger dieser nationalstaatlichen Idee war die serbisch-orthodoxe Kirche, deren Selbständigkeit mit dem Anspruch auf nationale Souveränität identisch war[102]. Zudem läßt sich der Erfolg von Milosevic` Politik, abgesehen von ihrer Förderung durch eine gut organisierte Propaganda[103] unmittelbar mit der bereits dargestellten[104]

---

[97] Der hier zum Ausdruck kommende Vorwurf eines „demographischen Genozids" an den Serben im Kosovo bezieht sich auf die Tatsache, daß die albanische Bevölkerung eine der höchsten Geburtenraten Europas aufwies. Vgl. dazu Razumovsky, Chaos Jugoslawien, S. 154.

[98] Zitiert nach Monnesland, Land ohne Wiederkehr, S. 315. Vgl. auch Libal, Das Ende Jugoslawiens, S. 123 ff.

[99] Vgl. zum Aufstieg Milosevic` Kohl/Libal, Kosovo, S. 107 ff.; Rüb, Kosovo, S. 30 ff.

[100] Reuter, Südosteuropa 1989, S. 334.

[101] Vgl. oben unter A. II.

[102] Grotzky, Balkankrieg, S. 49.

[103] Zu den eigens inszenierten Massenkundgebungen und „meetings" reisten Berufsdemonstranten aus allen Teilen des Landes an. Vgl. Rüb, Kosovo, S. 41 ff.

Demütigung Serbiens durch die Verfassung von 1974 erklären, da die weitreichenden Rechte der Autonomen Provinz Kosovo die Position der serbischen Republik innerhalb der Föderation schwächten. Verbunden mit der Erkenntnis, daß das Gebiet des Kosovo immer noch das serbische Nationalbewußtsein versinnbildlichte, bot sich das Kosovo folglich als Anknüpfungspunkt für den serbischen Nationalismus an. Schließlich kann der Grund für Milosevic` Erfolg auch auf die hoffnungslose wirtschaftliche Lage Serbiens[105] zurückgeführt werden, denn nur auf diesem Nährboden konnte die serbische Bevölkerung wohl derart fanatisiert werden[106]. Aus all diesen Gründen zielte die Politik Milosevic` von Anfang an auf eine Abschaffung der Autonomie des Kosovo.

1988 versuchte Milosevic zunächst im Rahmen einer Bundesverfassungsnovelle das Gebiet des Kosovo auf Bundesebene wieder in die Republik Serbien zu integrieren[107].

Der Vorschlag Serbiens, die jugoslawische Föderation zu rezentralisieren und die Autonomierechte der Autonomen Provinzen aufzuheben, wurde von den anderen Teilrepubliken nicht akzeptiert, welche Serbien nationalistischer und faschistischer Tendenzen beschuldigten[108]. Zu einer Reform des föderativen Verhältnisses zwischen den Republiken untereinander und zwischen den Republiken und den Autonomen Provinzen kam es daher auf Bundesebene zunächst nicht[109], so daß Milosevic die Abschaffung der Autonomie des Kosovo auf Republikebene betrieb.

Die Änderungen der serbischen Republikverfassung im Jahre 1989 führten zu einer faktischen Aufhebung der Autonomierechte der Provinzen Kosovo und Vojvodina. So konnte etwa nach Amendment XXIX der serbischen Verfassung, das Verfassungsgericht Serbiens republikverfassungswidrige Gesetze der Autonomen Provinzen aufheben und nach Amendment XLVII wurde das Vetorecht der Autonomen Provinzen bei Änderungen der Republikverfassung beseitigt[110]. Das Provinzparlament des Kosovo, das nach Art. 427 der bis zu diesen Änderungen geltenden Republikverfassung Serbiens die Verfassungsänderungen bil-

---

[104] Oben unter B. II. 2.

[105] 1989 betrug die Inflationsrate in Serbien 10.000 %. Vgl. Weithmann, Balkan-Chronik, S. 496.

[106] Weithmann, Balkan-Chronik, S. 474. Wie erfolgreich Milosevic` Politik war, belegen demoskopische Umfragen unter serbischen Jugendlichen. In einer Studie von 1986 antworteten 955 auf die Frage, was sie über die Albaner denken: Albaner lieben keine anderen Völker (54 %); sie sind unterentwickelt (51 %), hinterlistig (34 %) und verschlossen (33 %). Zitiert nach Rauert, Kosovo, S. 37.

[107] Vgl. dazu Marko, Der Minderheitenschutz in den jugoslawischen Nachfolgestaaten, S. 210; Roggemann, ROW 1989, S. 273 ff.

[108] Roggemann, ROW 1989, S. 280.

[109] Marko, Der Minderheitenschutz in den jugoslawischen Nachfolgestaaten, S. 210.

[110] Marko, Der Minderheitenschutz in den jugoslawischen Nachfolgestaaten, S. 211.

ligen mußte[111], wurde unter massivem Druck seitens der serbischen Regierung zur Zustimmung gezwungen[112].
Als die Verfassungsänderungen verabschiedet wurden, brach im Kosovo ein Bürgerkrieg aus[113]. Über die Provinz wurde daraufhin der Ausnahmezustand verhängt, es kam zu Massenverhaftungen und zahlreiche Albaner wurden verletzt oder getötet[114]. Am 26. Juni 1990 wurde daraufhin im serbischen Parlament das „Gesetz über das Verfahren der Republikorgane bei außerordentlichen Umständen“[115] verabschiedet, mit dem das Kosovo unter serbische Zwangsverwaltung gestellt wurde. Auf der Grundlage dieses Gesetzes wurden am 13. Juli 1990 mittels einer Maßnahmengesetzgebung das Provinzparlament des Kosovo aufgelöst, die Regierung abgeschafft[116] und die albanisch-sprachigen Medien verboten. Am 2. September 1991 wurden schließlich alle höheren Schulen für Albaner geschlossen, und die verbleibenden Institutionen des Bildungswesens im Kosovo wurden serbisiert[117].
Die am 28. September 1990 verabschiedete neue serbische Verfassung[118] (SerbVerf. 1990) behält zwar formal die territoriale Autonomie des Kosovo bei, aber nach den Neuregelungen liegt der Status des Kosovo noch unterhalb dem der Gemeindeverwaltung[119], was in den Artt. 108 bis 112 der Verfassung zum Ausdruck kommt: Nach Art. 111 SerbVerf 1990 stellen das Parlament, der Vollzugsrat und die Verwaltungsorgane die Organe der Autonomen Provinz dar. Über eine eigene Gerichtsbarkeit verfügen das Kosovo, anders als in nach der 1990 noch geltenden Bundesverfassung von 1974 nicht mehr. Das Statut als o-

---

[111] Vgl. oben unter B. II. 2.

[112] Vgl. zu dem auf die albanischen Parlamentsabgeordneten ausgeübten Druck Reuter, Südosteuropa 1989, S. 339; Grotzky, Balkankrieg, S. 67; Marko, Der Minderheitenschutz in den jugoslawischen Nachfolgestaaten, S. 211; Kohl/Libal, Kosovo, S. 116, die darauf hinweisen, daß die Abstimmung im kosovarischen Parlament unter strenger Überwachung der serbischen Staatspolizei erfolgte. Vgl. ferner auch Monnesland, Land ohne Wiederkehr, S. 322.

[113] Vgl. dazu Libal, Das Ende Jugoslawiens, S. 130 f.

[114] Der Helsinki Watch Report March 1990, S. 18 beschreibt die Situation wie folgt: „the killings of at least twenty-four ethnic Albanians in Prishtina on March 27-29, 1989, can only be described as a massacre by the Yugoslav security forces.“; zitiert nach Rauert, Kosovo, S. 40.

[115] Deutsche Übersetzung bei Marko/Boric, Die neuen Verfassungen, S. 352 ff.

[116] Das „Gesetz über die Beendigung der Tätigkeit der Skupstina der SAP Kosovo und des Exekutivrates der SAP Kosovo“ findet sich in deutscher Übersetzung bei Marko/Boric, Die neuen Verfassungen, S. 359 ff.

[117] Vgl. zu diesen Entwicklungen Reuter, Südosteuropa 1994, S. 18 sowie Marko/Tretter/Boric, JRP 1993, S. 22 f.

[118] Deutsche Übersetzung in Marko/Boric, Die neuen Verfassungen, S. 318 ff.

[119] Vgl. hierzu Pichl, Kosovo in den jugoslawischen Verfassungssystemen, S. 82 f.; Marko, Der Minderheitenschutz in den jugoslawischen Nachfolgestaaten, S. 223 f.

berster Rechtsakt der autonomen Provinz darf nach Art. 110 Abs. 2 SerbVerf 1990 vom Provinzparlament nur unter der Voraussetzung der vorherigen Zustimmung durch die serbische Volksversammlung erlassen werde. Tatsächlich ist ein solches Statut nie erlassen worden[120]. Die Befugnisse der Provinz sind darüber hinaus auf die in Art. 109 SerbVerf 1990 geregelten Bereiche beschränkt. Die Befugnis, Beschlüsse und Allgemeinakte zu erlassen, besteht nach Art. 109 Abs. 1 Ziff. 3 SerbVerf 1990 nur auf den Gebieten Kultur, Erziehung, Amtsgebrauch von Sprache und Schrift, öffentliche Information, Gesundheits- und Sozialschutz, gesellschaftliche Fürsorge für Kinder, Schutz und Pflege der Umwelt sowie im Bereich der Stadtkultur. Damit gehen die Kompetenzen der Provinzorgane kaum über die einer Gemeindeverwaltung hinaus. Schließlich verdeutlichen die in Art. 112 SerbVerf 1990 vorgesehenen Vollzugsrechte[121] noch einmal die Abhängigkeit der „territorialen Autonomie" von dem guten Willen der Republikorgane.
Über die weitgehende Einschränkung der Autonomie des Kosovo hinaus, war in der Verfassungswirklichkeit zudem jegliche Autonomie durch die beschriebene Maßnahmengesetzgebung aufgehoben[122].

III. Der Widerstand der Kosovo-Albaner

Die Kosovo-Albaner reagierten auf die beschriebenen Entwicklungen am 2. Juli 1990 mit der Verabschiedung einer Verfassungserklärung in welcher sie die Unabhängigkeit Kosovos forderten und gleichzeitig Kosovo zu einer gleichberechtigten Einheit innerhalb der jugoslawischen Föderation mit dem Status einer Teilrepublik proklamierten[123]. Am 7. September 1990 wurde von dem inzwischen aufgelösten kosovarischen Parlament in Kacanik erneut die Unabhängigkeit des Kosovo proklamiert und eine Verfassung der Republik Kosova verabschiedet[124]. Um diesen Schritten eine zusätzliche Legitimation durch die Bevölkerung zu verleihen, wurde im Kosovo vom 26.-29. September 1991 ein Referendum durchgeführt, in welchem sich 99, 8 % der Wahlbeteiligten für eine „souveräne und unabhängige Republik Kosova" aussprachen. Infolge dieses Referendums wurde am 23. Oktober 1991 eine vom Untergrundparlament gewählte Regierung unter Bujar Bukoshi gebildet[125]. Des weiteren wurde ein „Koordinationsrat der politischen Parteien Kosovos" unter dem Vorsitz des Chefs der Demokratischen Liga Kosovo (LDK), Ibrahim Rugova, gewählt. Untergrundregie-

---

[120] Pichl, Kosovo in den jugoslawischen Verfassungssystemen, S. 93.

[121] Vgl. dazu Wiedemann, JOR 1991, S. 357.

[122] Zur Rechtsstellung der Kosovo-Albaner auf einfachgesetzlicher Ebene vgl. Marko, Der Minderheitenschutz in den jugoslawischen Nachfolgestaaten, S. 224 ff.

[123] Vgl. Marko/Tretter/Boric, JRP 1993, S. 22.

[124] Die Verfassung findet sich bei Weller, Crisis, S. 65 ff.

[125] AdG 1991, 36296.

rung und Koordinationsrat bemühten sich, die EG und die zur friedlichen Lösung der Jugoslawienkriege einberufene Jugoslawische Friedenskonferenz zur Anerkennung des Kosovo als souveräner Staat zu bewegen[126]. Am 24. Mai 1992 organisierte der Koordinationsrat Parlaments- und Präsidentschaftswahlen, aus denen die LDK und ihr Präsidentschaftskandidat Rugova als Sieger hervorgingen.

Den Kosovo-Albanern gelang es, ab Anfang der 90er Jahre einen kompletten Schattenstaat aufzubauen, der neben einem eigenen Parlament, einer eigenen Regierung und einem eigenen Präsidenten über ein selbständiges Schul- und Gesundheitswesen, ein eigenes Steuersystem und über eine albanisch-sprachige Medienlandschaft verfügte. Dieser „Staat im Staate" beeinträchtigte zwar die serbische Herrschaft, konnte sie aber letztlich nicht erschüttern[127]. Trotzdem betrieb der gewählte Präsident des Kosovo, Rugova, eine Politik, die auf gewaltfreien Widerstand gegen die serbischen Besatzer ausgerichtet war und mit der er beabsichtigte, die Unterstützung der Staatengemeinschaft für die Unabhängigkeit des Kosovo zu erhalten[128].

Der Hintergrund der serbischen Kosovo-Politik seit Mitte der 80er Jahre lag nicht nur in einem nationalistischen Überschwang begründet. Da sich bereits seit 1990 der Zerfall der SFRJ abzeichnete, galt es für Serbien zu verhindern, daß das Kosovo als konstitutiver Bestandteil der Föderation die gleichen Rechte in Anspruch nahm wie die jugoslawischen Teilrepubliken. Der Konflikt im Kosovo ist daher im Gesamtzusammenhang mit den Entwicklungen in Jugoslawien zu sehen, die Anfang der 90er Jahre zum Zerfall des Vielvölkerstaates führten.

IV. Das Auseinanderfallen der jugoslawischen Föderation

Die unter Verstoß gegen die Bundesverfassung von 1974 verabschiedete neue serbische Verfassung von 1990 stellte aus staatsrechtlicher Sicht den ersten Schritt zur Desintegration des sozialistischen Jugoslawiens dar. Zwar enthielt die Verfassung mit Art. 135 die salvatorische Bestimmung, Serbien befände sich noch im Staatsverband der SFRJ. Tatsächlich hatte Serbien aber mit der neuen Verfassung alle institutionellen Beziehungen zur Föderation aufgegeben[129].

Auf dem 14. Außerordentlichen Kongreß des BdKJ am 23. Januar 1990 kam es zu einem offenen Bruch der verschiedenen Ordnungsvorstellungen der Teilrepubliken über einer Reform der Föderation[130]. Der Kongreß endete ohne Ergebnis und bedeutete das Ende der Kommunistischen Partei Jugoslawiens, die bis

---

[126] Vgl. dazu ausführlich 3. Kapitel unter

[127] Vgl. Reuter, Südosteuropa 1994, S. 25.

[128] Vgl. FAZ vom 04.07.1994, S. 5; 26.09.1994, S. 6; 10.09.1997, S. 10; 27.02.1998, S. 7.

[129] Marko, Der Minderheitenschutz in den jugoslawischen Nachfolgestaaten, S. 205 und S. 212.

[130] Zu diesen unterschiedlichen Vorstellungen vgl. bereits oben unter I.

dahin als einziger Machtfaktor imstande gewesen war, die antagonistischen Kräfte innerhalb Jugoslawiens mehr oder weniger in Schach zu halten[131]. Slowenien und Kroatien ging es mit ihren Reformbestrebungen zunächst nicht um die Abspaltung, sondern nur um die Umwandlung Jugoslawiens in eine Konföderation. Nachdem sich der Bruch mit Belgrad jedoch immer deutlicher abzeichnete, gaben sie die Vorstellung auf, den jugoslawischen Vielvölkerstaat erhalten zu können. Bereits am 27. September 1989 war in Slowenien eine Verfassungsänderung verabschiedet worden, die das Recht des slowenischen Volkes auf Selbstbestimmung, einschließlich des Rechts auf Sezession vorsah. In Serbien war es daraufhin zu Massendemonstrationen gekommen. Im Mai 1990 beschloß das slowenische Parlament den Vorrang der Republikgesetze vor dem Bundesrecht und verabschiedete am 2. Juli 1990 die „Deklaration über die Souveränität Sloweniens"[132]. Damit waren auf Republikebene bereits die Voraussetzungen für eine jugoslawische Konföderation geschaffen worden.
Am 5. Oktober 1990 legten Slowenien und Kroatien dem jugoslawischen Staatspräsidium einen Konföderationsentwurf nach dem Vorbild der EG vor[133]. Dem stellte Serbien den Entwurf über eine zentralistische „Bundesrepublik Jugoslawien" gegenüber[134]. Nachdem in der Verfassungsdiskussion keine Einigkeit erzielt werden konnte und im Mai 1991 die turnusmäßige Wahl des Kroaten Stipe Mesic zum Präsidenten des Staatspräsidiums gescheitert war[135], verfügte Jugoslawien über keine legale Staatsführung mehr. Daraufhin erklärten Slowenien und Kroatien am 25. Juni 1991 ihren Austritt aus der Föderation[136] mit der Folge, daß die Sozialistische Föderative Republik Jugoslawien nicht mehr existierte. Am 8. September 1991 sprachen sich 74 % der Mazedonier für die staatliche Unabhängigkeit aus und am 15. Oktober 1991 erklärte sich Bosnien-Herzegowina für „souverän"[137]. Im Dezember 1991 bewarben sich die vier ehemaligen Teilrepubliken um die Anerkennung durch die europäischen Staaten und wurden im Laufe des Jahres 1992 auf der Grundlage des Selbstbestimmungsrechts der Völker als unabhängige Staaten anerkannt[138]. Die Abspaltung der Teilrepubliken führte in den folgenden Jahren zu einem gewaltsamen Bür-

---

[131] Boric, Perspektiven eines zukünftigen Jugo-slawiens, S. 70.

[132] Vgl. Grotzky, Balkankrieg, S. 79; Baer, Zerfall Jugoslawiens, S. 38.

[133] Der Entwurf findet sich in deutscher Übersetzung bei Marko/Boric, Die neuen Verfassungen,

S. 366 ff.

[134] Vgl. Baer, Zerfall Jugoslawiens, S. 39.

[135] Vgl. dazu Libal, Das Ende Jugoslawiens, S. 160.

[136] Vgl. dazu Isak, Neustrukturierung, S. 82.

[137] Vgl. Baer, Zerfall Jugoslawiens, S. 40 f.

[138] Zum Anerkennungsverhalten der europäischen Staaten gegenüber den ehemaligen jugoslawischen Teilrepubliken vgl. 3. Kapitel unter E. II.

gerkrieg, der erst 1995 durch das Abkommen von Dayton, welches die Grundlagen für eine Friedensregelung in Bosnien-Herzegowina legte, beendet wurde. Serbien und Montenegro schlossen sich am 27. April 1992 zur „Bundesrepublik Jugoslawien" (BRJ) zusammen und verabschiedeten die neue Bundesverfassung[139] (BRJ-Verf.). Die für die Rechtsstellung der Autonomen Provinzen wesentliche Neuregelung bestand darin, daß nach Art. 3 BRJ-Verf. 1992 das Territorium der Bundesrepublik Jugoslawien sich nur aus den Territorien der Teilrepubliken Serbien und Montenegro zusammensetzt. Das Kosovo genießt auf Bundesebene also keinen Bestandsschutz mehr und die Ausgestaltung der territorialen Autonomie der Autonomen Provinz fällt in den alleinigen Zuständigkeitsbereich der Republik Serbien[140].
Die BRJ beanspruchte die alleinige Rechtsnachfolge der SFRJ[141]. Daraus ergab sich auch die Forderung, die Mitgliedschaftsrechte der SFRJ in den internationalen Organisationen fortzuführen. Die von der Haager Jugoslawienkonferenz eingesetzte Schiedskommission[142] und die Vereinten Nationen[143] wiesen diese Forderung zurück. Die Badinter-Kommission stellte in ihren Gutachten Nr. 9 und 10 vom 4. Juli 1992 fest, daß die Sozialistische Föderative Republik Jugoslawien durch Dismembration untergegangen sei, daß alle ehemaligen Teilrepubliken Rechtsnachfolger der SFRJ seien und die BRJ einen Neustaat darstelle, der nicht die alleinige Rechtsnachfolge für sich beanspruchen könne[144]. Im übri-

---

[139] Auszüge aus der Verfassung der Bundesrepublik Jugoslawien sind in deutscher Übersetzung abgedruckt bei Marko, Der Minderheitenschutz in den jugoslawischen Nachfolgestaaten, S. 249 f.

[140] Zur Ausgestaltung der Autonomie auf Republikebene vgl. bereits oben unter II. 2.

[141] Vgl. die Präambel der neuen Bundesverfassung sowie Art. 1 , wonach die BRJ den Namen Jugoslawien fortführt, weiterhin Art. 5, wonach Belgrad die Hauptstadt bleibt und Art. 4, wonach die BRJ die frühere Flagge, mit Ausnahme des kommunistischen roten Sterns fortführt.

[142] Die nach ihrem Vorsitzenden Badinter benannte Schiedskommission wurde im Rahmen der Jugoslawienkonferenz zur Klärung von Meinungsverschiedenheiten eingerichtet. Obwohl den Stellungnahmen der Kommission zu den mit dem Zerfall Jugoslawiens verbundenen juristischen Fragen große Bedeutung zugemessen wurde, waren die Gutachten nicht rechtsverbindlich. Vgl. dazu Türk, EJIL 1993, S. 70. In der Praxis richteten die EG-Mitgliedstaaten ihr Anerkennungsverhalten aber an den Gutachten der Kommission aus. Vgl. dazu 3. Kapitel E. II.

[143] In den Resolutionen 752 (deutscher Text in VN 1992, S. 109 f.) und 757 (deutscher Text in VN 1992, S. 110 f.) verwendete der Sicherheitsrat den Begriff der „ehemaligen Sozialistischen Föderativen Republik Jugoslawien". Die BRJ wurde zwar aufgefordert, die Mitgliedschaft in den Vereinten Nationen zu beantragen. Gleichzeitig wurde eine endgültige formelle Entscheidung über die Nachfolgefrage aber nicht getroffen. Vgl. dazu Ipsen, Völkerrecht, S. 397; Fastenrath, Staatennachfolge, S. 70 f. Partsch, VN 1992, S. 187 spricht deshalb von einem „Einfrieren der Mitgliedschaftsrechte". Zur Haltung der KSZE und des Europarates vgl. Baer, Zerfall Jugoslawiens, S. 161 ff.

[144] Die Gutachten Nr. 8 bis 10 der Badinter-Kommission sind abgedruckt in: EJIL 1993, S. 87 f. Zur Frage einer Dismembration des ehemaligen Jugoslawiens vgl. ausführlich Baer,

gen weist die Tatsache, daß die neue jugoslawische Regierung unter Vojslav Kostunica im Jahr 2000 einen Antrag auf Aufnahme als Mitglied der Vereinten Nationen stellte, darauf hin, daß die BRJ den Kontinuitätsanspruch inzwischen aufgegeben hat.

V. Die Eskalation des Kosovo-Konflikts ab 1996

Auch nach dem Zerfall des sozialistischen Jugoslawiens setzte sich im Kosovo die Repressionspolitik Serbiens fort. Bis 1996 leisteten die Kosovo-Albaner friedlichen Widerstand[145] Der kosovarische Präsident Rugova bemühte sich, die internationale Unterstützung für das Anliegen der Kosovo-Albaner, die staatliche Unabhängigkeit, zu erhalten und forderte die Präsenz der Vereinten Nationen im Kosovo[146]. Als dies nicht gelang, trat ab 1996 die kosovo-albanische Befreiungsarmee Ushria Clirimtare e Kosovoes (UCK) öffentlich mit Anschlägen in Erscheinung[147]. Der UCK gelang es, die Bevölkerung des Kosovo zu polarisieren[148]. Sie erklärte die friedliche Politik Rugovas für gescheitert und beabsichtigte, die Unabhängigkeit des Kosovo mit Gewalt zu erzwingen. Belgrad reagierte auf den bewaffneten Widerstand der Kosovo-Albaner mit dem Einsatz von Panzerwagen, Schnellfeuerwaffen und schwerer Artillerie durch die serbische Polizei und jugoslawische Armeeeinheiten.

Ab dem Frühjahr 1998 erreichten die militärischen Auseinandersetzungen zwischen jugoslawischen Polizei- und Armeeeinheiten und der UCK einen neuen Höhepunkt. Wenngleich von jugoslawischer Seite die Kampfeinsätze als Maßnahmen gegen die albanischen Terroristen und Separatisten bezeichnet wurden[149], kam es im Zuge der Auseinandersetzungen auch zu zahlreichen Gewaltaktionen gegen die albanische Zivilbevölkerung, die zu Hunderttausenden aus dem Kosovo floh. Die Menschenrechtsverletzungen und „ethnischen Säuberun-

---

Zerfall Jugoslawiens, S. 88 ff. Zu den Rechtsfolgen, die sich aus der Dismembration eines Staates für die Staatennachfolge in Verträge ergeben vgl. Blumenwitz, Staatennachfolge, S. 29 f.

[145] Vgl. zum friedlichen Widerstand der Kosovo-Albaner Hasani, Kosova, S. 238 f.

[146] Vgl. FAZ vom 04.07.1994, S. 5; 26.09.1994, S. 6; 10.09.1997, S. 10; 27.02.1998, S. 7.

[147] Vgl. zum Aufstieg der UCK Rüb, Kosovo, S. 67 ff. sowie Reuter; Blätter für deutsche und internationale Politik 1999, S. 281 ff.

[148] Vgl. zu dieser „politischen Spaltung" der Kosovo-Albaner FAZ vom 14.07.1998, S. 8; 18.07.1998, S. 5; 01.08.1998, S. 1. Die UCK gründete in den von ihr als „befreit" erklärten Gebieten „Nationalräte", die die Funktion einer Regierung für die befreiten Gebiete und später für das gesamte Kosovo übernehmen sollten. Zugleich richteten sie einen Fonds „Das Land ruft" ein. Mit den gesammelten Geldern sollte der militärische Kampf der UCK gestärkt werden. Diese Maßnahmen stellten einen offenen Angriff gegen die gewählte Regierung von Rugova dar. Vgl. dazu FAZ vom 04.07.1998, S. 6.

[149] Zur Haltung Belgrads vgl. Dujak, Argumentationslinien, S. 47 ff.

gen" im Kosovo[150] führten dazu, daß sich die internationale Staatengemeinschaft ab 1998 intensiv mit dem Kosovo-Konflikt befaßte.

D. Das Engagement der Staatengemeinschaft im Kosovo-Konflikt

Obwohl der Konflikt zwischen Serben und Albanern seit der Abschaffung der Autonomie des Kosovo in den Jahren 1989/1990 eskalierte, schaltete sich die internationale Staatengemeinschaft erst spät aktiv in den Konflikt ein. Die Vermittlungsbemühungen lassen sich in zwei Phasen einteilen. Bis 1998 beschränkten sich die Aktivitäten der Staatengemeinschaft weitgehend auf politische Appelle an die Kosovo-Albaner und an die serbische Regierung, den Konflikt mit friedlichen Mitteln beizulegen. Ab 1998 erhöhte die Staatengemeinschaft den Druck auf Belgrad, wobei die politischen Sanktionen von der Drohung der NATO, militärisch in dem Konflikt einzugreifen, begleitet wurden.

I. Die Vermittlungsbemühungen Anfang der 90er Jahre

Als Anfang der 90er Jahre die jugoslawische Föderation zerfiel, warnten bereits Wissenschaftler, Journalisten und Nichtregierungsorganisationen vor einer Vernachlässigung des Kosovo-Konflikts[151]. Die Aufmerksamkeit der internationalen Staatengemeinschaft wurde jedoch zunächst von den Entwicklungen in Slowenien und Kroatien und dann jahrelang vom Krieg in Bosnien-Herzegowina beansprucht[152]. Die Spannungen im Kosovo traten angesichts dessen in den Hintergrund, wenn auch zu Beginn der 90er Jahre erste Vermittlungsversuche unternommen wurden.

1. Frühe Präventionsversuche

Bereits im 1991 hatte sich die Vertretung der Kosovo-Albaner an die Jugoslawienkonferenz gewandt und um die Anerkennung des Kosovo als unabhängiger Staat ersucht. Diesem Wunsch wurde unter Hinweis auf die innerstaatliche Rechtsstellung des Kosovo als Bestandteil Serbiens nicht entsprochen[153].
Nachdem auf einem KSZE-Expertentreffen für Nationale Minderheiten 1991 in Genf Belgrad wegen seiner Kosovo-Politik heftig kritisiert worden war, wurde im Juli 1992 auf dem KSZE-Gipfel in Helsinki die Einrichtung einer KSZE-Langzeitmission nach Kosovo, Sandschak und Vojvodina beschlossen, die mit der Zustimmung Belgrads[154] im August 1992 in das Gebiet entsandt wurde[155].

---

[150] Vgl. dazu 2. Kapitel unter C. I.

[151] Vgl. Meyer/Schlotter, Die Kosovo-Kriege 1998/99, S. 10. Kohl/Libal, ER 1992, S. 71 ff.

[152] Zum Engagement der Staatengemeinschaft im Jugoslawienkonflikt vgl. umfassend Weller, AJIL 1992, S. 569 ff.

[153] Vgl. hierzu 3. Kapitel unter E. III.

[154] Die Zustimmung zu der Mission ging hauptsächlich auf den im Juni 1992 neu gewählten jugoslawischen Ministerpräsidenten Panic zurück. Vgl. dazu Troebst, Osteuropa 1999, S. 780; Meyer/Schlotter, Die Kosovo-Kriege 1998/99, S. 11.

Aufgabe dieser Mission war es, einen Dialog zwischen der albanischen Bevölkerung des Kosovo und den serbischen Behörden herbeizuführen und Menschenrechtsverletzungen zu dokumentieren. Im Juni 1993 verweigerte Milosevic eine Verlängerung des KSZE-Mandats, womit eine internationale Präsenz im Kosovo über Jahre hinweg unterbrochen wurde[156]. Die Vereinten Nationen reagierten auf die Beendigung der Beobachter-Mission am 9. August 1993 mit der Verabschiedung der Resolution 855[157], in welcher der Sicherheitsrat seine „tiefe Besorgnis" zum Ausdruck brachte und Belgrad aufforderte, die Entscheidung zu überdenken. Bis zu den Auseinandersetzungen im Jahre 1998 blieb dies die einzige Resolution des Sicherheitsrates zum Kosovo-Konflikt. Nach 1993 konzentrierten sich die internationalen Vermittlungsbemühungen darauf, den friedlichen Widerstand der Kosovo-Albaner zu loben, ohne daß auf ihre politischen Forderungen eingegangen wurde[158].

2. *Die Versäumnisse von Dayton*

Im Dayton-Abkommen von 1995, das den Krieg in Bosnien-Herzegowina beendete[159], wurde das Kosovo-Problem bewußt ausgeklammert[160]. Das lag zum einen daran, daß die internationalen Verhandlungspartner, um das Abkommen erfolgreich abschließen zu können, Zugeständnisse an Milosevic machen mußten, der die bosnischen Serben dazu bewogen hatte, die für Dayton notwendigen Kompromisse einzugehen[161]. Zum anderen leisteten die Kosovo-Albaner gegen die serbische Repressionspolitik zu diesem Zeitpunkt noch friedlichen Widerstand, was der internationalen Gemeinschaft den Eindruck vermittelt haben mag, das Kosovo-Problem sei nicht so aktuell, als daß es Gegenstand internationaler Sorge werden könnte[162]. Für die Kosovo-Albaner waren die Ergebnisse von Dayton eine schwere Enttäuschung. Sie betrachteten ihren friedlichen Widerstand als gescheitert und sahen sich gezwungen, ihre Unabhängigkeit militärisch durchzusetzen[163]. Der Konflikt zwischen Albanern und Serben im Kosovo er-

---

155 Vgl. zu der Tätigkeit der KSZE in den Jahren 1992-1993 Troebst, Conflict, S. 26 ff.

156 Troebst, Conflict, S. 27 f.

157 Abgedruckt bei Weller, Crisis, S. 97.

158 Dazu Troebst, Osteuropa 1999, S. 778: „(...) während die pazifistische Taktik von Internationalen Organisationen und Großmächten mit Wohlwollen zur Kenntnis genommen wurde, ignorierte man das politische Anliegen der Eigenstaatlichkeit." Vgl. zur Kritik auch Caplan, International Affairs 74 (1998), S. 745 ff.; Baggett, Georgia Journal of International and Comparative Law 1999, S. 463 ff.

159 Vgl. hierzu FAZ vom 22.11.1995, S. 1.

160 Dazu Schmidt, Politische Studien Sonderheft 4/1999, S. 41 ff.

161 FAZ vom 25.11.1995, S. 3.

162 Troebst, Osteuropa 1999, S. 779. Zur Kritik hieran vgl. Caplan, International Affairs 74 (1998), S. 750; Weller, International Affairs 75 (1999), S. 218.

163 Vgl. bereits oben unter C. V.

reichte mit Beginn der militärischen Auseinandersetzungen zwischen den jugoslawischen Armeeeinheiten , der serbischen Polizei und der UCK eine neue Dimension und die Staatengemeinschaft reagierte auf diese Entwicklungen zunächst wieder nur mit der Äußerung tiefster Besorgnis.
Am 24. September 1997 gab die Balkan-Kontaktgruppe[164] eine erste Stellungnahme zur Lage im Kosovo ab[165]. In der Stellungnahme wurde ebenfalls die Besorgnis der Kontaktgruppenstaaten angesichts der Lage im Kosovo zum Ausdruck gebracht. Im Rahmen einer gemeinsamen Initiative der Außenminister Frankreichs und Deutschlands, Hubert Vedrine und Klaus Kinkel, wurde Milosevic am 19. November 1997 in einem Brief zu einer „Verhandlungslösung" aufgerufen. Im Gegenzug wurde ihm die Wiedergewährung von Handelspräferenzen in Aussicht gestellt[166]. Zwar wurden innerhalb der EU schon 1997 von dem Conflict Prevention Network Empfehlungen zu einer konkreten Konfliktintervention vorgelegt, aber bis auf den Vorschlag der Eröffnung eines EU-Büros in Prishtina wurden diese Pläne jedoch nicht berücksichtigt[167]. Konkrete Maßnahmen wurden von der internationalen Staatengemeinschaft erst ab 1998 ergriffen.

II. Die Vermittlungsbemühungen ab 1998

Als im Frühjahr die Kämpfe zwischen der UCK und den jugoslawischen Einheiten auch auf die Zivilbevölkerung des Kosovo übergriffen, entschied sich die Staatengemeinschaft zu einem entschlosseneren Vorgehen gegen die serbische Repressionspolitik.

1. Die Maßnahmen der Staatengemeinschaft bis Ende 1998

Am 9. März 1998 gab die Kontaktgruppe eine Erklärung zum Kosovo ab[168]. Die Erklärung fiel im Hinblick auf konkrete Sanktionsandrohungen sehr vage aus, da sich die Kontaktgruppe auf keinen einheitlichen Kurs in ihrer Kosovo-Politik einigen konnte. Während die USA auf eine rasche und harte Reaktion auf die jüngsten Entwicklungen im Kosovo drängten, übten Italien, Frankreich und vor allem Rußland Zurückhaltung[169]. Am 31. März 1998 verabschiedete der Sicherheitsrat der Vereinten Nationen auf Vorschlag der Kontaktgruppe seine erste Resolution zum Kosovo-Konflikt. In der auf Kapitel VII UNO-Charta gestützten

---

[164] Die Internationale Kontaktgruppe wurde anläßlich des Jugoslawienkrieges ins Leben gerufen und besteht aus den Außenministern Deutschlands, Frankreichs, Großbritanniens, Italiens und Rußlands.

[165] Meyer/Schlotter, Kosovo-Kriege 1998/99, S. 13.

[166] Troebst, Osteuropa 1999, S. 783.

[167] Dazu Troebst, Osteuropa 1999, S. 784, sowie zur Kritik Caplan, International Affairs 74 (1998), S. 747.

[168] Text der Erklärung in: Internationale Politik 4/1998, S. 115 ff.

[169] Dazu Troebst, Osteuropa 1999, S. 785.

Resolution 1160[170] forderte der Sicherheitsrat die Konfliktparteien zum Gewaltverzicht auf, verlangte von Jugoslawien, dem Kosovo einen verbesserten Status zu gewähren und verhängte ein umfassendes Waffenembargo gegen „Jugoslawien einschließlich des Kosovo".

Die anfänglichen Vermittlungsbemühungen von Kontaktgruppe, OSZE und Vereinten Nationen zielten auf eine Kompromißlösung zwischen den Konfliktparteien ab. Die Staatengemeinschaft wollte unter internationaler Vermittlung eine Lösung des Konflikts innerhalb der serbischen Grenzen herbeiführen. Die Forderung der Albaner nach Unabhängigkeit fand dabei von Anfang an keine Unterstützung.

Serbien lehnte eine internationale Vermittlung des Kosovo-Konflikts als eine „Einmischung in innere Angelegenheiten" ab, was ihm in einem am 24. April 1998 abgehaltenen Referendum vom serbischen Volk bestätigt wurde[171].

Serbien wurde in dieser ersten Phase der Vermittlungsversuche von Rußland unterstützt, das sich zu dieser Zeit sowohl in den Vereinten Nationen als auch in der OSZE und der Kontaktgruppe gegen weitere Sanktionen aussprach. Im Juni 1998 trafen allerdings der russische Präsident Boris Jelzin und Milosevic zusammen und sprachen sich für eine friedliche Lösung des Konflikts, für die Rückkehr der Flüchtlinge und für den freien Zugang internationaler Beobachter in das Kosovo aus[172]. Auf der Grundlage dieser Erklärung wurde am 6. Juli 1998

---

[170] Text der Resolution in : Internationale Politik 4/1998, S. 127 f.

[171] In dem Referendum sprachen sich 97 % der Wahlbeteiligten gegen eine internationale Vermittlung aus. Das Referendum war von weiteren Unruhen überschattet, den mindestens 16 Albaner zum Opfer fielen, vgl. FAZ vom 25.04.1998, S. 8.

[172] Auf die gemeinsame Erklärung von Milosevic und Jelzin verweist auch die SR-Resolution 1199 (Text in: Internationale Politik 5/1999, S. 88 ff.)Dort heißt es in Ziff. 5 des operativen Teils: „ (...) verweist in diesem Zusammenhang auf die vom Präsidenten der Bundesrepublik Jugoslawien in seiner gemeinsamen Erklärung mit dem Präsidenten der Russischen Föderation am 16. Juni 1998 eingegangenen Verpflichtungen,

a) die bestehenden Probleme mit politischen Mitteln und auf der Grundlage der Gleichberechtigung aller Bürger und Volksgruppen in Kosovo zu lösen;

b) keine repressiven Maßnahmen gegen die friedliche Bevölkerung zu treffen;

c) den Vertretern ausländischer Staaten und internationaler Einrichtungen, die in der Bundesrepublik Jugoslawien akkreditiert sind und die Lage im Kosovo überwachen, volle Bewegungsfreiheit zu gestatten und sicherzustellen, daß ihnen keine Beschränkungen auferlegt werden;

d) humanitären Organisationen, dem IKRK und dem UNHCR sowie humanitären Hilfsgütern vollen und ungehinderten Zugang zu gewährleisten;

e) die ungehinderte Rückkehr von Flüchtlingen und Vertriebenen auf der Grundlage von mit dem UNHCR und dem IKRK abgestimmten Programmen zu erleichtern, aus denen staatliche Hilfe für den Wiederaufbau zerstörter Häuser geleistet wird;

und fordert die uneingeschränkte Umsetzung dieser Verpflichtungen."

die Kosovo Diplomatic Observer Mission in das Kosovo entsandt. Die Mission bestand anfänglich aus 200 Mitgliedern, vorwiegend in Belgrad akkreditierte Diplomaten der USA, Rußlands und der EU, wurde im Laufe des Jahres auf 400 Mitglieder ausgebaut und ging im Oktober 1998 in die Kosovo Verification Mission (KVM) der OSZE über. Zugleich wies Milosevic seine im Kosovo stationierten Einheiten zunächst zur Zurückhaltung an, was dazu führte, daß die UCK ihre Positionen ausbaute. Daraufhin startete Belgrad eine Gegenoffensive und eroberte am 15. August die UCK Hochburg Junik im Westen Kosovos[173].
Angesichts der sich abzeichnenden humanitären Katastrophe verabschiedete der UN Sicherheitsrat am 23. September 1998 die Resolution 1199[174].
In der ebenfalls auf Kapitel VII der UNO-Charta gestützten Resolution stellte der Sicherheitsrat fest, daß die Verschlechterung der Situation im Kosovo eine Bedrohung des Friedens und der Sicherheit in der Region darstelle und forderte die Konfliktparteien erneut auf, einen Waffenstillstand zu vereinbaren und einen Dialog unter internationaler Vermittlung aufzunehmen. Belgrad wurde aufgefordert, seine im Kosovo stationierten Sicherheitskräfte abzuziehen, internationalen Beobachtern und Vermittlern freien Zugang in die Provinz zu gewähren und durch eine Zusammenarbeit mit humanitären Organisationen die Rückkehr der Flüchtlinge zu ermöglichen. Eine Autorisierung für Zwangsmaßnahmen enthielt die Resolution entgegen den Wünschen der im Sicherheitsrat vertretenen NATO-Staaten nicht. Rußland und China hatten bereits vor Verabschiedung der Resolution angekündigt, gegen die Erteilung eines Mandats zur Ergreifung von militärischen Mitteln, ihr Veto einzulegen. Infolgedessen wurde eine entsprechende Bestimmung gar nicht in die Resolution aufgenommen.
Unter dem Eindruck des Engagements der Vereinten Nationen erklärte die jugoslawische Regierung am 28. September 1998 die Kämpfe im Kosovo für beendet[175].
Am 6. Oktober 1998 nahm die Kontaktgruppe den Plan des US Sonderbotschafters Christopher Hill[176] an, der eine zeitlich begrenzte Übergangsverwaltung für das Kosovo vorsah. Die Kontaktgruppe beauftragte den US-Sondervermittler Richard Holbrooke, Belgrad einen sechsteiligen Forderungskatalog zu übermitteln. Der Katalog bestand aus den Forderungen der Resolution 1199 und forderte zudem die Rückkehr der Flüchtlinge sowie den Beginn des Dialogs über den Hill-Plan.

---

173 FAZ vom 17.08.1998, S. 2.

174 Text der Resolution in: Internationale Politik 5 / 1999, S. 88 ff.

175 FAZ vom 29.09.1998, S.1.

176 Nachdem der Versuch, die jugoslawische Führung und die albanische Führung im Kosovo durch einen bilateralen Dialog zu einem Ende der Auseinandersetzungen zu bewegen gescheitert war, wurde der US Botschafter in Mazedonien, Christopher Hill, ein Vertrauter Holbrookes, mit der Aufgabe eines „faciliators“ betraut. Hill handelte im Auftrag der Kontaktgruppe. Vgl. zum sog. Hill-Verhandlungsprozeß etwa Loquai, Kosovo, S. 71 ff.

Am 13. Oktober 1998 kam es zwischen dem amerikanischen Sonderbotschafter der Kontaktgruppe Holbrooke und Milosevic zu einem informellen Waffenstillstandsabkommen[177].
Inhalt des Abkommens war der Teilrückzug der serbischen Polizei und der jugoslawischen Armee aus dem Kosovo. 15.000 Soldaten und 10.000 Sicherheitspolizisten sollten im Kosovo verbleiben dürfen[178]. Außerdem sollten 2.000 unbewaffnete „Überwacher" der OSZE die Einhaltung des Abkommens überwachen. Die Tätigkeit der Kosovo Verification Mission sollte entsprechend einem Abkommen zwischen Belgrad und der NATO vom 16.10.1998 durch eine Luftüberwachung der NATO („Operation Eagle Eye") ergänzt werden.
Die Kosovo-Albaner waren an beiden Vereinbarungen nicht beteiligt und waren von dem Ergebnis des Abkommens enttäuscht. Zum einen kritisierten sie, daß die Überwachung des Waffenstillstandsabkommens unbewaffnet geschah. Zum anderen waren sie der Ansicht, der ausgehandelte Kompromiß gestehe ihnen einen Status unterhalb des Autonomiestatus von 1974 zu und ließe die serbische Herrschaft im Kosovo unangetastet[179]. Sie verwarfen daher ebenso wie Belgrad die verschiedenen Vorschläge die Christopher Hill bis Dezember 1998 für eine trilaterale Interimsverwaltung machte[180].
Der Sicherheitsrat der Vereinten Nationen begrüßte am 24. Oktober 1998 mit Resolution 1203[181] die Entsendung der Verifizierungsmissionen von NATO und OSZE[182].
Unabhängig von den Vereinten Nationen hatte sich die NATO bereits vor dem Abkommen vom 16. Oktober 1998 in den Kosovo-Konflikt eingeschaltet. Dies geschah erstmals im Juni 1998, als die NATO an der Grenze des Kosovo Manöver abhielt[183]. Der Grund dafür, daß das Engagement der NATO parallel zu den Bemühungen der europäischen Organisationen und der Vereinten Nationen erfolgte, lag darin, daß die Haltung Moskaus die Vereinten Nationen davon abhielt, auf den Konflikt mit von Belgrad ernst zu nehmenden Sanktionen zu reagieren.
Am 24. September 1998 drohte die NATO Belgrad ein militärisches Eingreifen in den Konflikt an, falls Jugoslawien die Forderungen der Sicherheitsratsresolu-

---

[177] FAZ vom 14.10.1998, S. 1, 2 und 3.

[178] FAZ vom 28.10.1998, S. 1.

[179] TAZ vom 15.10.1998. Zur ablehnenden Haltung der Kosovo-Albaner gegenüber den Vermittlungsvorschlägen des Sonderbotschafters Hill vgl. FAZ vom 16.12.1998, S. 6.

[180] Die verschiedenen Entwürfe Hills finden sich bei Weller, Crisis, S. 347 ff.

[181] Deutscher Text in: Internationale Politik 5/1999, S. 93 ff.

[182] Die NATO, die zu diesem Zeitpunkt bereits den Einsatz militärischer Gewalt angedroht hatte, obwohl ihr hierzu ein Mandat des UN Sicherheitsrates fehlte, interpretierte die Resolution 1203 als eine nachträgliche Billigung der gegen Art. 2 Ziff. 4 UNO-Charta verstoßenden Gewaltandrohung.

[183] FAZ vom 16.06.1998, S. 1.

tion 1199 nicht bis zum 27. Oktober erfülle. NATO-intern führte der Beschluß dieser „Activation Warning" zu einer förmlichen und verbindlichen Mitteilung der Mitgliedstaaten darüber, welche Streitkräfte sie für den NATO-Einsatz zur Verfügung stellen wollten[184]. Am 12. Oktober 1998 erließ die NATO-Führung auf der Grundlage des NATO-Ratsbeschlußes vom 8. Oktober 1998[185] einen militärischen Aktivierungsbefehl, um der Umsetzung des Milosevic-Holbrooke-Abkommens Nachdruck zu verleihen. Mit dieser internen Mobilisierungsanordnung „Activation Order" wurde der NATO-Oberbefehlshaber in Europa in die Lage versetzt, in dem vom NATO-Rat gesteckten Rahmen militärisch zu operieren[186]. Der deutsche Bundestag stimmte der Beteiligung deutscher Soldaten an einem zukünftigen Militäreinsatz der NATO im Kosovo am 16. Oktober 1998 zu[187].

Ab Dezember 1998 verlor das zwischen Milosevic und Holbrooke vereinbarte Waffenstillstandsabkommen seine Wirkung und die Kämpfe zwischen Serben und Albanern wurden wieder aufgenommen[188]. Jugoslawien rechtfertigte den erneuten Einsatz seiner Streitkräfte damit, daß die UCK, die ihrerseits durch das Abkommen nicht gebunden worden war, den Waffenstillstand ausgenutzt habe, um ihre Position zu stärken.

Am 15. Januar 1999 wurden bei dem Dorf Racak 45 getötete Albaner gefunden[189]. Der Chef der OSZE-Mission William Walker bezeichnete den Fund als „Massaker der serbischen Polizei" an albanischen Zivilisten[190]. Nach der Darstellung Belgrads handelte es sich bei den Toten um im Kampf gefallene UCK-Kämpfer[191]. Der Fund von Racak schockierte die internationale Öffentlichkeit[192] und erhöhte den Druck auf die Staatengemeinschaft, zu handeln[193].

---

[184] FAZ vom 25.09.1998, S. 1.

[185] Der NATO-Rat hatte an diesem Tag Detailpläne für Luftangriffe gebilligt, vgl. FAZ vom 09.10.1998, S. 1.

[186] FAZ vom 13.10.1998, S. 3.

[187] Vgl. zu der der Entscheidung vorausgegangenen Bundestagsdebatte 2. Kapitel unter B. II.1.

[188] FAZ vom 16.12.1998, S. 6; 22.12.1998, S. 10; 28.12.1998, S. 1 und 4.

[189] FAZ vom 16.01.1999, S. 1, 4; 18.01.1999, S. 1 und 3. Inzwischen sind die Umstände des „Massakers von Racak" aufgrund eines Untersuchungsberichts einer finnischen Medizinerkommission stark in Zweifel gezogen worden, vgl. FAZ vom 19. 01. 2001, S. 3. Vgl. zu den ungeklärten Umständen des „Massakers von Racak" vgl. auch Lutz, Siegerdefinitionen, S. 270. Zur Schwierigkeit, Menschenrechtsverletzungen objektiv festzustellen vgl. 2. Kapitel unter C. I.

[190] FAZ vom 18.01.1999, S. 1 und 3.

[191] Vgl. FAZ vom 18.01.1999, S. 2.

[192] Man fühlte sich an das Massaker von Srebrenica erinnert, wo unter den Augen von UN-Soldaten Juli 1995 Tausende bosnische Muslime getötet worden waren. Vgl. hierzu FAZ vom 13.10.1995, S. 2; 08.02.1996, S. 6; 10.07.1996, S. 3. Bereits 1998 verglichen der damalige Bundesverteidigungsminister Rühe und der spätere Bundesaußenminister Fischer die

2. Die Verhandlungen von Rambouillet und Paris

Vom 6. bis zum 23. Februar 1999 trafen sich die Vertreter der Balkan-Kontaktgruppe mit Delegationen der Kosovo-Albaner und Jugoslawiens in Rambouillet um einen letzten Versuch zu unternehmen, den Konflikt im Kosovo auf friedlichem Wege beizulegen[194]. Die Vereinten Nationen nahmen an den Verhandlungen nicht teil[195].

An der 17köpfigen albanische Delegation waren 5 Vertreter der UCK unter Leitung des ehemaligen Studentenführers und UCK-Funktionärs Hashim Thaci beteiligt. Für die Serben bedeutete bereits die Teilnahme der UCK an den Verhandlungen eine Schwächung, da damit die aus jugoslawischer Sicht terroristische Organisation, internationale Anerkennung erfuhr[196]. Ferner stellte aus jugoslawischer Sicht die Aufnahme von Verhandlungen mit den Kosovo-Albanern eine Aufgabe der bisher vertretenen These dar, wonach das „Kosovo-Problem" eine „innere Angelegenheit" Serbiens gewesen ist[197]. Daher nahm auch Milosevic selbst nicht an den Verhandlungen teil und zeigte seine Mißachtung gegenüber der Konferenz, indem er der 26köpfigen Delegation Serbiens und der BRJ zweitrangige Politiker zuteilte[198].

Die von der Balkan-Kontaktgruppe geleitete Konferenz stand unter dem Druck bis zum 23. Februar zu einer Verhandlungslösung zu kommen, da die NATO deutlich gemacht hatte, daß sie, sollte die Konferenz scheitern, unverzüglich mit den Luftoperationen gegen Jugoslawien beginnen werde[199].

Situation im Kosovo mit derjenigen von Srebrenica; vgl. FAZ vom 10.06.1998, S. 2 und 6.

193 Vgl. Weller, Crisis, S. 392.

194 Auszüge des schließlich von der Kosovo-Delegation unterzeichneten „Vorläufigen Abkommens für Frieden und Selbstverwaltung im Kosovo vom 23. Februar 1999 finden sich in: Blätter für Deutsche und Internationale Politik 5 / 1999, S. 611 ff. Zu einer rechtlichen Bewertung des Rambouillet-Prozesses, vgl. Kap. 2 C III 2.

195 Im Vorfeld der Verhandlungen war zwar versucht worden, mittels einer auf Kapitel VII der UNO-Charta gestützten Resolution des Sicherheitsrates den Druck auf die Verhandlungsparteien zu erhöhen. Der Sicherheitsrat begrüße zwar den Beginn der Verhandlungen und brachte seine Unterstützung für die Bemühungen der Kontaktgruppe zum Ausdruck (Vgl. UN-Doc. S/PRST/1999/5 vom 29.01.1999 in Weller, Crisis, S. 416). Den Erlaß einer entsprechenden Resolution lehnte er dagegen ab.

196 FAZ vom 06.02.1999, S. 6: 11.06.1999, S. 12.

197 Vgl. Weller, Crisis, S. 392: „There were also doubts about the obvious internationalisation of what Yugoslavia considered an internal matter of the Serb Republic which an international conference would bring".

198 Reuter, Südosteuropa 1999, S. 148.

199 Zu den Drohungen der NATO vgl. FAZ vom 03.02.1999, S. 7; 24.02.1999, S. 1; 26.02.1999, S. 2; 23.03.1999, S. 1.

Bereits zu Beginn der Konferenz stand ein auf den 9. Hill-Plan zurückgehender Vertragsentwurf fest, der in seinen wesentlichen Teilen als nicht mehr verhandelbar galt[200], weil er die folgenden Grundprinzipien festlegte:
Neben der sofortigen Einstellung jeder Gewaltanwendung und der Befolgung des Waffenstillstandes vom Oktober 1998 sah der Friedensplan weitgehende Autonomierechte für die kosovo-albanische Bevölkerung und die Überwachung dieser Bestimmungen durch eine internationale Friedenstruppe vor. Dabei sollte die serbische Polizei vollständig abziehen und die jugoslawische Armee stark reduziert werden. Im einzelnen sah der Plan eine demokratische Selbstregierung für das Kosovo vor, welches innerhalb Jugoslawiens einen Quasistaat unter internationaler Überwachung mit Exekutive, Legislative und Judikative darstellen sollte. Nach dem Plan sollte das Kosovo weitestgehend außerhalb der Rechtsordnung der Bundesrepublik Jugoslawien und der Republik Serbien stehen, welche ihre Rechtsordnung dem Plan anpassen sollten. Zugleich sollte das Kosovo aber zunächst integraler Bestandteil der Bundesrepublik Jugoslawien bleiben. Nach Ablauf einer dreijährigen Übergangszeit sollte über den zukünftigen Status des Kosovo in einem Referendum entschieden werden.
Dieser letzte Verhandlungspunkt stellte für die Kosovo-Albaner die wichtigste Bestimmung der Verhandlungen dar. Dieser Vorschlag war dagegen für die jugoslawische Delegation inakzeptabel, da der Ausgang eines solchen Referendums zugunsten der Unabhängigkeit des Kosovo als sicher galt. Für die serbisch-jugoslawische Delegation stellte weiterhin die Frage nach der militärischen Absicherung des Interimsabkommens von Rambouillet ein Kernstück der Verhandlungen dar. Jugoslawien wollte unter allen Umständen verhindern, daß die Einhaltung des Abkommens von der NATO militärisch überwacht würde und warf insbesondere den USA vor, in den politischen Übereinkünften nur einen Vorwand zu suchen, um Serbien militärisch zu besetzen[201]. Dagegen bestanden die Albaner auf einer internationalen Truppe zur Durchsetzung des Abkommens, vorzugsweise unter der Führung der NATO[202].
Da also in den beiden Kernpunkten des Abkommens, der Frage nach dem endgültigen Status des Kosovo und der Frage nach der militärischen Absicherung, die Positionen der Verhandlungsparteien unvereinbar waren, drohte der Konferenz schon zu Beginn das Scheitern[203]. Hinzu kam, daß die Mitglieder der Kon-

---

200 Reuter, Südosteuropa 1999, S. 147, FAZ vom 15.02.1999, S. 2. Diese sog. „Non-negotiable Principles/ Basic Elements“ sind abgedruckt bei Weller, Crisis, S. 417. Vgl. die kritische Bewertung dieser „nicht verhandelbaren Prinzipien“ durch Wolf, FS Schiedermair, S. 856: „Damit hatten die europäischen Staaten die zentralen Forderungen, mit denen die Kosovo-Albaner nach Rambouillet kamen, zur für die serbische Seite nicht verhandelbaren Position erklärt (...). Damit war die Provinz für Belgrad faktisch verloren, ob die serbischen Verhandlungsführer das Interimsabkommen in Rambouillet nun unterzeichneten oder nicht.“

201 FAZ vom 18.02.1999, S. 6; 22.02.1999, S. 3.

202 FAZ vom 15.02.1999, S. 2.

203 Vgl. dazu Weller, International Affairs 75 (1999), S. 211 f.

taktgruppe untereinander zerstritten waren. Während Großbritannien, Deutschland und die USA NATO-Angriffe notfalls auch ohne UNO-Mandat befürworteten und daher zu Konzessionen an Jugoslawien nicht bereit waren, wollten Italien und Frankreich in jedem Fall ein UNO-Mandat, während Rußland Luftschläge des Bündnisses ebenso ablehnte wie die Entsendung von NATO-Soldaten in das Kosovo[204]. Die Kontaktgruppe bemühte sich daher, insbesondere im Hinblick auf eine Einbindung Rußlands, mit ihren Verhandlungen so eng wie möglich im Bezugsrahmen der Vereinten Nationen zu agieren, die sich ihrerseits aber nicht an den Verhandlungen beteiligten.
Als am 23. Februar 1999, dem offiziellen Ende der Konferenz, noch kein Ergebnis zustande gekommen war, wurde in Paris am 15.03.1999 eine Nachfolgekonferenz anberaumt, an deren Ende nur die Kosovo-Albaner am 18. März 1999, insbesondere unter dem Druck der an der Kontaktgruppe beteiligten NATO-Staaten, einen modifizierten Friedensplan unterzeichneten. Nach dem geänderten Plan wurde auf die Abhaltung eines Referendums nach Ablauf der Übergangszeit verzichtet und die Frage nach dem zukünftigen Status des Kosovo offengelassen[205]. Der Plan bestand jedoch auf der ursprünglich vorgesehenen militärischen Absicherung und wurde daher von Belgrad nicht unterzeichnet. Für die NATO war die Unterschrift der albanischen Delegation von großer Bedeutung, da ein militärisches Eingreifen zugunsten einer nicht verhandlungsbereiten Minderheit politisch nur schwer vertretbar gewesen wäre.
Nachdem die Verhandlungen von Rambouillet und Paris damit endgültig gescheitert waren, waren aus Sicht der NATO alle Möglichkeiten der friedlichen Streitbeilegung erschöpft.

III. Der Einsatz der NATO

Am 24. März 1999 begannen daher die Luftangriffe der NATO gegen Jugoslawien. Ziel des Militäreinsatzes war es, die Menschenrechtsverletzungen an den Kosovo-Albanern zu beenden und die Rückkehr der Vertriebenen in ihre Heimat zu ermöglichen. Zugleich sollte mit den Luftoperationen die Zustimmung Belgrads zu dem in Rambouillet ausgehandelten Abkommen, das eine Autonomielösung für das Kosovo vorsieht, erreicht werden.
Die Militäraktion der NATO, die ohne ein Mandat des UN-Sicherheitsrates erfolgte, dauerte insgesamt 11 Wochen[206] und stieß, je länger sie dauerte, zunehmend auf Kritik in der Öffentlichkeit. Dies geschah insbesondere deshalb, weil die Luftoperationen entgegen ihrer Zielsetzung die Vertreibung der Albaner aus dem Kosovo nicht verhindern konnten. Im Gegenteil weiten sich die Flücht-

---

204 FAZ vom 15.02.1999, S. 2.

205 Man einigte sich darauf, am Ende einer dreijährigen Übergangszeit ein „Instrumentarium" für ein Verfahren zur Befragung der Kosovo-Albaner zu finden. Vgl. dazu Meyer/Schlotter, Die Kosovo-Kriege 1998/99, S. 20 f.

206 Eine Chronik der Luftoperationen findet sich in FAZ vom 11.06.1999, S. 2.

lingsströme während der NATO-Angriffe weiter aus[207]. Ab April 1999 bemühten sich der Sonderbeauftragte des damaligen russischen Präsidenten Jelzin, der frühere russische Ministerpräsident Tschernomyrdin, und der von der EU mit der Vermittlung im Kosovo beauftragte finnische Ministerpräsident Ahtisaari, Belgrad zu einer friedlichen Lösung des Kosovo-Konflikts zu bewegen[208]. Am 2. Juni 1999 stimmte Belgrad einem von Tschernomyrdin und Ahtisaari unterbreiteten Friedensplan zu[209], der unter anderem einen vollständigen Abzug der jugoslawischen und serbischen Einheiten aus dem Kosovo und die Demilitarisierung der UCK vorsah, sowie eine vorübergehende Verwaltung des Kosovo durch eine internationale zivile Präsenz auf der Grundlage einer Resolution des UN-Sicherheitsrates, welche den Aufbau einer substantiellen Autonomie des Kosovo ermöglichen sollte[210]. Am 9. Juni 1999 wurde zwischen Vertretern der NATO und der Belgrader Militärführung ein Abkommen über den Abzug der jugoslawischen Truppen aus dem Kosovo unterzeichnet[211] und am 10. Juni 1999 wurde auf der Außenministerkonferenz der G 8-Staaten in Köln der „Stabilitätspakt für Südosteuropa" verabschiedet[212]. Ebenfalls am 10. Juni 1999 verabschiedete der UN-Sicherheitsrat die Resolution 1244[213], welche die gegenwärtige rechtliche Grundlage für die Nachkriegsordnung im Kosovo bildet. Die Resolution 1244 betont die weitere Zugehörigkeit des Kosovo zum Territorium der Bundesrepublik Jugoslawien und stellt die Ermächtigungsgrundlage für den Aufbau der zivilen Verwaltung der Vereinten Nationen im Kosovo (UNMIK) sowie für die militärische Sicherheitspräsenz unter Führung der NATO (KFOR) dar, welche dem Kosovo zu „substantieller Autonomie" verhelfen sollen.

E. Die aktuelle Entwicklung

Die Entwicklungen des Kosovo-Konflikts seit dem Ende der NATO-Luftangriffe zeigen, daß eine Stabilität im Kosovo derzeit nur durch die Präsenz der Vereinten Nationen aufrecht erhalten werden kann. Die meisten Flüchtlinge sind nach dem Ende des NATO-Einsatzes in das Kosovo zurückgekehrt. Allerdings hat die Militäraktion die Feindschaft zwischen Albanern und Serben im Kosovo nicht beenden können, sondern sogar vergrößert, was sich nun auch an

---

[207] Vgl. dazu 2. Kapitel unter D. III.

[208] Vgl. dazu FAZ vom 21.04.1999, S. 2; 23.04.1999, S. 1; 24.04.1999, S. 1 und 3; 28.05.1999, S. 2; 29.05.1999, S. 1.

[209] Vgl. FAZ vom 04.06.1999, S. 1.

[210] Zu den weiteren Inhalten des Friedensplans vgl. FAZ vom 04.06.1999, S. 2.

[211] Vgl. FAZ vom 11.06.1999, S. 1.

[212] FAZ vom 11.06.1999, S. 1 sowie ausführlich Meyer/Schlotter, Die Kosovo-Kriege 1998/99, S. 48 ff.

[213] Der Text der Resolution findet sich in deutscher Übersetzung in VN 3/ 1999, S. 116 f.

Übergriffen der Albaner gegenüber den im Kosovo verbliebenen Serben zeigt[214]. Ein Ende des Engagements der Vereinten Nationen im Kosovo ist daher nicht absehbar, was auch darauf zurückgeführt werden kann, daß eine Entscheidung über die politische und rechtliche Zukunft des Kosovo immer noch nicht getroffen worden ist.
Bei den jugoslawischen Präsidentschaftswahlen vom 24. September 2000 siegte der Kandidat der Demokratischen Opposition Serbiens (DOS) Vojislav Kostunica bereits im ersten Wahlgang gegen den bisherigen Amtsinhaber Milosevic. Dieser weigerte sich zunächst, das Wahlergebnis zu akzeptieren. Daraufhin kam es in Belgrad zu Massendemonstrationen der Demokraten, die sich gegen die Milosevic-treue serbische Sonderpolizei durchsetzten und schließlich Teile der Armee auf ihre Seite zogen. Die Staatengemeinschaft begrüßte die Abwahl Milosevic als „Prozeß der Demokratisierung" und die EU hob bereits kurz nach der Wahl bedingungslos die Wirtschaftssanktionen gegen Jugoslawien auf. Zudem wurden Jugoslawien umfangreiche Wirtschaftshilfen zum Wiederaufbau des Landes gewährt und die Wieder-Eingliederung Jugoslawiens in die Europäische Gemeinschaft in Aussicht gestellt.
Für die Kosovo-Albaner hat die Veränderung der politischen Verhältnisse in Belgrad auch nahezu drei Jahre nach dem Ende des NATO-Einsatzes keine wesentlichen Zugeständnisse an ihre politischen Forderungen erbracht. Der neue jugoslawische Präsident hat bereits zu Beginn seiner Amtszeit deutlich gemacht, daß das Kosovo auch unter seiner Regierung integraler Bestandteil Jugoslawiens bleiben müßte. Dieselbe Auffassung vertritt immer noch die Staatengemeinschaft. Das ändert nichts daran, daß die Kosovo-Albaner eine Lösung des Konflikts nach wie vor nur in einem unabhängigen Staat sehen. Im November 2000 fanden im Kosovo unter der Aufsicht der OSZE zum ersten Mal seit der Abschaffung der Autonomie 1989 Kommunalwahlen statt, aus denen die LDK unter Präsident Rugova als Sieger hervorging[215]. In dem Verständnis vieler Albaner wurde diese Wahl als ein erneutes Referendum über die Unabhängigkeit des Kosovo perzipiert[216].
Aus den Parlamentswahlen im Kosovo vom 17. November 2001 ging die LDK ebenfalls als stärkste Partei hervor, ohne jedoch die absolute Mehrheit zu erlangen. Die Regierungsbildung wird daher durch die Zerstrittenheit der aus der ehemaligen UCK hervorgegangenen Parteien und den Anhängern Rugovas erschwert[217].

Da der zukünftige politische und rechtliche Status des Kosovo ungewiß ist, gilt es nach Modellen zu einer dauerhaften Beilegung des Konflikts zu suchen. Das

---

[214] Vgl. etwa FAZ vom 08.03.2000, S. 6.

[215] FAZ vom 02.11.2000, S. 16.

[216] FAZ vom 02.11.2000, S. 16.

[217] Vgl. FAZ vom 14.01.2002, S. 10

gilt insbesondere auch im Hinblick auf die angespannte Lage in Mazedonien[218], wo die Albaner nach dem Vorbild der ehemaligen kosovarischen UCK Befreiungsarmeen gegründet haben und für mehr Autonomie kämpfen.
Die NATO-Staaten haben versucht, den Frieden im Kosovo durch einen Militäreinsatz zu erzwingen, obwohl der Sicherheitsrat sie zu einer Gewaltanwendung nicht autorisiert hatte. Die Kosovo-Albaner sehen eine endgültige Lösung des Konflikts nur in der staatlichen Unabhängigkeit. Inwieweit beide Lösungsmodelle, die humanitäre Intervention und ein aus dem Selbstbestimmungsrecht der Völker abgeleitetes Recht auf Sezession, eine Grundlage im Völkerrecht finden, soll in den nachfolgenden Kapiteln untersucht werden.

[218] Vgl. zu den Entwicklungen vom Frühjahr 2001 in Südserbien und Mazedonien FAZ vom 08.03.2001, S. 10; 09.03.2001, S. 1; 12.03.2001, S. 1 u. 2; 13.03.2001, S. 7; 15.03.2001,S. 1, 2 und 3; 16.03.2001, S. 12; 19.03.2001, S. 1, 2, 5 und 6; 24.03.2001, S. 3.

2. Kapitel: Die humanitäre Intervention der NATO im Kosovo-Konflikt

Die Zulässigkeit des militärischen Einsatzes der NATO-Staaten im Kosovo vom 24. März 1999 bis zum 10. Juni 1999 ist in der Völkerrechtswissenschaft und in der Öffentlichkeit rund um das Schlagwort der „humanitären Intervention" diskutiert worden. Da dem Einsatz zwar kein Mandat des UN-Sicherheitsrates zugrunde lag, das Vorgehen der NATO aber das Ziel verfolgte, die gegenüber den Kosovo-Albanern begangenen Menschenrechtsverletzungen zu beenden, stehen sich bei einer völkerrechtlichen Bewertung des NATO-Einsatzes das universelle Gewaltverbot und die Verpflichtung aller Staaten zum Schutz fundamentaler Menschenrechte gegenüber.
Aus völkerrechtlicher Sicht ist die Zulässigkeit einer nicht mandatierten Militäraktion aufgrund der Geltung des universellen Gewaltverbotes auch dann äußerst umstritten, wenn sie der Durchsetzung von Menschenrechten dient und damit zumindest einer moralisch verständlichen Intention entspringt. Das Vorgehen der NATO im Kosovo-Konflikt hat allerdings gezeigt, daß politisches Handeln nicht auf eine juristische Absegnung durch das geltende Völkerrecht angewiesen ist, sondern Tatsachen schafft, die bei der völkerrechtlichen Bewertung berücksichtigt werden müssen[219]. Die Diskussion um die humanitäre Intervention einzelner Staaten bewegt sich deshalb in einem Graubereich zwischen Recht und Politik, so daß der Versuch, die Intervention der NATO im Kosovo-Konflikt einer völkerrechtlichen Bewertung zu unterziehen, sowohl eine Darstellung der rechtlichen Rahmenbedingungen, als auch eine Darstellung und Bewertung der politischen Argumente, die für die Zulässigkeit des NATO-Einsatzes angeführt worden sind, erforderlich macht.

F. Begriff und völkerrechtliche Rahmenbedingungen der humanitären Intervention

Um das Vorgehen der NATO im Kosovo-Konflikt einer völkerrechtlichen Bewertung unterziehen zu können, ist es zunächst geboten, den Begriff der „humanitären Intervention" zu bestimmen und die völkerrechtlichen Rahmenbedingungen darzustellen, an welchen sich eine Bewertung des NATO-Einsatzes orientieren muß.

---

[219] Ipsen, Völkerrecht, S. 42 f. beschreibt diese Wechselbeziehung zwischen Politik und bereits geltendem Völkerrecht wie folgt: „ (...) der Völkerrechtssatz, selbst ein Ergebnis der Verrechtlichung politischer Tatbestände, bleibt nach seiner Entstehung dem Politischen weiterhin verhaftet. Als Norm dem „Sein" ein „Sollen" gegenüberstellend, gebietet er die Gestaltung der von ihm betroffenen internationalen Beziehungen gemäß der Regelung, die er verkörpert. Diese Regelung bleibt prinzipiell unbeschadet eines in der Folgezeit eintretenden politischen oder sozialen Wandels rechtsverbindlich. Ein solcher Wandel vermag aber einen – dem Geltungsanspruch der Regel entgegengesetzten Prozeß der „Repolitisierung" des rechtlich geregelten Bereichs auszulösen, der die Effektivität der geltenden Rechtsnorm mindert oder gar annulieren kann."

I. Der Begriff der humanitären Intervention

Die humanitäre Intervention stellt keinen rechtlichen, sondern einen politischen Begriff dar, der über die völkerrechtliche Zulässigkeit einer Intervention zunächst keine Aussage trifft[220]. Der Ausdruck „humanitäre Intervention" beschreibt vielmehr eine tatsächliche Situation, nämlich ein staatliches Eingreifen in den Hoheitsbereich eines anderen Staates, das mit dem Ziel erfolgt, Menschenrechtsverletzungen die in diesem Staat begangen werden, zu unterbinden[221]. In dem Adjektiv „humanitär" kommt diese Zielrichtung des Eingreifens zum Ausdruck, wobei das Ziel, Menschenrechtsverletzungen zu beenden und für die Zukunft zu unterbinden, zunächst nur eine politische Motivation zum Ausdruck bringt. Rechtliche Bedeutung soll dem Ausdruck „humanitär" aber in Verbindung mit dem Begriff der „Intervention" zukommen. Die Bezeichnung einer Intervention als „humanitär" impliziert, daß der Intervention nicht nur eine moralische, sondern auch eine juristische Rechtfertigung zugrunde liegt.

1. Der Begriff der Intervention

Eine Intervention stellt, allgemein ausgedrückt, die Einmischung eines Staates in die Souveränität eines anderen Staates dar, mit dem Ziel, diesen zu einem bestimmten Verhalten zu bewegen[222]. Die staatliche Souveränität erstreckt sich auf die der alleinigen Zuständigkeit eines Staates unterfallenden Angelegenheiten („domestic jurisdiction", „domaine reservée"), welche durch das Interventionsverbot geschützt werden[223]. Art. 2 Ziff. 7 UNO-Charta untersagt dementsprechend den Vereinten Nationen das Eingreifen in Angelegenheiten, „die ihrem Wesen nach zur inneren Zuständigkeit eines Staates gehören" und aus dem in Art. 2 Ziff. 1 UNO-Charta niedergelegten Grundsatz der souveränen Gleichheit der Mitglieder der Vereinten Nationen folgt dasselbe Einmischungsverbot für die Beziehungen der Staaten untereinander[224]. Der Inhalt der „domaine reservée" eines Staates umfaßt diejenigen Angelegenheiten eines Staates, die nicht durch einen völkerrechtlichen Vertrag, das Völkergewohnheitsrecht oder eine sonstige Bestimmung des Völkerrechts geregelt sind[225].

---

[220] Schöbener, ZfP 2000, S. 295.

[221] Vgl. Simma-Randelzhofer, Art. 2 Ziff. 4 UNO-Charta, Rn. 49.; Beyerlin, Humanitarian Intervention, EPIL Vol. II (1995), S. 926 ff.

[222] Oppermann, Intervention, EPIL Vol. II (1995), S. 1436.

[223] Zum Zusammenhang zwischen staatlicher Souveränität und Interventionsverbot vgl. allgemein Simma-Ermacora, Art. 2 Ziff. 7 UNO-Charta, Rn. 12. Zum Inhalt der „inneren" und „äußeren" Souveränität eines Staates vgl. Simma-Bleckmann, Art. 2 Ziff. 1 UNO-Charta, Rn. 7 ff.

[224] Ipsen, Völkerrecht, S. 956.

[225] Brownlie, Principles, S. 291; Ipsen, Völkerrecht, S. 957. Zu der Ausgrenzung fundamentaler Menschenrechte aus den inneren Angelegenheiten eines Staates vgl. unten unter A. II.2.

Nach dem klassischen Interventionsverständnis[226] ist unter einer Intervention jede Androhung und Anwendung von Gewalt zu verstehen (sog. „dictatorial interference")[227]. Mit dem Inkrafttreten der Charta der Vereinten Nationen hat das Gewaltverbot des Art. 2 Ziff. 4 UNO-Charta die Schutzfunktion des klassischen Interventionsverbotes in vollem Umfang übernommen[228], so daß heute ein erweiterter und ein weiter Interventionsbegriff vertreten werden[229].

Nach dem erweiterten Interventionsbegriff umfaßt eine Intervention über die Androhung und Anwendung von militärischer Gewalt hinaus weitere Formen zwischenstaatlicher Druckausübung, insbesondere auch wirtschaftliche und politische Sanktionen[230], die Unterstützung von Aufständischen sowie die vorzeitige Anerkennung einer Sezession[231]. Der weite Interventionsbegriff umfaßt darüber hinaus jedes zwischenstaatliche Handeln und verzichtet auf ein Zwangserfordernis[232].

In Anbetracht der zahlreichen Möglichkeiten zwischenstaatlicher Druckausübung ist ein erweitertes Interventionsverständnis dem klassischen Interventionsbegriff vorzuziehen[233]. Im Gegensatz zum weiten Interventionsbegriff schließt ein erweitertes Interventionsverständnis diejenigen Möglichkeiten zwischenstaatlicher Druckausübung aus, gegenüber denen das Völkerrecht neutral ist, so etwa eine bloße politische Einflußnahme. Obwohl also grundsätzlich von einem erweiterten Interventionsbegriff auszugehen ist, steht bei der Frage nach

---

226 Der klassische Interventionsbegriff wird in der jüngeren Literatur weiterhin etwa von Isensee, JZ 1995, S. 423 vertreten. Weitere Autoren, die auch nach dem Inkrafttreten der UNO-Charta für den klassischen Interventionsbegriff eingetreten sind, nennt Pauer, Humanitäre Intervention, S. 6, Fn. 4.

227 Vgl. hierzu Wolfrum-Beyerlin, Interventionsverbot, S. 378. Der Begriff der „dictatorial interference" (dictatorial (engl.)= „gebieterisch", „autoritär") wurde im Jahre 1905 von Oppenheim geprägt, der die Intervention als „dictatorial interference by a State in the affairs of another State for the purpose of maintaining or altering the actual condition of things" beschreibt; zit. nach Pauer, Humanitäre Intervention, S. 7.

228 Wolfrum-Beyerlin, Interventionsverbot, S. 378.

229 Oppermann, Intervention, EPIL Vol. II (1995), S. 1436.

230 Vgl. Pauer, Humanitäre Intervention, S. S. 6 ff. Für den erweiterten Interventionsbegriff sprechen sich z.B. Oppermann, Intervention, EPIL Vol. II (1995), S. 1436 und Blanke, AVR 36 (1998), S. 258 aus.

231 Zur vorzeitigen Anerkennung der ehemaligen jugoslawischen Teilrepubliken Kroatien und Bosnien-Herzegowina durch die Mitgliedstaaten der europäischen Gemeinschaft vgl. ausführlich 3. Kapitel unter E. II. 3.

232 Vgl. die Nachweise bei Pauer, Humanitäre Intervention, S. 8. Die Kategorisierung des Interventionsbegriffs wird zudem von der Wahl zwischen einem deskriptiven und einem normativen Ansatz überlagert. Bei letzterem wird die Wertung der Intervention zum Teil vorweggenommen, da nur die unzulässigen Eingriffe in die innerstaatlichen Angelegenheiten als Intervention angesehen und andere Eingriffe als bloße zwischenstaatliche Einflußnahme qualifiziert werden. Vgl. hierzu Hilpold, Trügerische Faszination, S. 171.

233 So auch Pauer, Humanitäre Intervention, S. 10; Hilpold, Trügerische Faszination, S. 171.

der Zulässigkeit der NATO-Intervention im Kosovo zunächst die Anwendung von militärischer Gewalt im Sinne des klassischen Interventionsbegriffs im Vordergrund. Den Möglichkeiten einer Intervention im Kosovo unterhalb der Schwelle der Gewaltanwendung kann über den Grundsatz der Verhältnismäßigkeit allenfalls bei der Beurteilung der Maßnahmen, die die Staatengemeinschaft vor dem NATO-Einsatz zur Prävention des Konflikts ergriffen hat, Bedeutung zukommen[234].

2. *Fallgruppen der humanitären Intervention*

Nach den jeweils Ausführenden und der Funktion einer humanitären Intervention haben sich verschiedene Fallgruppen herausgebildet, die rechtlich unterschiedlich zu beurteilen sind.
So kann der Begriff der humanitären Intervention zum einen eine Situation beschreiben, in welcher der Sicherheitsrat der Vereinten Nationen Menschenrechtsverletzungen zum Anlaß nimmt, Maßnahmen auf der Grundlage von Kapitel VII UNO-Charta zu ergreifen. Als Präzedenzfälle, in denen der Sicherheitsrat Menschenrechtsverletzungen oder die hieraus resultierenden Flüchtlingsströme unter den seine Tätigkeit nach Kapitel VII UNO-Charta eröffnenden Begriff der „Friedensbedrohung" im Sinne von Art. 39 UNO-Charta subsumiert hat, werden die Resolution 688 vom 5. April 1991 zum Schutz der Kurden in Nordirak[235] und die anläßlich des Bürgerkrieges in Somalia verabschiedete Resolution 794 vom 3. Dezember 1992[236] diskutiert. Die Zulässigkeit einer solchen „institutionalisierten humanitären Intervention"[237] beurteilt sich nach dem Umfang der Befugnisse des Sicherheitsrates[238]. Auch im Rahmen des Kosovo-Konfliktes hat der Sicherheitsrat in den Resolutionen 1160, 1199, 1203 die Situation im Kosovo als „Friedensbedrohung" im Sinne von Art. 39 UNO-Charta qualifiziert[239]. Eine Ermächtigung zur Anwendung militärischer Gewalt wurde in diesen Resolutionen allerdings nicht erteilt[240].

---

[234] Vgl. dazu unter D. IV.

[235] Resolution 688 vom 05.04.1991. Im dritten und vierten Absatz der Präambel zeigt sich der Sicherheitsrat „[g]ravely concerned by the repressions of the Iraqi civilian population in many parts of Iraq, including most recently in Kurdish populated areas which led to a massive flow of refugees towards and across international frontiers and to cross border incursions, which threaten international peace and security in the region (...)." Deutscher Text der Resolution in: EA 1991, D 234.

[236] Resolution 794 vom 03.12.1992. Der Sicherheitsrat stellt im dritten Absatz dieser Resolution ausdrücklich fest, „that the magnitude of the human tragedy caused by the conflict in Somalia, further exacerbated by the obstacles being created to the distribution of humanitarian assistance, constitutes a threat to international peace and security." Deutscher Text der Resolution, in: EA 1993, D 185.

[237] Begriff nach Pauer, Humanitäre Intervention, S. 79.

[238] Vgl. dazu unter II. 3.c.

[239] „(...) feststellend, daß die Verschlechterung der Situation in Kosovo (Bundesrepublik Ju-

Liegt daher anläßlich von Menschenrechtsverletzungen eine Maßnahme eines einzelnen Staates oder einer Gruppe von Staaten vor, die ohne ein Mandat des Sicherheitsrates tätig werden, so lassen sich zwei weitere Fallgruppen humanitärer Interventionen unterscheiden. Als humanitäre Intervention wird hier zum einen eine Maßnahme bezeichnet, die dem Schutz der eigenen Staatsangehörigen im Ausland dient[241]. Die Zulässigkeit einer solchen Intervention wird in der Völkerrechtslehre unterschiedlich beurteilt. Es wird vertreten, die Rettungsaktionen zum Schutz eigener Staatsangehöriger stellten nur einen geringfügigen Eingriff in die staatliche Souveränität dar und sei deshalb nicht vom Gewaltverbot erfaßt oder es wird geltend gemacht, der Angriff auf eigene Staatsangehörige im Ausland komme einem Angriff auf das eigene Staatsvolk gleich, wodurch das Selbstverteidigungsrecht des Art. 51 UNO-Charta ausgelöst werde[242].
Zum anderen wird schließlich die Situation als „humanitäre Intervention" bezeichnet, in der ein einzelner Staat oder eine Staatengruppe in einem fremden Staat interveniert, um die Staatsangehörigen dieses Staates vor Menschenrechtsverletzungen gegenüber ihrem Heimatstaat zu schützen.
Diese zuletzt genannte Fallgruppe stellt die humanitäre Intervention im engeren und eigentlichen Sinne dar, weil bei ihr die humanitäre Intervention selbst als Rechtsgrundlage herangezogen werden muß, um ein Handeln zu legitimieren, das auf den ersten Blick mit den Bestimmungen der UNO-Charta unvereinbar ist. Das gilt insbesondere dann, wenn wie im Falle des NATO-Einsatzes im Kosovo militärische Gewalt angewandt wird. Da diese Form der humanitären Intervention in der Charta der Vereinten Nationen keine Erwähnung findet, ist die völkerrechtliche Zulässigkeit einer solchen Intervention besonders problema-

---

goslawien) eine Bedrohung der Sicherheit und des Friedens und der Sicherheit in der Region darstellt, tätig werdend nach Kapitel VII der Charta der Vereinten Nationen (...)."Deutscher Text der Resolution 1199 vom 23.09.1998, in: Internationale Politik 5/1999, S. 88 ff.; Resolution 1203 vom 24.10.1998: „(...) feststellend, daß die ungelöste Situation in Kosovo (Bundesrepublik Jugoslawien) auch weiterhin eine Bedrohung des Friedens und der Sicherheit der Region darstellt" (Deutscher Text in Internationale Politik 5/1999, S. 93 ff.

[240] Der Sicherheitsrat stellte vielmehr am Ende der Resolution fest, er werde mit der Angelegenheit befaßt bleiben. Zur Möglichkeit einer inzidenten Ermächtigung der NATO-Intervention durch die Resolutionen 1203 und 1244 vgl. unten unter C. III. 2. a.

[241] Als Beispiele können die israelische Flugzeugbefreiung in Entebbe 1976, die versuchte Befreiungsaktion der USA in Iran 1980 und aus der jüngsten deutschen Staatenpraxis die Rettungsoperation der Bundeswehr in Albanien am 14. 03.1997 (dazu: Kreß, ZaöRV 57 (1997), S. 329 ff.) genannt werden. Vgl. Murswiek, Der Staat 1996, S. 32.

[242] Ein Überblick über den Diskussionsstand findet sich bei Blumenwitz, Humanitäre Intervention in Minderheitenkonflikten, S. 56 f. Bei der Diskussion um die Zulässigkeit der humanitären Intervention zum Schutz eigener Staatsangehöriger im Ausland kann auch das Recht eines Staates auf diplomatischen Schutz seiner Staatsangehörigen berücksichtigt werden. Vgl. zu den Voraussetzungen und zum Inhalt des diplomatischen Schutzes Maunz-Randelzhofer, Art. 16 GG, Rn. 36 ff. Zur verfassungsrechtlichen Beurteilung einer humanitären Intervention zum Schutz eigener Staatsangehöriger oder zum Schutz der Staatsangehörigen eines Bündnispartners im Ausland vgl. Schultz, Auslandsentsendung, S. 279 ff.

tisch. Während sich nicht-militärische Maßnahmen einzelner Staaten in Reaktion auf Menschenrechtsverletzungen in der Regel als mit dem Interventionsverbot vereinbare Repressalien rechtfertigen lassen[243], berührt eine militärische Intervention wie die der NATO im Kosovo-Konflikt das Kernproblem der humanitären Intervention. Hier stehen sich das absolute Gewaltverbot des Art. 2 Ziff. 4 UNO-Charta und die Verpflichtung der Staaten zum Schutz fundamentaler Menschenrechte gegenüber. Auf diese völkerrechtlichen Rahmenbedingungen des NATO-Einsatzes im Kosovo soll im folgenden Abschnitt eingegangen werden

II. Die völkerrechtlichen Rahmenbedingungen der humanitären Intervention

1. Das universelle Gewaltverbot

Ausgangspunkt der Diskussion um die Zulässigkeit der humanitären Intervention bzw. die Existenz einer humanitären Intervention als Rechtsinstitut des Völkerrechts ist das universelle Gewaltverbot des Art. 2 Ziff. 4 UNO-Charta. Dort heißt es:

> „ Alle Mitglieder unterlassen in ihren internationalen Beziehungen jede gegen die territoriale Unversehrtheit oder die politische Unabhängigkeit eines Staates gerichtete oder sonst mit den Zielen der Vereinten Nationen unvereinbare Androhung oder Anwendung von Gewalt.“

a. Die Entwicklung des universellen Gewaltverbotes

Bis zu Beginn des 20. Jahrhunderts existierte in den zwischenstaatlichen Beziehungen kein Verbot der Gewaltanwendung. Das freie Recht zum Krieg, das liberum ius ad bellum, war Ausdruck der Souveränität der Staaten[244]. Durch die auf Thomas von Aquin zurückgehende mittelalterliche Lehre vom gerechten Krieg, dem bellum iustum war zwar versucht worden, die zwischenstaatliche Gewaltanwendung auf die Fälle zu beschränken, in denen die Gewaltanwendung aus einem gerechter Grund erfolgte[245]. Diese Lehre war jedoch nie eine gültige Norm des Völkerrechts[246].

Im Rahmen der Haager Friedenskonferenzen von 1899 und 1907 wurde die Kriegsführungsfreiheit der Staaten im wesentlichen dahingehend formalisiert, daß Feindseligkeiten zwischen den Staaten nicht ohne eine vorangegangene

---

[243] Vgl. dazu unter II. 3. b

[244] Kimminich, Einführung in das Völkerrecht, S. 85.

[245] Vgl. zu den Voraussetzungen des gerechten Krieges nach Thomas von Aquin: Berber, Völkerrecht, S. 28 ff. Zur humanitären Intervention im klassischen Völkerrecht vgl. ausführlich Pauer, Humanitäre Intervention, S. 25 ff.

[246] Vgl. hierzu Blumenwitz, Politische Studien, Sonderheft 4/1999, S. 21.

Kriegserklärung beginnen durften[247]. Eine grundlegende materielle Einschränkung des freien Rechts zum Krieg ging damit allerdings nicht einher[248], so daß erst die Satzung des Völkerbundes aus dem Jahre 1919[249] und der Briand-Kellogg-Pakt von 1928[250] als unmittelbare historische Vorläufer des heutigen Gewaltanwendungsverbotes betrachtet werden können.
Während sich die Bestimmungen der Völkerbundssatzung nicht als ein wirksames Kriegsverbot erwiesen[251], stellt das zuletzt genannte Dokument einen Wendepunkt in der Entwicklung von der Freiheit, Kriege zu führen, hin zu einem allgemeinen Kriegsverbot dar[252]. In Art. 1 des Briand-Kellogg-Paktes erklären die „Hohen Vertragsschließenden Parteien (...) feierlich, daß sie den Krieg als Mittel für die Beurteilung internationaler Streitfälle verurteilen und auf ihn als Werkzeug internationaler Politik verzichten."
Die Schwächen dieses ersten allgemeinen Kriegsverbotes bestanden darin, daß kein Sanktionensystem existierte, das die Einhaltung des Paktes überwachen konnte[253] und daß sich das Gewaltverbot formal nur auf die Eröffnung eines

---

[247] Vgl. Art. I des III. Haager Abkommens über den Beginn der Feindseligkeiten vom 18.10.1907 (RGBl. 1910, S. 82), wonach die Signaturstaaten verpflichtet waren, keine Feindseligkeiten „ohne eine vorausgegangene unzweideutige Benachrichtigung, die entweder die Form einer mit Gründen versehenen Kriegserklärung oder die eines Ultimatums mit bedingter Kriegserklärung haben muß." Vgl. hierzu Simma-Randelzhofer, Art. 2 Ziff. 4 UNO-Charta Rn. 5 mit weiteren Nachweisen.

[248] Eine Ausnahme hierzu stellte die Beschränkung der Anwendung von Waffengewalt bei der Eintreibung von Vertragsschulden („Drago-Porter-Konvention" vom 18.10.1907) dar; vgl. hierzu Ipsen, Völkerrecht, S. 932.

[249] RGBl. 1919, S. 717.

[250] RGBl. 1929 II, S. 97.

[251] Nach Art. 10 ff. der Völkerbundsatzung waren die Mitglieder des Völkerbundes nur dann verpflichtet, nicht zum Krieg zu schreiten, wenn sie nicht zuvor ihren Streit einem gerichtlichen Verfahren, der Schiedsgerichtsbarkeit oder dem Völkerbundsrat unterbreitet hatten und diese Einrichtungen zu einer einstimmigen Bewertung der Feindseligkeit kam (Art. 13 Abs. 4 und Art. 15 Abs. 6). Diese Einstimmigkeit wurde in der Praxis regelmäßig nicht erreicht, vgl. Simma-Randelzhofer, Art. 2 Ziff. 4 UNO-Charta, Rn. 8. Ferner lag ein grundlegender Mangel des Sicherheitssystems des Völkerbundes darin, daß weder die USA noch die Sowjetunion noch Deutschland dem Völkerbund bei seiner Gründung angehörte. Die USA traten dem Völkerbund nie bei, die Sowjetunion gehörte ihm später nur 5 Jahre, Deutschland nur 7 Jahre an und zahlreiche bedeutende Staaten wie Japan, Italien und Spanien traten wieder aus. Vgl. Berber, Völkerrecht, S. 32 f.

[252] So Simma-Randelzhofer, Art. 2 Ziff. 4 UNO-Charta, Rn. 3.

[253] Allerdings bestimmte die Präambel des Briand-Kellogg-Paktes, „(...)daß diejenige Signaturmacht, die in Zukunft danach strebt, ihre nationalen Interessen dadurch zu fördern, daß sie zum Kriege schreitet, dadurch der Vorteile, die dieser Vertrag gewährt, verlustig erklärt werden sollte(...)." Auf diese Bestimmung kann die de facto-Rechtlosstellung der besiegten Mächte nach dem Zweiten Weltkrieg zurückgeführt werden. Eine Fortführung dieser Bestimmung findet sich zudem in den inzwischen obsolet gewordenen sog. „Feinstaatenklauseln" der Artt. 53 Abs. 1 S. 2, 2. Hs. i.V. m. Abs. 2, 107 UNO-Charta. Vgl. zu dieser Deu-

„Krieges", nicht aber auf die Gewaltanwendung als solche bezog[254]. Dies ermöglichte den Unterzeichnerstaaten ihre militärischen Unternehmungen nicht als „Krieg" zu bezeichnen, also keine formelle Kriegserklärung abzugeben, um sich nicht eines Verstoßes gegen den Pakt schuldig zu machen[255]. Die Schwächen des Briand-Kellogg-Paktes sollten nach den schrecklichen Erfahrungen der beiden Weltkriege durch die Charta der Vereinten Nationen überwunden werden. Daher verbietet Art. 2 Ziff. 4 UNO-Charta jede Form der Gewaltanwendung, unabhängig von ihrer Motivation und ihrer Bezeichnung als „Krieg", um durch diese weite Formulierung jede Gefahr des Mißbrauchs oder der Fehlinterpretation zu bannen[256]. Allein der Sicherheitsrat der Vereinten Nationen, der nach Art. 24 UNO-Charta die Hauptverantwortung für die Friedenssicherung trägt und an dessen Entscheidungen nach Art. 25 UNO-Charta alle Mitglieder der Vereinten Nationen gebunden sind, verfügt über die Möglichkeit, militärische Zwangsmaßnahmen zu ergreifen oder zu solchen zu ermächtigen, um den internationalen Frieden zu wahren oder wiederherzustellen.

b. Der Inhalt des Gewaltverbotes

Adressaten und Schutzobjekte des Gewaltverbotes sind in erster Linie die Staaten[257]. Das Verbot des Art. 2 Ziff. 4 UNO-Charta betrifft dabei nicht nur die auf die Abtrennung eines Gebietsteils gerichtete Gewaltanwendung, sondern umfaßt auch jede gegen die territoriale Unversehrtheit und politische Unabhängigkeit eines Staates gerichtete Gewalt sowie jede Gewaltanwendung, die mit den Zielen der Vereinten Nationen unvereinbar ist[258]. An der Beschränkung des Gewaltverbotes auf die „internationalen Beziehungen" wird deutlich, daß Art. 2 Ziff. 4 UNO-Charta die Gewaltanwendung innerhalb eines Staates grundsätzlich nicht erfaßt[259], so daß das Gewaltverbot in diesem Sinne die staatliche Souveränität schützt[260].

---

tung der Präambel des Briand-Kellogg-Paktes Blumenwitz, Politische Studien, Sonderheft 4/1999, S. 22.

[254] Wehberg, Krieg und Eroberung, S. 49 f.

[255] Als Beispiel hierfür nennt Randelzhofer das Verhalten Chinas und Japans 1931 und 1937 im Mandschureikonflikt, vgl. Simma-Randelzhofer, Art. 2 Ziff. 4 UNO-Charta, Rn. 11. Blumenwitz, Politische Studien, Sonderheft 4/1999, S. 22 nennt als weitere Beispiele für Verstöße gegen den Briand-Kellogg-Pakt den italienischen Angriff auf Abessinien 1935 sowie den deutschen Einmarsch in Polen 1939 und den russischen Einmarsch in Finnland 1939.

[256] Schöbener, KJ 2000, S. 562.

[257] Simma-Randelzhofer, Art. 2 Ziff. 4 UNO-Charta, Rn.28. Art. 2 Ziff. 4 UNO-Charta verbietet die Gewaltanwendung durch die Mitglieder der Vereinten Nationen. Nach Art. 4 UNO-Charta kommen nur Staaten als Mitglieder der Vereinten Nationen in Betracht.

[258] Wengler, Gewaltverbot, S. 37 bezeichnet das Gewaltverbot daher auch als ein Verbot der gewaltsamen Besitzstörung.

[259] Vgl. Simma-Randelzhofer, Art. 2 Ziff. 4 UNO-Charta Rn. 29. Eine Ausnahme hiervon

Von der absoluten Geltung des Gewaltverbotes macht die UNO-Charta zwei Ausnahmen[261]. Zum einen gestattet Art. 51 UNO-Charta die Anwendung von Gewalt zur individuellen und kollektiven Selbstverteidigung im Falle eines „bewaffneten Angriffs" gegen ein Mitglied der Vereinten Nationen. Das Recht zur gewaltsamen Selbstverteidigung nach Art. 51 UNO-Charta besteht als ein Notrecht nur solange, „bis der Sicherheitsrat die zur Wahrung des Weltfriedens und der internationalen Sicherheit erforderlichen Maßnahmen getroffen hat". Diese Einschränkung des Selbstverteidigungsrechts einzelner Staaten leitet zur zweiten und wichtigsten Ausnahme von Art. 2 Ziff. 4 UNO-Charta über, wonach die Androhung und Anwendung von Gewalt im Rahmen von Zwangsmaßnahmen des Sicherheitsrates der Vereinten Nationen zulässig ist. Diesbezügliche Regelungen des „Gewaltmonopols"[262] des Sicherheitsrates finden sich in Kapitel VII UNO-Charta, welches dem Sicherheitsrat verschiedene Möglichkeiten zur Verfügung stellt, Zwangsmaßnahmen unter Einsatz von Waffengewalt vorzunehmen, nachdem er gemäß Art. 39 UNO-Charta eine Bedrohung, einen Bruch des Friedens oder eine Angriffshandlung festgestellt hat und sich gewaltlose Maßnahmen nach Art. 41 UNO-Charta als unzulänglich erwiesen haben. Nach Art. 42 i.V.m. Art. 43 UNO-Charta kann der Sicherheitsrat zunächst eigene Streitkräfte einsetzen, die ihm gemäß Art. 42 Abs. 2 UNO-Charta von den Mitgliedern der Vereinten Nationen zur Verfügung gestellt werden, welche sich zu diesem Zweck zum Abschluß entsprechender Sonderabkommen (Art. 43 Abs.1 UNO-Charta) verpflichten. Da diese Abkommen bislang noch nicht abgeschlossen sind[263] und dem Sicherheitsrat damit keine eigenen Streitkräfte zur Verfügung stehen, kann der Sicherheitsrat von der Möglichkeit der Artt. 42 S. 2 i.V.m. 48 Abs. 1 UNO-Charta Gebrauch machen und die Mitglieder der Vereinten Nationen zur Vornahme militärischer Maßnahmen ermächtigen. Eine solche Ermächtigung zur Durchführung militärischer Zwangsmaßnahmen kann

---

besteht nach überwiegender Ansicht allerdings dann, wenn die Rebellen im Rahmen eines Bürgerkrieges ein sog. „stabilisiertes de facto-Regime" errichtet haben. Vgl. zur Nothilfe zugunsten eines stabilisierten de facto-Regimes unten unter C. III. 1 b (1).

[260] Zur Frage, ob die gewaltsame Unterdrückung eines kolonialen Befreiungskampfes einen Verstoß gegen das Gewaltverbot darstellen kann vgl. 3. Kapitel unter D. VI. 1.

[261] Nach Artt. 107, 53 Abs. 1 S. 2 UNO-Charta stellt die Ausübung von Sonderrechten gegenüber ehemaligen Feindstaaten eine weitere Ausnahme vom Gewaltverbot dar. Diese sog. „Feindstaatenklauseln" gelten mit dem Beitritt der betroffenen Staaten zu den Vereinten Nationen inzwischen als überholt, vgl. Simma-Randelzhofer, Art. 2 Ziff. 4 UNO-Charta, Rn. 37; Simma-Ress, Art. 53 UNO-Charta, Rn. 37.

[262] Eine eingehende Auseinandersetzung mit dem Schlagwort des „Gewaltmonopols" des Sicherheitsrates findet sich bei Schöbener, KJ 2000, S. 569, der vorschlägt, angesichts der Praxis des Sicherheitsrates, einzelne Staaten zu militärischen Maßnahmen zu autorisieren, den Begriff des „Gewaltermächtigungsmonopols" zu wählen.

[263] Zu den Hintergründen vgl. Gading, Menschenrechte, S. 24 f. ; Simma-Frowein, Art. 43 UNO-Charta, Rn. 16.

schließlich nach Kapitel VIII UNO-Charta auch an regionale Abmachungen oder Einrichtungen erteilt werden (Art. 53 Abs. 1 UNO-Charta).
Wegen seiner überragenden Bedeutung für die Friedenssicherung kommt zumindest dem Verbot der Anwendung militärischer Gewalt als Kern des Gewaltverbotes[264] über seine völkervertragsrechtliche Verankerung in Art. 2 Ziff. 4 UNO-Charta hinaus kraft Völkergewohnheitsrechts der Charakter zwingenden Rechts zu[265].
Bei der völkerrechtlichen Einordnung der humanitären Intervention steht dem Gewaltverbot die Verpflichtung der Staaten zum Schutz fundamentaler Menschenrechte gegenüber.

2. *Die Verpflichtung zum Schutz elementarer Menschenrechte*

Der Schutz der Menschenrechte zählt zu den vorrangigen Zielen der Vereinten Nationen, was durch die Erwähnung des Menschenrechtsschutzes in der Präambel, in Art. 1 Ziff. 3, Art. 13 Abs. 1 lit. b), Art. 55 lit. c), Art. 56 und Art. 62 Abs. 2 UNO-Charta deutlich wird. In der Präambel der UNO-Charta bekräftigen die Mitgliedstaaten ihren „Glauben an die Grundrechte des Menschen", nach Art. 1 Ziff. 3 UNO-Charta ist es das Ziel der Vereinten Nationen, „(...) die Achtung vor den Menschenrechten und Grundfreiheiten für alle ohne Unterschied der Rasse, des Geschlechts, der Sprache oder der Religion zu fördern und zu festigen (...)"und Art. 56 UNO-Charta verpflichtet alle Mitgliedstaaten, „gemeinsam und für sich" dieses Ziel anzustreben.
Die UNO-Charta formuliert in den genannten Bestimmungen in erster Linie Ziele und Aufgaben der Organisation bei der Verwirklichung der Menschenrechte[266]. Daß diese Ziele und Aufgaben allerdings nicht nur unverbindliche Prinzipienerklärungen darstellen, sondern den Staaten eine Verpflichtung auferlegen, ergibt sich bereits aus dem Vertragscharakter der UNO-Charta[267] und wird durch zahlreiche UN-Deklarationen und Resolutionen sowie regionale Menschenrechtsabkommen bestätigt, von welchen beispielhaft die „Allgemeine

---

[264] Vgl. zum Gewaltbegriff Simma-Randelzhofer, Art. 2 Ziff. 4 UNO-Charta, Rn. 15 ff.

[265] Vgl. statt vieler Schindler, BerDGVR 26 (1986), S. 13 ff.; Kimminich, AVR 33 (1995), S. 435. Der IGH hat in seinem Nicaragua-Urteil festgestellt, daß das Gewaltverbot des Art. 2 Ziff. 4 UNO-Charta und das völkergewohnheitsrechtliche Gewaltverbot im wesentlichen inhaltlich übereinstimmen: „The Court thus finds that (...) the principles as to use force incorporated in the United nations Charter correspond, in essentials, to those found in customary international law." (ICJ-Reports 1986, S. 98 ff.) Zum Teil wird allerdings bestritten, daß das Gewaltverbot vollumfänglich zum ius cogens zu zählen ist. So soll beispielsweise nach Kadelbach, Zwingendes Völkerrecht, S. 26, nur das Aggressionsverbot - also nur der bewaffnete Angriff - als zwingendes Recht verstanden werden. Vgl. zu dieser Diskussion ausführlich Walter, Vereinte Nationen und Regionalorganisationen, S. 208 ff., der schließlich ebenso wie der IGH zu dem Ergebnis kommt, daß das Gewaltverbot des Art. 2 Ziff. 4 UNO-Charta und das völkergewohnheitsrechtlich Gewaltverbot inhaltlich übereinstimmen(S. 210).

[266] Ebenso Pape, Humanitäre Intervention, S. 33 m.w.N.

[267] Kimminich, Menschenrechte in der Friedensregelung, S. 66. Vgl. auch Art. 26 WVK.

Erklärung der Menschenrechte"[268], die Völkermordkonvention[269] die UN-Menschenrechtspakte[270] und die Europäische Menschenrechtskonvention[271] genannt werden können.
In Anbetracht dessen, daß unter den Begriff der „Menschenrechte" inzwischen eine nahezu unüberschaubare Zahl von Rechten subsumiert wird[272], ist offensichtlich, daß die Einhaltung aller dieser Rechte nicht jedem Staat obliegen kann. Es besteht allerdings in Lehre und Praxis[273] Einigkeit darüber, daß alle Staaten - unabhängig von einer völkervertraglichen Bindung - zur Einhaltung eines unabdingbaren Kernbereichs der Menschenrechte verpflichtet sein sollen, der in der Regel als sog. „humanitärer Mindeststandard" bezeichnet wird[274].
Welche fundamentalen Menschenrechte Gegenstand des humanitären Mindeststandards sein sollen, läßt sich dem geschriebenen Völkerrecht nicht entnehmen. Der humanitäre Mindeststandard läßt sich aber mittelbar den Bestimmungen verschiedener völkerrechtlicher Verträge entnehmen, welche bestimmte Rechte auch unter extremsten Ausnahmesituationen für unabdingbar erklären[275]. So verbietet etwa der den vier Genfer Konventionen vom 12. August 1949[276] ge-

---

[268] „Universal Declaration of Human Rights", General Assembly Resolution 217 A (III) vom 10.12.1948.

[269] „Konvention über die Verhütung und Bestrafung von Völkermord" vom 09.12.1948, BGBl. 1954 II, S. 729.

[270] „Internationaler Pakt über bürgerliche und politische Rechte" (IPBPR) vom 19.12.1966, BGBl. 1973 II, S. 1533; „Internationaler Pakt über wirtschaftliche, soziale und kulturelle Rechte" (IPWSKR) vom 19.12.1966, BGBl. 1973 II, S. 1569.

[271] Europäische Konvention zum Schutz der Menschenrechte und Grundfreiheiten (EMRK) vom 04.11.1950, BGBl. 1952 II, S. 684, 953; 1968 II, S. 1111, 1120; 1989 II, 546; Stand: 31.12.1998.

[272] Isensee, JZ 1995, S. 426 beschreibt die Menschenrechte als „zu diffus, zu aufgebläht, zu heterogen, zu verschiedenartig, zu umstritten, um unbesehen als Interventionstitel dienen zu können." Vgl. die Übersicht über die universellen und regionalen Menschenrechtsabkommen sowie die Menschenrechtsnormen des humanitären Völkerrechts bei Pape, Humanitäre Intervention, S. 32 ff.

[273] Bereits im Korfu-Kanal-Fall hat der IGH angedeutet, daß es menschenrechtliche Verpflichtungen gibt, die unabhängig von einem konkreten völkerrechtlichen Vertrag auf grundlegenden humanitären Erwägungen beruhen und deshalb absolute Geltung beanspruchen können (ICJ Rep. 1949, S. 22). Der Inhalt dieser grundlegenden Menschenrechte wird vom IGH in der Entscheidung Barcelona Traction konkretisiert. Als Menschenrechte, deren Beachtung eine Verpflichtung erga omnes darstelle, nennt der IGH hier beispielhaft das Verbot des Völkermordes, Prinzipien und Regeln betreffend die menschliche Person, insbesondere Schutz vor Sklaverei und Rassendiskriminierung (ICJ Rep. 1970, S. 32 para. 34).

[274] Vgl. statt vieler Blanke, AVR 36 (1998), S. 261; Pape, Humanitäre Intervention, S. 63; Pauer, Humanitäre Intervention, S. 16.

[275] Vgl. Bartl, Humanitäre Intervention, S. 64 f.

[276] I. Genfer Abkommen zur Verbesserung des Loses der Verwundeten und Kranken der Streitkräfte im Felde, BGBl. 1954 II, S. 783; II. Genfer Abkommen zur Verbesserung des

meinsame Art. 3 Ziff. 1 lit. a) „jederzeit und überall" Angriffe auf das Leben und die Person, namentlich Tötung jeder Art, Verstümmelung, grausame Behandlung und Folterung für alle Fälle des bewaffneten Konflikts. Auch Art. 15 Abs. 3 der Europäischen Menschenrechtskonvention (EMRK)[277] und Art. 27 Abs. 3 der Charta von San José [278] erklären Menschenrechte, die im Zusammenhang mit dem Schutz des Lebens stehen, auch in Notstandssituationen für zwingend.

Aus diesen Bestimmungen läßt sich schließen, daß Menschenrechte, die den Schutz des Lebens zum Gegenstand haben, unabhängig von politischen und religiösen Denkweisen und Systemen Geltung beanspruchen können und insofern eine „konsensfähige Substanz"[279] des Menschenrechtsschutzes darstellen.

Gegenstand des „humanitären Mindeststandards" sind deshalb nach einhelliger Auffassung[280] zumindest die folgenden Rechte:

> Das Recht auf Leben, das Recht auf körperliche Unversehrtheit, das Recht, nicht gefoltert oder einer anderen unmenschlichen und entwürdigenden Behandlung unterworfen zu werden, das Recht, nicht in Sklaverei oder Knechtschaft gehalten zu werden sowie das Recht, nicht aus rassistischen, weltanschaulichen oder ähnlichen Gründen diskriminiert oder verfolgt zu werden[281].

Diese fundamentalen Menschenrechte haben den Charakter zwingenden Rechts[282] und zählen zu den allgemeinen Rechtsgrundsätzen im Sinne von Art.

Loses der Verwundeten, Kranken und Schiffbrüchigen der Streitkräfte zur See, BGBl. 1954 II, S. 813; III. Genfer Abkommen über die Behandlung von Kriegsgefangenen, BGBl. 1954 II, S. 838; IV. Genfer Abkommen zum Schutze von Zivilpersonen in Kriegszeiten, BGBl. 1954 II, S. 917, berichtigt 1956 II, S. 1586.

[277] Konvention zum Schutz der Menschenrechte und Grundfreiheiten vom 04.11.1950, BGBl. 1952 II, S. 685, 953.

[278] American Convention on Human Rights vom 22.11.1969, deutsche Übersetzung in EuGRZ 1980, S. 435.

[279] Isensee, JZ 1995, S. 426,

[280] Vgl. statt vieler Pape, Humanitäre Intervention, S. 63; Pauer, Humanitäre Intervention, S. 16 ff.; Blanke, AVR 36 (1998), S. 261; Isensee, JZ 1995, S. 426; Kälin, BerDGVR 33 (1994), S. 39 f.; Uerpmann, La primauté des droits de l'homme, S. 13. Der genannte „humanitäre Mindeststandard" entspricht schließlich auch dem Entwurf zur Staatenverantwortlichkeit der International Law Commission (ILC). Art. 19 Abs. 3 des Entwurfs zählt als Beispiele völkerrechtlicher Verbrechen, deren Begehung die Verletzung einer erga omnes-Pflicht darstelle, das Aggressionsverbot (Art. 19 Abs. 3 a) und das Verbot der Sklaverei, des Völkermordes sowie der Apartheid (Art. 19 Abs. 3 c) auf. Vgl. hierzu Gading, Menschenrechte, S. 137.

[281] Da diese Menschenrechte letztlich alle der Bewahrung des menschlichen Lebens dienen reduziert Bartl, Humanitäre Intervention, S. 65 den „humanitären Mindeststandard" auf das Recht auf Leben und das Recht auf körperliche Unversehrtheit, welche im Folterverbot und im Verbot der Sklaverei lediglich eine konkrete Ausprägung erfahren sollen.

[282] Vgl. statt vieler Pauer, Humanitäre Intervention, S. 16 f.; Gading, Menschenrechte, S. 147

38 Abs. 1 lit. c IGH-Statut[283]. Die Bedeutung der fundamentalen Menschenrechte für die Friedensordnung wird durch das am 17. Juli 1998 beschlossene „Statut des Internationalen Strafgerichtshofes (IntStGH) zur Ahndung von Völkermord, Verbrechen gegen die Menschlichkeit und Kriegsverbrechen“[284] bestätigt.
An die Feststellung, daß den genannten fundamentalen Menschenrechten der Charakter zwingenden Rechts zukommt, schließt sich die Frage an, welche Konsequenzen sich hieraus für die Rechtsdurchsetzung ergeben.

3. Die Durchsetzung der fundamentalen Menschenrechte

a. Die Einordnung von ius cogens und erga omnes-Pflichten

Art. 53 S. 2 der Wiener Vertragsrechtskonvention (WVK)[285] definiert zwingende Normen des Völkerrechts als solche, die von der internationalen Staatengemeinschaft in ihrer Gesamtheit als Normen angenommen und anerkannt werden, von denen nicht abgewichen werden darf und die nur durch eine spätere Norm derselben Rechtsnatur geändert werden können. Ziel der Festlegung von ius cogens ist es also, höherrangige Werte und Interessen der Staatengemeinschaft zu schützen[286]. Dieselbe Zielsetzung verfolgt die Schaffung der sogenannten Pflichten erga omnes. Der Internationale Gerichtshof hat in einem obiter dictum im Barcelona-Traction-Fall festgestellt, daß es neben den vertraglichen Verpflichtungen zwischen Staaten Verpflichtungen gebe, die in Bezug auf die Staatengemeinschaft insgesamt bestünden und an deren Schutz alle Staaten ein rechtliches Interesse hätten. Diese seien Verpflichtungen erga omnes[287]. Beispielhaft zählt der Internationale Gerichtshof das Verbot des Völkermordes, das Verbot der Sklaverei und das Verbot, einer menschenunwürdigen Behandlung unterworfen zu werden auf[288]. Aus dieser Feststellung läßt sich folgern, daß zwingende Normen des Völkerrechts immer auch eine gegenüber der Staatengemeinschaft insgesamt bestehende Verpflichtung erga omes darstellen, da es widersprüchlich erscheint, wenn bei der Verletzung einer Norm, die für die

---

ff.; Kadelbach, Zwingendes Völkerrechts, S. 286 ff.; Doehring, Völkerrecht, Rn. 1014; Delbrück, Die Friedenswarte 74 (1999), S. 139, 153.

283 So Pauer, Humanitäre Intervention, S. 17.

284 Die vorläufige amtliche Übersetzung des Statuts findet sich in EuGRZ 1998, S. 618 ff.

285 „Wiener Übereinkommen über das Recht der Verträge“ vom 23.05.1969; BGBl. 1985 II, S. 926.

286 Vgl. Dahm, Völkerrecht, S. 17.

287 ICJ-Reports 1970, S. 32.

288 Vgl. ICJ-Reports 1970, S. 32: „Such obligations [erga omnes] derive , for example, in contemporary international law, from the outlawing of acts of aggression, and of genocide, as also from the principles and rules concerning the basic rights of the human person, including protection from slavery and racial discrimination“.

Staatengemeinschaft so wichtig ist, daß sie als „zwingend“ bezeichnet wird, die internationale Verantwortung nur zwischen dem Verletzerstaat und dem unmittelbar geschädigten Staat entstehen soll[289]. Für die oben genannten Menschenrechte des „humanitären Mindeststandards“ hat dies zur Folge, daß ihre Beachtung eine Rechtspflicht darstellt, die gegenüber der Staatengemeinschaft insgesamt besteht.

Daraus folgt aber nicht zwangsläufig die Befugnis jedes Staates, die Beachtung fundamentaler Menschenrechte militärisch zu erzwingen[290], weil die Durchsetzung des „humanitären Mindeststandards“ grundsätzlich nur im Rahmen der von der UNO-Charta vorgesehenen Regelungen erfolgen kann[291]. Hier setzt das Gewaltverbot des Art. 2 Ziff. 4 UNO-Charta der Rechtsdurchsetzung durch einzelne Staaten oder Staatenverbände eine für die Zulässigkeit der humanitären Intervention entscheidende Grenze, weshalb in der Diskussion um die Zulässigkeit der humanitären Intervention vielfach von einem „Spannungsverhältnis“ zwischen Gewaltverbot und Menschenrechtsschutz die Rede ist, das durch eine Güterabwägung zu lösen sei[292]. Der Begriff des „Spannungsverhältnisses“ macht allerdings nicht deutlich, daß sich Gewaltverbot und Menschenrechtsschutz in ihrer rechtlichen Qualität unterscheiden. Während der Menschenrechtsschutz der Staatengemeinschaft einen generellen Auftrag erteilt, ohne für die Durchführung dieses Auftrags ein bestimmtes Mittel vorzusehen, verbietet das Gewaltverbot gerade ein bestimmtes Mittel bei der Unterhaltung der internationalen Beziehungen[293]. Der Begriff des „Prinzipien- oder Interessenkonflikts“ beschreibt daher zutreffender als der des „Spannungsverhältnisses“ die Beziehung von Gewaltverbot und Menschenrechtsschutz zueinander, weil er die Frage nach der Zulässigkeit der humanitären Intervention nicht auf die Alternative „Menschen-

---

289 Vgl. Gading, Menschenrechte, S. 148 f. mit Verweis auf die entsprechende Kommentierung der ILC zu Art. 19 des ILC-Entwurfs zur Staatenverantwortlichkeit in: ILC Yearbook 1976 Bd. II 2, S. 102.

290 So auch das Urteil des IGH im Barcelona-Traction-Fall, in welchem es heißt, daß „on the universal level, the instruments which embody human rights do not confer on the states the capacity to protect the victims of infringements of such rights irrespective of their nationality.“ (ICJ Reports 1970, S. 4) Vgl. hierzu Frowein, Verpflichtungen erga omnes, S. 250 sowie Bryde, BerDGVR 33 (1994), S. 172, der in diesem Zusammenhang feststellt: „Die Entwicklung von Völkerrecht erfolgt viel zu unsystematisch, als daß der Schluß vom Zweck auf die Mittel zulässig wäre. Aus der Bedeutung des Menschenrechtsschutzes einerseits, den Mängeln kollektiver Rechtswahrung andererseits folgt nicht zwingend die Einsetzung von Staaten als Ersatzsanktionsorgane.“

291 Daneben sehen einzelne Menschenrechtsabkommen vertragliche Durchsetzungsmechanismen vor (vgl. den Überblick bei Kälin, BerDGVR 33 (1994), S. 13 f.), auf welche es hier aber nicht ankommt, da die vertraglichen Durchsetzungsmechanismen nicht die Gewaltanwendung beinhalten.

292 Vgl. etwa Tomuschat, Die Friedenswarte 74 (1999), S. 34 f.

293 Vgl. auch Schöbener, KJ 2000, S. 565.

rechte oder Territorium" begrenzt[294], sondern deutlich macht, daß sich mit dem Gewaltverbot und dem Menschenrechtsschutz in normtheoretischer Hinsicht Prinzipien und Verfahrensregeln gegenüberstehen[295]. Dieser Konflikt ist durch praktische Konkordanz zu lösen[296]. Das hat für die rechtliche Beurteilung der humanitären Intervention zur Folge, daß das Gewaltverbot im konkreten Fall im Lichte des Menschenrechtsschutzes auszulegen ist, wobei versucht werden muß, beiden Prinzipien Rechnung zu tragen[297].

b. Die Durchsetzung fundamentaler Menschenrechte auf einzelstaatlicher Ebene

Einzelnen Staaten eröffnet die rechtliche Einordnung fundamentaler Menschenrechte als Verpflichtungen erga omnes zunächst die Möglichkeit, einen Staat, der diese Rechte verletzt, durch gewaltlose Sanktionen zur Beachtung des „humanitären Mindeststandards" zu bewegen[298]. Das Interventionsverbot steht solchen Maßnahmen nicht entgegen, weil fundamentale Menschenrechte mit ihrer Qualifikation als erga omnes-Pflichten dem Bereich der domaine reservée entzogen sind[299]. Auch die zunehmende Bereitschaft einzelner Staaten, im Ausland begangene Menschenrechtsverletzungen vor den nationalen Gerichten zu ver-

---

[294] Vgl. Nolte, ZaöRV 59 (1999), S. 943, der unter Verweis auf eine Rede des UN-Generalsekretärs Annan die Entscheidung zwischen Menschenrechtsschutz und Gewaltverbot als eine Entscheidung zwischen den „Werten und den Verfahrensregeln der internationalen Gemeinschaft" versteht.

[295] Dazu ausführlich Schöbener, KJ 2000, S. 564 f. Vgl. zur dogmatischen Einordnung der menschenrechtlichen Gewährleistungen ferner Kälin, BerDGVR 33 (1994), S. 36 f. Uerpmann, La primauté des droits de l'homme, S. 1 f. beschreibt die Diskussion um die humanitäre Intervention - unter Bezugnahme auf Alexy, Grundrechte, S. 75 ff. - als einen Konflikt zwischen Regeln (règles) und Prinzipien (principes). Während ein Verstoß gegen eine Regel ein Verhalten unzulässig mache, enthielten die Prinzipien Optimierungsgebote, die so weit wie möglich zu verwirklichen seien.

[296] Blumenwitz, Politische Studien, Sonderheft 4/1999, S. 30 f.; Klein/Schmahl, Recht und Politik 35 (1999), S. 203.

[297] Zum Prinzip der praktischen Konkordanz im nationalen Verfassungsrecht vgl. Hesse, Grundzüge des Verfassungsrechts, Rn. 317 ff. sowie Blumenwitz, Politische Studien, Sonderheft 4/1999, S. 30: „Praktische Konkordanz bedeutet, daß Volksgruppenschutz und Gewaltverbot einander so zuzuordnen sind, daß jedes der genannten Prinzipien Wirklichkeit gewinnt. Es darf nicht in einer vorschnellen Güterabwägung das eine Rechtsgut auf Kosten des anderen realisiert werden. Gewaltverbot und Menschen- bzw. Minderheitenschutz müssen, z.B. auch im Extremfall der ethnischen Säuberung, Grenzen gezogen werden, damit beide Rechtsgüter zu optimaler Wirksamkeit gelangen können. Die Grenzziehung muß im Einzelfall verhältnismäßig sein: sie darf nicht weiter gehen, als es notwendig ist, um die Konkordanz beider Rechtsgüter herzustellen."

[298] Vgl. statt vieler Klein/Schmahl, Recht und Politik 35 (1999), S. 201.

[299] Lange, EuGRZ 1999, S. 315. Schorlemer, Internationale Politik 2000, S. 45.

folgen, verspricht einen effektiven Schutz fundamentaler Menschenrechte durch Maßnahmen einzelner Staaten[300].

Eine über diese gewaltlosen Maßnahmen hinausgehende Befugnis einzelner Staaten zur humanitären Intervention könnte allenfalls dann bestehen, wenn die UNO-Charta keine Möglichkeiten vorsieht, einen wirksamen Schutz der Menschenrechte des humanitären Mindeststandards notfalls auch mit militärischen Mitteln zu gewährleisten und wenn deshalb eine Lücke im Menschenrechtsschutz besteht.

c. Die Durchsetzung fundamentaler Menschenrechte auf der Ebene der Vereinten Nationen

Für die Durchsetzung der fundamentalen Menschenrechte im Rahmen der von der UNO-Charta vorgesehenen Verfahrensregeln kommt der Vorschrift des Art. 39 UNO-Charta eine entscheidende Bedeutung zu. Zwangsmaßnahmen des Sicherheitsrates als Ausnahme vom Gewaltverbot setzten nach Art. 39 UNO-Charta zunächst die Feststellung voraus, daß eine Situation einen Bruch des Friedens, eine Bedrohung des Friedens oder eine Angriffshandlung darstellt.

Diese unbestimmten Rechtsbegriffe des Art. 39 UNO-Charta sind einer Auslegung durch den Sicherheitsrat zugänglich, was vor allem für den am weitesten gefaßten Begriff der „Friedensbedrohung" gilt[301]. Die rechtliche Einordnung der Einhaltung der fundamentalen Menschenrechte als Verpflichtung erga omnes kann dem Sicherheitsrat die Möglichkeit eröffnen, bei der Auslegung des Beg-

---

[300] Vgl. in diesem Zusammenhang die Pinochet-Entscheidung des „House of Lords" (dazu: Bank, ZaöRV 59 (1999), S. 677 ff, der zwar die Auswirkungen der Entscheidung als gering bewertet, jedoch feststellt: „Immerhin mag die Entscheidung auch als Zeichen der wachsenden Bereitschaft in den Mitgliedstaaten der zum Schutz gegen die Folter geschaffenen Konventionen gewertet werde, ihre vertraglichen Verpflichtungen zum Schutz gegen Folter zu erfüllen.") sowie die „Völkermord"-Entscheidung des Bundesgerichtshofes vom 30.04.1999, in: NStZ 1999, S. 396. Der BGH verurteilte einen serbischen Staatsangehörigen aufgrund des Vorwurfs der aktiven Unterstützung der von Serbien zu Beginn der 90er Jahre in Bosnien-Herzegowina durchgeführten „ethnischen Säuberungen" wegen Völkermordes i.S.v. § 220 a StGB in Tateinheit mit Mord in 30 Fällen zu lebenslanger Haft. Das Weltrechtsprinzip des § 6 StGB ermächtigt die deutsche Strafgerichtsbarkeit zur Ahndung von Straftaten, die im Ausland gegenüber einem Ausländer begangen wurden. In seiner bisherigen Rechtsprechung hatte der BGH auch für unter das Weltrechtsprinzip fallende Straftaten wegen des völkerrechtlichen Nichteinmischungsprinzips einen Inlandsbezug gefordert, um die Zuständigkeit deutscher Gerichte zu begründen. Die Entscheidung von 1999 stellt insofern eine Abkehr von dieser bisherigen Rechtsprechung dar, als sie die Feststellung eines inländischen Anknüpfungspunktes im Bereich der fundamentalen Menschenrechte für entbehrlich hält. Vgl. zu dieser Entscheidung auch FAZ vom 29.04.1999, S. 5 und FAZ vom 04.05.1999, S. 5. Zur Sanktionierung von Menschenrechtsverletzungen mittels des Weltrechtsprinzips vgl. schließlich allgemein Pape, Humanitäre Intervention, S. 67.

[301] Vgl. Herdegen, Sicherheitsrat, S. 115 sowie die Feststellung von Kelsen, wonach „(...) threat to peace, breach of peace allow a highly subjective interpretation.", zitiert nach Simma-Frowein, Art. 39 UNO-Charta Rn. 17 (Fn. 37). Vgl. ferner Stein, Sicherheitsrat, S. 111 ff.

riffs „Friedensbedrohung“ sein Ermessen zugunsten des Menschenrechtsschutzes zu gebrauchen und infolgedessen militärische Zwangsmaßnahmen zu ergreifen oder zu solchen zu ermächtigen[302]. Das Interventionsverbot steht dem nicht entgegen, da Art. 2 Ziff. 7 UNO-Charta Maßnahmen des Sicherheitsrates zur Wahrung des Weltfriedens vom Interventionsverbot ausdrücklich ausnimmt. Eine weite Auslegung des Begriffs der „Friedensbedrohung“ setzt allerdings voraus, daß Art. 39 UNO-Charta den Tätigkeitsbereich des Sicherheitsrates nicht nur für solche Situationen eröffnet, in denen die nach Art. 2 Ziff. 4 UNO-Charta verbotene zwischenstaatliche Gewaltanwendung eine „Friedensbedrohung“ darstellt[303]. Während das Gewaltverbot nur in den internationalen Beziehungen zur Anwendung gelangt und dadurch den Frieden in erster Linie durch die Abwesenheit von Krieg sichern will (sog. restriktiver oder negativer Friedensbegriff[304]) kann über Art. 39 UNO-Charta die Erkenntnis berücksichtigt werde, daß Frieden inzwischen als „gute Ordnung“ verstanden werden muß, die den Völkern und Menschen angemessene Existenzbedingungen gewährleistet[305] (sog. weiter oder positiver Friedensbegriff[306]).

Die Zulässigkeit einer solchen weiten Auslegung des Art. 39 UNO-Charta, durch welche auch innerstaatliche Konflikte eine „Friedensbedrohung“ darstellen können, wird inzwischen überwiegend anerkannt[307] und auch durch die neuere Praxis des Sicherheitsrates[308] bestätigt[309]. Zwar ist im einzelnen umstritten,

---

[302] Blumenwitz, APuZ 47 (1994), S. 7.

[303] Zum Verhältnis von Art. 2 Ziff. 4 UNO-Charta zu Art. 39 UNO-Charta vgl. Bartl, Humanitäre Intervention, S. 205 ff.;

[304] Vgl. dazu Simma-Frowein, Art. 39 UNO-Charta, Rn. 562; Stein, Sicherheitsrat, S. 118 f.

[305] Blumenwitz, APuZ 47 (1994), S. 8.

[306] Der positive bzw. weite Friedensbegriff beinhaltet demnach auch freundschaftliche Beziehungen zwischen den Staaten und andere materielle Werte. Vgl. Simma-Frowein, Art. 39 UNO-Charta Rn. 6; Stein, Sicherheitsrat, S. 119 f.; Gading, Menschenrechte, S. 83.

[307] Vgl. statt vieler Simma-Frowein, Art. 39 UNO-Charta Rn. 16 ff; Ipsen, Völkerrecht, S. 506; Walter, Vereinte Nationen und Regionalorganisationen, S. 249; Pape, Humanitäre Intervention, S. 128; Pauer, Humanitäre Intervention, S. 82 mit weiteren Nachweisen. Das Ermessen des Sicherheitsrates bei der Auslegung der „Friedensbedrohung“ besteht allerdings nicht unbegrenzt. Vgl. dazu Herdegen, Sicherheitsrat, S. 119, wonach sich „ (...) bei evidenten Abweichungen von gesicherten Wertungen der UNO-Charta oder bei groben fehlerhaften Einschätzungen von Tatsachenmaterial“ die Frage nach der Unwirksamkeit von Resolutionen des Sicherheitsrates stellt. Kritisch auch Murswiek, Der Staat 1996, S. 42: „Die Loslösung des Friedensbegriffs aus seiner zwischenstaatlichen Dimension beraubt ihn jeder inhaltlichen Korrektur und macht Art. 39 SVN zu einer Blankoermächtigung für fast beliebige Interventionen. Das einzige Korrektiv, das dem Mißbrauch entgegenstünde, wäre die Zusammensetzung des Sicherheitsrats und das Vetorecht der ständigen Mitglieder.“

[308] Zur Bedeutung der Praxis des Sicherheitsrates bei der Auslegung der UNO-Charta vgl. Bartl, Humanitare Intervention, S. 98 ff.; Stein, Sicherheitsrat, S. 89 ff.

[309] Vgl. die ausführliche Darstellung und Bewertung der Praxis des Sicherheitsrates im Irak, in Jugoslawien, in Somalia, in Ruanda und in Haiti bei Stein, Sicherheitsrat, S. 161 ff. und

ob in den häufig als Präzedenzfälle herangezogenen Konflikten im Irak[310] und in Somalia[311] allein die innerhalb dieser Staaten begangenen Menschenrechtsverletzungen zu der Feststellung einer Friedensbedrohung durch den Sicherheitsrat führten, oder ob diese Feststellung getroffen wurde, weil die innerstaatliche Gewaltanwendung durch Flüchtlingsströme grenzüberschreitende Wirkung zeigte (Irak) beziehungsweise weil keine Regierung existierte, die effektive staatliche Macht ausübte (Somalia)[312]. Die Praxis des Sicherheitsrates macht aber zumin-

---

bei Pape, Humanitäre Intervention, S. 155 ff. Vgl. ferner Murswiek, Der Staat 1996, S. 34 ff. Bereits vor dem Ende des Kalten Krieges hatte der Sicherheitsrat anläßlich der Konflikte in Südrhodesien und Südafrika die Möglichkeit einer weiten Auslegung des Begriffs der „Friedensbedrohung" ergriffen. In Resolution 253 vom 29.05.1968 verurteilte der Sicherheitsrat auf der Grundlage von Kapitel VII UNO-Charta „(...) all measures of political repression, including arrests, detensions, trials and executions which violate fundamental freedoms and rights of the people of Southern Rhodesia" und rief die britische Regierung auf „to take all possible measures to put an end to such actions (...)". In Resolution 418 vom 04.11.1977 verhängte der Sicherheitsrat ein Waffenembargo gegen Südafrika, mit der Begründung, daß die im Zusammenhang mit der Apartheidspolitik stehende Aufrüstung Südafrikas eine Friedensbedrohung darstelle. Vgl. hierzu Blumenwitz, APuZ 47 (1994), S. 8 und Pape, Humanitäre Intervention, S. 159 ff.

[310] Nach der Niederlage Iraks im Golfkrieg kam es zu Aufständen der kurdischen Bevölkerung im Norden des Irak und der schiitischen Bevölkerung im Süden gegen das Regime von Saddam Hussein. Die Unruhen wurden gewaltsam niedergeschlagen und das irakische Militär begann mit einer brutalen Unterdrückungskampagne gegen die Aufständischen, in deren Folge Hunderttausende Kurden und Schiiten aus dem Irak flohen. Am 05.04.1991 verabschiedete der Sicherheitsrat daraufhin die Resolution 688, in welcher er die sofortige Beendigung der Unterdrückungsmaßnahmen und die Zugangsgewährung für internationale Hilfsorganisationen forderte. Die Resolution 688 nahm zwar nicht ausdrücklich auf Kapitel VII UNO-Charta Bezug, war aber in der Terminologie des Art. 39 UNO-Charta abgefaßt. Eine ausdrückliche Ermächtigung zur Anwendung militärischer Gewalt enthielt die Resolution nicht. Unmittelbar im Anschluß an die Verabschiedung der Resolution lief eine internationale Hilfsaktion zum Schutz der Kurden an. Im Rahmen der von den USA geleiteten „Operation Provide Comfort" wurde der Nordirak besetzt und es wurden Schutzzonen errichtet, in welche die kurdischen Flüchtlinge zurückkehren konnten. In Reaktion auf das Vorgehen der Alliierten, wurde die UNO aktiv und vermittelte ein am 18. April 1991 abgeschlossenes „Memorandum of Understanding" (ILM 1991, S. 860 ff.), in welchem der Irak seine Zustimmung zu humanitären Hilfsaktionen gab.

[311] In Resolution 794 vom 03.12.1992 stellte der Sicherheitsrat fest, daß die menschliche Tragödie, welche in Somalia durch die Behinderung der Verteilung von Hilfsgütern bewirkt wurde, eine Bedrohung des Weltfriedens und der internationalen Sicherheit darstelle. Im operativen Teil der Resolution 794 ermächtigte der Sicherheitsrat den UN-Generalsekretär und die UN-Mitgliedstaaten, „ (...) to use all necessary means to establish as soon as possible a secure environment for humanitarian relief operations in Somalia."

[312] Vgl. zur Diskussion um die Bedeutung der Resolutionen 688 und 794 für eine weite Auslegung des Begriffs der Friedensbedrohung Blumenwitz, APuZ 47 (1994), S. 3 ff.; ders. Humanitäre Intervention bei schweren Verletzungen von Volksgruppenrechten, S. 70 ff.; Greenwood, EA 1993, S. 93 ff.; Pape, Humanitäre Intervention, S. 168 ff., S. 183 ff.; Bartl, Humanitäre Intervention, S. 117 ff., 127 ff.; Walter, Vereinte Nationen und Regionalorganisationen, S. 248 ff.; Murswiek, Der Staat 1996, S. 34 ff.

dest deutlich, daß bei der Auslegung des Begriffs der „Friedensbedrohung" Menschenrechtsverletzungen innerhalb eines Staates berücksichtigt werden können und daß der Sicherheitsrat folglich auch die Möglichkeit besitzt, auf der Grundlage von Kapitel VII UNO-Charta Waffengewalt anzuwenden, um schwere Menschenrechtsverletzungen zu beenden[313].
Im Kosovo-Konflikt hat der Sicherheitsrat ebenfalls von einer extensiven Auslegung des Begriffs der Friedensbedrohung Gebrauch gemacht und festgestellt, daß „die Verschlechterung der Situation im Kosovo"[314] bzw. „die ungelöste Situation in Kosovo"[315] eine Friedensbedrohung darstelle.

d. Bewertung

Angesichts der soeben aufgezeigten Auslegungsmöglichkeit des Art. 39 UNO-Charta beinhalten die Bestimmungen der UNO-Charta zumindest keine rechtliche Lücke bei der Durchsetzung fundamentaler Menschenrechte, so daß eine selbständige Befugnis einzelner Staaten, im Wege der humanitären Intervention Menschenrechtsverletzungen zu beenden, verneint werden muß.
Es stellt sich allerdings die Frage, ob dieses Ergebnis auch dann gelten kann, wenn innerhalb eines Staates zwar fundamentale Menschenrechtsverletzungen begangen werden, der Sicherheitsrat aber keine militärischen Zwangsmaßnahmen ergreift und deshalb eine faktische Lücke bei der Durchsetzung fundamentaler Menschenrechte besteht. Die Gegner einer humanitären Intervention lehnen auch in einem solchen Fall die Befugnis einzelner Staaten, mit Gewalt in einen innerstaatlichen Konflikt einzugreifen ab, da sie befürchten, daß unter Berufung auf angebliche Menschenrechtsverletzungen Militäreinsätze durchgeführt werden könnten und daß die humanitäre Intervention auf diesem Wege als Instrument der Machtpolitik mißbraucht werden könnte[316]. An der umfassenden Geltung des Gewaltverbotes sei daher aus Gründen der Rechtssicherheit auch auf die Gefahr hin festzuhalten, daß in Einzelfällen gegen massive Menschenrechtsverletzungen nicht wirksam vorgegangen werden könne.
Im Kosovo-Konflikt ist eine solche unbedingte Beachtung des Gewaltverbotes von den NATO-Staaten jedoch als politisch untragbar empfunden worden. Angesichts der Menschenrechtsverletzungen, denen die Kosovo-Albaner ausgesetzt waren, betrachteten sie es als eine moralische Verpflichtung[317], zum Schutz der

---

[313] Vgl. statt vieler Lillich, ZaöRV 53 (1993), S. 574; Greenwood, EA 1993, S. 93 ff.

[314] So der Wortlaut der Resolution 1199 vom 23.09.1998 in: Internationale Politik 5/1999, S. 88 ff.

[315] So der Wortlaut der Resolution 1203 vom 24.10.1998 in: Internationale Politik 5/1999, S. 93 ff.

[316] Vgl. statt vieler Malanczuk, Humanitarian Intervention, S. 30; Hailbronner, BerDGVR 26 (1986), S. 49 ff.

[317] Vgl. etwa die Erklärung des Europäischen Rates zu Kosovo vom 25. April 1999, in: Internationale Politik 5/1999, S. 121 sowie eine entsprechende Aussage des NATO-Generalsekretärs Solana, wonach die Beendigung der humanitären Katastrophe im Kosovo

Kosovo-Albaner auch ohne ein entsprechendes Mandat militärische Gewalt anzuwenden.
Die politischen und rechtlichen Argumente der am Kosovo-Einsatz beteiligten Staaten sollen in den folgenden Abschnitten zunächst dargestellt (unter B.) und anschließend einer rechtlichen Bewertung unterzogen werden (unter C.).

G. Die Rechtspositionen der NATO-Staaten

Die am Kosovo-Einsatz beteiligten NATO-Staaten haben sich zu den völkerrechtlichen Grundlagen ihrer militärischen Intervention entweder nur zurückhaltend oder gar nicht geäußert[318], so daß eine anhand des Völkerrechts überprüfbare Rechtsposition dieser Staaten auch durch eine Auslegung der politischen Erklärungen ermittelt werden muß[319]. Die Zulässigkeit dieser Vorgehensweise ergibt sich mittelbar aus Art. 38 Abs. 1 lit. b) IGH-Statut, da grundsätzlich alle Verhaltensweisen von Staaten im rechtlichen und faktischen Bereich, sowohl als Staatenpraxis als auch als Ausdruck einer Rechtsüberzeugung, zum Nachweis bestehenden Völkerrechts geeignet sind[320].

I. Die Position der NATO als internationale Organisation

Der NATO-Rat diskutierte die Rechtsgrundlage einer militärischen Intervention im Kosovo bereits am 9. Oktober 1998 im Rahmen des Beschlusses der Aktivierungsanordnung. Der damalige NATO-Generalsekretär Solana faßte die Ergebnisse dieser Diskussion am darauffolgenden Tag zusammen. Danach sollte sich die rechtliche Zulässigkeit der NATO-Intervention aufgrund folgender Argumente ergeben: Die BRJ habe die dringliche Forderungen der internationalen Gemeinschaft trotz der auf Kapitel VII der UNO-Charta gestützten Resolutionen 1160 und 1199 des Sicherheitsrates nicht erfüllt. Der eindeutige Bericht des UN-Generalsekretärs zu den beiden Resolutionen habe vor der Gefahr einer humanitären Katastrophe gewarnt und diese humanitäre Notlage halte wegen der Weigerung der BRJ, Maßnahmen zu einer friedlichen Lösung zu ergreifen, unvermindert an. Da in absehbarer Zeit keine weitere Resolution des Sicherheitsrates, die Zwangsmaßnahmen im Hinblick auf das Kosovo vorsehe, zu erwarten sei und zudem die Resolution 1199 unmißverständlich die Lage im Kosovo als

---

eine „moralische Pflicht“ darstelle (FAZ vom 25.03.1999, S. 1).Vgl. zur Position Frankreichs auch die Äußerung von Staatspräsident Chirac, wonach sich durch den NATO-Einsatz die Gerechtigkeit gegenüber der Barbarei durchsetzen müsse; FAZ vom 08.04.1999, S. 5.

[318] Die damalige US-amerikanische Außenministerin Albright erklärte dementsprechend am 08.10.1998 gegenüber der Presse, sie denke gar nicht daran, völkerrechtliche Fragen im Detail zu beantworten. Vgl. den Nachweis bei Guicherd, Survival ,1999, S. 26.

[319] Vgl. zu den Positionen der NATO-Staaten auch Hobe, FS Schiedermair, S. 819 ff.

[320] Vgl. Jenning/Watts, Oppenheim`s International Law Vol. I § 10, S. 26; Strupp-Schlochauer, Wörterbuch III, S. 769 mit einer Aufzählung möglicher Indikatoren für eine Staatenpraxis.

eine ernsthafte Friedensbedrohung qualifiziere, sei in dieser außergewöhnlichen Krisenlage die Drohung mit Gewalt und der Einsatz von Gewalt durch die NATO gerechtfertigt[321].
In späteren Stellungnahmen äußerte Solana weiterhin, daß es sich bei der Intervention der NATO im Kosovo um keinen Krieg im klassischen Sinne handele. Die NATO wolle kein Land besetzen, keine Rohstoffe sichern und keine neuen Handlungswege öffnen. Der Krieg im Kosovo werde um Werte und um die Verfassung jenes Europas geführt, in dem die Menschen im 21. Jahrhundert leben würden. Solana erklärte daher: „(...) ich bin überzeugt, dies ist ein gerechter Krieg.“[322] Die NATO hege keine Feindschaft gegenüber dem jugoslawischen Volk. Ziel der NATO sei es vielmehr, weiteres menschliches Leid und die fortdauernde Unterdrückung der Zivilbevölkerung des Kosovo zu vermeiden. Die Militäraktion sei schließlich darauf ausgerichtet, die politischen Forderungen der internationalen Gemeinschaft durchzusetzen.
Die in den genannten Stellungnahmen Solanas zum Ausdruck kommende Argumentation, der Kosovo-Einsatz der NATO rechtfertige sich zum einen aus der besonderen Notlage im Kosovo und unterstütze zum anderen die Ziele der internationalen Gemeinschaft, findet sich auch in den Erklärungen der einzelnen NATO-Staaten wieder.

II. Die Position der Bundesrepublik Deutschland

In der Bundesrepublik Deutschland fiel die Entscheidung zu einer möglichen Beteiligung deutscher Soldaten an einem Einsatz der NATO im Kosovo in eine innenpolitisch ungünstige Zeit. Die Koalitionsregierung von CDU/CSU und FDP unter Bundeskanzler a. D. Helmut Kohl und dem damaligen Bundesaußenminister Klaus Kinkel war am 24. September 1998 abgewählt worden, und die noch nicht im Amt befindliche neue Regierung von SPD und Bündnis 90/Die Grünen befand sich in der Phase der Regierungsbildung und der Koalitionsvereinbarungen[323]. Am 12. Oktober 1998 billigte die alte Bundesregierung nach Rücksprache mit der designierten Bundesregierung die deutsche Beteiligung an einem möglichen Einsatz der NATO im Kosovo[324]. Diese Regierungs-

---

[321] Dieselbe Argumentation findet sich in weiteren Erklärungen der NATO, so etwa in der Erklärung des Nordatlantikrates zu Kosovo vom 30.01.1999, in: Internationale Politik 5/1999, S. 103.

[322] Vgl. Der Spiegel, Heft 14/1999, S. 29.

[323] In der Koalitionsvereinbarung von SPD und Bündnis 90/Die Grünen wurde die Achtung vor dem „Gewaltmonopol“ der Vereinten Nationen ausdrücklich hervorgehoben. Vgl. Auszüge aus der Koalitionsvereinbarung in: FAZ vom 21.10.1998, S. 7.

[324] Zur Legitimation des alten 13. Bundestages, diesen Beschluß mit bindender Wirkung für den 14. Bundestag zu fassen, vgl. ausführlich Epping, Nachbetrachtung, S. 617 ff. Da sich aus Art. 39 Abs. 1 S. 2 GG folgern läßt, daß mit der Konstituierung des Bundestages seine vierjährige Wahlperiode beginnt (Art. 39 Abs. 1 S. 1 GG) und der 13. Bundestag sich erst am 10.11.1994 konstituiert hatte, ist die Beschlußfassung vom 16.10.1998 durch den alten

entscheidung bedurfte zu ihrer Wirksamkeit der konstitutiven Zustimmung des deutschen Bundestages[325]. Der 13. Deutsche Bundestag nahm den Antrag der Bundesregierung auf eine „deutsche Beteiligung an den von der NATO geplanten und in Phasen durchzuführenden Luftoperationen zur Abwendung einer humanitären Katastrophe im Kosovo-Konflikt“[326] am 16. Oktober 1998 mit 500 zu 62 Stimmen an[327].

1. Die Position von Bundestag und Bundesregierung

Eine offizielle Stellungnahme der Bundesregierung zu den völker- und verfassungsrechtlichen Aspekten der Beteiligung der Bundeswehr an dem NATO-Einsatz im Kosovo hat es nicht gegeben[328]. Während sowohl die alten als auch die neu gewählten Regierungsparteien noch bis Mitte 1998 weitgehend darin übereinstimmten, daß eine deutsche Beteiligung nur mit einem Mandat des Si-

---

Bundestag demokratisch legitimiert. Eine Vorverlegung der konstituierenden Sitzung des neu gewählten Bundestages wäre allerdings angesichts der Bedeutung der Entscheidung möglich gewesen.

[325] Zur verfassungsrechtlichen Lage vgl. unten unter 2. b.

[326] BT-Drucksache 13/11469.

[327] 18 Abgeordnete enthielten sich der Stimme. Die PDS-Bundestagsfraktion stimmte mit 29 Stimmen geschlossen gegen eine deutsche Beteiligung an einem NATO-Einsatz im Kosovo, vgl. FAZ vom 17.10.1998, S. 1.

[328] Am 12.05.1999 leitete allerdings das Bundesministerium der Verteidigung eine „Information betreffend völker- und verfassungsrechtlicher Aspekte der deutschen Beteiligung an der Luftoperation der NATO in der Bundesrepublik Jugoslawien“ an den Rechtspflegebereich der Bundeswehr (BMVg-RII 2- Az 39-05-05/87a-3SH9). In dieser nur für den internen Bereich bestimmten Information findet sich eine detaillierte Auseinandersetzung mit den rechtlichen Fragen einer deutschen Beteiligung am Kosovo-Einsatz. Die völkerrechtliche Zulässigkeit des Einsatzes begründete der bearbeitende Regierungsdirektor Dreist im wesentlichen wie folgt: Das Gewaltmonopol der Vereinten Nationen sei zwar unstreitig und die Bundesregierung setze sich auch zu seiner Bewahrung ein. Das Gewaltverbot gelte jedoch nicht ausnahmslos. Neben den in der UNO-Charta geschriebenen Ausnahmen habe sich eine Rechtslücke bei der Wahrung des Weltfriedens und der Grundrechte der Staatengemeinschaft aufgetan. In diese Lücke hinein habe sich eine gewohnheitsrechtliche Position auf Intervention aus humanitären Gründen entwickelt. Das bestätige auch die Entschließung des Europäischen Parlaments vom 20.04.1994. Die vom Europäischen Parlament aufgestellten Anforderungen an eine rechtmäßige humanitäre Intervention seien im Falle des Kosovo alle erfüllt. Zudem hätten die Vereinten Nationen die NATO-Intervention nicht verurteilt, sondern in ihren Kosovo-Resolutionen die Lage im Kosovo als eine „Friedensbedrohung“ qualifiziert. Ohne die Anerkennung eines Rechts auf humanitäre Intervention entstünde ein rechtsfreier Raum, der es jedem Staat ermöglichen würde, unter Berufung auf seine inneren Angelegenheiten und seine Souveränität auf dem eigenen Territorium Völkermord, ethnische Säuberungen, Vertreibung und andere schwerste Menschenrechtsverletzungen zu begehen, ohne daß Dritte dies verhindern könnten. Diese Situation sei weder aus rechtlichen noch aus moralischen Gründen vertretbar. Vgl. zu diesem internen Schreiben sowie zu möglichen Gründen für ein Ausbleiben einer offiziellen Stellungnahme der Bundesregierung Steinkamm, Humanitäre Intervention, S. 262.

cherheitsrates erfolgen könnte[329], änderte sich diese Haltung, als die NATO im Oktober 1998 den Druck auf Belgrad verschärfte. Die Positionen von Bundestag und Bundesregierung werden in der Debatte vom 16. Oktober 1998 deutlich.

a. Die Debatte im deutschen Bundestag[330]

In der dem Beschluß vom 16. Oktober 1998 vorausgegangenen Bundestagsdebatte bemühten sich die Vertreter der alten und neuen Regierungsparteien die Zulässigkeit einer deutschen Beteiligung an einem Kosovo-Einsatz der NATO mit politischen und rechtlichen Argumenten zu begründen. Der Antrag der Bundesregierung, über den der Bundestag zu entscheiden hatte, nahm Bezug auf die Entscheidung des NATO-Rates vom 9. Oktober und auf die von NATO-Generalsekretär Solana vorgetragene Rechtsauffassung[331]. Der noch amtierende Bundesaußenminister Kinkel stellte diesbezüglich - entgegen seiner zuvor eingenommenen Haltung - fest, daß die Bundesregierung die Rechtsauffassung des NATO-Generalsekretärs teile. Kinkel betonte aber zugleich, daß die Entscheidung, im Kosovo auch ohne ein Mandat des Sicherheitsrates tätig zu werden, kein Präzedenzfall werden dürfe: „Wir dürfen nicht auf eine schiefe Bahn geraten, was das Gewaltmonopol des Sicherheitsrates anbelangt."[332] Angesichts der einer Entscheidung über die Beteiligung am Kosovo-Einsatz zugrunde liegenden „rechtlichen und politischen Gemengelage" beanspruchte Kinkel eine „begehbare Brücke" gefunden zu haben: „Im Kern geht es darum, daß die Menschenrechtsverletzungen und eine humanitäre Katastrophe unerträglich geworden sind, der Sicherheitsrat der Vereinten Nationen aber als Inhaber des Gewaltmonopols nicht handeln kann. Eine Lösung kann nicht an einer Rechtsposition scheitern, wenn eine Brücke möglich ist." Die Brücke, die es völkerrechtlich erlaube, Gewalt anzudrohen und einzusetzen, ergab sich nach Ansicht Kinkels aus der besonderen notstandsähnlichen Situation im Kosovo, sowie aus „Sinn und Logik" der Resolutionen des Sicherheitsrates in Verbindung mit dem Gesichtspunkt der humanitären Intervention und einem „Mindeststandard in Europa für die Einhaltung der Menschenrechte", welchem „die Qualität eines sich entwickelnden regionalen Völkergewohnheitsrechts" zukomme[333]. Auch für den designierten Bundeskanzler Schröder war die Rechtsgrundlage des NATO-Einsatzes eine „sehr wichtige Entscheidung". Zwar wäre Schröder ein „mit einer

---

[329] Vgl. insbesondere die außerplanmäßige Bundestagsdebatte über eine deutsche Beteiligung an einem möglichen NATO-Einsatz vom 19. Juni 1998, dargestellt bei Loquai, Kosovo, S. 111 ff.

[330] Die Debatte des Bundestages über eine deutsche Beteiligung an den geplanten NATO-Luftoperationen zur Abwendung einer humanitären Katastrophe im Kosovo-Konflikt ist wiedergegeben in: Das Parlament 45/1998, S. 17 ff.

[331] Vgl. oben unter I.

[332] Das Parlament 45/1998, S. 17.

[333] Vgl. zu diesem zuletzt genannten Argumentationsansatz Kinkels: FAZ vom 14.10.1998, S. 2.

klaren Ermächtigung versehenes UNO-Mandat lieber gewesen."[334] Daß es dieses Mandat nicht gebe, sei aber nicht den NATO-Ratsmitgliedern anzulasten: „Gerade mit Rücksicht auf Rußland und auf die Stellung der Vereinten Nationen war es richtig, die NATO-Entscheidung nicht von einer weiteren Sicherheitsratsresolution abhängig zu machen". Schröder räumte desweiteren ein, in einer schwierigen rechtlichen Abwägung auch von den Entscheidungen der übrigen NATO-Staaten beeinflußt worden zu sein: „Wenn alle NATO-Staaten, in deren Mehrheit sozialdemokratische Parteien Regierungsverantwortung tragen, die NATO-Entscheidung unterstützen und in ihr eine ausreichende Rechtsgrundlage sehen, ist es für mich nicht zwingend als Perspektive anzunehmen, daß alle unsere Freunde im Unrecht sind"[335]. Die NATO habe sich nicht selbst ein Mandat erteilt, sondern sie handele „im Bezugsrahmen der Vereinten Nationen". Ähnlich äußerte sich auch der designierte Bundesaußenminister Fischer, welcher betonte, „daß es keine Selbstmandatierung der NATO" gebe und daß es sich bei dem Kosovo-Einsatz um eine Ausnahmesituation, nicht um einen Präzedenzfall handele[336]. Der damalige SPD-Fraktionsvorsitzende und designierte Verteidigungsminister Scharping fügte dem hinzu, man müsse sich mit der Frage auseinandersetzen, ob man mit dem vorhandenen Instrumentarium der Vereinten Nationen noch in der Lage sein werde, anderen, völlig veränderten Konfliktlagen innerhalb von Staaten und zwischen Staaten gerecht zu werden[337].

Während nach den dargestellten Positionen der alten und neuen Regierungsparteien völkerrechtliche Bedenken dann zurückstehen müßten, wenn eine humanitäre Notlage vorläge und zudem die Gefahr bestehe, sich innerhalb des NATO-Bündnisses zu isolieren, wurde die deutsche Beteiligung am geplanten Kosovo-Einsatz der NATO von einer Minderheit der Bundestagsfraktion von Bündnis 90/Die Grünen sowie von der PDS-Fraktion abgelehnt. Der spätere Staatsminister Volmer von den Grünen erklärte, durch die Umgehung des Völkerrechts werde dem Mißbrauch „Tür und Tor" geöffnet. „Ein Sicherheitsrat, der immer dann umgangen wird, wenn ein Veto droht, ist als Garant des UNO-Gewaltmonopols außer Kraft gesetzt."[338] Der damalige PDS-Fraktionsvorsitzende Gysi kritisierte die Position der Regierungsparteien noch schärfer. Anders als die übrigen Parteien, welche den geplanten Einsatz der NATO als „Luftoperation", als „Militäreinsatz" oder als „Operation" diskutierten, bezeichnete Gysi das geplante Vorgehen als „Krieg" und hob hervor, daß dem Wortlaut der Resolutionen des Sicherheitsrates weder eine ausdrückliche noch eine inzidente Ermächtigung des NATO-Einsatzes zu entnehmen sei[339].

---

334 Das Parlament 45/1998, S. 18.

335 Das Parlament 45/1998, S. 18.

336 Das Parlament 45/1998, S. 19.

337 Das Parlament 45/1998, S. 20.

338 Das Parlament 45/1998, S. 20.

339 Das Parlament 45/1998, S. 19.

Mit dieser Kritik der PDS-Bundestagsfraktion hatte sich auch das Bundesverfassungsgericht auseinanderzusetzen[340].

b. Weitere Erklärungen

Die von den Vertretern der neuen Bundesregierung nach dem Regierungswechsel vorgetragenen Rechtspositionen stimmten mit den bereits zitierten Positionen weitgehend überein. So erklärte etwa Bundesverteidigungsminister Scharping, die UNO-Charta, die Kosovo-Resolution des Sicherheitsrates und das Recht auf Nothilfe würden zusammen „eine klare völkerrechtliche Grundlage" des NATO-Einsatzes ergeben[341]. Auch der damalige Bundespräsident Herzog vertrat die Auffassung, bei dem NATO-Einsatz handele es sich um einen Fall der Nothilfe, „der Notwehr zugunsten eines Dritten nämlich der Kosovo-Albaner"[342]. Mit dem Beginn der Luftoperationen am 24. März 1999 gewann schließlich das Argument, der NATO-Einsatz sei angesichts der „ethnischen Säuberungen" im Kosovo moralisch geboten, besonderes Gewicht. Bundesaußenminister Fischer erklärte, der Kosovo-Einsatz diene der Verhinderung eines zweiten Ausschwitz'[343] und Bundeskanzler Schröder sowie Bundesverteidigungsminister Scharping betrachteten es als eine moralische Verpflichtung Deutschlands, den Kosovo-Albanern zur Hilfe zu kommen[344].

Zu einer höchstrichterlichen Entscheidung über diese von Seiten des Bundestages, der Bundesregierung und des Bundespräsidenten vorgetragenen Rechtspositionen kam es nicht[345], auch wenn sich das Bundesverfassungsgericht mit der oben dargestellten Kritik der PDS auseinandersetzen mußte.

---

[340] Vgl. dazu unter 2 a.

[341] Vgl. Der Spiegel 13/1999, S. 219.

[342] Der Spiegel 14/1999, S. 31.

[343] Vgl. FAZ vom 14.05.1999, S. 1.

[344] Vgl. FAZ vom 03.05.1999, S. 55.

[345] Die Beteiligung deutscher Streitkräfte am Kosovo-Einsatz war hingegen Gegenstand mehrerer strafgerichtlicher Entscheidungen. Die Berliner tageszeitung (taz) veröffentlichte am 21.04.1999 einen Aufruf an alle am Kosovo-Einsatz beteiligten Soldaten, ihre weitere Beteiligung am Jugoslawien-Krieg zu verweigern. Gegen die Erstunterzeichner des Aufrufs wurden von der Berliner Staatsanwaltschaft Ermittlungsverfahren wegen des Verdachts der öffentlichen Aufforderung zu Straftaten i.S. v. § 111 StGB eingeleitet. Da der objektive Tatbestand des § 111 Abs. 1 StGB (i.V.m. § 11 Abs. 1 Nr. 5 StGB) voraussetzt, daß mit den öffentlichen Aufrufen zum Ungehorsam zu einer rechtswidrigen Tat aufgefordert wurde, wären die Gerichte verpflichtet gewesen, sich auch mit der Frage der Völkerrechtsmäßigkeit der humanitären Intervention auseinander zu setzten. Eine solche Auseinandersetzung wurde von den Gerichten jedoch überwiegend vermieden (vgl. die ausführliche Analyse der Entscheidungen der Berliner Strafgerichte von Jahn, KJ 2000, S. 489 ff.). Eine Ausnahme stellte allerdings das Urteil des AG Tiergarten vom 02.03.2000 in der Strafsache 239 Ds 446/99 dar (NStZ-RR 2000, S. 268), welches die Völkerrechtswidrigkeit des NATO-Einsatzes ausdrücklich feststellte. In seinen Entscheidungsgründen führte das AG daher aus: „Eine eigenmächtige Intervention dieser Art ist nach dem geltenden Völkerrecht nicht zulässig, auch

2. *Die Position des Bundesverfassungsgerichts*[346] *und die verfassungsrechtliche Überprüfung*

a. *Die Entscheidung über die PDS-Organklage*[347]

Die PDS-Bundestagsfraktion erhob beim Bundesverfassungsgericht eine Organklage gegen die Bundesregierung und den Bundesminister der Verteidigung[348] und beantragte den Erlaß einer einstweiligen Anordnung[349].
Die Antragsteller rügten, die Beteiligung der Bundeswehr am Kosovo-Einsatz der NATO verletze die Vorschriften der Artt. 25, 26, 87 a Abs. 2 i.V.m. Art. 24 Abs. 2 , sowie Art. 79 Abs. 1 und Abs. 2 des Grundgesetzes. Die Bundesregierung und der Bundesminister der Verteidigung hätten gegen grundgesetzliche Kompetenzen des Bundestages verstoßen, und der Bundestag sei durch die ergriffenen Maßnahmen in seinen Rechten und Pflichten verletzt, wodurch die PDS-Fraktion als Antragstellerin in ihren eigenen Rechten betroffen sei.
Das Bundesverfassungsgericht verwarf den Antrag auf Erlaß einer einstweiligen Anordnung als unzulässig mit der Begründung, daß die PDS-Fraktion nicht antragsbefugt sei, da weder ihre eigenen noch die Rechte des Bundestages verletzt seien[350]. Dies gelte insbesondere im Hinblick auf den Beschluß des Bundestages vom 16. Oktober 1998, in welchem der Bundestag militärischen Maßnahmen zur Anwendung einer humanitären Katastrophe im Kosovo zugestimmt habe. Dieser Beschluß sei durch spätere Beschlüsse des Bundestages, welche sich auf

---

wenn sie aus humanitären Motiven erfolgt (...). Die Gewaltanwendung gegen einen fremden Staat ohne Beteiligung der UN-Organe ist rechtswidrig, und es ist den einzelnen Mitgliedstaaten nicht gestattet, sich über dieses Verbot aufgrund einer Güterabwägung hinwegzusetzen." Aufgrund der Völkerrechtswidrigkeit des NATO-Einsatzes, sah das AG Tiergarten den Tatbestand des § 111 StGB (i.V.m. § 16 Abs. 1 WStG und §§ 10, 11 Soldatengesetz) nicht erfüllt: „Wären die angesprochenen Soldaten der Bundeswehr dem Aufruf gefolgt, so hätten sie sich weder wegen Fahnenflucht noch wegen Gehorsamsverweigerung strafbar gemacht. Die Tatbestände der Gehorsamsverweigerung und der Fahnenflucht waren nicht eröffnet, weil der Einsatz der Bundeswehr gegen die Bundesrepublik Jugoslawien rechtswidrig war." Vgl. zu diesem Urteil ausführlich Jahn, KJ 2000, S. 489 ff.

[346] Als Teil der Staatenpraxis können die Entscheidungen nationaler Gerichte, sofern sie sich mit völkerrechtlichen Fragen befassen, einen Hinweis auf bestehendes oder in der Entwicklung begriffenes Völkerrecht geben. Vgl. Doehring, Völkerrecht, S. 135 mit Verweis auf Jennings/Watts, Oppenheim`s International Law, S. 41: „Decisions of municipal law represent the most frequent form in which judicial consideration is given to international law".

[347] BVerfGE 100, S. 266 ff.

[348] Art. 93 Abs. 1 Ziff. 1 GG i.V.m. § 13 Ziff. 5 BVerfGG.

[349] Nach § 32 Abs. 1 BVerfGG kann das Bundesverfassungsgericht im Streitfall einen Zustand durch einstweilige Anordnung vorläufig regeln, wenn dies zur Abwehr schwerer Nachteile, zur Verhinderung drohender Gewalt oder aus einem anderen wichtigen Grund zum gemeinen Wohl dringend geboten ist.

[350] BVerfGE 100, S. 268.

Einzelfragen des Militäreinsatzes bezogen, bestätigt und konkretisiert worden[351]. Die Rechte des Bundestages erschöpften sich nach der für die Frage der Beteiligung deutscher Soldaten an Militäreinsätzen außerhalb des Bündnisgebietes maßgeblichen Entscheidung des Gerichts von 1994[352] in einer konstitutiven Zustimmung des Bundestages zu solchen Einsätzen[353]. Schließlich verwies das Bundesverfassungsgericht auf seine ständige Rechtsprechung[354], wonach das Organstreitverfahren nur dem Schutz von Rechten der Staatsorgane untereinander, nicht aber einer „allgemeinen Verfassungsaufsicht" diene.
Auf die Frage der materiellen Verfassungsmäßigkeit der Beteiligung deutscher Soldaten an dem Kosovo-Einsatz der NATO mußte das Bundesverfassungsgericht letztlich also gar nicht eingehen[355]. Allerdings läßt sich einem Ausschnitt aus der Begründung der Ablehnung des Antrags der PDS zumindest mittelbar ein Hinweis auf die materielle Verfassungslage entnehmen. Das Bundesverfassungsgerichts erklärte an einer Stelle, daß „die verfassungsrechtliche Ermächtigung des Bundes, Streitkräfte in einem System der kollektiven Sicherheit einzusetzen, grundsätzlich geklärt" sei[356] und verweist dabei auf seine Grundsatzentscheidung von 1994. Dieser Hinweis gebietet an dieser Stelle eine kurze Überprüfung der verfassungsrechtlichen Bewertung des NATO-Einsatzes im Kosovo.

---

[351] Aufgrund entsprechender Anträge der Bundesregierung wurde der Bundestagsbeschluß vom 16.10.1998 durch weitere Beschlüsse vom 13.11.1998, vom 19.11.1998 sowie vom 22.02.1999 bestätigt und konkretisiert.

[352] In seiner Grundsatzentscheidung vom 12.07.1994 (BVerfGE 90, S. 286 ff.) entschied der Zweite Senat des Bundesverfassungsgerichts, daß die Beteiligung deutscher Streitkräfte an der Adria-Flottenmission, an den AWACS-Flügen und an der Somalia-Operation verfassungsrechtlich zulässig war. Vgl. die ausführliche Besprechung der Entscheidung von Blumenwitz, BayVBl 1994, S. 641 ff. und S. 678 ff. sowie Nolte, ZaöRV 54 (1994), S. 652 ff.

[353] BVerfGE 90, S. 381 ff.

[354] BVerfGE 68, S. 69 ff.

[355] Zu einer Überprüfung der materiellen Verfassungslage wäre das Bundesverfassungsgericht allerdings dann angehalten gewesen, wenn es mit dem Kosovo-Einsatz der NATO im Rahmen einer Verfassungsbeschwerde gemäß Art. 93 Abs. 1 Ziff. 4 a GG i.V.m. §§ 13 Ziff. 8a, 90 ff. BVerfGG befaßt worden wäre. Eine solche ist allerdings nicht erhoben worden. Die am Kosovo-Einsatz beteiligten Soldaten setzten sich aus Berufssoldaten und Soldaten auf Zeit sowie Soldaten, die Grundwehrdienst, freiwilligen zusätzlichen Wehrdienst oder eine Wehrübung geleistet und sich für besondere Auslandsverwendungen freiwillig verpflichtet hatten; vgl. den Bundestagsbeschluß vom 16.10.1998. Im Gegensatz zum Bundesverfassungsgericht mußte sich aber etwa die niederländische Rechtsprechung mit der Vereinbarkeit der NATO-Luftangriffe mit dem nationalen Verfassungsrecht auseinandersetzen. Vgl. die Besprechung des Urteils der Arrondissementsrechtbank `s - Gravenhage vom 07.04.1999 von Hölm, ZaöRV 59 (1999), S. 863 ff.

[356] BVerfGE 100, S. 270.

b. Verfassungsrechtliche Überprüfung

Der Beteiligung deutscher Streitkräfte am Kosovo-Einsatz der NATO könnten aus Sicht des Verfassungsrechts die Artt. 24 Abs. 2, 25 und 26 GG entgegenstehen, wie dies auch von der PDS im Rahmen ihres Organstreitverfahrens geltend gemacht worden ist. Die genannten Verfassungsartikel bezwecken gemeinsam mit der Präambel des Grundgesetzes die Einordnung der Bundesrepublik Deutschland als ein friedliches Glied in die Staatengemeinschaft der Völker[357].
Art. 87 a Abs. 2 GG erlaubt den Einsatz von Streitkräften außer zur Verteidigung nur, soweit das Grundgesetz einen solchen Einsatz ausdrücklich zuläßt. Diese Vorschrift ist im Sinne des Art. 24 Abs. 2 GG auszulegen[358], wonach nur solche militärischen Einsätze der Bundeswehr eine Grundlage im Verfassungsrecht finden, die nach den Regeln und im Rahmen eines Systems gegenseitiger kollektiver Sicherheit stattfinden.
Unzweifelhaft stellen die Vereinten Nationen ein solches „System gegenseitiger kollektiver Sicherheit" im Sinne von Art. 24 Abs. 2 GG dar. Das Bundesverfassungsgericht hat in seinem Urteil von 1994 darüber hinaus entschieden, daß auch Bündnisse kollektiver Selbstverteidigung wie die NATO[359] Systeme kollektiver Sicherheit im Sinne von Art. 24 Abs. 2 GG darstellen können, „wenn und soweit sie strikt auf die Friedenswahrung verpflichtet sind"[360]. Da den militärischen Aktionen der NATO, mit welchen sich das Bundesverfassungsgericht in seiner Entscheidung von 1994 zu befassen hatte, Resolutionen des UN-Sicherheitsrates zugrunde lagen, in welchen die NATO zum Einsatz militärischer Gewalt ermächtigt worden war[361], standen diese Aktionen im Einklang mit den Bestimmungen der UNO-Charta. Eine deutsche Beteiligung an diesen Aktionen bedurfte nach der Entscheidung des Bundesverfassungsgerichts von 1994 lediglich der vorherigen konstitutiven Zustimmung des Bundestages, da die auf die Streitkräfte bezogenen Verfassungsbestimmungen darauf ausgelegt sind, die Bundeswehr nicht allein der Exekutive zu überlassen, sondern als „Parlamentsheer" in die demokratisch rechtsstaatliche Verfassungsordnung einzufügen[362].

---

[357] Schultz, Auslandsentsendung, S. 124 f.

[358] Vgl. Fink, JZ 1999, S. 1018.

[359] Zu dem gewandelten Aufgabenbereich der NATO, welcher jüngst in der Verabschiedung des neuen Strategischen Konzepts vom April 1999 zum Ausdruck gebracht worden ist, vgl. unten. Zu der verfassungsrechtlichen Bewertung eines erweiterten Aufgabenbereichs der NATO vgl. Blumenwitz, BayVBl 1994, S. 646 und Nolte, ZaöRV 54 (1994), S. 665 ff.

[360] BVerfGE 90, S. 349.

[361] BVerfGE 90, S. 351 ff.

[362] So Klein/Schmahl, Recht und Politik 35 (1999), S. 205. Vgl. BVerfGE 90, S. 381 ff. Von dieser nach der Entscheidung des Bundesverfassungsgerichts erforderlichen Zustimmung des Bundestages zu jedem konkreten Einsatz ist die Zustimmung nach Art. 59 Abs. 2 S. 1 GG zu einer im Kosovo-Einsatz zum Ausdruck kommenden möglichen Änderung des NATO-Vertrages zu unterscheiden. Vgl. dazu unter C. III. 2 c (2).

Die Beteiligung der Bundeswehr am Kosovo-Einsatz wirft nun aber die Frage auf, wie sich eine Militäraktion, die auf der Ebene des Völkerrechts gegen das Gewaltverbot des Art. 2 Ziff. 4 UNO-Charta verstößt, auf die verfassungsrechtliche Beurteilung auswirkt. Das völkerrechtliche Gewaltverbot stellt sich über die Bestimmungen der Artt. 25 und 26 GG auch als eine verfassungsrechtliche Schranke von Bundeswehreinsätzen dar[363].
Als Norm des ius cogens ist das Gewaltverbot des Art. 2 Ziff. 4 UNO-Charta als allgemeine Regel des Völkerrechts über Art. 25 S. 1 GG „Bestandteil des Bundesrechts“[364]. Art. 26 Abs. 1 GG stellt darüber hinaus eine verfassungsrechtliche Umsetzung des Gewaltverbotes dar[365], indem die Vorschrift „Handlungen, die geeignet sind und in der Absicht vorgenommen werden, das friedliche Zusammenleben der Völker zu stören, insbesondere die Führung eines Angriffskrieges vorzubereiten“ für verfassungswidrig erklärt und in den §§ 80, 80 a StGB unter Strafe stellt[366]. Legt man die als Rechtsgrundlage für die Beteiligung deutscher Streitkräfte in Betracht kommende Vorschrift des Art. 24 Abs. 2 GG unter Berücksichtigung der Artt. 25 und 26 GG aus, so steht fest, daß der Einsatz der Bundeswehr zur Anwendung völkerrechtswidriger Gewalt aus Sicht des Verfassungsrechts unzulässig ist[367].

c. Zwischenergebnis

Das Bundesverfassungsgericht mußte zwar im Rahmen der Organklage der PDS keine Bewertung des Kosovo-Einsatzes aus der Sicht des materiellen Verfas-

---

[363] Die Bundesrepublik ist auch außerhalb der Verfassungsbestimmungen in mehrfacher Weise an das Gewaltverbot gebunden. So bestimmt Art. 2 des Zwei-plus-Vier-Vertrages (Vertrag über die abschließende Regelung in Bezug auf Deutschland vom 12. September 1990; BGBl 1990 II, S. 1318) „daß das vereinte Deutschland keine seiner Waffen einsetzen wird, es sei denn in Übereinstimmung mit seiner Verfassung und der Charta der Vereinten Nationen“. Auch nach Art. 3 Abs. 2 des deutsch-sowjetischen Nachbarschaftsvertrages vom 09.11.1990 (BGBl. 1991 II, S. 702) darf die Bundesrepublik „niemals und unter keinen Umständen als erste (...) Streitkräfte gegen dritte Staaten einsetzen“. Vgl. hierzu Blumenwitz, Gewaltverbot-Souveränität-Menschenrechte, S. 23.

[364] Vgl. Dreier-Pernice, Art. 25 GG, Rn. 18 und Rn. 25.

[365] Vgl. Dreier-Pernice, Art. 26 GG, Rn. 13; Geiger, Grundgesetz und Völkerrecht, S. 365 f.

[366] Nach Beginn der NATO-Luftoperationen gingen gegen den Bundeskanzler und den Minister der Verteidigung zahlreiche Strafanzeigen wegen Verstoßes gegen § 80 StGB ein. In seiner Einstellungsverfügung vom 14. April 1999 (3 ARP 86/99-3) lehnte Generalbundesanwalt Nehm jedoch die Aufnahme von Ermittlungen wegen Führung eines Angriffskrieges ab, da das Strafgesetzbuch nur ein Verhalten unter Strafe stelle, daß geeignet sei und in der Absicht begangen werde, das friedliche Zusammenleben der Völker zu stören. Von einer solchen Absicht der Bundesregierung könne im Rahmen der Beteiligung an dem Kosovo-Einsatz der NATO keine Rede sein. Vgl. FAZ vom 22.04.1999, S. 2 sowie die Kritik an der Einstellungsverfügung bei Tönnies, in: FAZ vom 07.06.1999, S. 12 sowie bei Jahn, KJ 2000, S. 496 ff.

[367] Vgl. auch Fink, JZ 1999, S. 1020.

sungsrechts vornehmen. Die Untersuchung der für die verfassungsrechtliche Bewertung der Beteiligung deutscher Streitkräfte am Kosovo-Einsatz maßgeblichen Bestimmungen des Grundgesetzes zeigt aber, daß Artt. 24 Abs. 2, 25 und 26 GG einem militärischen Einsatz, dem kein Mandat des Sicherheitsrates zugrunde liegt, entgegen stehen. Das Ergebnis der noch vorzunehmenden völkerrechtliche Untersuchung des NATO-Einsatzes hat folglich unmittelbare Auswirkung auf die verfassungsrechtliche Beurteilung der Beteiligung deutscher Streitkräfte an den Luftoperationen im Kosovo.

III. Die Position der übrigen NATO-Staaten

Die von den übrigen NATO-Staaten[368] vertretenen Rechtspositionen zur Zulässigkeit des Kosovo-Einsatzes der NATO stimmen mit den bereits vorgebrachten Argumenten der NATO-Organisation und der Bundesrepublik Deutschland weitgehend überein.

So trugen die USA vor, der NATO-Einsatz diene unmittelbar der Verhinderung einer humanitären Katastrophe und mittelbar der Schaffung eines „freien, friedlichen und stabilen Europas“[369].

Italien[370], Frankreich, Großbritannien[371], die Niederlande und Portugal verwiesen am 10. und 11. Mai 1999 vor dem Internationalen Gerichtshof als maßgebliche Rechtfertigung des Eingreifens der NATO darauf, daß der Sicherheitsrat die Bundesrepublik Jugoslawien für die Menschenrechtsverletzungen und die Gewaltanwendung im Kosovo verantwortlich gemacht habe[372]. Belgien rechtfertigte den NATO-Einsatz als eine „internationale Polizeiaktion“ die gegen die Kriegsmaschinerie eines Aggressors gerichtet sei und dem Schutz grundlegender Menschenrechte diene. Obwohl der Sicherheitsrat die BRJ in mehreren Resolutionen aufgefordert habe, ihren Verpflichtungen nachzukommen, habe Jugoslawien diesen Aufforderungen nicht Folge geleistet. Angesichts der ethnischen Säuberungen, sei die NATO verpflichtet gewesen, militärisch in den Konflikt einzugreifen, wobei sich die Angriffe der NATO nicht gegen die politische Un-

---

[368] An den Luftoperationen im Kosovo beteiligten sich neben Deutschland und den USA Belgien, Kanada, Frankreich, Italien, die Niederlande, Portugal, Spanien und Großbritannien.

[369] Vgl. die Erklärung des damaligen amerikanischen Präsidenten Clinton vor dem Pressekorps des Weißen Hauses am 24.03.1999, in: Internationale Politik 5/1999, S. 119 f.

[370] Zur Position Italiens vgl. auch Paecht, HuV 2000, S. 38.

[371] Zur Rolle Großbritanniens im Kosovo-Konflikt vgl. Meier-Walser, Politische Studien, Sonderheft 4/1999, S. 60 ff.

[372] So trug etwa Portugal vor: „NATO's intervention is only intended to give support to the political objectives defined by the Security Council“ (ICJ Compte Rendu CR 99/21). Italien trug vor, Ziel des NATO-Einsatzes sei es allein, der Bevölkerung des Kosovo zu helfen (CR 99/16) und Spanien hob ebenfalls hervor, die „ethnischen Säuberungen“ im Kosovo müßten beendet werden (CR 99/22).

abhängigkeit des jugoslawischen Staates richteten[373]. Ebenso wie Belgien vertrat auch Frankreich ausdrücklich den Standpunkt, der NATO-Einsatz gewinne seine rechtliche Zulässigkeit aus der Autorität des Sicherheitsrates[374]. Der französische Staatspräsident Chirac hob zudem hervor, daß es sich bei dem NATO-Einsatz um einen Ausnahmefall handele, der nicht zur Regel werden dürfe[375].

IV. Zusammenfassung

Die von den am Kosovo-Einsatz beteiligten NATO-Staaten vertretenen Rechtspositionen lassen sich wie folgt zusammenfassen: Die Vorgehensweise der NATO wurde zunächst in moralischer Hinsicht damit gerechtfertigt, daß die besondere humanitäre Notlage ein Eingreifen der NATO gebiete. In rechtlicher Hinsicht sollte dadurch zwar das Gewaltmonopol des UN-Sicherheitsrates nicht grundsätzlich in Frage gestellt und insbesondere kein Präzedenzfall geschaffen werden. Angesichts einer „Funktionsunfähigkeit" des Sicherheitsrates, welcher durch die ständigen Mitglieder China und Rußland verhindert war, im Kosovo angemessene Maßnahmen zu ergreifen, sei aber ausnahmsweise die NATO auch ohne ein entsprechendes Mandat des Sicherheitsrates zur militärischen Durchsetzung der Ziele der internationalen Gemeinschaft befugt. Da der NATO-Einsatz der Erzwingung der vom Sicherheitsrat in den Resolutionen 1160 und 1199 aufgestellten Forderungen diene, handele die NATO im Bezugsrahmen und im Interesse der Vereinten Nationen. Sie führe daher keinen Krieg gegen das serbische Volk, sondern kämpfe um die Werte der Staatengemeinschaft.
Die von den NATO-Staaten vorgebrachten Argumente sind in der wissenschaftlichen Debatte um die Zulässigkeit des NATO-Einsatzes aufgegriffen und verarbeitet worden. Inwiefern die dargestellten Argumente aus völkerrechtlicher Sicht die Zulässigkeit der humanitären Intervention begründen können, obwohl die Gewaltanwendung durch einzelne Staaten abgesehen von dem Fall der Selbstverteidigung nach Art. 51 UNO-Charta grundsätzlich untersagt ist, soll im folgenden Abschnitt untersucht werden.

H. Völkerrechtliche Bewertung der Rechtspositionen der NATO-Staaten

Bei der Darstellung der Rahmenbedingungen der humanitären Intervention[376] ist deutlich geworden, daß der Sicherheitsrat über die Möglichkeit verfügt, durch eine weite Auslegung der „Friedensbedrohung" im Sinne von Art. 39 UNO-Charta die Beachtung der fundamentalen Menschenrechte auch mit militärischer

---

[373] FAZ vom 11.05.1999, S. 4.

[374] Vgl. die entsprechende Erklärung des französischen Außenministers unter http://www.diplomatie.fr/actual/dossiers/kossovo/kossovo13.html. Zur Position Frankreichs vgl. die Fernsehansprache des französischen Staatspräsidenten Chirac vom 21.04.1999 in: Internationale Politik 5/1999, S. 139 sowie Paecht, HuV 2000, S. 38.

[375] FAZ vom 27.04.1999, S. 1 sowie Paecht, HuV 2000, S. 38.

[376] Vgl. oben unter A. II.

Gewalt durchzusetzen. Eine rechtliche Lücke bei der Durchsetzung fundamentaler Menschenrechte weist die UNO-Charta damit nicht auf. Angesichts der Menschenrechtsverletzungen im Kosovo und der fehlenden Bereitschaft des Sicherheitsrates, diese durch den Einsatz von Gewalt zu beenden, tut sich aber eine faktische Lücke im Schutz fundamentaler Menschenrechte auf, die zu schließen das Anliegen der Befürworter einer humanitären Intervention in der völkerrechtlichen Literatur ist. Die verschiedenen Argumentationsansätze zum Nachweis der Zulässigkeit einer humanitären Intervention durch einzelne Staaten begründen die humanitäre Intervention entweder durch das Aufdecken immanenter Grenzen des Gewaltverbotes (dazu unter II.) , oder sie betrachten die humanitäre Intervention als gerechtfertigt (unter III.) oder zumindest als entschuldbar (unter IV.).

Diese in der Völkerrechtswissenschaft vertretenen Positionen unterscheiden sich in ihrem jeweiligen dogmatischen Ansatz, aber ihnen allen ist die Vorstellung gemeinsam, daß im Falle einer „humanitären Katastrophe" die Möglichkeit bestehen müsse, Menschenrechtsverletzungen durch den Einsatz militärischer Gewalt auch dann zu beenden, wenn der Sicherheitsrat hierzu keine Ermächtigung erteilt hat.

Auf die verschiedenen Argumente zur Begründung der Zulässigkeit einer humanitären Intervention kann im konkreten Fall des NATO-Einsatzes im Kosovo allerdings erst dann eingegangen werden, wenn feststeht, daß sich die Situation der Kosovo-Albaner tatsächlich als eine Verweigerung derjenigen fundamentalen Menschenrechte darstellt, die zum völkerrechtlichen ius cogens zu zählen sind, und mit deren Verletzung gegen eine gegenüber allen Staaten obliegende Rechtspflicht verstoßen wird. Nur dann können das Gewaltverbot und die Verpflichtung zum Menschenrechtsschutz im konkreten Fall in Abwägung gebracht werden.

I. Die Einordnung der Menschenrechtslage der Kosovo-Albaner als Verletzung fundamentaler Menschenrechte

Bereits der Versuch, die Situation der Kosovo-Albaner als eine Verweigerung fundamentaler Menschenrechte einzuordnen zeigt, daß die Einordnung von Menschenrechtsverletzungen als „fundamental" jedenfalls dann auch eine politische Entscheidung der Ausführenden einer humanitären Intervention darstellen kann, wenn der Sicherheitsrat diesbezüglich keine eindeutige Feststellung getroffen hat[377].

---

[377] Vgl. zu der Schwierigkeit, Menschenrechtsverletzungen tatbestandlich präzise zu erfassen Denninger, ZRP 2000, S. 195 f. sowie Heselhaus, JA 1999, S. 990. Zwar hat der Sicherheitsrat in seinen Resolutionen die Lage im Kosovo als Friedensbedrohung qualifiziert. Eine nähere Analyse der Resolution 1199 zeigt jedoch, daß seine Bewertung der Menschenrechtsverletzungen im Kosovo keine so eindeutige Opfer-Täter-Rolle erkennen läßt, wie dies von den NATO-Staaten behauptet worden ist. Vgl. dazu ausführlich unter III. 2 b (1).

Bei der rechtlichen Bewertung der humanitären Intervention der NATO im Kosovo stellt dies eine zusätzliche Schwierigkeit dar.

1. Statistische Angaben über das Ausmaß der Menschenrechtsverletzungen

Über das tatsächliche Ausmaß der gegenüber den Kosovo-Albanern begangenen Menschenrechtsverletzungen seit der Eskalation des Kosovo-Konflikts bestehen keine gefestigten Erkenntnisse. Den Angaben des kosovo-albanischen „Rates für die Verteidigung der Menschenrechte und der Freiheit" zufolge sollen von Januar bis September 1998 1.472 Kosovo-Albaner von serbischen Armee-und Polizeieinheiten getötet worden sein, etwa 1.300 Kosovo-Albaner entführt oder als Geiseln genommen worden sein oder als vermißt gelten. Im Kosovo seien in dieser Zeit 45.000 Häuser, Wohnungen und Geschäfte zerstört worden, und zeitweilig hätten sich 450.000 Albaner auf der Flucht befunden[378]. Internationale Hilfsorganisationen gingen zumindest von 275.000 Flüchtlingen aus[379]. Bereits im August 1998 warnte das UN-Hochkommissariat für Flüchtlinge (UNHCR) vor einer „Flüchtlingskatastrophe"[380]. Einem Bericht der „Gesellschaft für bedrohte Völker" zufolge wurden von März 1998 bis Anfang 1999 30.000 ethnische Albaner und Angehörige nichtserbischer Minderheiten getötet oder sind durch Flucht oder Vertreibung ums Leben gekommen. 650 kosovo-albanische Dörfer seien ganz oder teilweise zerstört worden und etwa 1, 5 Millionen Kosovo-Albaner hätten sich auf der Flucht befunden oder seien vertrieben worden[381]. Die Organe der Vereinten Nationen konstatierten ebenfalls schwerwiegende Menschenrechtsverletzungen im Kosovo. Die UN-Generalversammlung zeigte sich in ihrer Resolution 53/164 vom 9. Dezember 1998[382] tief besorgt über die systematische Terrorisierung der Albaner, über die Vertreibungen und über die Massenhinrichtungen durch die jugoslawischen Armee-und Polizeieinheiten. Der UN-Generalsekretär Annan beschrieb in seinen an den Sicherheitsrat gerichteten Berichten vom 30. Januar 1999[383], vom 26. Februar 1999[384] sowie vom 17. März 1999[385] die Menschenrechtslage im Kosovo ebenfalls als besorgniserregend. Er schilderte jedoch nicht nur die Gewaltanwendung seitens der jugoslawischen Einheiten, sondern beschrieb auch die Opfer, die die Militäraktionen der UCK auf serbischer Seite gefordert hatten.

---

[378] Vgl. FAZ vom 29.09.1998, S. 1; 06.10.1998, S. 3.

[379] FAZ vom 12.09.1998, S. 2; 21.09.1998, S. 1; 23.09.1998, S. 3; 29.09.1998, S. 1; 06.10.1998, S.3; 10.10.1998, S. 1 und 3; 12.10.1998, S. 8; 14.10.1998, S. 1.

[380] FAZ vom 07.08.1998, S. 1.

[381] FAZ vom 02.06.1999, S. 7.

[382] Abgedruckt bei Weller, Crisis, S. 131.

[383] UN-Doc. S/1999/99.

[384] UN-Doc. S/1999/214.

[385] UN-Doc. S/1999/293.

2. *Auswertung der statistischen Angaben*

Auch wenn die Zahl der Opfer unterschiedlich ausfällt, so läßt sich den dargestellten Angaben zunächst entnehmen, daß gegenüber den Kosovo-Albanern schwerwiegende Menschenrechtsverletzungen, nämlich eine Verletzung des Rechts der Kosovo-Albaner auf Leben, ihres Rechts auf körperliche Unversehrtheit sowie des Rechts, nicht aus ethnischen Gründen diskriminiert zu werden, begangen wurden.

Dennoch ist die Menschenrechtslage der Kosovo-Albaner unterschiedlich beurteilt worden.

Die jugoslawische Regierung hat ihre Vorgehensweise gegenüber den Kosovo-Albanern als eine hoheitliche Maßnahme gegen staatsfeindlichen Terrorismus zu rechtfertigen versucht und aus diesem Grund den Kosovo-Konflikt als eine innere Angelegenheit Serbiens betrachtet[386]. Nach der Argumentation Serbiens sowie der jugoslawischen Bundesregierung stellte die Gewaltanwendung gegenüber den Kosovo-Albanern demnach die legitime Maßnahme eines souveränen Staates zur Einforderung der Loyalitätspflicht seiner Staatsangehörigen dar[387]. Auch wenn mit dem Argument der Terrorismusbekämpfung keine Menschenrechtsverletzungen gegenüber der Zivilbevölkerung gerechtfertigt werden können[388], so veranschaulicht die Argumentation Belgrads dennoch, welche Schwierigkeiten bereits bei der Feststellung von fundamentalen Menschenrechtsverletzungen, die als Auslöser einer humanitären Intervention in Frage kommen, bestehen. Die von den NATO-Staaten verwendeten Begriffe der „ethnischen Säuberungen"[389], der „humanitären Katastrophe"[390] oder der „Barbarei"[391] sind jedenfalls zu undifferenziert, um den Ausnahmetatbestand der humanitären Inter-

---

[386] Ein Überblick über die serbisch-jugoslawischen Argumentationslinien im Kosovo-Konflikt findet sich bei Dujak, Argumentationslinien, S. 47 ff. Vgl. ferner die Erklärung des jugoslawischen Außenministers Jovanovic gegenüber dem Fernsehsender CNN vom 22.03.1999 in: Internationale Politik 5/1999, S. 116 ff.

[387] Diese Haltung wird bereits in dem am 23.04.1998 abgehaltenen Referendum deutlich, in welchem sich 94 % der Stimmbeteiligten gegen eine Beteiligung ausländischer Vertreter bei der Lösung des Kosovo-Problems aussprachen. Vgl. dazu bereits 1. Kapitel unter D. II. 1.

[388] Vgl. zu den Grenzen der Befugnis eines Staates, die Loyalitätspflicht seiner Staatsangehörigen einzufordern Luchterhandt, Nationale Minderheiten und Loyalität, S. 43 ff.

[389] Vgl. FAZ vom 14.03.1998, S. 1; 26.03.1999, S. 12; 01.04.1999, S. 3; 11.05.1999, S. 4. Nach der Darstellung des Bundesverteidigungsministeriums war die Vertreibung und Vernichtung der Kosovo-Albaner von Seiten Serbiens von langer Hand geplant gewesen. Vgl. zu diesem umstrittenen „Hufeisenplan" FAZ vom 22.04.1999, S. 3. Sowohl Jugoslawien als auch Rußland haben bestritten, daß es im Kosovo zu „ethnischen Säuberungen" gekommen sei. Vgl. FAZ vom 18.06.1998, S. 1; 01.04.1999, S. 2.

[390] Vgl. FAZ vom 02.02.1999, S. 1; 25.03.1999, S. 1; 31.03.1999, S. 16; 26.04.1999, S. 4; 08.05.1999, S. 43.

[391] Vgl. ein entsprechendes Zitat des französischen Staatspräsidenten Chirac in: FAZ vom 08.04.1999, S. 3.

vention im konkreten Fall des Kosovo begründen zu können[392]. Das gilt auch für den von Seiten der NATO-Staaten verwendeten Begriff des „Völkermordes" zur Kennzeichnung der Lage der Kosovo-Albaner[393]. Obwohl Art. II der Völkermordkonvention[394] den Völkermord legaldefiniert, ist die Anwendbarkeit dieses Begriffs im einzelnen sehr umstritten[395]. Das zeigt sich auch am Beispiel des Kosovo, wo die Anklägerin des Internationalen Straftribunals für das ehemalige Jugoslawien am 22. Mai 1999 die bedeutendsten Führer Jugoslawiens nicht wegen Völkermordes, sondern wegen Mordes und wegen Verbrechen gegen die Menschlichkeit angeklagt hat[396], wenn sie auch diese Entscheidung aus politischen Gründen getroffen haben mag.

3. Bewertung

Angesichts der dargestellten unterschiedlichen Bewertungen der Menschenrechtssituation der Kosovo-Albaner stellt sich die Frage, wer für die Feststellung fundamentaler Menschenrechtsverletzungen zuständig sein kann. Eine solche Feststellung kann zumindest dann, wenn die Menschenrechtsverletzungen zur Anwendung von Gewalt im Rahmen einer humanitären Intervention durch einzelne Staaten berechtigen sollen, nur durch den Sicherheitsrat über die Vorschrift des Art. 39 UNO-Charta erfolgen[397], da dessen Entscheidungen eine Be-

---

[392] Ebenso Nolte, ZaöRV 59 (1999), S. 953.

[393] Vgl. FAZ vom 30.03.1999, S. 2; 01.04.1999, S. 3; 08.04.1999, S. 4. UN-Generalsekretär Annan vermied dagegen den Begriff des „Völkermordes". Er erklärte, es gebe zwar Anzeichen für einen Völkermord. Mangels Beweisen könne man aber noch nicht von einem solchen sprechen. Vgl. FAZ vom 08.04.1999, S. 2; 26.04.1999, S. 3. Nach Auffassung von Nolte, ZaöRV 59 (1999), S. 952 sowie Tomuschat in: FAZ vom 17.06.1998, S. 2 soll eine humanitäre Intervention nur im Falle eines Völkermordes als begrenzter Extremfall in Frage kommen.

[394] BGBl. 1954 II, S. 730.

[395] Vgl. Denninger, ZRP 2000, S. 194; Nolte, ZaöRV 59 (1999), S. 953 verdeutlicht die Schwierigkeiten, die bei der praktischen Anwendung des res ipsa loquitur-Gedankens entstehen, an den Beispielen der Bevölkerung von Ruanda und an der vertriebenen sudetendeutschen Volksgruppe. Im Falle Ruanda habe sich der Begriff des Völkermordes zur Kennzeichnung einer erheblich klareren Situation als der im Kosovo erst nach einigem Zögern durchgesetzt, während die Vertreibung der Sudetendeutschen ohne Zögern als Völkermord bewertet worden sei.

[396] Vgl. FAZ vom 28.05.1999, S. 1 und 3; Die ZEIT vom 02.06.1999, S. 3. Der Anklageschrift zufolge seien bis zur Anklageerhebung 740.000 Kosovo-Albaner vertrieben worden, Tausende seien vermutlich innerhalb des Landes verschleppt worden und eine nicht bekannte Zahl von Kosovo-Albanern sei getötet worden. Milosevic und vier weitere Mitglieder der jugoslawischen Staats- und Regierungsspitze wurden wegen Mordes an 340 Personen angeklagt.

[397] Die Frage nach einer Bemessung von Menschenrechtsverletzungen stellt allerdings auch für den Sicherheitsrat ein Problem dar. Daher hat Frankreich 1992 vorgeschlagen, daß der Sicherheitsrat nur im Falle von „violations of human rights (...) when they take on such proportions that they assume the dimension of a crime against humanity" tätig werden solle

schreibung der Situation versprechen, die frei von plakativen Darstellungen ist. Der Sicherheitsrat hat in seinen Resolutionen 1160, 1199 und 1203 zwar eine Friedensbedrohung festgestellt, dabei aber nicht allein die an den Kosovo-Albanern begangenen Menschenrechtsverletzungen verurteilt, sondern die Lage in der Region insgesamt als eine drohende „humanitäre Katastrophe“ gekennzeichnet[398].

Die von den NATO-Staaten vorgenommene Beurteilung der Menschenrechtsverletzungen geht über diese differenzierte Bewertung der Situation durch den Sicherheitsrat hinaus, so daß bereits die Frage, ob im Fall des Kosovo die im humanitären Mindeststandard beschriebene hohe Eingriffsschwelle einer humanitären Intervention tatsächlich vorlag, allenfalls vorsichtig bejaht werden kann[399]. Geht man unter Zurückstellung aller Bedenken gegen die von den NATO-Staaten vorgenommene Bewertung der Menschenrechtssituation der Kosovo-Albaner dennoch davon aus, daß im Kosovo fundamentale Menschenrechte verletzt wurden, so stellt sich im nächsten Schritt die Frage, ob diese Rechtsverletzungen auch durch den Einsatz von Gewalt beendet werden durften.

II. Die Vereinbarkeit einer humanitären Intervention mit dem Tatbestand des Gewaltverbotes

Einem in der völkerrechtlichen Literatur vertretenen Begründungsansatz zufolge, soll die humanitäre Intervention bereits nicht vom Tatbestand des Gewaltverbotes erfaßt sein[400]. Dies ließe sich entweder dadurch begründen, daß das Gewaltverbot des Art. 2 Ziff. 4 UNO-Charta Schranken aufweise, innerhalb welcher sich die humanitäre Intervention bewege oder daß das Gewaltverbot nur dann Geltung beanspruchen könne, wenn das in der UNO-Charta vorgesehene Friedenssicherungssystem tatsächlich funktioniere.

1. Tatbestandsimmanente Schranken des Gewaltverbotes

Die Vereinbarkeit der humanitären Intervention mit dem Tatbestand des Gewaltverbotes könnte sich aus dem Wortlaut des Art. 2 Ziff. 4 UNO-Charta ergeben, der sich dahingehend auslegen ließe, daß das Gewaltverbot nur diejenige Gewalt erfasse, die sich gegen die territoriale Unversehrtheit oder die politische Unabhängigkeit eines Staates richte[401] und die zudem mit den Zielen der Ver-

---

(UN-Doc. S/PV.3046, S. 53). Dazu ausführlich Pape, Humanitäre Intervention, S. 135 f.

[398] Vgl. dazu auch unter III. 2 b (1).

[399] Kritisch auch Jahn, KJ 2000, S. 502.

[400] Vgl. konkret zum Kosovo-Einsatz der NATO Ipsen, Die Friedenswarte 74 (1999), S. 20 f. sowie die allgemeinen Nachweise bei Kimminich, AVR 33 (1995), S. 440 f.

[401] Vgl. aus der amerikanischen Literatur insbesondere Stone, Agression and World Order, S. 95: „Article 2(4) does not forbid 'the threat or use of force' simpliciter, it forbids it only when directed 'against the territorial integrity or political independence' of any state, or in any other manner inconsistent with the purposes of the United Nations.“

einten Nationen vereinbar sei[402]. Aus dieser Formulierung könnte im Umkehrschluß gefolgert werden, daß eine humanitäre Intervention, welche zu keinem Substanzverlust eines Staates durch eine teilweise oder vollständige Annexion führt und welche mit dem Menschenrechtsschutz der Durchsetzung der Ziele der Vereinten Nationen dient, nicht verboten sei. Ein diesem Argumentationsansatz entsprechendes Verständnis des Gewaltverbotes kommt in der Weigerung der NATO-Staaten, ihren Einsatz als „Krieg" zu bezeichnen zum Ausdruck[403].

Gegen eine solche am Wortlaut des Art. 2 Ziff. 4 UNO-Charta orientierte Einschränkung des Gewaltverbotes sprechen mehrere Argumente. Dem Gewaltverbot kommt über seine vertragliche Verankerung in der Charta der Vereinten Nationen hinaus kraft Völkergewohnheitsrechts der Charakter zwingenden Rechts zu[404]. Das gilt zumindest für das Verbot der Anwendung militärischer Gewalt als Kern des Gewaltverbotes[405], so daß die Anwendung militärischer Gewalt durch einzelne Staaten unabhängig vom Wortlaut des Art. 2 Ziff. 4 UNO-Charta untersagt ist. Die humanitäre Intervention kann desweiteren auch nicht mit dem Argument vom Tatbestand des Art. 2 Ziff. 4 UNO-Charta ausgenommen werden, daß sie mit den Zielen der Vereinten Nationen vereinbar sei. Dem Versuch, das Gewaltverbot auf diese Weise im Gesamtzusammenhang der UNO-Charta zu interpretieren[406], liegt offenbar die Vorstellung zugrunde, daß die Konzeption des Gewaltverbotes eine wirksame Durchsetzung des Menschenrechtsschutzes verhindere. Diese Vorstellung ist allerdings unzutreffend, weil der Sicherheitsrat über die Auslegung des Begriffs der „Friedensbedrohung" die Möglichkeit besitzt, bei schwerwiegenden Menschenrechtsverletzungen auch militärische Maßnahmen zu ergreifen[407].

Einer einschränkenden Auslegung des Art. 2 Ziff. 4 UNO-Charta kann schließlich die Entstehungsgeschichte der Vorschrift entgegengehalten werden[408]. Die

---

402 Vgl. Doehring, Humanitäre Intervention, S. 549, der Art. 2 Ziff. 4 UNO-Charta als Ausdruck einer „in gewisser Weise auf den Angriffskrieg begrenzten Intention der Charta" verstanden wissen will.

403 Vgl. oben unter B I die entsprechende Äußerung des NATO-Generalsekretärs, die NATO führe keinen Krieg im klassischen Sinne, da sie kein Land besetzen wolle.

404 Vgl. Schöbener, ZfP 2000, S. 300.

405 Simma-Randelzhofer, Art. 2 Ziff. 4 UNO-Charta, Rn. 60.

406 Vgl. etwa Fonteyne, Cal.W.Int'l L.J. 4 (1974), S. 255. Systematisch läßt sich dieser Argumentationsansatz zur Auslegung des Art. 2 Ziff. 4 UNO-Charta bei Art. 31 Abs. 1 und 2 WVK verorten.

407 Vgl. oben unter A. II. 3.

408 Ergibt sich der Inhalt einer Vertragsbestimmung weder aus ihrem eindeutigen Wortlaut, noch aus dem Zusammenhang der Vertragsbestimmungen oder aus Ziel und Zweck des Vertrages, dann können nach Art. 32 WVK die vorbereitenden Arbeiten und die Umstände des Vertragsabschlusses zur Auslegung herangezogen werden. Obwohl nach Art. 4 WVK die Konvention nur auf solche Verträge anwendbar ist, die nach dem Inkrafttreten der WVK

in Art. 2 Ziff. 4 UNO-Charta genannten Modalitäten des Gewaltverbotes wurden auf der UN-Gründungskonferenz von San Francisco auf Bestreben einiger kleiner Staaten in den Vertragstext aufgenommen, die sich vor einer einschränkenden Auslegung des Gewaltverbotes sichern und den Schutz ihrer territorialen Unversehrtheit und politischen Unabhängigkeit durch das Gewaltverbot besonders hervorheben wollten[409]. Angesichts dieser umfassenden Geltung des Gewaltverbotes dient die Weigerung der NATO-Staaten, ihren Einsatz im Kosovo als „Krieg“ zu bezeichnen, daher im Ergebnis nur der politischen Beschönigung der Gewaltanwendung[410] und offenbart in rechtlicher Hinsicht ein inzwischen überwundenes Verständnis des Rechts zur Gewaltanwendung. Mit Art. 2 Ziff. 4 UNO-Charta sollten gerade die Schwächen des Kriegsverbotes des Briand-Kellogg-Paktes, welches nicht als „Krieg“ deklarierte Gewaltmaßnahmen nicht erfaßte, überwunden werden[411].

Den Befürwortern einer restriktiven Auslegung des Gewaltverbotes im Kosovo-Konflikt kann zuletzt noch entgegengehalten werden, daß die humanitäre Intervention einzelner Staaten in der Regel ohnehin nicht nur eine kurzfristige Beeinträchtigung der territorialen Unversehrtheit und politischen Unabhängigkeit eines Staates erfordert, wenn sie ihr Ziel erreichen will, in dem betroffenen Land auf Dauer einen menschenrechtskonformen Zustand zu schaffen[412]. Das wird an der Situation der Kosovo-Albaner im ehemaligen Jugoslawien besonders deutlich. Das Ziel der NATO-Intervention, die Menschenrechtsverletzungen zu beenden und den Kosovo-Albanern zur Wiedererlangung ihrer Autonomie zu verhelfen, konnte durch die begrenzten Luftoperationen nicht erreicht werden[413]. Die Schaffung eines menschenrechtskonformen Zustandes für die Kosovo-Albaner erfordert vielmehr, wie die gegenwärtige Situation im Kosovo unter der Verwaltung der Vereinten Nationen zeigt, eine dauerhafte Besetzung eines Teils des jugoslawischen Territoriums[414].

---

am 27.01.1980 geschlossen worden sind, finden die Auslegungsregeln der WVK als Ausdruck von Völkergewohnheitsrecht für die Auslegung der UNO-Charta entsprechend heranzuziehen. Vgl. dazu Simma-Ress, Auslegung, Rn. 8 sowie ausführlich Gading, Menschenrechte, S. 43 f.

[409] Simma-Randelzhofer, Art. 2 Ziff. 4 UNO-Charta, Rn. 35; Tomuschat, EA 1981, S. 229.

[410] Ähnlich auch Blumenwitz, Politische Studien, Sonderheft 4/1999, S. 29, der aber auch darauf hinweist, daß die Frage der Kriegseröffnung hinsichtlich der Rechte und Pflichten der Neutralen noch eine erhebliche Bedeutung habe. Dadurch, daß die NATO-Staaten den Status undefiniert ließen, hätten sie sich der Möglichkeit beraubt, eine wirksame, weil auch von den am Konflikt nicht beteiligten Staaten zu beachtende, Blockade des Gegners zu verhängen (a.a.O. S. 38, Fn. 65).

[411] Vgl. dazu bereits oben unter A II 1a.

[412] Pauer, Humanitäre Intervention, S. 136.

[413] Vgl. zur Durchführung der Intervention unter dem Gesichtspunkt der Verhältnismäßigkeit ausführlich unten unter D.

[414] Zur rechtlichen Einordnung der auf der Grundlage der Resolution 1244 des Sicherheits-

2. *Vorbehalt der Funktionsfähigkeit des Sicherheitsrates*

Ein weiterer Ansatz zur Begründung der Zulässigkeit der humanitären Intervention durch einzelne Staaten liegt in dem Argument, das Gewaltverbot könne nur dann seine soeben dargestellte umfassende Geltung beanspruchen, wenn das in Kapitel VII und VIII der UNO-Charta vorgesehene System der kollektiven Sicherheit tatsächlich funktioniere[415]. Versage aber dieses System wie etwa beim Schutz fundamentaler Menschenrechte im Kosovo, weil der Sicherheitsrat aufgrund des Vetos eines ständigen Mitglieds gehindert sei, zu militärischen Zwangsmaßnahmen zu ermächtigen, dann könne die humanitäre Intervention einzelner Staaten ausnahmsweise zulässig sein. Die These, wonach das Gewaltverbot unter einem „Funktionsvorbehalt des kollektiven Sicherheitssystems" stehe[416], findet sich in der von der NATO vorgetragenen Auffassung, die Handlungsunfähigkeit des Sicherheitsrates zwinge sie ihrerseits, im Kosovo zu handeln[417], wieder.

Diese Argumentation beruht auf der nicht tragbaren Prämisse, daß eine rechtliche Verpflichtung des Sicherheitsrates besteht, im Falle schwerwiegender Menschenrechtsverletzungen zu militärischen Zwangsmaßnahmen zu ermächtigen. Zudem wird indirekt unterstellt, daß ein ständiges Mitglied des Sicherheitsrates, welches sich gegen militärische Maßnahmen zur Beendigung von Menschenrechtsverletzungen ausspricht, sein Veto mißbrauche.

Art. 39 UNO-Charta räumt dem Sicherheitsrat grundsätzlich ein Ermessen, sowohl hinsichtlich der Feststellung der Friedensbedrohung als auch hinsichtlich der aus dieser Feststellung zu ziehenden Konsequenzen ein[418]. Eine Einschränkung dieses Ermessens zugunsten der Befugnis einzelner Staaten zur humanitären Intervention läge nur dann vor, wenn eine Rechtspflicht des Sicherheitsrates bestünde, bei schwerwiegenden Menschenrechtsverletzungen militärische Zwangsmaßnahmen anzuordnen und der Sicherheitsrat dieser Pflicht nicht nachkäme. Aus der Bestimmung des Art. 24 Abs. 2 UNO-Charta, wonach der Sicherheitsrat bei der Erfüllung seiner Aufgaben im Einklang mit den Zielen und den Grundsätzen der Vereinten Nationen handeln muß, ergibt sich eine solche rechtliche Verpflichtung nicht. Zwar stellt der Schutz der Menschenrechte

---

rates geschaffenen Situation im Kosovo vgl. 3. Kapitel unter F.

[415] Vgl. Reismann, AJIL 78 (1984), S. 643. Ähnlich auch schon Kelsen, Law of the United Nations, S. 270, der die Auffassung vertritt, der allgemeine Grundsatz des Völkerrechts, wonach einzelne Staaten zur Selbsthilfe berechtigt seien, könne nur unter der Bedingung aufgehoben werden, daß Zwangsmaßnahmen der UNO tatsächlich stattfänden. Diese Voraussetzung erfülle die UNO-Charta nicht, da sie nicht ausschließen könne, daß friedensgefährdende Situationen ungelöst blieben.

[416] Schöbener, ZfP 2000, S. 304.

[417] Vgl. oben unter B. IV.

[418] Vgl. Blanke, AVR 36 (1998), S. 269. Zur Begrenzung dieses Ermessens durch die rule of law vgl. Gading, Menschenrechte, S. 54 ff.

ein vorrangiges Ziel der Vereinten Nationen dar[419], dem der Sicherheitsrat bei der Wahrnehmung seiner Aufgaben dienen muß. Zu militärischen Zwangsmaßnahmen muß der Sicherheitsrat allerdings nicht ermächtigen, wenn innerhalb eines Staates fundamentale Menschenrechte verletzt werden. Die zur Begründung der Zulässigkeit des NATO-Einsatzes im Kosovo vorgetragene „Funktionsunfähigkeit" des Sicherheitsrates beruht darüber hinaus auf einem fehlerhaften Verständnis des Veto-Rechts der ständigen Mitglieder des Sicherheitsrates. Die Entscheidungen, die der Sicherheitsrat fällt, sind schon aufgrund seiner Zusammensetzung zwangsläufig politische Entscheidungen, was insbesondere in dem Abstimmungsverfahren des Sicherheitsrates zum Ausdruck kommt. Nach Art. 27 Abs. 3 UNO-Charta bedürfen alle Beschlüsse des Sicherheitsrates, die nicht Verfahrensfragen betreffen, der Zustimmung von neun Mitgliedern einschließlich der Stimmen sämtlicher ständiger Mitglieder. Das daraus resultierende Veto-Recht der ständigen Mitglieder stellt nicht nur ein Zugeständnis an die machtpolitischen Verhältnisse zum Zeitpunkt der Verabschiedung der Charta der Vereinten Nationen dar, sondern die ständigen Mitglieder des Sicherheitsrates repräsentieren auch noch nach dem Ende des Kalten Krieges die globalen Einflußsphären[420]. Das Veto-Recht gehört daher zu den konstitutiven Grundsätzen der UNO-Charta[421]. Eine aus der Uneinigkeit der ständigen Mitglieder des Sicherheitsrates resultierende „Funktionsunfähigkeit" des Sicherheitsrates ist also dem Friedenssicherungssystem der Vereinten Nationen immanent[422], weil die Entscheidungen des Sicherheitsrates den größten gemeinsamen Nenner in einem koordinationsrechtlichen System darstellen, dem die Vorstellung einer übergeordneten „Weltpolizei" fremd ist[423]. Aus der Untätigkeit des Sicherheits-

---

[419] Dazu bereits oben unter A. II. 2.

[420] Vgl. Schöbener, ZfP 2000, S. 305 sowie Laubach, ZRP 1999, S. 278. Die Frage nach der Zulässigkeit einer humanitären Intervention hat allerdings auch die Diskussion um eine Reform des Sicherheitsrates wiederbelebt. So könnte durch eine Erweiterung der Zahl der ständigen Mitglieder des Sicherheitsrates und gleichzeitig durch eine Veränderung des Veto-Rechts die tatsächliche Handlungsfähigkeit des Sicherheitsrates verbessert werden (vgl. die entsprechenden Vorschläge bei Pape, Humanitäre Intervention, S. 286). Aus verfahrensrechtlichen Gründen ließe sich eine solche Reform des Sicherheitsrates wohl kaum durchzusetzen, da sie eine Änderung der UNO-Charta erfordert, welche nach Art. 108 UNO-Charta die Zustimmung aller ständigen Mitglieder des Sicherheitsrates voraussetzt.

[421] Blumenwitz, Politische Studien, Sonderheft 4/1999 S. 28; Kimminich, AVR 33 (1995), S. 457 ff.

[422] Vgl. Schindler, BerDGVR 26 (1986), S. 18; Deiseroth, NJW 1999, S. 3086; Tomuschat, EA 1981, S. 226.

[423] Eine ausführliche Kritik zu dem Verständnis der humanitären Intervention als „internationale Polizeiaktion" findet sich bei Schöbener, KJ 2000, S. 571 ff. Vgl. in diesem Zusammenhang auch Mursiwek, Der Staat 1996, S. 41 ff., der nachweist, daß auch der Sicherheitsrat nicht als „Weltpolizei" verstanden werden kann.

rates kann daher nicht auf eine Einschränkbarkeit des Gewaltverbotes geschlossen werden[424].
Schließlich stellt auch die UNO-Charta die einzelnen Staaten nicht schutzlos, wenn der Sicherheitsrat nicht in der Lage ist, die ihm von Kapitel VII UNO-Charta zugedachten Aufgaben wahrzunehmen[425]. Das Selbstverteidigungsrecht des Art. 51 UNO-Charta wurde bewußt für den Fall in die UNO-Charta aufgenommen, daß das Opfer eines „bewaffneten Angriffs" sich auch ohne Zustimmung des Sicherheitsrates mit Gewalt gegen diesen Angriff wehren kann[426].
Als Ergebnis läßt sich daher festhalten, daß die Anwendung von militärischer Gewalt durch einzelne Staaten auch dann vom Tatbestand des Gewaltverbotes erfaßt wird, wenn sie die Beendigung fundamentaler Menschenrechtsverletzungen innerhalb eines Staates zum Ziel hat. Die menschenrechtliche Zielsetzung könnte den Verstoß gegen das Gewaltverbot allenfalls rechtfertigen oder entschuldigen.

III. Die Rechtfertigung der Gewaltanwendung im Falle einer humanitären Intervention

Bei dem Versuch, die Gewaltanwendung im Falle einer humanitären Intervention zu rechtfertigen, lassen sich weitere Argumentationsansätze ausmachen.
Zum einen wird vertreten, die Gewaltanwendung zur Beendigung schwerwiegender Menschenrechtsverletzungen stelle eine zulässige Nothilfe dar, was sich aus einer Auslegung des Art. 51 UNO-Charta ergebe (unter 1.). Zum anderen könnte konkret im Kosovo-Konflikt, die Zulässigkeit des NATO-Einsatzes damit begründet werden, daß die NATO im Interesse der Vereinten Nationen und damit gleichsam als deren „Sachwalter" handele (unter 2.). Schließlich wird argumentiert, die humanitäre Intervention stelle eine völkergewohnheitsrechtliche Ausnahme von Gewaltverbot dar (unter 3.).

1. Die humanitäre Intervention als Nothilfe auf der Grundlage von Art. 51 UNO-Charta

Die These, der Kosovo-Einsatz der NATO stelle sich als Nothilfe zugunsten der Kosovo-Albaner dar, ist in erster Linie von der Bundesrepublik vertreten wor-

---

[424] Vgl. Weber, FAZ vom 09.07.1999, S. 8: Es führt „in die Irre, das Veto der ständigen Mitglieder der Sicherheitsrates dafür verantwortlich zu machen, daß die NATO von der UN kein Mandat für ihre Luftangriffe erhielt. Tatsächlich bestand keine Lücke im normativen System der internationalen Gefahrenabwehr. (...) Kein Staat und keine Staatenallianz kann beanspruchen, daß der UN-Sicherheitsrat der Krisenbewertung und der Konfliktstrategie eines Staates oder einer Staatengruppe folgt. (...) Die stillschweigende Mitberücksichtigung der eigenen Interessen seitens aller Mitglieder des UN-Sicherheitsrates ist kein Systemfehler, sondern Teil der Ordnungsvorstellungen, die das UN-System bis heute getragen haben."

[425] Walter, Vereinte Nationen und Regionalorganisationen, S. 256.

[426] Schöbener, ZfP 2000, S. 305.

den[427]. Da ein Recht der Staaten zur kollektiven Selbstverteidigung und damit zur Nothilfe in Art. 51 UNO-Charta ausdrücklich geregelt ist, soll im folgenden untersucht werden, ob auch der Kosovo-Einsatz als eine Maßnahme der Nothilfe von dem Regelungsbereich des Art. 51 UNO-Charta erfaßt ist oder ob der Einsatz zumindest durch eine weite Auslegung dieser Vorschrift gerechtfertigt werden kann.

a. Inhalt des Art. 51 UNO-Charta

Art. 51 UNO-Charta sieht im Falle eines bewaffneten Angriffs gegen einen Staat[428] das Recht zur individuellen und kollektiven Selbstverteidigung als eine Ausnahme vom Gewaltverbot vor.

Die Vorschrift steht im Zusammenhang mit dem Gewaltverbot, weil sie voraussetzt, daß der angreifende Staat, gegen welchen die Notwehr sich richten kann, seinerseits durch die Anwendung militärischer Gewalt gegen Art. 2 Ziff. 4 UNO-Charta verstößt[429]. Allerdings ist der Begriff des „bewaffneten Angriffs" enger als der Begriff der „Androhung und Anwendung von Gewalt" im Sinne von Art. 2 Ziff. 4 UNO-Charta[430], so daß das Recht zur gewaltsamen Selbstverteidigung erst dann besteht, wenn die unerlaubte Gewaltanwendung eine besondere Schwere erreicht hat. Dies kann nach Art. 3 der Agressionsdefintion etwa bei einer Invasion oder einem Angriff durch die Streitkräfte eines Staates auf das Gebiet eines anderen Staates der Fall sein (Art. 3 lit. a)) oder bei Beschießungen und Bombardierungen des Hoheitsgebiets eines Staates (Art. 3 lit. b))[431].

---

[427] Vgl. oben unter B. II. Ein Recht zu Nothilfe im Kosovo bejahen ferner Klein/Schmahl, Recht und Politik 35 (1999), S. 203.

[428] Seinem Wortlaut nach setzt Art. 51 UNO-Charta einen bewaffneten Angriff gegen ein Mitglied der Vereinten Nationen voraus. Daraus ließe sich schließen, daß auch nur den Mitgliedern der Vereinten Nationen das Recht zukommen soll, sich mit der Anwendung militärischer Gewalt zu verteidigen. Da aber das in Art. 51 UNO-Charta geregelte Selbstverteidigungsrecht ein „naturgegebenes" ist, kann aus dieser - im einzelnen sehr umstrittenen - Formulierung zumindest geschlossen werden, daß das Selbstverteidigungsrecht allen Staaten, auch Nichtmitgliedstaaten zusteht. Vgl. Schindler, BerDGVR 26 (1986), S. 17.

[429] Das Selbstverteidigungsrecht des Art. 51 UNO-Charta wird dagegen nicht bereits durch die Androhung von Gewalt ausgelöst, ob wohl diese ebenfalls einen Verstoß gegen Art. 2 Ziff. 4 UNO-Charta darstellt. Der „bewaffnete Angriff" ist gegenüber der „Androhung und Anwendung von Gewalt" der engere Begriff. Bis zum Vorliegen eines solchen „bewaffneten Angriffs" wird es den Staaten also zugemutet, auf bewaffnete Selbstverteidigung zu verzichten. Vgl. hierzu Simma-Randelzhofer, Art. 51 UNO-Charta, Rn. 4 ff; Wolfrum-Schulze, Selbstverteidigung, S. 759 f. Bryde, Self-Defence, EPIL Vol. IV (2000), S. 362.

[430] Vgl. statt vieler Simma-Randelzhofer, Art. 51 UNO-Charta Rn. 4; Schindler, BerDGVR 26 (1986), S. 16.

[431] Die am 14.12.1974 von der Generalversammlung verabschiedete Resolution 3314 (XXIX), sog. „Angriffsdefinition", will zwar nicht den Begriff des „bewaffneten Angriffs" i.S.v. Art. 51 UNO-Charta definieren, sondern laut Ziff. 2 und 4 ihrer Präambel zur Auslegung des Begriffs der „Friedensbedrohung" i.S.v. Art. 39 UNO-Charta beitragen. Sie enthält aber zumindest wichtige Hinweise für die Bestimmung eines „bewaffneten Angriffs" (Sim-

Menschenrechtsverletzungen innerhalb eines Staates erfüllen diese Voraussetzung grundsätzlich nicht, was auch der Beschränkung des Gewaltverbotes des Art. 2 Ziff. 4 UNO-Charta auf die „internationalen Beziehungen", also auf die zwischenstaatliche Gewaltanwendung entspricht[432]. Der Kosovo-Einsatz der NATO ließe sich daher nur durch eine analoge Anwendung des Art. 51 UNO-Charta rechtfertigen[433].

b. Analoge Anwendung des Art. 51 UNO-Charta?

Aus der Qualifikation fundamentaler Menschenrechte als Verpflichtung erga omnes könnte sich für die betroffene Menschengruppe eine Rechtsposition entwickelt haben, die es dieser Gruppe erlaubt, sich unter Berufung auf das Notwehrrecht mit Gewalt gegen die Menschenrechtsverletzungen zu wehren, was wiederum dritte Staaten zur militärischen Nothilfe in analoger Anwendung des Art. 51 UNO-Charta berechtigen könnte[434]. Eine militärische Nothilfe dritter Staaten zugunsten einer Bevölkerungsgruppe, die schwerwiegenden Menschenrechtsverletzungen ausgesetzt ist, setzt zunächst voraus, daß dieser Gruppe ihrerseits ein Notwehrrecht zukommt. Aus der rechtlichen Einordnung des humanitären Mindeststandards als erga omnes- Verpflichtung ergibt sich ein solches Recht nicht zwingend, da damit zunächst nur eine Verpflichtung der Staaten ausgesprochen ist und kein subjektives Recht des betroffenen Einzelnen oder der betroffenen Gruppe[435]. Da zudem Art. 51 UNO-Charta die Notwehr und daraus folgend die Nothilfe nur im Falle des „bewaffneten Angriffs" gegen einen Staat vorsieht, müßten Menschenrechtsverletzungen gegenüber einer Gruppe innerhalb eines Staates einem solchen bewaffneten Angriff gegen einen Staat zumin-

---

ma-Randelzhofer, Art. 51 UNO-Charta, Rn. 20; Schindler, BerDGVR 26 (1986), S. 16).

[432] Vgl. dazu oben unter A. II. 3.

[433] Abwegig ist die von Münzel, Läßt sich die Unabhängigkeit Kosovas völkerrechtlich begründen?, S. 224 vertretene Ansicht, das Kosovo stelle seit 1991 einen unabhängigen Staat dar. Die Qualifikation des Kosovo als Staat setzt voraus, daß das Kosovo neben Staatsgebiet und Staatsvolk auch über eine effektive Staatsgewalt verfügt. Sofern Münzel (S. 223) argumentiert, die Schattenregierung des Kosovo sei von der Bevölkerung als „einzig legale Staatsgewalt" angesehen worden, reicht dies für die Staatsqualität nicht aus. Eine effektive Staatsgewalt besteht erst dann, wenn sich die Staatsgewalt tatsächlich durchgesetzt hat und der Staat daher eine gewisse Stabilität und Aussicht auf Dauer aufweist (Ipsen, Völkerrecht, S. 58). Davon kann im Kosovo nicht die Rede sein.

[434] Vgl. Doehring, Völkerrecht, S. 435 f.; Ipsen, Die Friedenswarte 74 (1999), S. 22.; ähnlich Delbrück, Die Friedenswarte 74 (1999), S. 152; Klein, FAZ vom 21.06.1999, S. 15: „Dem Umfang der seither erreichten Normativierung des Menschenrechtsschutzes würde nicht entsprochen, wenn das militärische Vorgehen gegen schwere Menschenrechtsverletzungen ausschließlich von einer Ermächtigung des Sicherheitsrates abhinge". Vgl. ferner Steinkamm, Humanitäre Intervention, S. 281 f.

[435] Vgl. auch Schilling, AVR 35 (1997), S. 438.

dest vergleichbar sein, um eine analoge Auslegung des Art. 51 UNO-Charta zu ermöglichen[436].

Weil bei einer solchen weiten Auslegung des Notwehrrechts desweiteren berücksichtigt werden muß, daß der das Selbstverteidigungsrecht auslösende „bewaffnete Angriff" an die Zulässigkeit der Gewaltanwendung durch einzelne Staaten bewußt höhere Anforderungen stellt, als dies der Begriff der „Friedensbedrohung" an den Tätigkeitsbereich des Sicherheitsrates tut[437], können Menschenrechtsverletzungen allenfalls dann das Notwehrrecht des Art. 51 UNO-Charta auslösen, wenn sie gegen eine einem Staat vergleichbare Gruppe gerichtet sind, welcher Völkerrechtssubjektivität zukommt.

(1) Nothilfe zugunsten eines stabilisierten de facto- Regimes

Eine solche Gleichsetzung von Menschenrechtsverletzungen mit einem bewaffneten Angriff gegen einen Staat ist zunächst dann naheliegend, wenn die Menschenrechtsverletzungen gegenüber einer Gruppe begangen werden, die innerhalb eines Staates ein sog. „stabilisiertes de-facto-Regime" darstellt. In diesem Fall läßt die ganz h.M. eine Ausnahme von der grundsätzlichen Trennung zwischen innerstaatlichen- und zwischenstaatlichen Konflikten zu[438], weil hier eine Gruppe innerhalb eines Staates faktisch alle Voraussetzungen der Staatlichkeit erfüllt. Das „stabilisiertes de facto-Regime" wird dabei als ein Herrschaftssystem verstanden, das ein Teilgebiet eines Staates über einen längeren Zeitraum hinweg im Rahmen einer befriedeten Situation beherrscht und für sich selbst die Staatlichkeit in Anspruch nimmt, ohne allerdings in dieser Eigenschaft anerkannt zu sein[439]. Auf das Kosovo haben diese Voraussetzungen zu Beginn der NATO-Intervention nicht zugetroffen, weil in Anbetracht der jahrzehntelangen Auseinandersetzungen zwischen Albanern und Serben keinesfalls von einer befriedeten Situation gesprochen werden kann, die zudem über einen längeren Zeitraum hinweg bestanden hat.

(2) Nothilfe zugunsten eines Trägers des Selbstbestimmungsrechts

Eine der Völkerrechtssubjektivität von Staaten vergleichbare Rechtsposition könnte einer Bevölkerungsgruppe, die innerhalb eines Staates schwerwiegenden Menschenrechtsverletzungen ausgesetzt ist, weiterhin dann zukommen, wenn sich die Menschenrechtsverletzungen als eine Verweigerung des Selbstbestim-

---

[436] Zu den Voraussetzungen einer Analogie im Völkerrecht vgl. Fastenrath, Lücken im Völkerrecht, S. 134 ff. Als Analogie ist dabei die Übertragung der für einen Tatbestand oder für mehrere, untereinander ähnliche Tatbestände in Rechtsnormen gegebenen Regel auf einen von den Rechtsnormen nicht geregelten, ihnen „ähnlichen" Tatbestand.

[437] Ein „Friedensbedrohung" i.S.d. Art. 39 UNO-Charta kann, wie gezeigt, auch durch Konflikte innerhalb eines Staates ausgelöst werden, während ein „bewaffneter Angriff" nur bei grenzüberschreitender Gewalt vorliegen kann.

[438] Vgl. Ipsen, Völkerrecht, S. 90.

[439] Frowein, De-Facto-Regime, S. 36; Verdross/Simma, Völkerrecht, § 405.

mungsrechts der betroffenen Volksgruppe oder Minderheit darstellten[440] und aus diesem Grund ein Verstoß gegen das Gewaltverbot des Art. 2 Ziff. 4 UNO-Charta vorläge. Eine militärische Nothilfe durch dritte Staaten käme in diesem Fall dann in Betracht, wenn mit den Menschenrechtsverletzungen zugleich das innere Selbstbestimmungsrecht einer Volksgruppe oder Minderheit verletzt würde und sich deshalb aus dem Selbstbestimmungsrecht ein Anspruch auf Sezession ergeben würde[441]. Unter diesem Aspekt ist die militärische Unterstützung der sog. „gerechten Befreiungskämpfe" der ehemaligen Kolonien als ungeschriebene Ausnahme vom Gewaltverbot diskutiert worden[442].

Die Frage nach der Existenz eines aus dem Selbstbestimmungsrecht abzuleitenden Rechts auf Sezession und den Rechtsfolgen, die sich hieraus für dritte Staaten ergeben, ist äußerst umstritten und soll im Rahmen des dritten Kapitels ausführlich dargestellt werden[443]. Zur Begründung der Rechtmäßigkeit der humanitären Intervention der NATO ist dieser Argumentationsansatz an dieser Stelle ohnehin unbrauchbar, da die Forderung der Kosovo-Albaner nach staatlicher Unabhängigkeit in der Staatengemeinschaft keine Unterstützung gefunden hat[444]. Der Sicherheitsrat hob in allen einschlägigen Resolutionen die territoriale Souveränität der BRJ hervor[445] und auch die NATO bezweckte mit ihrem Einsatz nicht, einer Sezession des Kosovo zum Durchbruch zu verhelfen[446].

Im Ergebnis läßt sich der Kosovo-Einsatz der NATO deshalb nicht als Nothilfe durch eine analoge Anwendung des Art. 51 UNO-Charta rechtfertigen.

---

[440] Vgl. zu diesem Argumentationsansatz ausführlich Doehring, Politische Studien, Sonderheft 6/1993, S. 49 ff.; sowie ders. in einem Leserbrief in FAZ vom 15.06.1999, S. 12: „Kämpft eine nationale Minderheit, wie diejenige des Kosovos, gerechtfertigt für ihr Selbstbestimmungsrecht, weil sie unerträglichen Diskriminierungen und brutalen Unterdrückungen im Sinne des Völkermordes ausgesetzt ist, handelt es sich nicht mehr um eine „innere Angelegenheit" des ihre Rechte mißachtenden Staates, sondern um einen internationalen Konflikt (...) Wenn so die Charta im Grundsatz das Selbstverteidigungsrecht, jedenfalls zwischen Staaten, anerkennt - dieses Recht ist ausdrücklich als „inherent right" bezeichnet - , gilt das zumindet per analogiam auch für eine Volksgruppe, die sich gegen die Mißachtung des Selbstbestimmungsrechts zur Wehr setzt."

[441] Vgl. Schilling, AVR 35 (1997), S. 439 ff.

[442] Vgl. dazu Simma-Randelzhofer, Art. 2 Ziff. 4 UNO-Charta, Rn. 45 ff. sowie 3. Kapitel unter VI. 1.

[443] 3. Kapitel unter D.

[444] Vgl. bereits 1. Kapitel unter D.

[445] Der Status des Kosovo wurde in allen Resolutionen als „ Kosovo (Bundesrepublik Jugoslawien)" bezeichnet.

[446] Vgl. etwa FAZ vom 26.06.1998, S. 1.

2. Die NATO als „Sachwalter der Vereinten Nationen"

Die NATO-Staaten haben die Zulässigkeit ihres Einsatzes im Kosovo weiterhin damit begründet, sie handelten im „Bezugsrahmen der Vereinten Nationen"[447] und in Übereinstimmung mit „Sinn und Logik" der Resolutionen 1160 und 1199 des Sicherheitsrates[448], in welchen dieser die Lage im Kosovo als „Friedensbedrohung" qualifiziert hatte. Diese Argumentation überzeugt insoweit, als die der Zulässigkeit einer humanitären Intervention entgegenstehende Mißbrauchsgefahr zumindest verringert ist, wenn mit der NATO ein Bündnis demokratischer Staaten Gewalt anwendet und dies zur Durchsetzung von zuvor vom Sicherheitsrat verbindlich festgelegter Ziele tut. Deshalb bedarf die These, wonach die NATO im Kosovo als „Sachwalter" der Vereinten Nationen gehandelt hätte und der Verstoß gegen das Gewaltverbot aus diesem Grund gerechtfertigt gewesen sei, einer genaueren Untersuchung. Dabei wird zunächst der Frage nachgegangen, ob dem Kosovo-Einsatz der NATO zumindest eine inzidente Ermächtigung des Sicherheitsrates zugrunde lag (unter a.). Sodann sollen am Beispiel des Kosovo-Einsatzes die Schwierigkeiten bei der Auslegung von Resolutionen des Sicherheitsrates aufgezeigt werden (unter b.). Schließlich erfordert die Argumentation der NATO, sie handele im Bezugsrahmen der Vereinten Nationen, eine grundsätzliche Bestimmung der Rolle der NATO im Friedenssicherungssystem der Vereinten Nationen (unter c.).

a. Inzidente Ermächtigung der NATO zur Anwendung von Gewalt

Eine ausdrückliche Ermächtigung zur Anwendung militärischer Gewalt im Kosovo hat der Sicherheitsrat nicht ausgesprochen. Die Aussage der von den NATO-Staaten für ihr Handeln in Bezug genommenen Resolutionen 1160 und 1199 ist insofern eindeutig[449]. Insbesondere sprach der Sicherheitsrat auch keine Generalermächtigung zur Ergreifung „aller erforderlichen Maßnahmen aus"[450]. Der Sicherheitsrat stellte am Ende der Resolutionen jeweils fest, er bleibe mit der Angelegenheit befaßt.

---

[447] So Bundeskanzler Schröder vgl. oben unter B. II. 1 a.

[448] So etwa die Argumentation des damaligen Bundesaußenministers Kinkel, in: FAZ vom 14.10.1998, S. 2 und 3.

[449] Vgl. insbesondere Ziff. 19 und 20 des operativen Teils der Resolution 1169: „ [der Sicherheitsrat] betont, daß im Falle des Ausbleibens konstruktiver Fortschritte in Richtung auf eine friedliche Lösung der Situation in Kosovo weitere Maßnahmen erwogen werden; (Ziff. 20) beschließt, mit der Angelegenheit befaßt zu bleiben." Ebenso Ziff. 16 des operativen Teils der Resolution 1199: „[der Sicherheitsrat] beschließt, weitere Schritte und zusätzliche Maßnahmen zur Erhaltung oder Wiederherstellung des Friedens und der Stabilität in der Region zu prüfen, falls die in dieser Resolution sowie in Resolution 1160 (1998) geforderten konkreten Maßnahmen nicht getroffen werden".

[450] Diese Formulierung verwendete der Sicherheitsrat in der Resolution 678 vom 29.11.1990, in welcher er die Mitgliedstaaten ermächtigte, mit „allen erforderlichen Maßnahmen" („all necessary means") Kuwait nach der Intervention des Irak zu befreien. Vgl. Hierzu Pape, Humanitäre Intervention, S. 163 f. m.w.N.

Der Argumentation der NATO, im Bezugsrahmen der Vereinten Nationen gehandelt zuhaben, könnte aber entnommen werden, daß dem NATO-Einsatz zumindest eine inzidente Ermächtigung zur Gewaltanwendung zugrunde lag, was wiederum im Umkehrschluß daraus geschlossen werden könnte, daß der Sicherheitsrat die Handlungen der NATO nicht ausdrücklich verurteilte. Als solche inzidente Ermächtigungen kommen die Resolutionen 1203 und 1244 in Betracht.

(1) Resolution 1203[451]

In der am 24. Oktober 1998 auf der Grundlage von Kapitel VII UNO-Charta verabschiedeten Resolution 1203 hat der Sicherheitsrat die am 15. und 16. Oktober geschlossenen Abkommen zwischen NATO/OSZE und der BRJ über einen Waffenstillstand und die Einrichtung der Kosovo-Verifizierungsmission[452] „gebilligt und unterstützt", welche erst infolge der Drohungen der NATO, militärische Gewalt anzuwenden, zustande gekommen war. Da Art. 2 Ziff. 4 UNO-Charta bereits die Androhung von Gewalt verbietet, könnte der Sicherheitsrat mit der Verabschiedung der Resolution 1203 zumindest eine politische Billigung der Vorgehensweise der NATO ausgesprochen haben. Dagegen sprechen aber mehrere Argumente. Zum einen hatte Rußland, das die Verabschiedung der Resolution 1203 mit trug, noch im Herbst 1998 deutlich gemacht, daß es ein militärisches Eingreifen im Kosovo keinesfalls billigen werde[453]. Zum anderen begrüßt die Resolution nur den Abschluß des Abkommens und spricht die dem Abkommen vorangegangenen Drohungen der NATO nicht an[454]. Vielmehr hebt der Sicherheitsrat im Einführungsteil der Resolution hervor, daß ihm die Hauptverantwortung für die Wahrung des Weltfriedens und der internationalen Sicherheit obliege[455]. Eine inzidente Ermächtigung zur Gewaltanwendung kann in Resolution 1203 also keinesfalls gesehen werden[456].

---

[451] Text in : Internationale Politik 5/1999, S. 93 f.

[452] UN-Doc. S/1998/978 sowie S/1998/991. Vgl. zum Zustandekommen dieser Abkommen bereits 1. Kapitel unter D. II. 1.

[453] Vgl. dazu Simma, EJIL 1999, S. 11.

[454] Vgl. Ziff. 1 des operativen Teils der Resolution 1203: „[Der Sicherheitsrat] billigt und unterstützt das am 16. Oktober 1998 in Belgrad unterzeichnete Abkommen zwischen der Bundesrepublik Jugoslawien und der OSZE und das am 15. Oktober 1998 in Belgrad unterzeichnete Abkommen zwischen der Bundesrepublik Jugoslawien und der NATO betreffend die Verifikation der Einhaltung der Bestimmungen seiner Resolution 1999 (1998) durch die Bundesrepublik Jugoslawien und alle anderen Beteiligten in Kosovo und verlangt die volle und rasche Umsetzung dieses Abkommens durch die Bundesrepublik Jugoslawien".

[455] Vgl. dementsprechend den Wortlaut der Resolution 1203: „ [Der Sicherheitsrat], erneut erklärend, daß dem Sicherheitsrat nach der Charta der Vereinten Nationen die Hauptverantwortung für die Wahrung des Weltfriedens und der internationalen Sicherheit obliegt (...)".

[456] Vgl. auch Blumenwitz, in: Main Post vom 27.03.1999, S. 2. Ebenso Uerpmann, La primauté des droits de l'homme, S. 4.

(2) Resolution 1244[457]

Ebensowenig wie aus der Resolution 1203 geschlossen werden kann, der Sicherheitsrat habe den NATO-Einsatz mittelbar gebilligt, kann eine inzidente Ermächtigung des Militäreinsatzes ex post in der am 10. Juni 1999 verabschiedeten Resolution 1244 gesehen werden[458]. Bei der Verabschiedung der Resolution 1244 haben einige Staaten ihre gegenüber dem NATO-Einsatz geltend gemachten rechtlichen Vorbehalte wiederholt und ausdrücklich darauf hingewiesen, daß durch die Resolution 1244 der Sicherheitsrat wieder die ihm allein zustehende Aufgabe der Friedenssicherung übernehme[459]. Eine nachdrückliche Billigung des NATO-Einsatzes schließt diese Klarstellung der Bedeutung der Resolution durch die Mitglieder des Sicherheitsrates aus.

Die Tatsache, daß die Resolutionen 1203 und 1244 sogar als inzidente Ermächtigungen des NATO-Einsatzes im Kosovo diskutiert worden sind, wirft aber für die Resolutionen 1160 und 1199, deren „Sinn und Logik“ der NATO-Einsatz dienen sollte[460] die Fragen auf, wer für die Auslegung der Resolutionen des Sicherheitsrates zuständig sein kann und wo die Grenzen einer zulässigen Auslegung liegen.

b. Auslegung der Resolutionen des Sicherheitsrates

Bereits angesprochen wurde, daß die mit der humanitären Intervention einzelner Staaten verbundene Gefahr des Mißbrauchs auf den ersten Blick verringert würde, wenn die Zulässigkeit der Gewaltanwendung weiterhin an eine Entscheidung des Sicherheitsrates gebunden wäre[461]. Man könnte also zu dem Schluß kommen, daß sich mit der Entscheidung der NATO-Staaten, im Bezugsrahmen der Vereinten Nationen zu handeln, nur eine neue Form der Auslegung von Resolutionen des Sicherheitsrates gebildet hat, wonach unter der Voraussetzung, daß der Sicherheitsrat Menschenrechtsverletzungen innerhalb eines Staates als „Friedensbedrohung“ bezeichnet, eine Ermächtigung für alle UN-Mitgliedstaaten zur gewaltsamen Durchsetzung der in der Resolution formulierten Ziele vorliegt[462].

---

[457] Text in: VN 1999, S. 116 f.

[458] Ebenso Simma, EJIL 1999, S. 7; Tomuschat, Die Friedenswarte 74 (1999), S. 33; Bothe/Martenczuk, VN 4/1999, S. 131; Uerpmann, La primauté des droits de l'homme, S. 4. Dagegen sieht Pellet, EJIL 2000, S. 387 f. in der Resolution 1244 eine nachträgliche Ermächtigung des NATO-Einsatzes. Vorsichtiger hingegen Gowlland-Debbas, EJIL 2000, S. 374 ff.

[459] Vgl. S.PV/ 4011 vom 10.06.1999. Malaysia erklärte im Rahmen der Debatte, daß die Verabschiedung der Resolution klarstelle „(...) that the issue has come back to the Council where it rightly belonged“.

[460] Vgl. oben die entsprechende Äußerung des damaligen Bundesaußenministers Kinkel unter B. II. 1 a.

[461] Vgl. Nolte, ZaöRV 59 (1999), S. 944; Klein, FAZ vom 21.06.1999, S. 15.

[462] Nolte, ZaöRV 59 (1999), S. 944.

Auf den zweiten Blick kann allerdings auch diese Argumentation zur Begründung der Zulässigkeit einer humanitären Intervention nicht überzeugen. Die Rechtsunsicherheit die mit einer einseitigen Auslegung von Resolutionen des Sicherheitsrates verbunden ist[463], wird gerade im Falle des Kosovo-Konfliktes besonders deutlich, wie eine genaue Untersuchung der Resolution 1199 zeigt.

(1) Der Inhalt der Resolution 1199

Der Sicherheitsrat hat in seinen Resolutionen nämlich keinesfalls nur die gegenüber den Kosovo-Albanern begangenen Menschenrechtsverletzungen als „Friedensbedrohung" im Sinne von Art. 39 UNO-Charta qualifiziert, sondern lediglich festgestellt, daß die Verschlechterung der Situation im Kosovo insgesamt eine Bedrohung des Friedens und der Sicherheit in der Region darstelle[464].
Für diese Situation macht der Sicherheitsrat zwar insbesondere die „exzessive und wahllose Gewaltanwendung seitens der serbischen Sicherheitskräfte und der jugoslawischen Armee, die zu zahlreichen Opfern unter der Zivilbevölkerung geführt haben" verantwortlich. Er verurteilt aber zugleich „jegliche Gewalttaten seitens aller Parteien" und den Einsatz „terroristischer Mittel zur Verfolgung politischer Ziele durch Gruppen oder Einzelpersonen" sowie „jede Unterstützung von außen für solche Aktivitäten in Kosovo, einschließlich der Lieferung von Waffen und der Ausbildung von Terroristen für die Durchführung von Aktionen in Kosovo."[465] Der Sicherheitsrat verlangt deshalb im operativen Teil der Resolution 1199 nicht nur, daß die jugoslawische Führung die Menschenrechtsverletzungen gegenüber den Kosovo-Albanern beende, sondern er fordert „alle Parteien, Gruppierungen und Einzelpersonen in Kosovo [auf,] sofort die Feindseligkeiten ein[zu]stellen" und verlangt außerdem sowohl von den Behörden der Bundesrepublik Jugoslawien als auch von der Führung der Kosovo-Albaner, „sofortige Schritte zur Verbesserung der humanitären Lage und zur Abwendung der sich abzeichnenden humanitären Katastrophe (zu) unternehmen".

(2) Bewertung

Aus dem dargestellten Wortlaut der Resolution 1199 wird ersichtlich, daß der Sicherheitsrat für die „Friedensbedrohung" im Kosovo nicht nur die jugoslawi-

---

[463] Vgl. zu den mit der einseitigen Auslegung von Sicherheitsratsresolutionen verbundenen Gefahren am Beispiel der Resolution 678 ausführlich Frowein, Unilateral Interpretation of Security Council Resolutions, S. 97 ff.

[464] „ [Der Sicherheitsrat] feststellend, daß die Verschlechterung der Situation in Kosovo (Bundesrepublik Jugoslawien) eine Bedrohung des Friedens und der Sicherheit in der Region darstellt, (...)". Dazu auch Weber, FAZ vom 09.07.1999, S. 8.

[465] Eine Verurteilung der Gewaltanwendung durch die UCK findet sich bereits in Resolution 1160 vom 31.03.1998: „unter Verurteilung der Anwendung übermäßiger Gewalt durch die serbischen Polizeikräfte gegen Zivilpersonen und friedliche Demonstranten in Kosovo und ebenso aller Terrorakte der Kosovo-Befreiungsarmee oder jeder anderen Gruppe oder Einzelperson sowie jeder Unterstützung terroristischer Aktivitäten in Kosovo aus dem Ausland, namentlich durch die Bereitstellung von finanziellen Mitteln, Waffen und Ausbildung (...)".

sche Führung, sondern auch die Militäraktionen der UCK verantwortlich gemacht hat. Indem die NATO-Staaten aber zur Rechtfertigung ihres Einsatzes vorgetragen haben, sie handelten „im Bezugsrahmen der Vereinten Nationen" oder nach „Sinn und Logik" der Resolutionen des Sicherheitsrates, wenn sie gegen das „verbrecherische Regime des Herrn Milosevic"[466] militärische Gewalt anwenden, wird dadurch der Inhalt der Resolution des Sicherheitsrates verfälscht, wonach Menschenrechtsverletzungen beider Konfliktparteien beanstandet worden sind[467].
Eine solche Praxis der Auslegung der Resolutionen des Sicherheitsrates hätte zur Folge, daß die ständigen Mitglieder des Sicherheitsrates, die sich gegen eine Ermächtigung zu Zwangsmaßnahmen aussprechen wollen, ihr Veto bereits bei der Entscheidung über die Feststellung einer Friedensbedrohung einlegen würden[468]. Damit wäre dem Menschenrechtsschutz nicht gedient.

c. Die Rolle der NATO im Friedenssicherungssystem der Vereinten Nationen

Die These, wonach die NATO im Kosovo-Konflikt als Sachwalter der Vereinten Nationen gehandelt habe, wirft schließlich die grundsätzliche Frage auf, welche Rolle der NATO im Friedenssicherungssystem der Vereinten Nationen zukommt. Diese Frage stellt sich insbesondere aus Anlaß des am 23./24. April 1999 verabschiedeten „Neuen Strategischen Konzepts" der NATO[469].

(1) Die NATO als Verteidigungsbündnis im Sinne von Art. 51 UNO-Charta

Art. 5 des am 4. April 1949 verabschiedeten Nordatlantikvertrages[470] definiert die NATO als ein klassisches Bündnis der kollektiven Selbstverteidigung im Sinne von Art. 51 UNO-Charta, wonach die

> „(...) Parteien vereinbaren, daß ein bewaffneter Angriff gegen eine oder mehrere von ihnen in Europa oder Nordamerika als ein Angriff gegen sie alle angesehen wird; sie vereinbaren daher, daß im Falle eines solchen bewaffneten Angriffs jede von ihnen in Ausübung des in Art. 51 der Satzung der Vereinten Nationen anerkannten Rechts der individuellen oder kollektiven Selbstverteidigung der Partei oder den Parteien, die angegriffen werden, Beistand leistet, indem jede von ihnen unverzüglich für sich und im

---

[466] Vgl. FAZ vom 06.04.1999, S. 49.

[467] Die einseitige Parteinahme zu Lasten Belgards kritisiert auch Lutz, Siegerdefinitionen, S. 270 f.

[468] Diesen Aspekt hebt auch Fastenrath, FAZ vom 22.04.1999, S. 5 hervor: „Wenn nämlich der Sicherheitsrat weiß, daß die Konsequenzen seines Votums militärisches Eingreifen einzelner Staaten sein kann, obwohl er sich selbst zu dieser Konsequenz nicht durchringen kann, wird es kein dementsprechendes Votum mehr geben."

[469] Text in Bulletin der Bundesregierung Nr. 24 vom 03.05.1999, S. 222 ff. Vgl. dazu Klein/Schmahl, Recht und Politik 35 (1999), S. 198 ff.; Zivier, Recht und Politik 35 (1999), S. 210 ff.

[470] BGBl. 1955 II, S. 289.

Zusammenwirken mit den anderen Parteien die Maßnahmen, einschließlich der Anwendung von Waffengewalt, trifft, die sie für erforderlich erachtet, um die Sicherheit des nordatlantischen Gebiets wiederherzustellen und zu erhalten."

Bis zum Ende des Kalten Kriegs hatte der Hauptzweck der NATO demnach in der Verteidigung der Mitgliedstaaten gegen ein potentiellen Angriff von Seiten der Ostblockstaaten bestanden. Mit dem Zerfall der Sowjetunion und des Warschauer Paktes entfiel diese militärische Bedrohung, und die NATO unternahm eine schrittweise Neubestimmung ihres Aufgabenbereiches[471], dessen Inhalt im Kosovo-Einsatz und in dem während dieses Einsatzes verabschiedeten Neuen Strategischen Konzepts besonders deutlich in Erscheinung tritt.

(2) Das neue Strategische Konzept der NATO

In ihrem neuen Strategischen Konzept behält sich die NATO ausdrücklich die Möglichkeit der militärischen Durchsetzung von „nicht unter Artikel 5 fallenden Krisenreaktionseinsätzen" und damit auch von Einsätzen zur Friedenssicherung außerhalb des Verteidigungsfalles vor[472]. Auch wenn das Konzept betont, daß die Durchführung solcher Einsätze „in Übereinstimmung mit dem Völkerrecht" erfolgen solle und Art. 7 NATO-Vertrag eine Bindung an die Bestimmungen der UNO-Charta vorsieht, könnte angesichts der Vorgehensweise der NATO im Kosovo eine Auslegungsmöglichkeit des Neuen Strategischen Konzepts dazu führen, daß die NATO zukünftig nicht mehr bereit ist, die Autorität des Sicherheits-

---

[471] Schon in der „Londoner Erklärung" vom 06.07.1990 beschloß der NATO-Rat eine „umfassende Neugestaltung" des Bündnisses (Bulletin Nr. 90 vom 10.07.1990, S. 779). In dem am 7./8. 11.1991 in Rom verabschiedeten Strategischen Konzept stellten die Staats- und Regierungschefs der NATO-Staaten fest, daß das Bündnis einen „weiten sicherheitspolitischen Ansatz" verfolge, in dessen Rahmen berücksichtigt werden müsse, daß Sicherheit und Stabilität auch politische, wirtschaftliche soziale und umweltpolitische Elemente einschließe (Bulletin Nr. 128 vom 13.11.1991, S. 1039 ff.; dazu: Bothe/Martenczuk, VN 4/1999, S. 125). Angesichts des Bürgerkrieges in Jugoslawien erklärte die NATO am 4.06.1992 erstmals ihre Bereitschaft, zu einem militärischen Handeln außerhalb des Bündnisgebietes auf der Grundlage eines Mandats des UN-Sicherheitsrates. Die NATO.Streitkräfte waren in der Folgezeit an der Durchsetzung des gegen die BRJ verhängten Waffenembargos auf der Grundlage der SR-Resolution 787 (Text in: VN 6/1992, S. 220 ff.) sowie an der Durchsetzung der Flugverbotszone über Bosnien-Herzegowina auf der Grundlage der SR-Resolution 816 beteiligt. 1995 kam es zu massiven Luftschlägen der NATO gegen die bosnischen Serben auf der Grundlage der SR-Resolution 836. Vgl. zu den Aktivitäten der NATO im ehemaligen Jugoslawien Holstein, Sicherheitsrat, S. 61 ff.; Klein/Schmahl, Recht und Politik 35 (1999), S. 198 f. sowie zu dieser Entwicklung der NATO insgesamt Bothe/Martenczuk, VN 1999, S. 125 f. und Nassauer, VN 1999, S. 132 ff.

[472] Vgl. hierzu Naumann, Rollen und Aufgaben der NATO, S. 175 ff. Auch wenn ein strategisches Konzept in erster Linie eine politische Absichtserklärung und keine rechtlich bindende Willenserklärung darstellt (vgl. Zivier, Recht und Politik 35 (1999), S. 214), kommt ihm als „späteres Übereinkommen der Vertragsparteien über die Auslegung des Vertrages oder die Anwendung seiner Bestimmungen" i.S.v. Art. 31 Abs. 3 lit. a) WVK bei der Auslegung des NATO-Vertrages große Bedeutung zu.

rates bei Maßnahmen der Friedenssicherung vorbehaltlos anzuerkennen[473]. Das veranschaulicht ein Auszug aus einer von dem damaligen stellvertretenden US-Staatssekretär Strobe Talbott am 10. März 1999 in London gehaltene Rede:

> „Wir schlagen gar nicht vor, daß die NATO in kühler Distanz oder gar unter großspuriger Herausforderung von UN oder OSZE tätig werden soll. (...) Nach unserem Dafürhalten müssen die Einsätze und Ansätze der NATO im Einklang mit der UN-Charta und der Schlußakte von Helsinki stehen. Zugleich müssen wir aber aufpassen, daß wir die NATO keinem anderen internationalen Gremium unterordnen oder ihre integrierte Befehlsstruktur antasten. Wir werden uns bemühen, gemeinsam mit anderen internationalen Organisationen zu handeln und deren Ziele und Grundsätze zu achten. Aber das Bündnis muß sich das Recht und die Freiheit vorbehalten, dann zu handeln, wenn es seine 19 Mitglieder in gegenseitiger Übereinstimmung für nötig halten.“[474]

Eine in diesem Sinne ausgestaltete Rolle der NATO im Friedenssicherungssystem der Vereinten Nationen läßt den Schluß zu, daß die NATO sich nicht mehr nur als ein Verteidigungsbündnis im Sinne von Art. 51 UNO-Charta, sondern auch als eine regionale Sicherheitsorganisation verstanden wissen will, der nach den Bestimmungen des Kapitels VIII UNO-Charta eine subsidiäre Zuständigkeit zur Friedenssicherung insbesondere dann zukommen könnte, wenn der Sicherheitsrat wie im Falle des Kosovo-Konflikts nicht bereit ist, effektive Maßnahmen im Falle einer Friedensbedrohung zu ergreifen[475].

---

[473] Bothe/Martenczuk, VN 1999, S. 127; Nassauer, VN 1999, S. 133; Ähnlich auch Simma, EJIL 1999, S. 16 f.

[474] Zitiert nach Bothe/Martenczuk, VN 1999, S. 127.

[475] Vgl. auch Naumann, Rollen und Aufgaben der NATO, S. 190: „Der Einsatz im Kosovo ist kein Modell für künftiges Handeln, aber es gibt auch keinen Grund, künftig nicht wieder (so) zu handeln.“ Aus verfassungsrechtlicher Sicht ist eine solche Erweiterung des Aufgabenbereichs der NATO im Hinblick auf Art. 59 Abs. 2 S. 1 GG i.V.m. Art. 79 Abs. 2 GG problematisch. Eine Beteiligung deutscher Streitkräfte an Militäraktionen der NATO im Ausland ist nur insoweit zulässig, als der Einsatz von dem Aufgabenkatalog der NATO gedeckt ist, zu welchem der Bundestag nach Art. 59 Abs. 2 S. 1 GG seine Zustimmung erteilt hat. Diese Zustimmungserfordernis aus Art. 59 Abs. 2 S. 1 GG besteht unabhängig von der nach der Entscheidung des Bundesverfassungsgerichts erforderlichen parlamentarischen Zustimmung zu jedem konkreten Einsatz. Die Einsätze der NATO im ehemaligen Jugoslawien und in Somalia, über die das Bundesverfassungsgericht in seiner Entscheidung von 1994 urteilte, entsprachen zwar ebensowenig wie der Kosovo-Einsatz dem traditionellen Aufgabenbereich der NATO. Da ihnen aber ein Mandat des Sicherheitsrates zugrunde lag und sie daher völkerrechtskonform waren, waren die Einsätze durch das Zustimmungsgesetz des Bundestages zur Charta der Vereinten Nationen (BGBl. 1973 II, S. 430) zumindest mittelbar parlamentarisch legitimiert. Da das Neue Strategische Konzept der NATO von 1999 nahelegt, daß Einsätze des Bündnisses künftig auch ohne ein Mandat des Sicherheitsrates erfolgen können, stellt nach Klein/Schmahl, Recht und Politik 35 (1999), S. 205 das Neue Strategische Konzept der NATO ungeachtet seiner Form einen im Sinne von Art. 59 Abs. 2 S. 1 GG zustimmungsbedürftigen Änderungsvertrag dar. Vgl. zu dieser Problematik auch Epping, Nachbetrachtung, S. 629 ff. Durch Urteil vom 22.11.2001 hat der 2. Senat des Bundes-

(3) Subsidiäre Zuständigkeit von Regionalorganisationen bei der Friedensschaffung?

Art. 53 Abs. 1 S. 1 UNO-Charta sieht eine Inanspruchnahme regionaler Einrichtungen durch den Sicherheitsrat zur Durchführung von Zwangsmaßnahmen ausdrücklich vor, ohne daß jedoch feststeht, was unter dem Begriff der „regionalen Abmachungen oder Einrichtungen" im Sinne von Art. 52 Abs. 1 UNO-Charta zu verstehen ist. Ein weites Verständnis dieses Begriffs[476] könnte dazu führen, daß nicht nur Systeme kollektiver Sicherheit, die auf die Wahrung des Friedens unter ihren Mitgliedern als „regionale Abmachungen" zu verstehen wären, sondern auch regionale Verteidigungsbündnisse wie die NATO auf der Grundlage von Kapitel VIII UNO-Charta tätig werden könnten[477]. Der in dem neuen Strategischen Konzept beschriebene Aufgabenbereich der NATO legt eine solche Qualifikation der NATO als Regionalabmachung zumindest nahe[478]. Für die Beurteilung der These, wonach die NATO im Kosovo-Konflikt als „Sachwalter" der Vereinten Nationen aufgetreten ist, ist eine solche Einordnung der NATO in Kapitel VIII UNO-Charta deshalb von Bedeutung, weil die Auffassung vertreten wird, daß Regionalorganisationen eine subsidiäre Zuständigkeit bei der Friedenssicherung zukommen soll, wenn der Sicherheitsrat dieser seiner Hauptaufgabe nicht nachkommt[479]. Im Rahmen dieser subsidiären Zuständigkeit sollen Regionalorganisationen bei Friedensbedrohungen auch zu Zwangsmaßnahmen befugt sein, obwohl Art. 53 Abs. 1 UNO-Charta hierfür grundsätzlich eine ausdrückliche Ermächtigung durch den Sicherheitsrat vor-

---

verfassungsgerichts (2 Bv E 6/99) allerdings entschieden, dass die Bundesregierung durch ihre Zustimmung zum Neuen Strategischen Konzept nicht gegen Art. 59 Abs. 2 S. 1, 24 Abs. 2 GG verstoßen hat. Zur Begründung führt das Bundesverfassungsgericht im wesentlichen aus, daß das Konzept von 1999 keine Änderung des NATO-Vertrages, sondern eine Fortentwicklung unterhalb der Schwelle der Vertragsänderung darstelle, für welche die Zustimmung des Bundestages nicht erforderlich sei.

[476] Vgl. die Nachweise bei Holstein, Sicherheitsrat, S. 113.

[477] Ablehnend Bothe/Martenczuk, VN 4/1999, S. 127 mit dem Argument, daß bloße Verteidigungsbündnisse bereits eine ausreichende rechtliche Grundlage in Art. 51 UNO-Charta fänden.

[478] Pape, Humanitäre Intervention, S. 151, Wolfrum, ZaöRV 1993, S. 579; Klein/Schmahl, Recht und Politik 35 (1999), S. 202 und Weber, FAZ vom 09. 07.1999, S. 8 bejahen deshalb eine Qualifikation der NATO als Regionalorganisation. Für eine Einordnung der NATO als Regionalorganisation spricht auch, daß der UN-Generalsekretär in seinen Stellungnahmen zum Kosovo-Einsatz die NATO als solche bezeichnet hat; vgl. unten unter C II 3 b (2) (a). Ablehnend dagegen Bothe/Martenczuk, VN 4/1999, S. 127.

[479] Vgl. die Nachweise bei Pape, Humanitäre Intervention, S. 149 f. Diese Idee klingt bereits in Ziff. 61 der „Agenda for Peace" an, in welcher der frühere UN-Generalsekretär hervorhebt, daß die UNO-Charta den Begriff der Regionalabmachungen absichtlich nicht genau definiere, um „ein nützliches Maß an Flexibilität für das Vorgehen einer Gruppe von Staaten im Hinblick auf Angelegenheiten, bei denen regionale Maßnahmen angebracht sind" zu erhalten. Siehe Holstein, Sicherheitsrat, S. 113.

sieht[480],[481], was darauf hinaus liefe, daß humanitäre Interventionen durch Regionalorganisationen als eine Ausnahme vom Gewaltverbot zulässig wären. Für eine solche Zuständigkeit von Regionalorganisationen zur Durchführung humanitärer Interventionen bei Nichthandeln des Sicherheitsrates spricht zunächst der mit einer kollektiven Entscheidung verbundene verfahrensrechtliche Schutz vor einem Mißbrauch der humanitären Intervention[482]. Da nach Art. 5 NATO-Vertrag ein militärisches Eingreifen der NATO nur dann in Betracht kommt, wenn alle Mitglieder der NATO einer solchen Maßnahme zustimmen, wird die Gefahr verringert, daß Militäreinsätze unter nur vorgeschobenen humanitären Gründen zur Durchsetzung machtpolitischer Interessen ausgeführt werden. Dieses Argument zur Rechtfertigung einer humanitären Intervention klingt auch in der Diskussion um den Kosovo-Einsatz an, indem beispielsweise Bundeskanzler Schröder erklärte: „Wenn alle NATO-Staaten, in deren Mehrheit sozialdemokratische Parteien Regierungsverantwortung tragen, die NATO-Entscheidung unterstützten und in ihr eine ausreichende Rechtsgrundlage sehen, ist es für mich nicht zwingend anzunehmen, daß alle unsere Freunde im Unrecht sind“[483].
An der zitierten Äußerung Schröders wird aber zugleich ersichtlich, warum eine Befugnis der NATO zu humanitären Interventionen trotz einer geringeren Mißbrauchsgefahr grundsätzlich abzulehnen ist: Zum einen repräsentieren die Mitglieder einer NATO nur etwa ein Zehntel der Mitglieder der Vereinten Nationen. Sie verbindet gemeinsame politische Wertvorstellungen, die auf der Ebene der Vereinten Nationen nicht bestehen, so daß sich ein durch das Abstimmungsverfahren im NATO-Rat gewährter verfahrensrechtlicher Schutz vor einem Mißbrauch der humanitären Intervention in der Praxis wohl gar nicht verwirklichen wird. Zum anderen ist die Entscheidungsfindung im NATO-Rat nicht frei

---

480 Vgl. Walter, Vereinte Nationen und Regionalorganisationen, S. 254 ff. mit weiteren Nachweisen.

481 Dieser zuletzt genannte Aspekt wird insbesondere von Walter, Vereinte Nationen und Regionalorganisationen , S. 261 ff. als Argument für die Zulässigkeit sog. „kollektiver humanitärer Interventionen“ hervorgehoben. Vgl. insbes. S. 264: „Für den Fall der Handlungsunfähigkeit des Sicherheitsrates fehlt es für die Situation massiver interner Menschenrechtsverletzungen an einem Notrecht, das dem Art. 51 VN-Satzung im Bereich der äußeren Sicherheit entspricht. Die Anwendung des Kapitels VII der Satzung der Vereinten Nationen zur Durchführung humanitärer Interventionen durch die Vereinten Nationen hat eine Lücke hinsichtlich des Notrechts für derartige Fälle geschaffen. Da die kollektive Entscheidungsfindung hinreichenden verfahrensrechtlichen Schutz vor Mißbrauch bietet, läßt sich diese Lücke durch eine subsidiäre Zuständigkeit von Regionalorganisationen schließen. Das grundsätzlich für humanitäre Interventionen durch Regionalorganisationen bestehende Ermächtigungserfordernis entfällt in Analogie zu Art. 51 VN-Satzung dann, wenn sich der Sicherheitsrat trotz massiver Verletzung grundlegender Menschenrechte nicht für eine Intervention durch die Vereinten Nationen entscheiden kann.“

482 Walter, Vereinte Nationen und Regionalorganisationen, S. 261 sowie in Bezug auf den Kosovo-Einsatz der NATO auch Klein, in: FAZ vom 21.06.1999, S. 15.

483 Vgl. bereits oben unter B. II. 1 a.

von dem bündnispolitischen Druck, den „Freunden" innerhalb der NATO mit einer von der Mehrheit abweichenden Entscheidung nicht vor den Kopf zu stoßen[484], wodurch das Argument des Schutzes vor Mißbrauch weiter relativiert wird.
Schließlich kann gegen die Zulässigkeit einer humanitären Intervention von Regionalorganisationen angeführt werden, daß eine subsidiäre Zuständigkeit zur Aufrechterhaltung oder Wiederherstellung des internationalen Friedens und der Sicherheit anstelle des Sicherheitsrates allenfalls der UN-Generalversammlung zukommen könnte, in welcher alle Mitglieder der Vereinten Nationen nach Art. 18 Abs. 2 UNO-Charta eine Entscheidung mit Zweidrittelmehrheit träfen. Eine entsprechende Zuständigkeit der Generalversammlung ist auch durch die Uniting for Peace-Resolution[485] vorgesehen und vom Internationalen Gerichtshof anerkannt worden[486]. Allerdings soll nach der Uniting for Peace-Resolution die Generalversammlung nur dazu befugt sein, im Falle eines Friedensbruchs oder einer Aggression Empfehlungen in Bezug auf militärische Zwangsmaßnahmen abzugeben[487]. Die Befugnis zur Ermächtigung solcher Zwangsmaßnahmen soll der Generalversammlung gerade nicht zukommen[488]. A majore ad minus läßt sich hieraus schließen, daß eine von den Vereinten Nationen unabhängige Befugnis regionaler Sicherheitsbündnisse, Menschenrechtsverletzungen unter Einsatz von Gewalt zu beenden, nicht bestehen kann.

3. Die humanitäre Intervention als völkergewohnheitsrechtliche Ausnahme vom Gewaltverbot

Die humanitäre Intervention könnte vielmehr völkergewohnheitsrechtlich anerkannt sein und daher den Verstoß gegen das Gewaltverbot rechtfertigen[489]. Nach

---

[484] Hinzuweisen ist in diesem Zusammenhang nochmals auf die bereits zitierte Äußerung des damaligen Bundesaußenministers Kinkel, wonach Deutschland nicht abseits stehen dürfe. Vgl. oben unter B. II. 1.

[485] GA Resolution 377 (V) vom 03.11.1950.

[486] ICJ Reports 1962, S. 162 ff. Vgl. hierzu auch Ipsen, Völkerrecht, S. 420.

[487] Teil A der Resolution lautete dementsprechend: „ (...) [I]f the Security Council, because of lack of unanimaty of the permanent members, fails to exercise its primary responsibility for the maintenance of international peace and security in any case where there appears to be a threat to the peace, breach of the peace or act of aggression, the General Assembly shall consider the matter immediately with a view to making appropriate recommendations to Members for collective measures, including in the case of a breach of the peace or act of aggression the use of armed forces when necessary, to maintain or restore international peace and security".

[488] Vgl. Pape, Humanitäre Intervention, S. 148 f., der zudem die Auffassung vertritt, daß die Generalversammlung im Falle einer Friedensbedrohung durch Menschenrechtsverletzungen innerhalb eines Staates selbst keine Empfehlung zur Ergreifung militärischer Zwangsmaßnahmen aussprechen könne, weil die Uniting for Peace-Resolution solche Empfehlungen nur für den Fall eines „Friedensbruchs" oder einer „Aggression" vorsieht.

[489] Die These von der völkergewohnheitsrechtlichen Rechtfertigung der humanitären Inter-

Art. 38 Abs. 1 lit. c) IGH-Statut entsteht Völkergewohnheitsrecht durch eine einheitliche Staatenpraxis, die von der Rechtsüberzeugung eines Großteils der Staaten (opinio iuris) getragen wird[490].
Vor diesem Hintergrund könnte die humanitäre Intervention der NATO im Kosovo gerechtfertigt sein, wenn entweder zu Beginn des NATO-Einsatzes ein entsprechendes Völkergewohnheitsrecht zur humanitären Intervention vorgelegen hätte, oder wenn der NATO-Einsatz als Anfang der Entwicklung eines neuen Völkergewohnheitsrechts zu bewerten wäre.

a. Die humanitäre Intervention als völkergewohnheitsrechtliche Ausnahme vom Gewaltverbot vor Beginn des NATO-Einsatzes?

Daß vor Beginn des NATO-Einsatzes kein völkergewohnheitsrechtliches Recht zur humanitären Intervention als Ausnahme vom Gewaltverbot bestanden hat, steht außer Zweifel[491]. In den zum Teil als Nachweis für ein entsprechendes Völkergewohnheitsrechts herangezogenen Fällen aus der Staatenpraxis lagen entweder eine Zustimmung des betroffenen Staates vor, oder die intervenierenden Staaten beriefen sich selbst gar nicht auf ein Recht zur humanitären Intervention, weil die Interventionen andere als ausschließlich humanitäre Zielsetzungen verfolgten[492], so daß bereits eine für die Entstehung von Völkergewohnheitsrecht erforderliche Rechtsüberzeugung der Staaten nicht nachgewiesen werden kann. Zudem wurden die humanitären Interventionen durch einzelne Staaten von den nicht beteiligten Staaten regelmäßig heftig kritisiert[493], womit es auch aus diesem Grund an einer für das Vorliegen von Völkergewohnheitsrecht erforderlichen einheitlichen Rechtsüberzeugung fehlt. Darüber hinaus kann auch

---

vention ist im Kosovo-Konflikt etwa von Wilms, ZRP 1999, S. 229 f. und Steinkamm, Humanitäre Intervention, S. 279 vertreten worden.

[490] Art. 38 lit. c IGH-Statut regelt hingegen nicht, in welchem Verhältnis die beiden Elemente des Völkergewohnheitsrechts zueinander stehen. Nicht vom Wortlaut des Art. 38 IGH-Statut gedeckt sind somit die Auffassungen, die entweder nur die Rechtsüberzeugung der Staaten als ausschlaggebend für die Entstehung von Völkergewohnheitsrecht betrachten (Konsenstheorien) oder die allein auf die Staatenpraxis abstellen. Vgl. dazu Fink, FS Schiedermair, S. 807 ff. sowie Ipsen, Völkerrecht, S. 183.

[491] Vgl. nur Schöbener, ZfP 2000, S. 310, Bothe, Kosovo, S. 15 f.; Deiseroth, NJW 1999, S. 3086 f.; Kimminich, AVR 33 (1995), S. 440; Delbrück, Die Friedenswarte 74 (1999), S. 150 sowie etwa die ausführliche Untersuchung der Staatenpraxis bei Pape, Humanitäre Intervention, S. 93 ff; Greenwood, EA 1993, S. 96 ff.

[492] So etwa die indische Intervention in Ost-Pakistan im Jahre 1971, die Intervention der USA in Nicaragua 1981 und die Intervention der USA in Panama 1989. Nachweise bei Pape, Humanitäre Intervention, S. 95 ff.

[493] Vgl. die Reaktionen auf die vietnamesische Intervention in Kambodscha, die am 14.11.1979 durch eine Resolution der Generalversammlung verurteilt wurde (GA/Res. 34 /22). Zu einer Verurteilung der Intervention durch eine Resolution des Sicherheitsrates kam es nicht, da Rußland von seinem Vetorecht Gebrauch machte. Vgl. hierzu Pape, Humanitäre Intervention, S. 98.

nicht von einer einheitlichen Staatenpraxis gesprochen werden, wenn man berücksichtigt, daß schwerste Menschenrechtsverletzungen innerhalb eines Staates häufig geduldet wurden[494]. Soweit schließlich versucht wird, aus der Bereitschaft des Sicherheitsrates, aufgrund von Menschenrechtsverletzungen militärische Maßnahmen anzuordnen, Rückschlüsse auf ein Recht einzelner Staaten zur humanitären Intervention zu ziehen[495], leidet diese Argumentation bereits an dem offensichtlichen Mangel, daß die UNO-Charta die Befugnisse des Sicherheitsrates ausdrücklich weiter faßt als die Befugnisse einzelner Staaten[496]. Aus der Befugnis des Sicherheitsrates, Menschenrechtsverletzungen unter den Begriff der „Friedensbedrohung" im Sinne von Art. 39 UNO-Charta zu fassen, kann nicht geschlossen werden, daß auch die Handlungsmöglichkeiten einzelner Staaten erweitert werden.

b. Der NATO-Einsatz als Beginn eines neuen Völkergewohnheitsrechts ?

Wenn auch zu Beginn des Kosovo-Einsatzes der NATO keine völkergewohnheitsrechtliche Ausnahme vom Gewaltverbot bestand, wonach einzelne Staaten in humanitären Notsituationen berechtigt wären, militärische Gewalt anzuwenden, so könnte der Kosovo-Einsatz aber am Beginn der Entwicklung eines neuen Völkergewohnheitsrechts stehen, das möglicherweise mit dem Bruch bestehenden Völkerrechts einher ginge[497].

(1) Die Reaktion der Staatengemeinschaft auf den Kosovo-Einsatz der NATO

Die Behauptung, der Kosovo-Einsatz der NATO stehe am Beginn der Entwicklung eines neuen Völkergewohnheitsrechts, macht es erforderlich, die Reaktion der am Einsatz der NATO nicht beteiligten Staaten auf das Vorgehen der NATO zu untersuchen. Wenn die NATO-Intervention von der Staatengemeinschaft zumindest politisch toleriert worden wäre, so könnte sich aus dieser Haltung möglicherweise eine für die Entstehung von Völkergewohnheitsrecht erforderliche Rechtsüberzeugung entwickelt haben[498]. Vor diesem Hintergrund sollen im folgenden die Stellungnahmen des UN-Generalsekretärs, der am NATO-Einsatz

---

[494] Vgl. Schorlemer, Internationale Politik, S. 47 mit Verweis auf die Nichtintervention zur Verhinderung des Völkermords in Ruanda sowie auf die „vergessenen Zonen" im südlichen Sudan, in Afghanistan, in Algerien oder Burundi, in denen schwere Menschenrechtsverletzungen begangen werden, ohne daß die Staatengemeinschaft gewillt ist, militärisch einzugreifen.

[495] In diese Richtung geht die Argumentation von Wilms, ZRP 1999, S. 229 und Steinkamm, Humanitäre Intervention S. 279 f., die darauf abstellen, daß sich seit Beginn der 90er Jahre ein entsprechendes Völkergewohnheitsrecht entwickelt habe.

[496] Siehe dazu bereits oben unter A. II. 3 c.

[497] In diese Richtung argumentierte anläßlich des Kosovo-Konflikts etwa Simma, in: SZ vom 25.03.1999, S. 5.

[498] Vgl. dazu Blumenwitz, APuZ B 47 (1994), S. 6 f.; ders. , Humanitäre Intervention bei schweren Verletzungen von Volksgruppenrechten, S. 69.

nicht beteiligten Staaten sowie schließlich die Einschätzung der Situation durch den Internationalen Gerichtshof dargestellt werden.

(a) Die Bewertung des Einsatzes durch den UN-Generalsekretär

Die Stellungnahmen des UN-Generalsekretärs Annan können zwar nicht unmittelbar den Nachweis für eine im Entstehen befindliche Rechtsüberzeugung erbringen, da eine solche nur durch die Staaten selbst zum Ausdruck gebracht werden kann. Sie dokumentieren aber, in welchen Schwierigkeiten sich die internationale Staatengemeinschaft bei der Beurteilung des Kosovo-Einsatzes der NATO befand.

Bereits im Januar 1999, unmittelbar vor dem Beginn der Verhandlungen von Rambouillet, gab Annan im NATO-Hauptquartier vor dem NATO-Rat eine Stellungnahme gegenüber jenen „with the capacity to act" ab[499]. Er wies auf die Schwierigkeit hin, interne Konflikte gegen den Willen der betroffenen Bevölkerung beizulegen und resümierte in Anbetracht der Erfahrungen der vergangenen Jahre: „But nor have they [the bloody wars of the last decade, d. Verf.] left us any illusions about the need to use force, when all other means have failed".

Unmittelbar nach Beginn der NATO-Luftangriffe äußerte Annan am 24. März 1999 sein Bedauern darüber, daß die Versuche, den Kosovo-Konflikt mit diplomatischen Mitteln beizulegen, gescheitert seien und wies die Schuld hieran der jugoslawischen Regierung zu. Zu der Rechtmäßigkeit des Vorgehens der NATO äußerte sich Annan wie folgt:

> „It is indeed tragic, that diplomacy has failded, but there are times when the use of force may be legitimate in the pursuit of peace. In helping maintain international peace and security, Chapter VIII of the United Nations Charter assigns an important role to regional organizations. But as Secretary-General I have many times pointed out, not just in relation to Kosovo, that under the Charter the Security Council has primary responsibility for maintaining international peace and security – and this is explicitely recognized by the North Atlantic Treaty. Therefore the Council should be involved in any decision to resort to the use of force."[500]

In seinem an die Generalversammlung gerichteten Jahresbericht vom 20. September 1999 bewertete der UN-Generalsekretär schließlich die völkerrechtliche Lage wie folgt:

> „While the genocide in Rwanda will define for our generation the consequences of inaction in the face of mass murder, the more recent conflict in Kosovo has prompted important questions about the consequences of action in the absence of complete unity on the part of the international community.

---

[499] Die Stellungnahme des Generalsekretärs findet sich bei Weller, Crisis, S. 414.

[500] Statement made by the UN Secretary-General on NATO military action against Yugoslavia, 24 March 1999, in: Weller, Crisis, S. 498.

> It has cast in stark relief the dilemma of what has been called humanitarian intervention: on the one side, the question of the legitimacy of an action taken by a regional organization without a United Nations mandate; on the other, the universally recognized imperative of effectively halting gross and systematic violations of human rights with grave humanitarian consequences. The inability of the international community in the case of Kosovo to reconcile these two equally compelling interests – universal legitimacy and effectiveness in defence of human rights – can only be viewed as a tragedy."[501]

Während in den Stellungnahmen des Generalsekretärs aus den Monaten Januar und März 1999 zumindest eine verständnisvolle Haltung gegenüber dem Vorgehen der NATO zum Ausdruck kommt, läßt sich dem Jahresbericht keine eindeutige Bewertung des Eingreifens entnehmen. Der Generalsekretär weist vielmehr auf die Schwierigkeiten einer rechtlichen Beurteilung des NATO-Einsatzes hin und verurteilt den Einsatz weder ausdrücklich, noch bringt er seine Billigung zum Ausdruck.

In den Reaktionen der gesamten Staatengemeinschaft ist der Kosovo-Einsatz der NATO allerdings auf wesentlich weniger Verständnis gestoßen als beim UN-Generalsekretär. Auch wenn das Vorgehen der NATO zum Teil gebilligt worden ist, so wurde zum Teil auch heftige Kritik an dem Kosovo-Einsatz geübt.

(b) Die Bewertung des Einsatzes durch die nicht beteiligten Staaten

Unmittelbar nach Beginn der NATO-Luftangriffe brachte Rußland im Sicherheitsrat einen Resolutionsentwurf ein, wonach die NATO-Intervention als „flagrant violation of the United Nations Charter, in particular Articles 2 (4), 24 and 53" verurteilt werden sollte[502]. Der Resolutionsentwurf erhielt zwar neben der Stimme Rußlands nur die Stimmen Chinas und Namibias[503]. Daraus läßt sich aber nicht schließen, daß die Sicherheitsratsmitglieder, die gegen den Resolutionsentwurf stimmten, den Kosovo-Einsatz der NATO vorbehaltlos billigten[504]. Gabun und Gambia haben sich zu dem Resolutionsentwurf gar nicht geäußert; Argentinien und Malaysia haben ihre Ablehnung mit der Unausgewogenheit des Resolutionsentwurfs begründet[505], und die Ukraine sprach ausdrücklich von einer inakzeptablen Gewaltanwendung durch die NATO[506].

Außerhalb der Debatte im Sicherheitsrat über die Entscheidung über den russischen Resolutionsentwurf haben sich weitere bedeutende Staaten der Staaten-

[501] United Nations Press Release SG/SM/7136, GA/9596.

[502] S/1999/328 vom 26.03.1999.

[503] S. PV/3989 vom 26.03.1999, 6.

[504] So auch Nolte, ZaöRV59 (1999), S. 946.

[505] S. PV/3989 vom 26.03.1999, S. 7 ff. (Argentinien) und 8 f. (Malaysia); zitiert nach Nolte, ZaöRV 59 (1999), S. 946.

[506] S. PV/3989 vom 26.03.1999, S. 10.

gemeinschaft kritisch gegenüber dem Vorgehen der NATO geäußert. Die lateinamerikanischen Staaten der Rio-Gruppe bedauerten die Gewaltanwendung, welche ohne Beachtung der UNO-Charta erfolgt sei[507], ebenso wie Indien[508], Schweden[509], Südafrika[510], Indonesien, der Iran, Thailand und Vietnam[511] das Vorgehen der NATO verurteilten. Schließlich befürchteten auch die arabischen Staaten trotz ihrer religiösen Verbundenheit mit den Kosovo-Albanern, deren Forderung nach Unabhängigkeit sie politisch unterstützen, daß mit dem Einsatz der NATO ein auch für ihre Länder relevanter Präzedenzfall geschaffen werden könnte[512] und die blockfreien Staaten verlangten in ihrer Stellungnahme vom 21. April 1999 die sofortige Einstellung der Kampfhandlungen der NATO im Kosovo[513].
Trotz der dargestellten Kritik am Vorgehen der NATO ist es zu einer förmlichen Verurteilung des Kosovo-Einsatzes nicht gekommen. Eine offizielle Verurteilung der Vorgehensweise der NATO konnte aus verfahrensrechtlichen Gründen insbesondere auch nicht durch den Internationalen Gerichtshof erfolgen.

(c) Die Entscheidung des IGH in der Sache „Legality of the Use of Force“[514]

Die BRJ beantragte am 10. April 1999 gemäß Art. 40 IGH-Statut i.V.m. Art. 73 ff. VerfO-IGH den Erlaß vorsorglicher Maßnahmen gegen die zehn am Kosovo-Einsatz beteiligten NATO-Staaten[515] mit der Begründung, diese seien verantwortlich für Verstöße gegen das Völkerrecht. Im einzelnen rügte die BRJ Verstöße gegen das Gewaltverbot, das Interventionsverbot sowie gegen das huma-

---

[507] Vgl. A/53/884 - S/1999/ 347 vom 26.03.1999.

[508] Zur Kritik Indiens vgl. Le Monde diplomatique, Juni 1999, S. 4.

[509] UN Press Release GA/9600 vom 21.09.1999

[510] Der südafrikanische Präsident Mandela verurteilte zwar die Verbrechen Belgrads, warf aber der NATO zugleich vor, durch ihr unverantwortliches Handeln dasselbe zu tun wie Milosevic, nämlich der Zivilbevölkerung Leiden zuzuführen und die Infrastruktur des Landes zu zerstören. Vgl. Le Monde diplomatique, Juni 1999, S. 4.

[511] Vgl. FAZ vom 06.06.1999, S. 6.

[512] FAZ vom 06.04.1999, S. 6; 10.04.1999, S. 7.

[513] S/1999/451 vom 21.04.1999; zitiert nach Nolte, ZaöRV 59 (1999), S. 947.

[514] Die Entscheidungen des IGH sind nicht nur nach Art. 38 Abs. 1 lit. d) IGH-Statut subsidiäre Hilfsmittel zur Rechtserkenntnis und dokumentieren dadurch bestehendes Recht. Von ihnen kann auch eine Präzedenzwirkung für die Entscheidung zukünftiger Rechtsfragen ausgehen. Vgl. Strupp-Schlochauer, Wörterbuch, S. 771 ff. Vgl. zu der Rechtsquellenwirkung von Urteilen internationaler Gerichte auch Fastenrath, Lücken im Völkerrecht, S. 121 f.

[515] Da nach Art. 34 Abs. 1 IGH-Statut nur Staaten und nicht auch internationale Organisationen wie die NATO als Parteien vor dem IGH auftreten können, waren zehn Klagen gegen die an den Luftoperationen beteiligten Staaten Belgien, Kanada, Frankreich, Deutschland, Italien, die Niederlande, Portugal, Spanien, Großbritannien und die USA erforderlich. Die Aussagen des IGH finden sich auszugsweise in: ILM 1999, S. 950 ff.

nitäre Völkerrecht[516]. Die BRJ mußte aufgrund ihres ungeklärten Rechtsstatus`[517] die Zuständigkeit des Internationalen Gerichtshofes auf Art. XI der Völkermordkonvention[518] stützen, die ihr als kompromissarische Klausel i.V.m. Art. 35 Abs. 2 IGH-Statut den Zugang zum Gerichtshof hätte ermöglichen können. Für die Entscheidung zum Erlaß vorsorglicher Maßnahmen mußte der Internationale Gerichtshof gemäß Art. 41 IGH-Statut i.V.m. Artt. 73 f. VerfO-IGH zunächst prüfen, ob er prima facie für den Erlaß vorsorglicher Maßnahmen zuständig war. Diese Zuständigkeit setzte im Fall der Klage der BRJ ratione materiae voraus, daß die beklagten NATO-Staaten zumindest mit einer gewissen Wahrscheinlichkeit durch ihre Angriffe den Tatbestand des Völkermordes nach Art. II der Völkermordkonvention erfüllten, wodurch Art. IX der Völkermordkonvention die Zuständigkeit des IGH hätte begründen können. Art. II der Völkermordkonvention setzt voraus, daß die objektiven Tatbestandsmerkmale des Völkermordes[519] in der Absicht begangen werden, „eine nationale, ethnische, rassische oder religiöse Gruppe als solche ganz oder teilweise zu zerstören". Nach Auffassung des IGH war eine solche Absicht der NATO-Staaten zumindest dem ersten Anschein nach nicht ersichtlich, so daß er den Erlaß vorsorglicher Maßnahmen aufgrund seiner prima facie fehlenden Zuständigkeit (ratione materiae) durch Art. 35 Abs. 2 IGH-Statut i.V.m. Art. XI der Völkermordkonvention ablehnte[520]. Eine Überprüfung der Vereinbarkeit der NATO-Intervention mit den Bestimmungen der UNO-Charta mußte der Internationale Gerichtshof somit nicht vornehmen[521].

---

[516] Vgl. Heselhaus, AVR 38 (2000), S. 328 f.

[517] Vgl. dazu bereits 1. Kapitel unter C. IV. Während sich die BRJ als Rechtsnachfolger der SFRJ betrachtete, geht die Staatengemeinschaft von einem Untergang der SFRJ als Völkerrechtssubjekt aus, so daß die BRJ sich nicht auf die Zuständigkeit des IGH nach Art. 35 Abs. 1 IGH-Statut i.V.m. Art. 93 Abs. 1 UNO-Charta berufen konnte. Vgl. zur Frage der Rechtsnachfolge der BRJ Hummer/Mayr-Singer, VN 1999, S. 104 ff.

[518] BGBl. 1954 II, S. 730.

[519] Als Tatbestandsmerkmale des Völkermordes nennt Art. II der Völkermordkonvention die Tötung von Mitgliedern der verfolgten Gruppe, die Verursachung von schwerem körperlichen oder seelischem Schaden an Mitgliedern der Gruppe, die vorsätzliche Auferlegung von Lebensbedingungen für die Gruppe, die geeignet sind, ihre körperliche Zerstörung ganz oder teilweise herbeizuführen, die Verhängung von Maßnahmen, die auf die Geburtenverhinderung innerhalb der Gruppe gerichtet sind sowie die gewaltsame Überführung von Kindern der Gruppe in eine andere Gruppe.

[520] ILM 1999, S. 959 ff. Dazu ausführlich Heselhaus, AVR 38 (2000), S. 339 f.; Hummer/Mayr-Singer, VN 1999, S. 105.

[521] Vgl. FAZ vom 15.05.1999, S. 12. Offen bleibt, warum die NATO-Staaten nicht versucht haben, ihre Auffassung von der Rechtmäßigkeit ihres Einsatzes durch ein Gutachten des IGH bestätigen zu lassen.

(d) Zwischenergebnis

Angesichts der nur sehr vorsichtig ausgesprochenen Billigung der NATO-Intervention durch den UN-Generalsekretär und der Kritik, die an dem Vorgehen der NATO von der Staatengemeinschaft mehrheitlich geübt worden ist, kann nicht davon ausgegangen werden, daß der Kosovo-Einsatz politisch toleriert worden und damit eine Rechtsüberzeugung zum Ausdruck gekommen ist, die Rückschlüsse auf ein in der Entstehung befindliches Völkergewohnheitsrecht zuließe. Insbesondere darf die Tatsache, daß der Kosovo-Einsatz von der Staatengemeinschaft nicht sanktioniert worden ist, nicht als Billigung der Vorgehensweise der NATO ausgelegt werden[522]. Einem Staat, der völkerrechtswidrig handelt, könnte mit bindender Wirkung (Art. 25 UNO-Charta) nur durch den Sicherheitsrat Sanktionen auferlegt werden, welcher eine entsprechende Entscheidung nur dann treffen kann, wenn der Staat, der völkerrechtswidrig handelt, nicht über ein Veto-Recht im Sicherheitsrat verfügt. Wird dagegen der Völkerrechtsbruch durch ein ständiges Mitglied des Sicherheitsrates begangen, dann kann von dem Ausbleiben von Sanktionen nicht auf die Billigung eines Völkerrechtsbruchs geschlossen werden.

Schöbener führt insofern zutreffend aus: „Das politische Tolerieren ist deshalb nichts anderes als - wie es das Wort schon zutreffend ausdrückt - das Akzeptieren bestimmter Fakten, weil ein Konsens über die Verurteilung des völkerrechtswidrigen Handelns aus politischen Gründen nicht zu erreichen war. Aus dem mangelnden Konsens, insbesondere der ständigen Mitglieder des Sicherheitsrates, eine allgemeine Rechtsüberzeugung zu folgern (...), ist vor diesem Hintergrund nicht haltbar."[523]

Gegen die These, wonach der Kosovo-Einsatz einen „Sprung in der Entwicklung des Völkerrechts"[524] darstellt, spricht schließlich auch, daß die NATO-Staaten ihren Einsatz im Kosovo selbst nicht als „Präzedenzfall" verstanden wissen wollen[525] und damit zu erkennen geben, daß sie nicht gewillt sind, in Zukunft in dem Kosovo-Konflikt vergleichbaren Situationen militärisch zu intervenieren. Für den Nachweis einer Rechtsüberzeugung im Sinne von Art. 38 Abs. 1 lit. b) IGH-Statut ist aber zumindest erforderlich, daß die Beteiligten selbst das Bestehen einer Regel artikulieren oder behaupten[526]. Darüber hinaus kann auch angesichts der dem Kosovo-Einsatz der NATO unmittelbar folgenden Staaten-

[522] Vgl. dazu Hilpold, Trügerische Faszination, S. 188.

[523] Schöbener, ZfP 2000, S. 312. Vgl. auch Deiseroth, NJW 1999, S. 3087, der Vorliegen einer gemeinsamen Rechtsüberzeugung ebenfalls ablehnt. Ebenso Fink, JZ 1999, S. 1021, Lange, EuGRZ 1999, S. 315 und Jahn, KJ 2000, S. 504.

[524] Frowein, zitiert nach Nolte, ZaöRV 59 (1999), S. 944.

[525] Vgl. FAZ vom 10.12.1998, S. 1; 23.04.1999, S. 2. Diesen Aspekt heben auch Bothe/Martenczuk, VN 4/1999, S. 130 f. hervor.

[526] Vgl. Ipsen, Völkerrecht, S. 193.

praxis nicht davon ausgegangen werden, daß die nicht mandatierte humanitäre Intervention im Begriff ist, sich völkergewohnheitsrechtlich zu verfestigen[527].

(2) Staatenpraxis nach dem Kosovo-Einsatz

Das wird etwa an der Handhabung der dem Kosovo-Einsatz zeitlich unmittelbar nachfolgenden Konflikten in Ost-Timor und in Tschetschenien deutlich.
Auf die seitens des indonesischen Militärs gegenüber der osttimoresischen Bevölkerung begangenen Menschenrechtsverletzungen, die anläßlich der Durchführung des Unabhängigkeitsreferendums vom 30. August 1999 eskalierten, reagierte die Staatengemeinschaft erst, nachdem Indonesien einem Eingreifen der Vereinten Nationen unter der Führung Australiens zugestimmt hatte[528]. Ein früheres Engagement einzelner Staaten zugunsten der Bevölkerung Ost-Timors hätte hier, anders als im Kosovo, auf einer gesicherten Rechtsgrundlage beruhen können, da Ost-Timor als ehemalige portugiesische Kolonie seinen Sezessionskampf in Ausübung des anerkannten kolonialen Selbstbestimmungsrechts führte[529].
Auch in Tschetschenien[530] eskalieren seit dem Sommer 1999 die Kämpfe zwischen Rußland und tschetschenischen Einheiten[531]. Die Tschetschenische Republik hatte 1991 ihre Unabhängigkeit proklamiert. Daraufhin kam es von 1994 bis 1996 zum ersten Krieg zwischen Tschetschenien und Rußland, der zugunsten Tschetscheniens mit dem Abkommen von Chassawjurt beendet wurde. Das Abkommen sicherte Tschetschenien umfangreiche Wiederaufbauhilfen zu und verschob eine Entscheidung über den endgültigen Status Tschetscheniens bis ins Jahr 2001[532]. Als Rußland dann 1999 mit der Begründung, tschetschenische Rebellen unterstützten die Unabhängigkeitsbewegung in Dagestan, in Tschetschenien intervenierte, kam es nicht nur zu massiven Menschenrechtsverletzungen gegenüber der tschetschenischen Zivilbevölkerung[533], sondern die russische

---

[527] Vgl. Schöbener, ZfP 2000, S. 316; Weber, FAZ vom 09.07.1999, S. 8; sowie Schorlemer, Internationale Politik 2000, S. 47.

[528] Indonesien hatte der Entsendung einer UN-Friedenstruppe am 12.09.1999 zugestimmt. Am 15.09.1999 verabschiedete der UN-Sicherheitsrat daraufhin die Resolution 1246 /99.

[529] Bereits am 22.12.1975 hatte der Sicherheitsrat in seiner Resolution 384 in Reaktion auf die Annexion Ost-Timors durch Indonesien gefordert, die indonesische Regierung solle unverzüglich alle Streitkräfte vom Territorium Ost-Timors abziehen. Zur Zulässigkeit einer humanitären Intervention zur Durchsetzung eines aus dem Selbstbestimmungsrecht fließenden Rechts auf Sezession vgl. bereits oben unter C. II. 1.

[530] Zu den historischen Hintergründen des Tschetschenien-Konflikts vgl. Halbach, Die Friedenswarte 75 (2000), S. 129 ff.

[531] Zum Verlauf der Kämpfe vgl. FAZ vom 05.07.1999, S. 8; 06.07.1999, S. 1 u. 6; 08.07.1999, S. 7; 20.07.1999, S. 1; 02.08.1999, S. 2; 05.08.1999, S. 2; 16.08.1999, S. 1; 23.09.1999, S. 8; 25.09.1999, S. 1; 28.09.1999, S. 1; 30.09.1999, S. 1.

[532] Vgl. dazu Halbach, Die Friedenswarte 75 (2000), S. 129 f.

[533] Vgl. dazu die bereits oben genannten FAZ-Artikel.

Vorgehensweise stand auch im Widerspruch zu dem Abkommen von Chassawjurt[534]. Die internationale Staatengemeinschaft akzeptiert weitgehend die Argumentation Rußlands, daß es sich bei dem Tschetschenienkonflikt um eine innere Angelegenheit Rußlands handele[535] und ist deshalb nicht einmal bereit, wirtschaftliche Sanktionen zu verhängen. Lediglich die Entscheidung des Europarates, die Anwendung der Gemeinsamen Strategie der EU für Rußland zu überprüfen und einige Bestimmungen des Partnerschafts- und Kooperationsabkommens auszusetzen sowie die Suspendierung der russischen Mitgliedschaft im Europarat in Betracht zu ziehen[536], stellten hiervon eine Ausnahme dar[537].
Die angesichts der Staatenpraxis in Ost-Timor und Tschetschenien deutlich werdende unterschiedliche Handlungsweise in Menschenrechtskonflikten schließt die Entstehung einer völkergewohnheitsrechtlichen Rechtsgrundlage für die humanitäre Intervention aus. Bowett stellt deshalb zutreffend fest: „Nations of the world will not accept international rules that yield a different answer to the question of whether an action is legal depending on the identity of the actor.“[538]
Für die Begründung der Zulässigkeit der humanitären Intervention der NATO verbleibt somit nur noch das Argument der moralischen Entschuldigung der Gewaltanwendung angesichts eines extremen Ausnahmefalls.

IV. Moralische Entschuldigung der humanitären Intervention

Die rechtliche Überprüfung der von den NATO-Staaten vertretenen Positionen kommt zu dem Ergebnis, daß das geltende Völkerrecht keine Rechtsgrundlage für die humanitäre Interventionen der NATO enthält. Der Kosovo-Einsatz der NATO war deshalb formal rechtswidrig. Von dieser rechtlichen Würdigung ist die Frage zu trennen, ob die humanitäre Intervention der NATO-Staaten aus moralischer Sicht zulässig oder sogar geboten war, und wenn ja, unter welchen Voraussetzungen[539].

---

[534] Der damalige russische Ministerpräsident Putin bezeichnete das Abkommen in einer Ansprache vor dem Rat der GUS-Verteidigungsminister am 15.09.1999 als nicht mehr bindend. Vgl. Schorlemer, Internationale Politik 2000, S. 48 (Fn. 3).

[535] Die Vergleichbarkeit des Konflikts in Tschetschenien mit der vor dem Einsatz der NATO bestehenden Lage der Kosovo-Albaner ist von Kritikern des NATO-Einsatzes hervorgehoben worden. Vgl. FAZ vom 29.10.1999, S. 1; 08.11.1999, S. 1; 13.11.1999, S. 2; 19.11.1999, S. 2.

[536] Vgl. FAZ vom 08.12.1999, S. 1; 14.12.1999, S. 6; 08.04.2000, S. 1; 22.04.2000, S. 49

[537] Vgl. hierzu auch Schorlemer, Internationale Politik 2000, S. 45.

[538] Bowett, 12 Yale Journal of International Law 1987, S. 388.

[539] Das innerstaatliche Recht kennt für Situationen, in denen formal ein Rechtsbruch begangen wird, der aber aufgrund höherrangiger Ziele legitim erscheint, die Rechtsfigur des Notstands. Ein solches Notstandsrecht findet sich im deutschen Recht in den §§ 34, 35 StGB sowie in Art. 20 Abs. 4 GG. Vgl. dazu Laubach, ZRP 1999, S. 278: „Zum Schutz der Verfassung gilt der zivile Ungehorsam als legales letztes Mittel: Es wird eine rechtswidrige Tat

Einer in der Völkerrechtswissenschaft vertretenen Position zufolge, soll einer humanitären Interventionen durch einzelne Staaten zwar die Anerkennung als rechtmäßige Gewaltanwendung versagt werden, sie soll aber in Ausnahmefällen entschuldigt sein, wobei die Entschuldigung etwa in einem bewußten Absehen von einer Verurteilung der humanitären Intervention zum Ausdruck kommen könne[540]. Die Darstellung der Reaktion der Staatengemeinschaft[541] hat bereits gezeigt, daß zwar eine ausdrückliche Verurteilung des NATO-Einsatzes aufgrund der Machtverhältnisse im Sicherheitsrat nicht erfolgen konnte. Auch angesichts der Kritik mehrerer UN-Mitgliedstaaten an der Intervention der NATO kann aber aus dem Fehlen einer Verurteilung noch nicht der Schluß gezogen werden kann, die humanitäre Intervention sei entschuldigt gewesen. Eine moralische Entschuldigung kann sich im Falle des Kosovo daher allenfalls aus der Zielsetzung der NATO-Staaten sowie aus der konkreten Durchführung der humanitären Intervention[542] ergeben.

Das Argument der Moral ist insbesondere vor dem Hintergrund der europäischen Geschichte nachvollziehbar, wenn auch der anläßlich des Kosovo-Konflikts bemühte Vergleich des Bundesaußenministers, wonach die NATO-Intervention der Verhinderung eines zweiten Auschwitz` diene[543], bei näherer Betrachtung ungenau ist[544]. Zweifel an der moralischen Begründung der NATO-Intervention können zudem aufkommen, wenn man berücksichtigt, daß die Bewertung der Menschenrechtsverletzungen im Kosovo selbst innerhalb der einzelnen NATO-Staaten nicht immer einheitlich erfolgte[545]. Bevor die „ethnischen

---

begangen; diese ist jedoch durch überragende andere schützenswerte Werte, wie etwa das Leben anderer oder die Grundentscheidungen der Verfassung gerechtfertigt." Im Gegensatz zum innerstaatlichen Recht kennt das Völkerrecht ein solches Notstandsrecht allerdings nicht. Dazu Schöbener, KJ 2000, S. 575 f.

540 Diese Position ist anläßlich des Kosovo-Konflikts insbesondere von Hilpold, Trügerische Faszination, S. 187 hervorgehoben worden. Vgl. ferner Pauer, Humanitäre Intervention, S. 151 ff. und 179 ff.; Brownlie, Humanitarian Intervention, S. 223 ff. sowie Bryde, Diskussionsbeitrag, in: Schindler/Hailbronner, Grenzen des völkerrechtlichen Gewaltverbotes, S. 117, der in Extremfällen ein Auseinanderfallen von Recht und Moral für akzeptabel hält.

541 Vgl. oben unter III. 3 b (2).

542 Vgl. dazu ausführlich unter D.

543 FAZ vom 14.05.1999, S. 1.

544 Die Verfolgungen und Massenvernichtungen der Juden im Dritten Reich richteten sich gegen eine zerstreut siedelnde Religionsgemeinschaft, die im Gegensatz zu den Kosovo-Albanern keinen militärischen Widerstand leisten konnten. Zu der „Moral von Ausschwitz" vgl. aus rechtlicher Sicht Bryde, BerDGVR 33 (1994) S. 186: „ Ebensowenig wie irgend ein anderes Recht kann das Völkerrecht den Grenz-und Notstandsfall normieren: solche absoluten Ausnahmefälle tragen ihre Evidenz in sich. Sie rechtfertigen es nicht, die humanitäre Intervention mitsamt ihrer Mißbrauchsmöglichkeiten in den rechtlichen Alltag zu übernehmen."

545 Vgl. zu den Schwierigkeiten, das Verhalten eines Staates als Verletzung fundamentaler Menschenrechte zu beschreiben bereits oben unter I.

Säuberungen“ gegenüber der albanischen Zivilbevölkerung im Kosovo als stärkstes moralisches Argument für das militärische Eingreifen der NATO in den Vordergrund getreten sind, wurde die Situation im Kosovo etwa in der deutschen Asylrechtsprechung[546] differenzierter betrachtet: Der Verwaltungsgerichtshof des Landes Baden-Württemberg ging in seinem Urteil vom 14.01.1999 von der Einschätzung aus, „daß die Aktivitäten der jugoslawischen Sicherheitskräfte im Großen und Ganzen im Zusammenhang mit Aktionen der UCK standen, jedenfalls aber Gebiete betrafen, in denen die UCK aktiv war bzw. sich zurückgezogen hatte“.[547]
Moralisch hat schließlich auch der damalige russische Präsident Jelzin zum Krieg gegen Jugoslawien argumentiert, indem er erklärte, das Gewissen verbiete es Rußland, die Luftoperationen der NATO im Kosovo zu unterstützen[548].
Die verschiedenen moralischen Sichtweisen der Situation im Kosovo[549] machen deutlich, daß es letztlich keine einheitliche Moral, sondern nur rivalisierende Moralvorstellungen gibt, die, wenn sie nicht nur ein Instrument der Machtpolitik sein sollen, im Völkerrecht nur in einer Entscheidung sämtlicher ständiger Mit-

---

[546] Zwar kann allein die faktische Menschenrechtslage über die Verletzung des „humanitären Mindeststandards“ entscheiden. Da die nationalen Gerichte sich bei der Beurteilung der Asylberechtigung aber mit der Menschenrechtslage der Asylbewerber auseinandersetzen müssen, kann insoweit die innerstaatliche Asylrechtsprechung zumindest mittelbar als Erkenntnisquelle herangezogen werden, um aufzuzeigen, daß die Bewertung von Menschenrechtsverletzungen einen politischen Akt darstellt, der über moralische Zweifel nicht erhaben ist. Zu den einzelnen Tatbestandsmerkmalen der „politischen Verfolgung“ im Sinne von Art. 16 a GG vgl. etwa Sachs-Bonk, Art. 16 a GG, Rn. 11 ff. Zur „Parallelität“ des innerstaatlichen und des völkerrechtlichen Rechtsbereichs im Zusammenhang mit Menschenrechtsverletzungen vgl. Seifert, Tamilen, S. 197 ff.

[547] VGH Baden-Württemberg, Urteil vom 14. 01.1999 – Az.: 14 S 2237/98, S. 18 f.: „Eine andere Sichtweise der Verfolgungssituation wäre nur dann geboten, wenn ausreichend gesicherte und auch eine verläßliche Prognose erlaubende Anhaltspunkte dafür gegeben wären, daß eine Ausweitung der Operationen der UCK in die bisher nicht betroffenen Gebiete, insbesondere die Städte unmittelbar bevorstand und darüber hinaus gleichermaßen verläßlich mit vergleichbaren Reaktionen des Gegenterrors durch die Sicherheitskräfte hierauf zu rechnen war.“ Merkel, Das Elend der Beschützten, S. 70 geht sogar davon aus, daß die Oberverwaltungsgerichte unter Berufung auf amtliche Auskünfte der Bundesregierung sogar noch Mitte März 1999 den Kosovo-Albanern den Asylgrund der „Gruppenverfolgung“ verweigerten. Vgl. dagegen allerdings auch die Urteile des Hessischen VGH vom 13.05.1994, die ein Asylrecht für Kosovo-Albaner wegen einer „gruppengerichteten Verfolgung“ grundsätzlich bejahen (Az.: 13 UE 368/91 und 13 UE 2185/91). Weitere Nachweise zur deutschen Asylrechtsprechung finden sich in FAZ vom 14.05.1994, S. 1 und vom 27.05.1995, S. 2.

[548] Vgl. das Zitat Jelzins bei Zuck, ZRP 1999, S. 226. Vgl. ferner FAZ vom 04.06.1999, S. 4.

[549] Vgl. Blumenwitz, Politische Sudien, Sonderheft 4/1999, S. 32: „Eine genaue Analyse des Kosovo-Konflikts zeigt allerdings, daß sich Moral und Macht gegen das universelle Gewaltanwendungsverbot verbündeten. Im Verbund von Macht und Moral laufen ethnische Prinzipien Gefahr, von der Machtpolitik manipuliert und in den Dienst der Propaganda gestellt zu werden.“ Zum „Universalitätsanspruch“ der westlichen Moral vgl. auch Roellecke, in: FAZ vom 25.06.1999, S. 43.

glieder des Sicherheitsrates einen größten gemeinsamen Nenner finden können[550].

Wenn man für die Bewertung der NATO-Intervention im Kosovo dennoch das moralische Argument akzeptieren will, muß aber gerade wegen der eigentlichen Rechtswidrigkeit der Intervention ganz besonders die Verhältnismäßigkeit bei der konkreten Durchführung der Intervention gewahrt werden[551]. Nur dann könnte der Kosovo-Einsatz der NATO als eine „läßliche Sünde"[552] bezeichnet werden. Die sich anschließende nähere Untersuchung der Durchführung der humanitären Intervention im Kosovo-Konflikt läßt die Verhältnismäßigkeit des Einsatzes zumindest als fraglich erscheinen.

I. Die Durchführung der humanitären Intervention im Kosovo-Konflikt

Im vorangegangenen Abschnitt ist deutlich geworden, daß bei einer formalen Betrachtung die völkerrechtliche Zulässigkeit der humanitären Intervention verneint werden muß, daß aber im Einzelfall die Notwendigkeit bestehen kann, eine trotzdem stattfindende humanitäre Intervention dadurch zu verrechtlichen, daß sie bestimmten Kriterien genügen muß, um zumindest als moralisch entschuldbar betrachtet werden zu können.

I. Die Begrenzung der humanitären Intervention durch den Grundsatz der Verhältnismäßigkeit

Der Versuch, die humanitäre Intervention unabhängig von der grundsätzlichen Frage der Zulässigkeit der Anwendung militärischer Gewalt ohne ein entspre-

---

550 Vgl. die Feststellung von Zuck, ZRP 1999, S. 226: „Entscheidungen in Glaubensfragen können Staaten nicht mit verbindlicher Wirkung für alle ihre Bürger treffen, weil alle Bürger davon betroffen sind. Die für alle verbindliche Entscheidung leistet das Recht." Zur Diskrepanz zwischen positivem Recht und Moral im Falle einer humanitären Intervention vgl. ausführlich Schilling, AVR 35 (1997), S. 450 ff.

551 Diesen Aspekt heben auch Merkel, Das Elend der Beschützten, S. 66 ff. sowie Klein/Schmahl, Recht und Politik 35 (1999), S. 203 hervor. In eine ähnliche Richtung geht auch die 1969 von Falk entwickelte und 1972 von Bowett fortgeführte Lehre von einer „Legalität zweiter und dritter Ordnung". Danach soll im Falle des Versagens einer Legalität im engeren Sinne, einer humanitären Intervention jedenfalls dann eine „Legalität zweiter und dritter Ordnung" zukommen, wenn sie bestimmten Kriterien genügt. Vgl. die Nachweise bei Pauer, Humanitäre Intervention, S. 149 ff. sowie bei Hilpold, Trügerische Faszination, S. 173 (Fn. 62).

552 Als „läßliche Sünde" bezeichnete der Münchner Völkerrechtler Simma, in einem Gespräch mit der SZ vom 25.03.1999, S. 5 den Kosovo-Einsatz der NATO, um zu verdeutlichen, daß seiner Ansicht nach nur eine „thin red line" das Vorgehen der NATO von der Völkerrechtskonformität trenne. Dazu Simma, EJIL 1999, S. 22: „ (...) the Alliance made every effort to get as close to legality as possible by, first, following the thrust of, and linking its efforts to, the Council resolutions which did exist, and , second, characterizing its action as an urgent measure to avert even greater humanitarian catastrophes in Kosovo, taken in a state of humanitarian necessity."

chendes Mandat des UN-Sicherheitsrates zu verrechtlichen und dadurch die Gefahr des Mißbrauchs der humanitären Intervention als Instrument der Machtpolitik zu verringern, findet sich sowohl in der völkerrechtlichen Literatur als auch in verschiedenen Dokumenten wieder, welche Voraussetzungen nennen, unter denen eine humanitäre Intervention zulässig sein kann. Diese im Rahmen von Kriterienkatalogen aufgestellten Voraussetzungen einer humanitären Intervention sollen zunächst dargestellt und dann auf den Kosovo-Einsatz angewandt werden.

1. Kriterienkataloge

Der umfassendste Kriterienkatalog zur humanitären Intervention wurde bereits 1974 von der International Law Association (ILA) erarbeitet[553]. Die von der ILA aufgestellten Anforderungen an die Durchführung einer humanitären Intervention lauten wie folgt:

1. There must be an imminent or ongoing gross human rights violation.
2. All non-intervention remedies available must be exhausted before a humanitarian intervention can be commenced (See also criteria 9).
3. A potential intervenor before the commencement of any such intervention must submit to the Security council, if time permits, its views as to the specific limited purpose the proposed intervention would achieve.
4. The intervenor´s primary goal must be to remedy a gross human rights violation and not to achieve some other goal pertaining to the intervenor´s own self-interest.
5. The intent of the intervenor must be to have as limited an effect of the authority structure of the concerned state as possible, while at the same time achieving its specific limited purpose.
6. The intent of the intervenor must be to intervene for as short a time as possible, with the intervenor disengaging as soon as the specific limited purpose is accomplished.
7. The intent of the intervenor must be to use the least amount of coercive measures necessary to achieve its specific limited purpose.
8. Where at all possible the intervenor must try to obtain an invitation to intervene from the recognized government and thereafter cooperate with the recognized government.
9. The intervenor, before its intended intervention, must request a meeting of the Security Council in order to inform it that the hu-

[553] Third Interim Report of the Sub-Committee on the International Protection of Human Rights by General International Law. I.L.A. Report of the Fifty-Sixth Conference 217, 1974.

manitarian intervention will take place only if the Security Council does not act first (See also criteria 2 & 3).

10. An intervention by the United Nations is preferred to one by a regional organization, and an intervention by a regional organization its preferred to one by a group of states or an individual state.

11. Before intervening, the intervenor must deliver a clear ultimatum or „peremptory demand“ to the concerned State insisting that positive actions be taken to terminate or ameliorate the gross human rights violations.

12. Any intervenor who does not follow the above criteria shall be deemed to have breached the peace, thus invoking Chapter VII of the Charter of the United Nations.[554]

Aus einer Gesamtschau dieses Katalogs, insbesondere aus Ziff. 2, 4, 5 und 6, wird deutlich, daß die Verhältnismäßigkeit eine unabdingbare Voraussetzung der humanitären Intervention darstellt und zwar sowohl vor als auch während des Militäreinsatzes.
Einen mit dem soeben zitierten Katalog der ILA weitgehend übereinstimmenden Kriterienkatalog hat das Europäische Parlament im Rahmen einer Entschließung vom 20. April 1994 erarbeitet[555], in welchem es die Mitgliedstaaten der EU dazu auffordert, an dem Prozeß der Anerkennung der humanitären Intervention mitzuwirken. Eine solche Anerkennung der humanitären Intervention kommt nach Auffassung des Europäischen Parlaments nur dann in Betracht, wenn der Sicherheitsrat seinem Gewaltmonopol nicht gerecht werde, alle anderen möglichen und vernünftigen Lösungsversuche ausgeschöpft und erfolglos geblieben seien und wenn die militärische Operation begrenzt und unter Wahrung des Grundsatzes der Verhältnismäßigkeit durchgeführt werde. Weitere Kriterienkataloge, die bei der Frage einer möglichen Entschuldbarkeit einer humanitären Intervention ebenfalls auf die Art und Weise ihrer Durchführung abstellen, finden sich in der völkerrechtlichen Literatur bei Pauer[556], Lillich[557] und Ermacora[558]. Anläßlich des Kosovo-Einsatzes der NATO haben ferner insbesondere Cassese[559], Ipsen[560], Bothe[561] und Delbrück[562] auf die Notwendigkeit hingewie-

[554] Zitiert nach Lillich, ZaöRV 53 (1993), S. 562 f.

[555] Amtsblatt der Europäischen Gemeinschaften C 128, S. 225 ff. vom 20.05.1994.

[556] Pauer, Humanitäre Intervention, S. 197 ff.

[557] Lillich, ZaöRV 53 (1993), S. 557 ff.

[558] Ermacora, Geiselbefreiung, S. 168 ff.

[559] Cassese, EJIL 1999, S. 27.

[560] Ipsen, Relativierung, S. 113 ff., der allerdings davon ausgeht, daß die strikte Beachtung des Verhältnismäßigkeitsgrundsatzes bei der Durchführung einer konkreten humanitären Intervention dazu führt, daß die humanitäre Intervention vom Anwendungs- und Schutzbereich

sen, einen Militäreinsatz, dem kein Mandat des Sicherheitsrates zugrunde liegt, strengen Bedingungen zu unterwerfen.
Faßt man die Aussagen all dieser Kriterienkataloge zusammen, so setzt eine außerhalb der positivrechtlichen Beurteilung entschuldbare humanitäre Intervention zweierlei voraus: Zum einen darf die konkrete humanitäre Intervention ausschließlich dem Zweck dienen, massive Menschenrechtsverletzungen zu verhindern oder zu unterbinden, und zum anderen muß sie verhältnismäßig sein.

2. Anwendbarkeit des Verhältnismäßigkeitsgrundsatzes auf die humanitäre Intervention der NATO

Die Geltung des Verhältnismäßigkeitsgrundsatzes im Völkerrecht war zunächst vor allem für das Selbstverteidigungsrecht und die Anwendung von Repressalien anerkannt[563]. Inzwischen stellt die Verhältnismäßigkeit ein allgemein anerkanntes Prinzip bei der Anwendung des Völkerrechts dar, was damit begründet werden kann, daß dem Verhältnismäßigkeitsgrundsatz der Gedanke der Gerechtigkeit zugrunde liegt[564].
Die Verhältnismäßigkeit eines völkerrechtsrelevanten Verhaltens setzt voraus, daß die Mittel, die zur Erreichung eines zulässigen Ziels angewandt werden, zur Förderung dieses Ziels geeignet und erforderlich sind sowie schließlich, daß nicht in unverhältnismäßiger Weise andere wichtige Prinzipien des Völkerrechts beeinträchtigt werden[565].
Für die Beurteilung der NATO-Intervention bedeutet dies, daß überprüft werden muß, ob die von der NATO eingesetzten Mittel zur Beendigung der Menschenrechtsverletzungen im Kosovo den Anforderungen der Verhältnismäßigkeit genügen[566]. Dabei müssen sowohl die vor dem Beginn der NATO-Luftoperationen unternommenen Versuche, den Konflikt zwischen Serben und Albanern mit friedlichen Mitteln beizulegen untersucht werden, als auch die Durchführung des Militäreinsatzes selbst.
Bei der Anwendung des Verhältnismäßigkeitsgrundsatzes auf die Durchführung der Luftoperationen besteht die Gefahr, in systematischer Hinsicht die Rechtsbereiche des ius ad bellum und des ius in bello zu vermengen, obwohl diese grund-

---

des Gewaltverbots ausgenommen ist (S. 115).

561 Bothe, Kosovo, S. 13 ff.

562 Delbrück, Die Friedenswarte 74 (1999), S. 153.

563 Vgl. Simma-Randelzhofer, Art. 51 UNO-Charta, Rn. 37; Dahm, Völkerrecht, S. 417. Der IGH hat die Geltung des Verhältnismäßigkeitsgrundsatzes für das Selbstverteidigungsrecht im Nicaragua-Fall ausdrücklich anerkannt, vgl. ICJ Reports 1986, S. 94.

564 So Delbrück, Proportionality, EPIL 7 (1984), S. 396 ff.

565 Vgl. die Nachweise bei Gading, Menschenrechte, S. 224 ff.

566 So auch Klein, FAZ vom 21.06.1999, S. 15, der die Verhältnismäßigkeit des NATO-Einsatzes im Ergebnis bejaht.

sätzlich streng voneinander zu trennen sind[567]. Das von der UNO-Charta geregelte Recht zum Krieg beantwortet die Frage, ob die Anwendung von Gewalt überhaupt zulässig sein kann. Das in erster Linie in den Genfer Konventionen und dem Haager Recht geregelte ius in bello setzt der einmal ausgebrochenen bewaffneten Auseinandersetzung rechtliche Grenzen, ohne Unterschied darauf, ob die Gewaltanwendung als solche zulässig ist oder nicht. Ein auf der Ebene des ius ad bellum rechtswidriger Militäreinsatz kann nicht dadurch rechtmäßig werden, daß sich die konkrete Gewaltanwendung innerhalb der Schranken des humanitären Völkerrechts[568] bewegt[569].
Wenn in den nachfolgenden Abschnitten im Rahmen der Verhältnismäßigkeit trotzdem auch eine Überprüfung des NATO-Einsatzes anhand des humanitären Völkerrechts erfolgt, so kann das gewonnene Ergebnis zwar nicht zur Rechtmäßigkeit der humanitären Intervention der NATO führen; ein streng an dem Verhältnismäßigkeitsgrundsatz orientierter Militäreinsatz könnte aber dem Argu-

---

[567] Die Trennung der beiden Rechtsbereiche läßt sich auch aus Art. 4 des I. Zusatzprotokolls zu den Genfer Konventionen entnehmen, wo es heißt: „Die Anwendung der Abkommen und dieses Protokolls sowie der Abschluß der darin vorgesehenen Übereinkünfte berühren nicht die Rechtsstellung der am Konflikt beteiligten Parteien." Vgl. ferner Kreß, NJW 1999, S. 3078; Thürer, AVR 38 (2000), S. 11 sowie Schindler, Abgrenzungsfragen, S. 251. Schindler vergleicht die Bereiche des ius ad bellum und des ius in bello mit zwei hintereinander gestaffelten Dämmen: Den ersten Damm würden die Regeln des ius ad bellum bilden; der zweite Damm, das ius in bello, gelange erst dann zur Bedeutung, wenn der erste Damm gebrochen sei. In der deutschen Völkerrechtslehre wird die Aufgabentrennung von ius ad bellum und ius in bello vor allem von Donner in Frage gestellt, vgl. Donner, AVR 33 (1995), S. 168 ff.

[568] Ursprünglich wurde der Bereich des ius in bello als „Kriegsrecht" bezeichnet. Da in den Normen des ius in bello inzwischen aber neben den alten Regeln über die Kriegsführung der Schutz der Opfer vor den Gefahren des Kriegs in den Vordergrund getreten ist, hat sich der Begriff des „humanitären Völkerrechts" durchgesetzt. Der Begriff des „Kriegsrechts" oder „Haager Rechts" wird gelegentlich allerdings noch heute zur Bezeichnung derjenigen völkerrechtlichen Prinzipien und Regeln verwendet, die eine Beschränkung der Wahl und Methoden der Kriegsführung zum Gegenstand haben, während das „humanitäre Völkerrecht" im engeren Sinne (sog. „Genfer Recht") sich ausschließlich mit dem Schutz der Kriegsopfer befaßt. Vgl. zu den verschiedenen Begriffen Thürer, AVR 38 (2000), S. 10.

[569] So stellen Blumenwitz, in: Main Post vom 27.03.1999, S. 2 und Herdegen, in: Die Welt vom 13.04.1999, S. 4 auch zu recht fest, daß aus der Sicht des ius ad bellum kein Unterschied zwischen dem Einsatz von Luftstreitkräften und Bodentruppen besteht. Mißverständlich ist daher die Äußerung des Bundesverteidigungsministers Scharping, der den Verzicht auf Bodentruppen wie folgt begründete: „Wenn wir jemals die Chance behalten wollen, im Kosovo auf der Grundlage eines Abkommens durch zivile und militärische Präsenz Frieden zu schaffen, dann dürfen die Parteien nicht vorher kämpfender Teil des Konflikts gewesen sein", in: FAZ vom 29.03.1999, S. 2. Mißverständlich, weil die Bereiche des ius ad bellum und des ius in bello nicht klar trennend äußert sich auch Simma, in: SZ vom 25.03.1999, S. 5, der auf die Frage, was das Völkerrecht zum Einsatz von Bodentruppen sage, antwortet: „Ganz klar nein. Bodentruppen sind keine läßliche Sünde mehr." Zur Verhältnismäßigkeit des Einsatzes von Luftstreitkräften vgl. ausführlich unter III.

ment, der NATO-Einsatz sei moralisch entschuldbar, zusätzliches Gewicht verleihen[570].

II. Legitimes Ziel der humanitären Intervention

Ziel des NATO-Einsatzes im Kosovo war die Beendigung der gegenüber den Kosovo-Albanern begangenen Menschenrechtsverletzungen. Da die Albaner im Kosovo verfolgt, vertrieben und getötet wurden[571], ist dieses Ziel vor dem Hintergrund, daß fundamentale Menschenrechte eine Verpflichtung erga omnes darstellen, grundsätzlich legitim, wenn auch das weitere mit den NATO-Luftangriffen verbundene Ziel, Milosevic zur Einräumung einer weitgehenden Autonomie für die Kosovo-Albaner im Sinne des Rambouillet-Abkommens zu zwingen, über das eigentliche Ziel einer humanitären Intervention hinausgeht[572]. Obwohl der Kosovo-Einsatz der NATO desweiteren auch bündnispolitische und strategische Ziele verfolgte[573], kann letztlich nicht ernsthaft bezweifelt werden, daß die Beendigung der Menschenrechtsverletzungen das Hauptziel der NATO darstellten[574]. Fraglich ist damit in erster Linie, ob die zur Erreichung dieses legitimen Ziels eingesetzten Mittel geeignet (III.), erforderlich (IV.) und angemessen (V.) waren.

III. Die Geeignetheit der Luftoperationen

Geeignet zur Erreichung eines legitimen Zwecks ist ein Mittel dann, wenn es hierzu tauglich ist. Die Frage der Tauglichkeit des eingesetzten Mittels zur Erreichung eines bestimmten Zwecks beurteilt sich aus einer Perspektive ex ante[575], was für die Durchführung des NATO-Einsatzes bedeutet, daß die zur Beendigung der Menschenrechtsverletzungen eingesetzten Mittel, mindestens vor

---

[570] Dementsprechend vorsichtig leitet etwa auch Bothe, Kosovo, S. 19 die Verhältnismäßigkeitsprüfung ein, welche erst unter Zurückstellung der Bedenken gegen einen Rechtfertigungsgrund der humanitären Intervention erfolgen könne.

[571] Vgl. allerdings zu den Schwierigkeiten, die Menschenrechtslage der Kosovo-Albaner objektiv festzustellen oben unter C. I.

[572] Vgl. Bothe, Kosovo, S. 20. Kritisch zur Durchsetzung des Rambouillet-Abkommens als Ziel des NATO-Einsatzes auch Tomuschat, in: Die WELT vom 26.03.1999.

[573] Daß der Kosovo-Einsatz daneben auch strategische und bündnispolitische Interessen der NATO-Staaten verfolgte macht eine Äußerung des damaligen US-Präsidenten Clinton deutlich, der darauf hinweist, daß das Engagement der NATO im Kosovo „auch wichtig für Amerikas nationale Interessen (sei). Werfen Sie einen Blick auf diese Karte. Kosovo ist klein, aber es liegt an einer größeren Verwerfungslinie zwischen Europa, Asien und dem Nahen Osten, am Treffpunkt zwischen Islam und sowohl dem westlichen als auch dem orthodoxen Zweig des Christentums." (zitiert nach Zuck, ZRP 1999, S. 226).

[574] So auch Bothe, Kosovo, S. 20; Schöbener, ZfP 2000, S. 295. Kritisch dagegen Loquai, Kosovo-Konflikt.

[575] Bothe, Kosovo, S. 21; Merkel, Das Elend der Beschützten, S. 70.; Klein, FAZ vom 21.06.1999, S. 1.

Beginn des Einsatzes nach überwiegender Wahrscheinlichkeit hätten tauglich sein müssen.

1. Begrenzte Luftoperationen statt Bodentruppen

Als Kriegsmittel, um die Menschenrechtsverletzungen im Kosovo zu beenden, wählten die NATO-Staaten unter kategorischem Verzicht auf den Einsatz von Bodentruppen[576] den Einsatz von Luftstreitkräften in begrenztem Umfang[577]. Die Luftoperationen führten allerdings nicht zu einer Beendigung der Menschenrechtsverletzungen, sondern dazu, daß die jugoslawische Armee und serbische Polizeieinheiten die Vertreibung der Kosovo-Albaner verstärkt betreiben konnten, ohne von den aus 5.000 m Höhe operierenden Streitkräften hieran gehindert zu werden[578]. Während zum Zeitpunkt des Abzugs der Kosovo-Verifizierungskommission[579] und des UNHCR im Februar 1999 den Angaben der Hohen Flüchtlingskommissarin Ogata zufolge, bereits etwa 460.000 Menschen aus der Provinz geflohen waren, kamen laut UNHCR bereits in der ersten Woche des Krieges 90.000 weitere Flüchtlinge hinzu[580]. Nach den Angaben der NATO sollen in diesen wenigen Tagen sogar knapp 120.000 Menschen aus ihren Städten und Dörfern vertrieben worden sein[581]. Die Zahl der Vertriebenen nahm im Verlauf der Luftoperationen noch weiter zu[582], so daß angesichts dieser

---

[576] Vgl. etwa die Aussage von Bundeskanzler Schröder, in: FAZ vom 19.05.1999, S. : „Für Deutschland kommen Bodentruppen nicht in Betracht." Vgl. ferner FAZ vom 23.03.1999, S. 2; 26.03.1999, S. 1; 29.03.1999, S. 2; 31.03.1999, S. 3; 08.04.1999, S. 5; 01.06.1999, S. 1. Der Einsatz von Bodentruppen wurde von den NATO-Staaten angesichts der Erfolglosigkeit der Luftangriffe zwar kurzfristig angedacht (vgl. die entsprechenden Äußerungen der US-Außenministerin Albright sowie des kanadischen Verteidigungsministers Eggleton und des niederländischen Verteidigungsministers de Grave in: FAZ vom 10.04.1999, S. 4). Ein Einsatz von Bodentruppen hätte aber schon bei der Kriegsplanung in Erwägung gezogen werden müssen, da die NATO nach dem Ausbruch der Kampfhandlungen auch aus militärischer Sicht nicht in der Lage gewesen wäre, kurzfristig den Einsatz von Landstreitkräften zu organisieren; vgl. FAZ vom 30.03.1999, S. 1.

[577] Zur Strategie der NATO-Luftoperationen vgl. FAZ vom 27.09.1999, S. 16.

[578] Die Fernsehdokumentation des britischen Journalisten Alan Little „Bomben und Moral", ausgestrahlt in der ARD am 05.10.2000, will die Zielungenauigkeit der Luftoperationen besonders veranschaulichen, indem sie Bilder von in den Büschen rauchenden Soldaten der jugoslawischen Armee zeigt, die sich darüber amüsieren, daß die NATO-Flugzeuge reihenweise ihre mit einfachsten Mitteln gebauten Panzerattrappen zerstören, welche aus einer Flughöhe von 5.000 m nicht als solche erkennbar sind.

[579] Zur Einrichtung der KVM durch das Milosevic-Holbrooke-Abkommen vgl. 1. Kapitel unter D. II. 1.

[580] FAZ vom 31.03.1999, S. 2.

[581] FAZ vom 31.03.1999, S. 1.

[582] Insgesamt geht das UNHCR davon aus , daß etwa 770.000 Menschen aus dem Kosovo flohen und eine halbe Millionen Menschen in Kosovo zu „Flüchtlingen im eigenen Land" wurde. Vgl. die Nachweise bei Thürer, AVR 38 (2000), S. 2, Fn. 8.

Zahlen der Einsatz von Luftstreitkräften als untaugliches Mittel bezeichnet werden muß, wenn die Untauglichkeit zur Beendigung der Menschenrechtsverletzungen bereits zu Beginn der Militäraktion absehbar war. Hierfür spricht, daß Militärfachleute bereits vor Einsatzbeginn Zweifel an einer reinen Luftstrategie geäußert haben. Nachdem die Auseinandersetzungen zwischen Serben und Albanern im Kosovo in der ersten Hälfte des Jahres 1998 eskaliert waren, hatte der NATO-Rat den damaligen Vorsitzenden des Militärausschusses und den NATO-Oberbefehlshaber in Europa Naumann bereits beauftragt, festzustellen, welche Kräfte das Bündnis einsetzen müßte, um das Kosovo notfalls auch gegen den Willen der Beteiligten zu befrieden. Naumann kam zu dem Ergebnis, daß die NATO allein durch Luftwaffeneinsätze dem Gegner den politischen Willen nicht aufzwingen könne und daß es bereits die Glaubwürdigkeit der NATO geböte, den Einsatz von Bodentruppen nicht von vorneherein auszuschließen[583]. Nach Beginn der Luftoperationen erklärte auch der amerikanische Generalstab gegenüber dem damaligen US-Verteidigungsminister Cohen, nur der Einsatz von Bodentruppen könne garantieren, „daß die politischen Ziele der Regierungen erreicht werden."[584] Die NATO war aber auch zu diesem späteren Zeitpunkt zu einer Änderung ihrer Strategie grundsätzlich nicht bereit[585], so daß der Einsatz von Luftstreitkräften als Mittel zur Beendigung der Menschenrechtsverletzungen als untauglich bezeichnet werden kann.

Gegen diesen Schluß ließe sich zwar einwenden, daß am Ende des NATO-Einsatzes das menschenrechtsverletzende Regime aus dem Kosovo entfernt und

---

[583] Vgl. FAZ vom 30.01.1999, S. 6 sowie das Interview mit Naumann in: Die Welt vom 07.07.1999, in welchem Naumann nach dem Ende des Kosovo-Einsatzes feststellt: „(...) Dennoch wäre es ein Trugschluß zu glauben, man könnte künftig Konflikte aus der Luft – sozusagen klinisch-aseptisch – entscheiden. Wer sich entscheidet, Krieg als Mittel der Politik zu nutzen, muß ferner bereit sein, zu eskalieren, bis das Ziel erreicht ist. Daran wird auch die Technologie des 21. Jahrhunderts nichts ändern." In einem weiteren Interview in Die Woche vom 03.09.1999, S. 2 beschreibt Naumann, daß die NATO hinsichtlich der Luftoperationen einer Fehleinschätzung unterlag: „Die Vertreibung war eine – wie man das in Fachkreisen nennt – asymmetrische Antwort. Während wir die direkten Antworten Milosevics richtig einschätzten, haben wir in der Kategorie der asymetrischen Antworten mit Terror-Anschlägen gerechnet und dagegen auch Vorkehrungen getroffen. Aber die Idee, eine ganze Bevölkerung aus dem Land zu treiben – die war unserem Denken so fremd, dass wir nicht darauf gekommen sind." Auch von nicht-militärischer Seite war die Entscheidung, auf Bodentruppen zu verzichten bereits vor Beginn des Einsatzes kritisiert worden. So hatte etwa der damalige österreichische Außenminister und EU-Ratspräsident Schüssel zu bedenken gegeben, daß es die unübersichtliche Lage in der kosovarischen Hügellandschaft geböte, Bodentruppen einzusetzen, um militärisch erfolgreich zu sein. Vgl. FAZ vom 06.08.1998, S. 5.

[584] Vgl. FAZ vom 18.05.1999, S. 1. Sowie FAZ vom 15.04.1999, S. 15.

[585] Eine Ausnahme stellte dabei die Haltung von Großbritannien dar. Der britische Premierminister Blair schloß den Einsatz von Bodentruppen nie so kategorisch aus, wie die anderen NATO-Mitgliedsstaaten, vgl. FAZ vom 30.03.1999, S. 1; 20.05.1999, S. 3.

die Leiden der Opfer damit schließlich doch aufhörten[586]. Daß die Menschenrechtsverletzungen im Kosovo schließlich endeten, kann aber zum einen darauf zurückgeführt werden, daß am Ende des NATO-Einsatzes erst die Vereinten Nationen mit der Verabschiedung der Resolution 1244 die Voraussetzungen für ein friedliches Zusammenleben von Serben und Albanern im Kosovo schafften. Zum anderen ist fraglich, ob ein Mittel der humanitären Intervention noch als geeignet bezeichnet werden kann, das den Opfern zunächst höhere Leiden zumutet, um die Betroffenen langfristig besser zu stellen[587].

2. *Bewertung*

Die Entscheidung der NATO, nur Luftstreitkräfte einzusetzen, obwohl der Einsatz von Bodentruppen aus militärischer Sicht vermutlich geeigneter gewesen wäre, die Menschenrechtsverletzungen im Kosovo so schnell wie möglich zu beenden, läßt sich nur politisch begründen. Der Einsatz von Bodentruppen wäre kostspieliger und risikoreicher als der Einsatz von Luftstreitkräften gewesen und war deshalb politisch unerwünscht[588]. Die NATO war zwar bereit, als Garant einer europäischen Friedensordnung einzutreten und zu diesem Zweck sogar militärisch zu intervenieren, letzteres allerdings nur mit begrenzten Mitteln, die sich nach dem bemaßen, was sich die NATO selbst politisch zumuten wollte, nicht aber nach dem, was militärisch geeignet gewesen wäre, um das angestrebte Ziel zu erreichen[589]. Der Verzicht auf den Einsatz von Bodentruppen führt schon allein aus diesen Gründen dazu, daß gegen die Geeignetheit und damit auch gegen die Verhältnismäßigkeit des Vorgehens der NATO zumindest erhebliche Bedenken anzumelden sind.

Die Verhältnismäßigkeit des NATO-Einsatzes kann ferner im Hinblick darauf, ob ein militärischer Einsatz möglicherweise gar nicht erforderlich war, um den Konflikt zwischen Albanern und Serben beizulegen und die Menschenrechtsverletzungen gegenüber den Kosovo-Albanern zu beenden, in Frage gestellt werden

---

586 So Bothe, Kosovo, S. 20.

587 Bothe, Kosovo, S. 20.

588 Vgl. FAZ vom 30.01.1999, S. 6.

589 So Feldmeier, in: FAZ vom 06.04.1999, S. 1 sowie Rittberger, Die Friedenswarte 74 (1999), S. 26. Noch deutlicher brachte der Politikwissenschaftler Müller in FAZ vom 22.04.1999, S. 4 seine Kritik an der militärischen Strategie der NATO zum Ausdruck. Er warf der NATO vor, einen „Krieg zum halben Preis" führen zu wollen, da die Bevölkerung in einem klassischen Guerillakrieg nur mit dem Einsatz „massiver Bodentruppen" zu schützen sei. Vergleichbare Konflikte in Vietnam und Algerien hätten gezeigt, daß eine Strategie der abgestuften Eskalation von Luftangriffen unter solchen Bedingungen aussichtslos sei. Darüber hinaus habe die zögerliche Haltung der NATO gegenüber dem Einsatz von Bodentruppen Milosevic signalisiert, daß er nur wenig Zeit habe, um im Kosovo „reinen Tisch" zu machen. Insofern sei die NATO mitverantwortlich für die verschlechterte Situation der Albaner.

IV. Die Erforderlichkeit des NATO-Einsatzes

Erforderlich zur Erreichung eines legitimen Ziel ist ein eingesetztes Mittel nur dann, wenn keine milderen Mittel bestehen, das angestrebte Ziel zu erreichen. Nach Auffassung der NATO-Staaten war zwar die militärische Intervention im Kosovo deshalb erforderlich, weil alle Versuche, den Konflikt mit friedlichen Mitteln beizulegen, an der kompromißlosen Haltung Belgrads gescheitert waren[590] und nur durch den Einsatz militärischer Gewalt als ultima ratio-Maßnahme Aussicht bestand, die Menschenrechtsverletzungen zu beenden. Diese Argumentation der NATO ist allerdings vielfach in Zweifel gezogen worden[591], so daß eine nähere Untersuchung der Präventionsmaßnahmen angebracht ist[592]. Die Kritik an der Kosovo-Politik der Staatengemeinschaft insgesamt bezieht sich im wesentlichen auf zwei Punkte: Zum einen wird vorgetragen, daß die Staatengemeinschaft den spätestens seit der Abschaffung der Autonomie des Kosovo im Jahre 1989[593] offensichtlichen Konflikt zwischen Serben und Albanern zu lange ignoriert und so mittelbar zu der Eskalation der Auseinandersetzungen im Frühjahr 1998 beigetragen habe. Zum anderen wird kritisiert, daß den Serben im Rahmen der diplomatischen Vermittlungsversuche ab 1998 zum Teil unzumutbare Bedingungen gestellt worden seien und daß es an einer eindeutigen politischen Strategie zur endgültigen Lösung des Konflikts gefehlt habe.

1. Versäumnisse der Staatengemeinschaft bis 1998

Der Vorwurf, die Staatengemeinschaft habe den Auseinandersetzungen zwischen Serben und Kosovo-Albanern zu lange tatenlos zugesehen und insbesondere die Möglichkeit versäumt, den Kosovo-Konflikt bei den Friedensverhandlungen von Dayton im Jahre 1995 einer Lösung zuzuführen, wurde bereits im ersten Kapitel angesprochen[594]. Auch wenn dieser Vorwurf berechtigt ist[595], so stellt sich für die Beurteilung der humanitären Intervention jedoch die Frage, ob die in der ferneren Vergangenheit des NATO-Einsatzes liegenden Versäumnisse der Staatengemeinschaft eine Entschuldbarkeit der NATO-Intervention unter dem Gesichtspunkt der Verhältnismäßigkeit grundsätzlich ausschließen können.

---

[590] Vgl. die Äußerung von Bundesaußenminister Fischer in einem Spiegel-Gespräch (Der Spiegel 25/1999, S. 34 f.). Fischer zufolge habe es für die NATO „nie eine Alternative" zum Krieg gegeben, „selbst für die nicht, die diesen Krieg heftig kritisiert haben (...)".

[591] Vgl. insbesondere die Kritik von Lutz, Siegerdefinitionen, S. 265 ff; Caplan, International Affairs 74 (1998), S. 745 ff.; Troebst, Conlict; Baggett, Georgia Journal of Internationale and Comparative Law 27 (1999), S. 457 ff.; Hilpold, Trügerische Faszination, S. 188.

[592] Zu den von der Staatengemeinschaft ergriffenen Maßnahmen zur friedlichen Beilegung des Konflikts im Kosovo vgl. 1. Kapitel unter D. I und II.

[593] Vgl. 1. Kapitel unter C. II. 2.

[594] 1. Kapitel unter D. I. 2.

[595] Vgl. insbesondere Caplan, International Affairs 74 (1998), S. 745 ff.

Dazu stellt Hilpold zutreffend fest: „Ist freilich erst einmal die Gewalteskalation im Gange, so ist es müßig, nach den Ursachen zu suchen oder mühevoll die Frage nach der Erstanwendung von Gewalt zu prüfen, wenn auch zu vermuten steht, daß allein eine (moralisch) sträfliche Nachlässigkeit der Staatengemeinschaft es ermöglichen konnte, daß die Situation soweit gediehen ist."[596] Aus diesem Grund ist es angebracht, unter dem Gesichtspunkt der Erforderlichkeit militärischer Gewaltanwendung ohne ein entsprechendes Mandat des Sicherheitsrates, vornehmlich die zeitlich unmittelbar vor dem NATO-Einsatz liegenden Versuche, den Konflikt mit friedlichen Mitteln beizulegen, zu untersuchen. Kritik kann dabei insbesondere an dem Milosevic-Holbrooke-Abkommen vom Oktober 1998, an der Uneinigkeit der europäischen Staaten über den Erlaß von Embargomaßnahmen sowie an dem Verlauf der Verhandlungen von Rambouillet geübt werden.

2. *Das Scheitern des Milosevic-Holbrooke-Abkommens*[597]

Das Scheitern des von dem amerikanischen Sonderbeauftragten Holbrooke vermittelten Waffenstillstandsabkommens vom 13. Oktober 1998 ist von Seiten der NATO-Staaten als Beleg dafür gewertet worden, daß die Versuche zu einer diplomatischen Lösung des Konflikts von jugoslawischer Seite boykottiert worden sind. Berücksichtigt man aber die Begründung Jugoslawiens für das Scheitern des Abkommens[598], so erscheint die von der NATO vertretene einseitige Schuldzuweisung zumindest als fraglich. In dem Abkommen verpflichtete sich die jugoslawische Seite zum Abzug ihrer Armee- und Polizeieinheiten aus dem Kosovo und damit zur Umsetzung der Sicherheitsrats-Resolution 1199[599]. Als Jugoslawien begann, diese Verpflichtung zu erfüllen[600], nutzte die UCK das entstandene militärische Vakuum dazu aus, die entstandenen Lücken mit eigenen Kampfeinheiten zu füllen und die Kämpfe gegen die jugoslawische Armee zu intensivieren[601], obwohl die Resolution 1199 auch die Kosovo-Albaner aufge-

---

596 Hilpold, Trügerische Faszination, S. 188.

597 Vgl. zum Zustandekommen des Abkommens 1. Kapitel unter D. II. 1. Sowie FAZ vom 14.10.1998, S. 1.

598 Vgl. etwa FAZ vom 28.12.1998, S. 4.

599 Zum Inhalt der Resolution 1199 vgl. bereits oben unter C. III. 2 b (1).

600 Daß die jugoslawische Seite Ende Oktober 1998 ihre militärischen Verpflichtungen aus dem Abkommen weitestgehend erfüllt hatte, bestätigten auch die NATO-Staaten. So erklärte etwa Bundesaußenminister Fischer am 13.11.1998 im Bundestag, der „Rückzug der jugoslawischen Truppen und Sondereinheiten" sei „weitestgehend durchgeführt" . Auch Holbrooke bestätigte, daß Jugoslawien seine Truppen abgezogen habe. Vgl. FAZ vom 02.11.1998, S. 1; 07.11.1998, S. 7.

601 Vgl. dazu den Bericht des UN-Generalsekretärs vom 04.12.1998, UN-Doc. S/1998/1147, abgedruckt bei Weller, Crisis, S. 309 ff., Ziff. 25: „In the meantime, Kosovo-Albanian paramilitary units have taken over checkpoints left by Serbian police in the interior villages, provoking incursions by Serbian armoured vehicles and triggering occasional gun battles."

fordert hatte, die Kämpfe einzustellen[602]. Diese Möglichkeit bot sich der UCK deshalb, weil sie selbst nicht an das Waffenstillstandsabkommen gebunden war, da zum Zeitpunkt des Abschlusses des Abkommens keine Bereitschaft der Staatengemeinschaft bestand, die UCK als kriegsführende Partei zu akzeptieren. Aus der Sicht der NATO-Staaten handelte es sich nämlich bei der UCK zu diesem Zeitpunkt um eine terroristische Vereinigung und die NATO wollte nicht als „Luftwaffe" der UCK mißverstanden werden[603].
Die versäumte Einbeziehung kosovo-albanischer Vertreter in das zwischen Holbrooke und Milosevic im Oktober 1998 geschlossene Waffenstillstandsabkommen und die einseitige Schuldzuweisung an Belgrad für das Scheitern des Abkommens[604], lassen die Erforderlichkeit des Militäreinsatzes als fraglich erscheinen, da diese Entscheidungen der NATO deutlich machen, daß möglicherweise nicht alle Mittel einer friedlichen Konfliktlösung ausschöpft wurden[605]. Zweifel an der Erforderlichkeit des NATO-Einsatzes können sich ferner angesichts der Uneinigkeit der NATO-Staaten über den Erlaß von Embargomaßnahmen gegen Jugoslawien ergeben.

3. Uneinigkeit über den Erlaß von Embargomaßnahmen

Die Anordnung von Embargomaßnahmen stellt unter dem Gesichtspunkt der Verhältnismäßigkeit des Militäreinsatzes ein milderes Mittel zur Konfliktbewältigung dar, welches erst ausgeschöpft werden muß, ehe ein militärisches Eingreifen als ultima ratio in Betracht kommt.
Vor diesem Hintergrund zieht die Tatsache, daß die europäischen Staaten vor Beginn des NATO-Einsatzes nur nach langen Verhandlungen ein Landeverbot der Belgrader Fluggesellschaft JAT verwirklichten[606] und sich erst nach Beginn des Militäreinsatzes im Kosovo auf wirtschaftliche Sanktionen gegen die BRJ einigen konnten, Zweifel an der Erforderlichkeit der NATO-Intervention nach sich.

---

[602] Vgl. oben unter C. III. 2 b (1).

[603] Vgl. Meyer/Schlotter, Die Kosovo-Kriege 1998/99, S. 16.

[604] Vgl. zu dieser einseitigen Schuldzuweisung auch die nach dem Krieg geäußerte Kritik des damaligen Generals Naumann: „Die UCK spielte im Grund eine Rolle, die uns den Erfolg des Herbstes 1998 kaputt gemacht hat. Sie stießen in das Vakuum, das der Abzug der Serben hinterlassen hat, nach und breiteten sich in einer Weise aus, die vermutlich niemand in irgendeinem unserer Staaten akzeptiert hätte. Ich kann mir nicht vorstellen, daß in Deutschland akzeptiert würde, wenn da irgend jemand Straßensperren errichtet, Grenzposten, anfängt, Uniformen zu tragen, Waffen zu schwenken. Wir würden das auch nicht tolerieren. Den Fehler hat die UCK gemacht, daß sie das Vakuum füllte und dabei auch nicht zimperlich mit den Serben umging. Also ist es verkehrt, die UCK in irgendeiner Weise für qualifiziert zu halten, sie könnte in der Liga der Engel mitspielen." (zitiert nach Lutz, Siegerdefinitionen, S. 271).

[605] Ähnlich Lutz, Siegerdefinitionen, S. 271.

[606] Vgl. hierzu auch Frowein, BerDGVR 39 (2000), S. 443.

Bereits im Juni 1998 beschlossen die EU-Mitgliedstaaten in Reaktion auf die Menschenrechtsverletzungen im Kosovo der Fluggesellschaft JAT die Landerechte in der EU zu entziehen[607]. Die Verwirklichung dieser Embargomaßnahme scheiterte aber zunächst am Widerstand Großbritanniens und Griechenlands, die ihre vertraglichen Bindungen an das Luftverkehrsabkommen für unüberwindbar hielten[608], obwohl die Charakterisierung fundamentaler Menschenrechte als Verpflichtung erga omnes die Suspendierung von Verträgen als Repressalie erlaubt, wenn Menschenrechte innerhalb eines Staates verletzt werden[609]. Dennoch wurde das Landeverbot der JAT erst im September 1998 umgesetzt[610]. Über diese Maßnahme hinaus wurde zu wirtschaftlichen Sanktionen gegen die BRJ erst nach Beginn der NATO-Luftangriffe gegriffen.

Die EU-Mitgliedstaaten beschlossen am 23. April 1999, den Verkauf und die Lieferung von Erdöl und Erdölprodukten an Jugoslawien zu verbieten, um die Kriegsfähigkeit Belgrads zu unterbinden[611]. Die mit der EU assoziierten osteuropäischen Staaten schlossen sich am 29. April 1999 dem Ölembargo an[612]. Der Beschluß des Ölembargos zog weitere Diskussionen über mögliche wirtschaftliche Sanktionen gegen die BRJ, wie die Errichtung einer Seeblockade nach sich[613]. Die Tatsache, daß diese Embargomaßnahmen gegen die BRJ nicht bereits vor Beginn des Militäreinsatzes der NATO umgesetzt wurden, läßt den Schluß zu, daß die NATO-Staaten nicht alle milderen Mittel ausschöpften, ehe sie militärische Gewalt anwandten, um die Menschenrechtsverletzungen im Kosovo zu beenden.

Die Erforderlichkeit des Kosovo-Einsatzes stellen darüber hinaus die Umstände der Verhandlungen von Rambouillet in Frage.

---

[607] Vgl. FAZ vom 30.06.1998, S. 1.

[608] Vgl. FAZ vom 26.08.1998, S. 1 und 4 sowie FAZ vom 27.08.1998, S. 2.

[609] Vgl. dazu Frowein, BerDGVR 39 (2000), S. 443 f.

[610] Vgl. die Verordnung (EG) Nr. 1901/98 des Rates vom 07.09.1998 (Amtsblatt der Europäischen Gemeinschaften L 248 vom 08.09.1998, S. 7) sowie FAZ vom 07.09.1998, S. 1; 08.09.1998, S. 6. Am Wortlaut dieser Verordnung wird deutlich, daß sich das Landeverbot für die JAT als Repressalie für die Menschenrechtsverletzungen versteht. Dort heißt es: „Die Regierung der Bundesrepublik Jugoslawien hat die willkürlichen Gewaltakte und die brutale militärische Repression gegen ihre eigenen Bürger nicht eingestellt; dies stellt eine ernsthafte Verletzung der Menschenrechte und des humanitären Völkerrechts dar. (...) Der Gemeinsame Standpunkt 98/426/GASP sieht daher ein Flugverbot zwischen der Bundesrepublik Jugoslawien und der Europäischen Gemeinschaft für jugoslawische Fluggesellschaften vor, und zwar als weitere Maßnahme, um die Regierung der Bundesrepublik Jugoslawien zur Erfüllung der Resolution 1160 (1998) des Sicherheitsrates der Vereinten Nationen und der genannten gemeinsamen Standpunkte zu veranlassen."

[611] Vgl. FAZ vom 23.04.1999, S. 2; 26.04.1999, S. 1; 30.04.1999, S. 2

[612] FAZ vom 30.04.1999, S. 2.

[613] FAZ vom 27.04.1999, S. 1.

4. Der Vorwurf der unzumutbaren Verhandlungsbedingungen in Rambouillet

a. Erzwingbarkeit des Vertragsabschlusses

Die Verhandlungen von Rambouillet wurden von der Drohung der NATO begleitet, die Bestimmungen des Rambouillet-Abkommens[614] militärisch durchzusetzen, wenn eine Verhandlungslösung scheitern sollte[615]. Unverhältnismäßig könnte diese Vorgehensweise im Hinblick auf Art. 52 WVK sein, wonach ein Vertrag nichtig ist, „wenn sein Abschluß unter Androhung oder Anwendung von Gewalt unter Verletzung der in der Charta der Vereinten Nationen niedergelegten Grundsätze des Völkerrechts herbeigeführt wurde."[616] Die von Art. 52 WVK vorgesehene Nichtigkeit eines unter Androhung von Gewalt zustande gekommenen Vertrages läßt allenfalls die Durchsetzung des Rambouillet-Abkommens als legitimes Ziel der humanitären Intervention fraglich erscheinen[617]. Bei die Beurteilung der Verhältnismäßigkeit des NATO-Einsatzes führt diese Vorschrift jedoch nicht weiter, da sie nur das Ergebnis bestätigt, das sich für die Beurteilung der Handlungen der NATO bereits aus Art. 2 Ziff. 4 UNO-Charta ergibt, wonach ebenfalls die Androhung von Gewalt in den internationalen Beziehungen verboten ist. Im Rahmen der Prüfung der Erforderlichkeit des NATO-Einsatzes ist vielmehr auf den Inhalt des Rambouillet-Abkommens einzugehen.

---

[614] Zu den Verhandlungen von Rambouillet vgl. bereits 1. Kapitel unter D. II. 2.

[615] Vgl. FAZ vom 13.02.1999, S. 5. Jugoslawien reagierte auf diese Drohung mit einem förmlichen Protest, in welchem es um die Unterstützung des Sicherheitsrates ersuchte, vgl. UN-Doc. S/1999/107 vom 02.02.1999 bei Weller, Crisis, S. 418. Zu beachten ist auch, daß die militärische Drohung auch gegenüber den Kosovo-Albanern ausgesprochen wurde, wenn auch ein NATO-Einsatz gegen die UCK wenig wahrscheinlich war. Bedeutsamer war deshalb die politische Drohung der NATO, sich aus dem Konflikt zurückzuziehen, sollten die Albaner ihre Bedingungen nicht erfüllen. Vgl. hierzu Weller, Crisis, S. 399.

[616] Vgl. dazu auch Ipsen, Relativierung, S. 120. Das Problem der Erzwingbarkeit eines Abschlusses des Rambouillet-Vertrages hat ferner auch der für die BRJ auftretende Völkerrechtler de Waart am 10.05.1999 in der mündlichen Verhandlung des Falles „Legality of the Use of Force" vor dem IGH angesprochen: „ The treat or use of force against the FRY in order to compel it to sign the Rambouillet Draft Agreement in Kosovo was unjustified, for it implied a serious violation of the principles of international law embodied in the United Nations Charter (...)." Der belgische Völkerrechtler Suy verglich den Druck, der auf Milosevic ausgeübt worden sei, um das Rambouillet-Abkommen zu unterzeichnen, gar mit dem von Hitler im Rahmen des Münchner Abkommens auf die tschechische Seite ausgeübten Druck, vgl. FAZ vom 11.05.1999, S. 4.

[617] So auch Tomuschat, in: Die Welt vom 26.03.1999, der allerdings den Einsatz militärischer Gewalt zur Durchsetzung fundamentaler Menschenrechte nicht generell ablehnt: „ Es erscheint durchaus vertretbar, militärische Gewalt einzusetzen, wenn alle diplomatischen Möglichkeiten der Verhandlung ausgeschöpft worden sind. Freilich kann das Ziel nicht sein, Belgrad zur Unterzeichnung des Friedensabkommens von Rambouillet zu zwingen. Verträge sind Akte freiwilliger Selbstverpflichtung. Jeder Vertragsschluß unter Zwang ist mit einem Makel behaftet."

Stellen sich nämlich die an Jugoslawien gerichteten Forderungen als unzumutbar heraus, so können die Verhandlungen von Rambouillet nicht als ein ernsthafter Versuch bewertet werden, den Konflikt zwischen Serben und Albanern mit friedlichen Mitteln beizulegen[618]. Dies könnte die Erforderlichkeit eines Militäreinsatzes in Zweifel ziehen.

b. Der Inhalt der Vertragsbestimmungen

Nach dem endgültigen Scheitern der Rambouillet-Verhandlungen im März 1999 wurde der Vorwurf laut, Belgrad seien unzumutbare Bedingungen gestellt worden, auf die ein souveräner Staat sich nicht habe einlassen müssen, und Jugoslawien sei bewußt in eine Situation manövriert worden, die eine Militäraktion der NATO in den Augen der Öffentlichkeit rechtfertigen würde[619]. Als „unzumutbar" wurde insbesondere der sogenannte „Annex B" des 7. Kapitels des Rambouillet-Abkommens bewertet[620]. Es stellt sich die Frage, ob dieser Vorwurf berechtigt ist.

Das 7. Kapitel des Rambouillet-Abkommens, welches die militärische Absicherung der „substantiellen Autonomie" des Kosovo regeln sollte, hatte im wesentlichen den folgenden Inhalt: Die Parteien sollten sich darauf einigen, daß die NATO eine Streitmacht (KFOR) aufstellen und stationieren, welche unter der Befehlsgewalt, den Direktiven und der politischen Kontrolle des Nordatlantikrates operieren sollte[621]. Nach Art. I Ziff. 1 lit. c) des 7. Kapitels des Abkommens sollten andere Staaten bei der Implementierung des Abkommens helfen können. Außerdem sah Art. 1 Ziff. 1 lit. a) des 7. Kapitels vor, den Sicherheitsrat zu ersuchen, „eine Resolution unter Kapitel VII der Charta zu verabschieden, die die in diesem Abkommen dargelegten Vereinbarungen, einschließlich der Gründung einer multinationalen militärischen Implementierungsstreitkraft, an-

---

[618] Ähnlich Weller, Crisis, S. 398: „Whether the requirement to reach such a settlement was reasonable or necessary or proportionate, must depend on the actual content of the proposals put forward at Rambouillet, and the process through which agreement in relation to them was to be achieved."

[619] Vgl. FAZ vom 24.04.1999, S. 4. Der damalige jugoslawische Außenminister Jovanovic kritisierte, in Rambouillet sei es nicht zu Verhandlungen gekommen. Die NATO hätte vielmehr versucht, Belgrad ihre Vorstellungen aufzuoktroyieren. Belgrad sei stets bereit gewesen, eine gerechte, demokratische Abmachung zu unterzeichnen, „eine Abmachung über Autonomie und Selbstregierung, Gleichberechtigung aller die dort leben." Jugoslawien sei aber nicht bereit gewesen zu einer „Abmachung über Diskriminierung oder Majorisierung, nicht (...)über die dritte Republik in der BR Jugoslawien, nicht (...) über Sezession, nicht jetzt und nicht in Stufen." Kritisch zu den Vorwürfen an den Verhandlungen von Rambouillet Weller, Crisis, S. 411.

[620] Vgl. etwa Tomuschat, in: Die Welt vom 14.04.1999, S. 6. Der für Jugoslawien vor dem IGH auftretende mexikanische Völkerrechtler Velez bezeichnete in der mündlichen Verhandlung vom 10.05.1999 den „Annex B" als „Mandat einer Besatzungstruppe". Vgl. FAZ vom 11.05.1999, S. 4.

[621] Art. I Ziff. 1 b des Rambouillet-Abkommens vom 23.02.1999.

nimmt und bekräftigt." Diese Bestimmung ist von den Kritikern des Rambouillet-Abkommens häufig unterschlagen worden, obwohl an dieser Regelung ersichtlich wird, daß die Verhandlungsführer von Rambouillet beabsichtigten, eine endgültige Lösung des Konflikts nur mit einem Mandat des Sicherheitsrates der Vereinten Nationen beizulegen. In der am 10. Juni 1999 verabschiedeten Resolution 1244 ist der Sicherheitsrat dem Ersuchen nach Art. I Ziff. 1 lit. a) des 7. Kapitels des Rambouillet-Abkommens nachgekommen und hat den Inhalt des Rambouillet-Abkommens als Grundlage für die Befugnisse von UNMIK und KFOR übernommen. Der umstrittene „Annex B" des Rambouillet-Abkommens regelte den Status der von der NATO geführten Implementierungsstreitmacht und sah für das NATO-Personal Immunitäten und Transitrechte vor. Die Bestimmungen des Rambouillet-Vertrages über die militärische Implementierung des Abkommens stimmten weitgehend mit den entsprechenden Bestimmungen des von Jugoslawien unterzeichneten Dayton-Abkommens von 1996 überein[622], so daß der Vorwurf der Unzumutbarkeit dieser Bestimmungen wohl unberechtigt ist[623]. Insbesondere kann nicht davon ausgegangen werden, daß allein die Bestimmungen zur militärischen Implementierung des Abkommens zum Scheitern der Verhandlungen von Rambouillet geführt haben, zumal Belgrad auch keinen Vorschlag zur Modifikation dieser Bestimmungen machte[624]. Die Verhandlungen von Rambouillet scheiterten vielmehr an den unterschiedlichen Vorstellungen der kosovo-albanischen und der jugoslawischen Delegation über den zukünftigen Status des Kosovo. Während die Kosovo-Albaner auf lange Sicht nur die völlige Unabhängigkeit des Kosovo von Serbien akzeptieren wollten, kam für Belgrad nur eine Lösung des Konflikts innerhalb Serbiens in Frage. Diese beiden konträren Vorstellungen konnte bereits der Vertragsentwurf nicht vereinen. Das Rambouillet-Abkommen ließ die Entscheidung über den endgültigen Status schließlich offen[625], was die jugoslawische Führung als zu unsicher gefunden haben mag, um einer solchen Lösung zuzustimmen. Das Fehlen einer politischen Strategie zur endgültigen Lösung des Kosovo-Konflikts läßt zwar den Sinn der humanitären Intervention der NATO als Mittel zur Friedensschaffung im Kosovo insgesamt fraglich erscheinen. Dies hat aber letztlich nichts mit der Frage zu tun, ob der Militäreinsatz im Kosovo zur Beendigung der Menschenrechtsverletzungen unter dem Gesichtspunkt der Verhältnismäßigkeit erforderlich war. Die Verhandlungen von Rambouillet können daher als ernsthafter Versuch gewertet werden, zumindest unmittelbar vor Kriegsbeginn den Konflikt im Kosovo mit friedlichen Mitteln beizulegen, wenn es auch die NATO-Staaten in der Zeit vor den Verhandlungen versäumt haben, mit einer für beide

---

[622] Vgl. FAZ vom 24.04.1999, S. 4.

[623] Ebenso Weller, Crisis, S. 411.

[624] Vgl. FAZ vom 18.02.1999, S. 6. Dazu Weller, Crisis, S. 411.

[625] Vgl. bereits 1. Kapitel unter D. II. 2.

Konfliktparteien akzeptablen politischen Strategie einen Ausgleich herbeizuführen.

5. *Zwischenergebnis*

Trotz der vielen diplomatischen Bemühungen der NATO-Staaten scheiterte letztlich die Gewaltprävention. Die Beschreibung der Gründe für das Scheitern des Milosevic-Holbrooke-Abkommens sowie die Darstellung der Uneinigkeit der europäischen Staaten über den Erlaß von wirtschaftlichen Sanktionen und der Verhandlungen von Rambouillet verdeutlichen, daß es in der Gewaltprävention der NATO-Staaten zahlreiche Versäumnisse gab, ohne die die Chancen für rechtzeitige politische Lösungen möglicherweise größer gewesen wären[626]. Die Erforderlichkeit des Militäreinsatzes muß daher bezweifelt werden.

V. Die Angemessenheit des NATO-Einsatzes

Fraglich ist darüber hinaus, ob die Luftoperationen der NATO durchgeführt wurden, ohne daß andere wichtige völkerrechtliche Prinzipien wie insbesondere die in den Genfer Konventionen geregelten Bestimmungen des humanitären Völkerrechts verletzt wurden und der Militäreinsatz damit angemessen war.

1. Anwendbarkeit der Genfer Konventionen

Nach dem gemeinsamen Art. 2 der vier Genfer Konventionen sind die Bestimmungen des humanitären Völkerrechts anzuwenden „(...) in allen Fällen eines erklärten Kriegs oder eines anderen bewaffneten Konflikts, der zwischen zwei oder mehreren der Hohen Vertragsparteien entsteht, auch wenn der Kriegszustand von einer dieser Parteien nicht anerkannt wird".[627] Die Weigerung der NATO-Staaten, sich als im „Krieg" befindlich zu betrachten, hat also auf die

---

[626] So im Ergebnis auch Schlotter/Meyer, Die Kosovo-Kriege 1998/99, S. 24. Vgl. ferner die Darstellung der Versäumnisse bei Calic, APuZ 34 (1999), S. 22 ff.

[627] Unabhängig von einer vertraglichen Bindung der Staaten an die Genfer Konventionen gelten die Grundregeln des humanitären Völkerrechts wie der Schutz der Zivilbevölkerung kraft Völkergewohnheitsrechts; vgl. Seidl-Hohenveldern, Völkerrecht, S. 421. Die BRJ ist daher unabhängig von der Frage, ob sie Rechtsnachfolger der SFRJ ist, an die Grundregeln des humanitären Völkerrechts gegenüber den NATO-Staaten gebunden. Da die gemeinsamen Art. 2 der Genfer Konventionen nur Staaten als Vertragsparteien binden, sieht der allen Konventionen gemeinsame Art. 3 eine eingeschränkte Bindung der Parteien eines bewaffneten Konflikts auch „im Falle eines bewaffneten Konflikts, der keinen internationalen Charakter hat und auf dem Gebiet der Hohen Vertragsparteien entsteht" vor. Ein Bürgerkrieg bzw. ein nationaler Befreiungskampf wie der der Kosovo-Albaner ist also ebenso den Grundregeln des humanitären Völkerrechts unterworfen. Durch die gegenüber der Zivilbevölkerung des Kosovo begangenen Menschenrechtsverletzungen hat die BRJ demnach auch gegen das oberste Gebot des humanitären Völkerrechts verstoßen, wonach Kampfhandlungen sich grundsätzlich nur gegen Kombattanten richten dürfen. Daß die Partisanenkämpfer der UCK wie die bewaffneten Kräfte einer nicht anerkannten Regierung als Kombattanten einzuordnen sind, ergibt sich aus Art. 4 Abs. 2 des III. Genfer Abkommens über die Behandlung von Kriegsgefangenen.

Anwendbarkeit des humanitären Völkerrechts ebensowenig Auswirkung wie auf die Geltung des Gewaltverbotes des Art. 2 Ziff. 4 UNO-Charta[628].

2. *Verstöße gegen die Genfer Konventionen*

Grundgedanke der kriegsrechtlichen Regeln zur Kampfführung ist das Gebot der militärischen Notwendigkeit[629]. Daher sind nur diejenigen Kampfmittel und Kampfmethoden erlaubt, deren Einsatz zur Erreichung des militärischen Zweckes unabdingbar ist. Die NATO beabsichtigte, ihr Kriegsziel, die Menschenrechtsverletzungen der jugoslawischen Armee- und Polizeieinheiten zu beenden, in drei Phasen von Luftoperationen zu erreichen[630]. In der ersten Phase der Luftoperationen bemühte sich die NATO, jede Bewegung der jugoslawischen Streitkräfte zu unterbinden. Als dies nicht gelang, weil sich die jugoslawischen Soldaten schlicht versteckten und zugleich die Vertreibung der Albaner fortsetzten[631], griff die NATO Objekte an, die für die Unterstützung militärischer Operationen der BRJ von Bedeutung waren. Als auch diese Strategie nicht den gewünschten Erfolg brachte, suchte die NATO nach Zielen, um die jugoslawische Bevölkerung gegen Milosevic aufzubringen. Dabei wurden wesentliche Teile der Infrastruktur des Landes zerstört und die Zivilbevölkerung in Mitleidenschaft gezogen. Diese letzte Phase der NATO-Luftoperationen ist deshalb hinsichtlich ihrer Vereinbarkeit mit dem humanitären Völkerrecht besonders problematisch.

a. *Zulässige Angriffsziele der NATO-Luftoperationen*

Nach Art. 51 Abs. 2 des I. Zusatzprotokolls der vier Genfer Konventionen (ZP I) dürfen weder die Zivilbevölkerung noch einzelne Zivilpersonen das Ziel von Angriffen sein. Nach Art. 52 Abs.1 S. 1 ZP I dürfen darüber hinaus zivile Objekte weder angegriffen noch zum Gegenstand von Repressalien gemacht werden. Art. 52 Abs. 1 S. 2 ZP I definiert zivile Objekte als alle nicht militärischen Objekte, und nach Art. 52 Abs. 2 ZP I sind militärische Objekte solche, „die aufgrund ihrer Beschaffenheit, ihres Standorts, ihrer Zweckbestimmung oder ihrer Verwendung wirksam zu militärischen Handlungen beitragen und deren gänzliche oder teilweise Zerstörung, deren Inbesitznahme oder Neutralisierung (...) einen eindeutigen militärischen Vorteil darstellt."

---

[628] Vgl. dazu bereits unter C. II. 1. Thürer, AVR 38 (2000), S. 11 will in der Diskussion um die humanitäre Intervention der NATO sogar eine Tendenz erkennen, den NATO-Einsatz als „gerechten Krieg" nicht den Regeln des humanitären Völkerrechts unterwerfen zu wollen, da die Gerechtigkeit des Krieges die einzusetzenden Mittel rechtfertige bzw. es sachwidrig sei, den „Polizeieinsatz" der NATO denselben Regeln zu unterwerfen, wie das die internationale Ordnung störende Unrechtsregime.

[629] Fleck, Handbuch des humanitären Völkerrechts, S. 89.

[630] Vgl. FAZ vom 27.09.1999, S. 21.

[631] Vgl. dazu bereits oben bei der Frage nach der Geeignetheit der Luftoperationen unter IV.

An dem Wortlaut der genannten Vorschriften wird deutlich, daß bei der Frage, ob ein Angriffsziel als militärisch oder als zivil zu definieren ist, ein Auslegungsspielraum besteht. Eindeutige militärische Ziele sind etwa Streitkräfte und Militärfahrzeuge, wohingegen Schulen, Kulturdenkmäler und alle für den Schutz der Zivilbevölkerung lebensnotwendigen Objekte[632] nicht als Angriffsziele dienen dürfen. Vor diesem Hintergrund ist etwa die Vereinbarkeit der NATO-Bombardierung von drei Donaubrücken in Novi Sad im April 1999 mit dem humanitären Völkerrecht problematisch[633]. Eine der bombardierten Brücken trug Rohre mit Trinkwasser für den Südteil der Stadt, so daß die Zerstörung der Brücke zu einer Unterbrechung der Trinkwasserversorgung für die ca. 90.000 Bewohner von Novi Sad führte. Die Brücke lag zudem fernab vom eigentlichen Operationsgebiet der NATO im Kosovo und hatte keinerlei militärische Bedeutung[634]. Als „militärisches Ziel" im Sinne von Art. 52 Abs. 2 ZP I können die Brücken daher allenfalls im Rahmen der Gesamtstrategie der NATO eingeordnet werden, in der dritten Phase der Luftoperationen durch die Zerstörung der Infrastruktur die Bevölkerung Jugoslawiens gegen Milosevic aufzubringen[635]. Einer solchen Vorgehensweise steht allerdings Art. 51 Abs. 2 S. 2 ZP I entgegen, wonach die „Anwendung oder Androhung von Gewalt mit dem hauptsächlichen Ziel, Schrecken unter der Zivilbevölkerung zu verbreiten, (...) verboten [ist]." Der Auslegungsspielraum bei der Beurteilung eines Angriffsziels als „militärisch" dürfte damit im Falle der Bombardierung der Donaubrücken überschritten sein[636].
Auch andere Manöver der NATO erscheinen bezüglich ihrer Vereinbarkeit mit dem humanitären Völkerrecht als zweifelhaft, wie etwa die Bombardierung einer weiteren Brücke am 12. April 1999, auf welcher sich ein ziviler Zug befand[637], die versehentliche Beschießung eines Lastwagenkonvois mit kosovo-

---

[632] Vgl. Art. 54 ZP I.

[633] Zur Bombardierung der Donaubrücken vgl. FAZ vom 19.04.1999, S. 9: 22.04.1999, S. 1; 27.04.1999, S. 1. Die BRJ hat die Bombardierung der Donaubrücken vor dem IGH mit dem Argument gerügt, die NATO-Staaten verstießen damit gegen die Verpflichtung, die Freiheit des Schiffsverkehrs auf internationalen Flußläufen zu achten. Vgl. Heselhaus, AVR 38 (2000), S. 329.

[634] FAZ vom 26.05.1999, S. 52.

[635] Grundsätzlich gelten Verkehrsinfrastruktureinrichtungen wie Brücken, Straßen und Eisenbahnlinien grundsätzlich als militärische Ziele; vgl. Oeter, Kampfmittel und Kampfmethoden, S. 132. Allerdings beruht diese Einordnung auf dem Szenario des Landkrieges, da dort die Verkehrsinfrastruktur der Versorgung des Gegners dient. Im Luftkrieg kann die Verkehrsinfrastruktur folglich nur dann ein militärisches Ziel sein, wenn die Bedeutung der konkreten Einrichtung für den militärischen Nachschub feststeht. Das trifft auf die genannten Donaubrücken aber gerade nicht zu. Vgl. Bothe, Kosovo, S. 22.

[636] So auch Thürer, AVR 38 (2000), S. 17.

[637] Vgl. dazu FAZ vom 19.04.1999, S. 9.

albanischen Flüchtlingen am 14. April 1999[638] sowie schließlich die unbeabsichtigte Bombardierung der chinesischen Botschaft in Belgrad, der vier Menschen zum Opfer fielen[639]. Diese Flugeinsätze der NATO stehen im Widerspruch zu dem in Art. 51 Abs. 5 lit. b ZP I geregelten Proportionalitätsprinzip, wonach ein Angriff verboten ist, „bei dem damit zu rechnen ist, daß er auch Verluste von Menschenleben unter der Zivilbevölkerung, die Verwundung von Zivilpersonen, die Beschädigung ziviler Objekte oder mehrere derartiger Folgen zusammen verursacht, die in keinem Verhältnis zum erwarteten konkreten und unmittelbaren Erfolg stehen" . Die Angriffe stellen zudem einen Verstoß gegen das in Art. 57 Abs. 2 ZP I normierte Vorsichtsgebot dar[640]. Die dargestellten Manöver können schließlich auch als ein weiteres Indiz für die Untauglichkeit der Luftoperationen zur Beendigung der Menschenrechtsverletzungen im Kosovo[641] bewertet werden.
Neben den von der NATO anvisierten Angriffszielen sind auch der Einsatz einzelner von der NATO angewandter Kriegsmethoden und - mittel im Hinblick auf ihre Vereinbarkeit mit dem humanitären Völkerrecht problematisch.

b. Zulässige Methoden und Mittel der Kriegsführung

Das gilt insbesondere für den Einsatz von Splitterbomben und Uranmunition. Nach Art. 35 Abs. 2 ZP I ist es verboten, „Waffen und Geschosse und Material sowie Methoden der Kriegsführung zu verwenden, die geeignet sind, überflüssige Verletzungen oder unnötige Leiden zu verursachen" und Art. 35 Abs. 3 ZP I untersagt, Mittel der Kriegsführung zu verwenden, die anhaltende Umweltschäden verursachen können. In Art. 51 Abs. 4 ZP I wird zudem das Differenzierungsgebot im Hinblick auf bestimmte Kampfmittel konkretisiert, da „(...) Angriffe, bei denen Kampfmethoden oder -mittel angewendet werden, deren Wirkungen nicht entsprechend den Vorschriften dieses Protokolls begrenzt werden können und die daher in jedem dieser Fälle militärische Ziele und Zivilpersonen oder zivile Objekte unterschiedslos treffen können", verboten sind. Die sog. „Streu-oder Splitterbomben" (cluster bombs) explodieren in der Luft und stoßen eine Vielzahl von Sprengkörpern aus, deren Ziel nicht genau bestimmt werden

---

[638] FAZ vom 20.04.1999, S. 2.

[639] Peking sah in der Bombardierung der Botschaft eine „grobe Verletzung der Souveränität Chinas" und beantragte eine Dringlichkeitssitzung des Sicherheitsrates zu den NATO-Angriffen. Vgl. FAZ vom 10.05.1999, S. 1.

[640] Art. 57 Abs. 2 ZP I gebietet demjenigen, der einen Angriff plant oder beschließt, „ alles praktisch Mögliche zu tun, um sicherzugehen, daß die Angriffsziele weder Zivilpersonen noch zivile Objekte sind und nicht unter besonderem Schutz stehen (...)" sowie „ bei der Wahl der Angriffsmittel und -methoden alle praktisch möglichen Vorsichtsmaßnahmen zu treffen, um Verluste unter der Zivilbevölkerung, die Verwundung von Zivilpersonen und die Beschädigung ziviler Objekte, die damit verursacht werden können, zu vermeiden und in jedem Fall auf ein Mindestmaß zu beschränken (...)".

[641] Vgl. dazu bereits oben unter III.

kann und die daher für eine unbestimmte Zahl von Personen und zivilen Objekten eine potentielle Gefahr darstellen können[642]. Im Hinblick auf Art. 51 Abs. 4 ZP I kann der Einsatz dieses Kriegsmittels folglich als „unterschiedslos" bewertet werden. Dasselbe gilt für den Einsatz von mit abgereichertem Uran versehenen Kriegswaffen (sog. uranium depleated weapons)[643], deren Einsatz inzwischen auch Fragen bezüglich ihrer Umweltverträglichkeit und eines von diesen Waffen möglicherweise ausgehenden Krebsrisikos aufgeworfen hat[644].

3. Bewertung

Die Untersuchung der von der NATO im Kosovo angegriffenen Ziele und der eingesetzten Mittel und Methoden der Kampfführung läßt neben der Geeignetheit und der Erforderlichkeit der Luftoperationen zur Beendigung der Menschenrechtsverletzungen auch deren Angemessenheit als fraglich erscheinen, da im Rahmen des Kosovo-Krieges durch Verstöße gegen die Genfer Konventionen wichtige Regelungen des Völkerrechts verletzt worden sind[645]. An der Verhältnismäßigkeit des NATO-Einsatzes bestehen damit zumindest erhebliche Zweifel, und es stellt sich die Frage, wie sich dieses Ergebnis auf die Bewertung des Kosovo-Einsatzes der NATO insgesamt auswirkt.

VI. Ergebnis

Da die Nichtbeachtung des Verhältnismäßigkeitsgrundsatzes bei der Durchführung des Militäreinsatzes eine bereits aus der Sicht des ius ad bellum unzulässige Gewaltanwendung nicht legalisieren kann, im Falle des Kosovo-Krieges aber die Einhaltung der Verhältnismäßigkeit der These, der Einsatz der NATO sei zumindest moralisch geboten, zusätzliches Gewicht hätte verleihen können, stellen die Verstöße der NATO gegen die Gebote der Geeignetheit und der Erforderlichkeit der Gewaltanwendung sowie gegen die Genfer Konventionen die

---

642 Vgl. FAZ vom 18.05.1999, S. 6. Nach dem Ende des Kosovo-Einsatzes stellte sich heraus, daß ca. 20.000 Splitterbomben während des Krieges nicht explodiert waren. Ein Sprecher der Menschenrechtsorganisation „Human Rights" stellte angesichts dessen fest: „Ebenso wie Tretminen können nicht explodierte Splitterbomben auch noch Jahre nach dem Ende eines Krieges Zivilisten töten"; vgl. FAZ vom 24.06.1999, S. 6.

643 Vgl. hierzu FAZ vom 08.04.1999, S. 4; 15.05.1999, S. 1; 17.06.1999, S. 55.

644 Vgl. FAZ vom 22.03.2000, S. 2; 05.01.2001, S. 1.

645 Dies wurde auch von Jugoslawien in der mündlichen Verhandlung vor dem IGH am 10.05.1999 beanstandet. Die Vertreter Jugoslawiens trugen vor, daß bis zum damaligen Zeitpunkt bereits 1.200 Zivilisten durch die NATO-Angriffe getötet worden seien, 300 Städte und Dörfer seien angegriffen und ca. 65 Brücken sowie Ölraffinerien und Chemiefab riken zerstört worden. Der für Jugoslawien auftretende britische Völkerrechtler Brownlie bezeichnete die NATO-Intervention daher als unverhältnismäßig. Vgl. FAZ vom 11.05.1999, S. 4.

Entschuldbarkeit der humanitären Intervention im Kosovo in Frage. Angesichts der Art und Weise der Durchführung des NATO-Einsatzes wird deutlich, daß die militärische Umsetzung hinter dem aus moralischer Sicht verständlichen Ziel des Einsatzes, die Menschenrechtsverletzungen zu beenden, zurück geblieben ist. Die humanitäre Intervention der NATO war daher nicht nur formal rechtswidrig, sondern auch unverhältnismäßig.

J. Zusammenfassung des 2. Kapitels

Die NATO befand sich angesichts der an den Kosovo-Albanern begangenen Menschenrechtsverletzungen in einer Ausnahmesituation. Auf der einen Seite galt es, die Menschenrechtsverletzungen zu beenden. Auf der anderen Seite lag dem militärischen Einsatz der NATO im Kosovo kein Mandat des UN-Sicherheitsrates zugrunde, das die humanitäre Intervention der NATO auf der Grundlage des Völkerrechts hätte rechtfertigen können. Zwar stellt die Beachtung fundamentaler Menschenrechte eine gegenüber der gesamten Staatengemeinschaft bestehende Verpflichtung erga omnes dar, deren Verletzung auch einzelne Staaten berechtigt, die Einhaltung eines humanitären Mindeststandards zu erzwingen. Mit militärischer Gewalt kann die Einhaltung fundamentaler Menschenrechte aber wegen der umfassenden Geltung des Gewaltverbotes nur durch den Sicherheitsrat erzwungen werden, der aufgrund seines Ermessens bei der Auslegung des Begriffs der Friedensbedrohung i.S.d. Art. 39 UNO-Charta hierzu auch befugt ist.
Ob die bei einer Untätigkeit des Sicherheitsrates auftretende Lücke im Bereich des Menschenrechtsschutzes auf der Grundlage des Völkerrechts geschlossen werden kann, bleibt zweifelhaft. Eine genauere Untersuchung der von den NATO-Staaten vertretenen Rechtspositionen kommt zu dem Ergebnis, daß die humanitäre Intervention der NATO weder vom Tatbestand des Gewaltverbotes ausgenommen werden kann, noch daß sie einen gerechtfertigten Verstoß gegen das Gewaltverbot darstellt. Danach ist eine sich aufgrund der universellen Geltung des Gewaltverbotes auftuende faktische Lücke in der Rechtsdurchsetzung angesichts der Gefahr des Mißbrauchs der humanitären Intervention hinzunehmen. Zur Begründung der Zulässigkeit der humanitären Intervention der NATO verbleibt daher nur das Argument der moralischen Entschuldbarkeit des NATO-Einsatzes, wenn auch eine Untersuchung der konkreten Durchführung der NATO-Intervention wegen der Verstöße gegen das Verhältnismäßigkeitsprinzip die moralische Begründung wieder in Frage stellt.
Schließlich zeigt das Beispiel des Kosovo, daß das Konzept der humanitären Intervention zur Lösung von Menschenrechts- und Minderheitenkonflikten generell fraglich ist, wenn die humanitäre Intervention nicht der Durchsetzung des Ziels der den Menschenrechtsverletzungen ausgesetzten Bevölkerungsgruppe dient. Zwar hat die NATO-Intervention eine politische Diskreditierung Milosevic` erreicht und dazu geführt, daß Belgrad sich verpflichtet hat, den Kosovo-Albanern die von der Staatengemeinschaft geforderte substantielle Autonomie

zu gewähren. Wie aber der endgültige politische und rechtliche Status des Kosovo aussehen soll, ist auch zwei Jahre nach dem Kosovo-Einsatz ungeklärt. Die Forderung der Kosovo-Albaner nach einem unabhängigen Staat wird noch ebenso vehement erhoben wie in der Zeit der massiven Menschenrechtsverletzungen durch die jugoslawischen Einheiten in den Jahren 1998 und 1999[646]. Die humanitäre Intervention der NATO stellt sich angesichts dessen als ein nur auf eine kurzfristige Konfliktlösung ausgerichtetes Konzept dar. Eine dauerhafte politische Lösung setzt aus völkerrechtlicher Sicht eine eingehende Auseinandersetzung mit dem Selbstbestimmungsrecht der Kosovo-Albaner voraus. Eine solche soll daher im folgenden Kapitel vorgenommen werden.

646 Vgl. bereits 1. Kapitel unter E.

3. Kapitel: Die Sezession als mögliche Lösung des Kosovo-Konflikts

Im vorangegangenen Kapitel ist deutlich geworden, daß die humanitäre Intervention der NATO-Staaten im Kosovo-Konflikt nicht nur auf einer unsicheren völkerrechtlichen Grundlage beruhte, sondern auch den Konflikt zwischen Serben und Albanern keiner endgültigen Lösung zugeführt hat. Die Forderung der Kosovo-Albaner nach staatlicher Unabhängigkeit ist von der Staatengemeinschaft nicht berücksichtigt worden und besteht auch noch zwei Jahre nach dem Ende des NATO-Einsatzes fort[647]. Sie muß daher auf ihre Berechtigung untersucht werden.

Die rechtliche Konstruktion, auf der die Unabhängigkeitsforderung beruht, stellt das Selbstbestimmungsrecht der Völker dar, dessen Existenz, insbesondere in der von den Kosovo-Albanern geltend gemachten Variante der Sezession, äußerst umstritten ist. Ob sich dennoch der Anspruch der Kosovo-Albaner auf einen unabhängigen Staat völkerrechtlich begründen läßt, wird in diesem Kapitel untersucht werden.

Diese Aufgabenstellung macht die folgende Vorgehensweise erforderlich: Zunächst wird die schon im ersten Kapitel angedeutete Entwicklung der kosovoalbanischen Forderung nach Unabhängigkeit vor dem Hintergrund des Selbstbestimmungsrechts nachgezeichnet. Sodann wird auf die Rechtsnatur und den Inhalt des Selbstbestimmungsrechts der Völker eingegangen, um die sich anschließende Frage beantworten zu können, ob die Kosovo-Albaner überhaupt als Träger des Selbstbestimmungsrechts in Betracht kommen. Wird diese Frage bejaht, stellt sich in einem nächsten Schritt die generelle Frage, ob sich aus dem Selbstbestimmungsrecht ein Anspruch auf Sezession ableiten läßt. Die so gewonnenen Kenntnisse werden schließlich auf den Sezessionsfall der Kosovo-Albaner übertragen.

A. Phasen der Geltendmachung des Selbstbestimmungsrechts durch die Kosovo-Albaner

Aus dem Überblick über die historische Entwicklung des Kosovo-Konflikts ist bereits deutlich geworden, daß die Forderung der Kosovo-Albaner nach Respektierung ihrer nationalen und kulturellen Eigenheit in den Phasen der massiven Diskriminierung in einen Anspruch auf staatliche Unabhängigkeit übergegangen ist. Nachdem sich die Forderung der Kosovo-Albaner zunächst auf die Bildung einer eigenen Teilrepublik gerichtet hatte, besteht seit dem Referendum von 1991, in welchem sich 98% der Kosovo-Albaner für die staatliche Unabhängigkeit aussprachen[648], die Forderung nach Sezession aus dem jugoslawischen Staatsverband.

---

[647] Vgl. FAZ vom 30.09.1999, S. 7; 24.02.2000, S. 8; Biermann, Internationale Politik 9/2000, S. 52 f.

[648] Vgl. 1. Kapitel unter C. III.

Diese unterschiedlichen Phasen der Geltendmachung von Selbstbestimmung ab der Gründung der SFRJ im Jahre 1945 sollen im folgenden noch einmal kurz nachvollzogen werden.

I. Die Forderung einer eigenen Teilrepublik

Die Forderung nach einer eigenen Teilrepublik war von den Kosovo-Albanern bereits im Rahmen der Unruhen von 1968 erhoben worden[649]. Vor dem Hintergrund der Repressionspolitik des jugoslawischen Innenministers *Rankovic* wurde die Frage aufgeworfen, warum den Albanern als drittgrößter Bevölkerungsgruppe Jugoslawiens nicht derselbe Status zustehen sollte wie den ihnen zahlenmäßig unterlegenen Montenegrinern. Nach dem Sturz *Rankovic`* wurde das Kosovo durch die SFRJ-Verfassung von 1974 als autonome Provinz zwar faktisch den Teilrepubliken gleichgestellt und galt fortan als konstituierende Entität der jugoslawischen Föderation[650]. De jure blieb das Kosovo aber integrativer Bestandteil der Teilrepublik Serbien. Als die territoriale Autonomie des Kosovo durch die Änderungen der serbischen Verfassung 1989[651] und die serbische Maßnahmengesetzgebung von 1990 außer Kraft gesetzt wurde, richteten sich die Selbstbestimmungsforderungen der Kosovo-Albaner zunächst immer noch auf die Zubilligung einer eigenen Teilrepublik. So wird in der Unabhängigkeitserklärung des kosovo-albanischen Parlaments vom 2. Juli 1990[652] die Ausübung des Selbstbestimmungsrechts des kosovo-albanischen Volkes innerhalb der jugoslawischen Föderation noch für möglich gehalten. In der Präambel der Erklärung heißt es dementsprechend:

> „ (...) the Assembly of Kosovo declares the CONSTITUTIONAL DECLARATION on Kosova as an independent and equal constituent unit within the framework of the Federation (Confederation) of Yugoslavia entitled to the same constitutional denomination as other constituent units."

Auch in Art. 1 der Unabhängigkeitserklärung wird die Absicht des kosovo-albanischen Volkes, eine Lösung des Konflikts in Vereinbarkeit mit der territorialen Integrität Jugoslawiens zu erzielen, noch einmal hervorgehoben:

> „This declaration expresses and distinctly states the fundamental attitude held by the people of Kosova and by the Assembly towards the constitution and considers it an act of political self-determination within the framework of Yugoslavia."

In der Unabhängigkeitserklärung wurde der erstrebte verfassungsrechtliche Status unter Ziffer 3 definiert als

> „political and constitutional community of equal citizens and nationalities

[649] Vgl. 1. Kapitel unter B. II. 1.

[650] Vgl. 1. Kapitel unter B. II. 2.

[651] Vgl. 1. Kapitel unter C. II. 2.

[652] Die „Constitutional Declaration" findet sich bei Weller, Crisis, S. 64-65.

> in Kosova, in which the Albanians, as the overwhelming majority of Kosovas population, and one of the largest nations in Yugoslavia, the same as Serbs and others in Kosova, are to be considered a NATION and not a national minority".

Gleichzeitig erklärte das kosovo-albanische Parlament seine 1989 erzwungene Zustimmung zu den Änderungen der serbischen Republiksverfassung für ungültig und erklärte, es werde bis zu einer endgültigen juristischen Implementierung der Verfassungserklärung, seine Befugnisse an der noch bestehenden jugoslawischen Bundesverfassung von 1974 ausrichten und sich nicht an der neuen Verfassung Serbiens orientieren.

Mit der Verabschiedung der Verfassung der „Unabhängigen Republik Kosova" vom 7. September 1990 ist schließlich die Forderung nach einer eigenen Teilrepublik in eine Forderung nach staatlicher Unabhängigkeit übergegangen.

II. Die Forderung nach staatlicher Unabhängigkeit

Art. 2 der Verfassung der „Unabhängigen Republik Kosova" lautet dementsprechend:

> „The Republic of Kosova is a sovereign and independent state."

Der Nachsatz „within the framework of Yugoslavia" erscheint in dieser Bestimmung nicht mehr. Durch das vom 26. bis zum 30. September 1991 durchgeführte Referendum, in welchem sich 99, 8 % der an der Wahl beteiligten Kosovo-Albaner für die staatliche Unabhängigkeit aussprachen, erhielt die Verfassung die Legitimation durch das kosovo-albanische Volk.

Obwohl also in der Verfassung von 1990 die Forderung nach staatlicher Unabhängigkeit erhoben worden ist, bemühte sich der kosovo-albanische Präsident *Rugova* noch in den Jahren nach der Verabschiedung der Verfassung um eine Kompromißlösung. *Rugova* gab zu erkennen, daß er eine Lösung des Kosovo-Konflikts durch die Einräumung einer eigenen Teilrepublik Kosovo immer noch für möglich hielt[653]. Erst als der Konflikt zwischen Serben und Albanern mit den militärischen Auseinandersetzungen zwischen den jugoslawischen Einheiten und der UCK eskalierte, verwarf auch *Rugova* die Vorstellung, das Selbstbestimmungsrecht der Kosovo-Albaner im Rahmen einer Teilrepublik zu verwirklichen und hielt, dem politischen Druck der UCK nachgebend, die Unabhängig-

---

[653] Vgl. etwa FAZ vom 26.09.1994, S. 6, wonach aus Rugovas Sicht vier Modelle zur Lösung des Kosovo-Konflikts bestünden: Sollten erstens keine inneren und äußeren Grenzveränderungen in Jugoslawien erfolgen, so käme nur ein unabhängiges, neutrales Kosovo in Betracht. Sollten aber zweitens die inneren Grenzen Jugoslawiens verändert werden, dann sei eine eigene Teilrepublik Kosovo innerhalb Jugoslawiens denkbar. Sollten dagegen drittens die äußeren Grenzen Jugoslawiens verändert werden, dann müßte der Kosovo-Konflikt durch eine Vereinigung mit Albanien gelöst werden. Schließlich bestünde viertens noch die Möglichkeit eines Konföderationsmodells, wonach das Kosovo zwar in enger Verbindung mit Albanien stehen würde, aber im serbischen Staatsverband verbliebe.

keit des Kosovo nunmehr für die einzige Lösung des Konflikts[654]. Dabei waren die im Rahmen der militärischen Auseinandersetzungen zwischen der UCK und den jugoslawischen Einheiten an der Zivilbevölkerung begangenen Menschenrechtsverletzungen ausschlaggebend für die Unabhängigkeitsforderung. Ein Verbleib in der jugoslawischen Föderation erscheint den Kosovo-Albanern nunmehr nach den Erfahrungen mit der serbischen Repressionspolitik auch zum gegenwärtigen Zeitpunkt als nicht mehr zumutbar[655].
Die Kosovo-Albaner begründen ihre Forderung mit dem Selbstbestimmungsrecht der Völker[656]. Hierfür könnte sowohl das nationale Recht als auch das Völkerrecht eine Grundlage bieten.

B. Das Selbstbestimmungsrecht der Kosovo-Albaner aus der Sicht des jugoslawischen Rechts

Ehe auf die völkerrechtliche Rechtsstellung der Kosovo-Albaner eingegangen wird, muß zunächst die Frage beantwortet werden, ob der von den Kosovo-Albanern auf der Grundlage des Selbstbestimmungsrechts der Völker erhobene Anspruch auf staatliche Unabhängigkeit eine Entsprechung im innerstaatlichen Recht findet.
In der Verfassung der Bundesrepublik Jugoslawien von 1992 fehlt ebenso wie in der serbischen Republikverfassung von 1990 eine ausdrückliche Verankerung des Selbstbestimmungsrechts der Völker. Dennoch nimmt das Selbstbestimmungsrecht in der jugoslawischen Verfassungstradition eine bedeutende Rolle ein[657], was in der ausdrücklichen Erwähnung des Selbstbestimmungsrechts in den Einführungen oder in Art. 1 der jugoslawischen Bundesverfassungen bis 1990 deutlich wird, wonach der jugoslawische Staat aus der Ausübung des Selbstbestimmungsrechts der Völker hervorgegangen ist. Bei der Untersuchung des Selbstbestimmungsrechts aus der Sicht des jugoslawischen Rechts ist ein Eingehen auf diese bis zum Zerfall des sozialistischen Jugoslawiens bestehende Verfassungslage erforderlich, auch wenn das Selbstbestimmungsrecht in den gegenwärtigen Verfassungen der Bundesrepublik Jugoslawien und der Republik Serbien nicht erwähnt wird. Diese Vorgehensweise rechtfertigt sich zum einen daraus, daß die Forderung der Kosovo-Albaner nach staatlicher Unabhängigkeit 1991 schon zu einem Zeitpunkt erhoben wurde, als die SFRJ-Verfassung von 1974 noch in Kraft war. Dementsprechend könnten die Forderungen nach einer eigenen Teilrepublik und nach einem eigenen Staat damit begründet werden,

---

[654] Vgl. FAZ vom 27.02.1998, S. 7; 02.06.1998, S. 5; 03.06.1998, S. 1; 01.08.1998, S. 1; 15.05.1999, S. 2; 17.05.1999, S. 1.

[655] Dazu Biermann, Internationale Politik 9/2000, S. 52; Giersch, in: FAZ vom 23.03.2000, S. 15.

[656] Vgl. die Präambel der Unabhängigkeitserklärung von 1990: „Based on the sovereign right of the people of Kosova, including the right to self-determination (...)".

[657] Vgl. dazu ausführlich Lipowschek, Selbstbestimmungsrecht, S. 128 ff.

daß nach der Verfassung von 1974 das Kosovo als Autonome Provinz den Teilrepubliken faktisch gleichgestellt war[658]. Zum anderen spielte, wie noch gezeigt werden wird[659], die vor dem Zerfall der SFRJ bestehende Verfassungslage für die europäischen Staaten bei der Bewertung der Sezessionsforderungen der Teilrepubliken eine entscheidende Rolle. Auch aus diesem Grund ist es daher geboten, auf die Konzeption des Selbstbestimmungsrechts im innerjugoslawischen Recht einzugehen.

I. Inhalt und Träger des Selbstbestimmungsrechts

Bis zur Verabschiedung der neuen Bundesverfassung von 1992 war das Selbstbestimmungsrecht der Völker in den jugoslawischen Föderationsverfassungen ausdrücklich verankert.
So hieß es in Art. 1 der Verfassung von 1946[660]:

> „Die Föderative Volksrepublik Jugoslawien ist ein föderativer Staat in republikanischer Form, eine Gemeinschaft gleichberechtigter Völker, die aufgrund des Selbstbestimmungsrechts einschließlich des Rechts auf Loslösung ihren Willen zum gemeinsamen Leben in einem föderativen Staat erklärt haben".

Aus dem Wortlaut dieser Bestimmung wird ersichtlich, daß das Selbstbestimmungsrecht nach jugoslawischem Verständnis auch das Recht auf Sezession umfassen sollte. Auch nach den Grundprinzipien der Verfassungen von 1963 und 1974[661] hatten sich die jugoslawischen Völker „ausgehend vom Recht eines jeden Volkes auf Selbstbestimmung, das Recht auf Loslösung eingeschlossen" vereinigt. Daß das Selbstbestimmungsrecht dabei als ein subjektives Recht zu verstehen war, obwohl es lediglich in den Grundprinzipien der Bundesverfassung Erwähnung fand, machte der Einführungsteil der Verfassung von 1974 deutlich. Dort hieß es unter X. über die rechtliche Bedeutung der Grundprinzipien, daß diese „die Grundlage und Richtlinie zur Auslegung der Verfassung und der Gesetze sowie für das Handeln aller und jedes Einzelnen" darstellten.
Dadurch daß die Grundprinzipien demnach als Maßstab für die Auslegung der Verfassungsnormen dienen sollen, wurde die besondere Bedeutung des Selbstbestimmungsrechts im jugoslawischen Recht hervorgehoben.
Aus dem Einführungsteil der jugoslawischen Verfassung von 1974 ging zudem deutlich hervor, wer Träger dieses Selbstbestimmungsrechts sein soll. Dort hieß es nämlich, „die Nationen Jugoslawiens haben sich ausgehend von dem Recht

---

658 Vgl. zur Rechtsstellung der Kosovo-Albaner unter der Verfassung von 1974 1. Kapitel unter B. II. 2.

659 Unter E. II.

660 Vgl. Schulz, JöR 1958, S. 289 ff.

661 Deutscher Text der Verfassung der Sozialistischen Föderativen Republik Jugoslawien vom 21.02.1974 in: Roggemann (Hrsg.), Verfassungen, S. 133 ff.

eines jeden Volkes auf Selbstbestimmung (...) vereinigt". Indem hier einerseits von dem Recht eines jeden *Volkes* die Rede war und andererseits nur die *Nationen* Jugoslawiens dieses Recht ausgeübt hatten, wird ersichtlich, daß nach dem Verständnis der jugoslawischen Verfassung „Volk" und „Nation" identisch sein sollten. Die „Nation" als Träger des Selbstbestimmungsrechts war dabei von der „Nationalität" bzw. der „nationalen Minderheit" abzugrenzen. Während die „Nationen" nach jugoslawischem Rechtsverständnis deshalb staatstragende Völker waren, weil sie außerhalb Jugoslawiens über keinen eigenen Nationalstaat verfügten, konnten die „Nationalitäten", außerhalb ihres jugoslawischen Heimatstaates einen eigenen Nationalstaat vorweisen [662]. Ihnen sollte deshalb innerhalb Jugoslawiens keine staatstragende Funktion zukommen, in welcher das Selbstbestimmungsrecht seinen Ausdruck finden konnte[663]. Dagegen sollten die Nationen - nach jugoslawischem Verständnis also die Slowenen, Kroaten, Serben, Muslime, Mazedonier und Montenegriner - ihr Selbstbestimmungsrecht im Rahmen einer eigenen Teilrepublik verwirklichen können. Da die Kosovo-Albaner außerhalb Jugoslawiens mit Albanien über einen eigenen Nationalstaat verfügen, hatten sie innerhalb Jugoslawiens nur die Rechtsstellung einer „Nationalität" inne. Sie konnten damit das Selbstbestimmungsrecht nicht für sich in Anspruch nehmen und waren statt dessen auf die Regelungen des Minderheitenschutzes angewiesen[664].

Die Festlegung der Rechtssubjekte des Selbstbestimmungsrechts anhand einer Unterscheidung zwischen „Nation" und „Nationalität" weist bereits aus der Sicht der jugoslawischen Verfassungsentwicklung Unschlüssigkeiten auf[665]. So waren weder die Mazedonier noch die Montenegriner zur Zeit des jugoslawischen Königreiches staatstragende Völker. Ihre Qualifikation als „Nation" erfolgte erst mit der Gründung des sozialistischen Jugoslawiens[666]. Desweiteren kann die Einordnung der Muslime Bosnien-Herzegowinas als Träger des Selbstbestimmungsrechts nicht damit erklärt werden, daß die Muslime außerhalb Ju-

---

[662] Vgl. hierzu Marko/Tretter/Boric, JRP 1993, S. 21; Beckmann-Petey, Jugoslawischer Föderalismus, S. 113; Rich, EJIL 1993, S. 39;

[663] Vgl. neben dem bereits zitierten Einführungsteil auch Artt. 3 und 4 SFRJ-Verf. 1974: In Art. 3 SFRJ-Verf 1974 wurden die Republiken sowohl als Staaten wie Selbstverwaltungsgemeinschaften bezeichnet. Dagegen waren nach Art. 4 SFRJ-Verf 1974 die Autonmen Provinzen nur Selbstverwaltungsgemeinschaften, welchen nach der herrschenden Verfassungsinterpretation das Recht auf Selbstbestimmung abgesprochen wurde. Vgl. Marko/Tretter/Boric, JRP 1993, S. 21.

[664] Zu den Minderheitenschutzbestimmungen der Verfassung der Bundesrepublik Jugoslawien vgl. Pichl, Kosovo in den jugoslawischen Verfassungssystemen, S. 79 f.

[665] So auch Rauert, Kosovo, S. 130.

[666] Dementsprechend begründeten die Kosovo-Albaner ihre Forderung nach einer eigenen Teilrepublik auch damit, daß die mazedonischen und montenegrinischen „Völker" mit dem Recht auf eine eigene Teilrepublik künstlich geschaffen worden seien. Vgl. dazu bereits 1. Kapitel unter B. II. 1.

goslawiens über keinen eigenen Nationalstaat verfügten. Als Nationalstaat der Muslime käme beispielsweise die Türkei in Betracht[667].
Die Konzeption des jugoslawischen Verfassungsrechts, wonach das Selbstbestimmungsrecht nur denjenigen Nationen zustehen sollte, die außerhalb Jugoslawiens über keinen eigenen Nationalstaat verfügen, kann schließlich auch im Hinblick auf eine andere völkerrechtliche Konzeption des Selbstbestimmungsrechts kritisiert werden. Auf der Ebene des Völkerrechts sollen - wie noch zu zeigen ist - die Träger des Selbstbestimmungsrechts nach ethnischen Gesichtspunkten ermittelt werden, unabhängig davon, ob das Volk im ethnischen Sinne in verschiedenen Staaten ansässig ist[668]. Dennoch ist zu berücksichtigen, daß die Definition des nationalen Rechtsbegriffs „Selbstbestimmungsrecht" grundsätzlich im Ermessen des nationalen Verfassungsgebers steht[669]. Erst wenn feststeht, daß ein Staat kraft Völkervertragsrecht oder kraft ungeschriebenem Völkerrecht an das völkerrechtliche Selbstbestimmungsrecht gebunden ist, muß dieses bei der Auslegung der nationalen Rechtsbegriffe berücksichtigt werden.
Damit stand im Ergebnis die Weigerung Jugoslawiens, den Kosovo-Albanern in Ausübung ihres Selbstbestimmungsrechts eine eigene Teilrepublik oder gar Unabhängigkeit zuzubilligen, mit der bis 1992 geltenden Föderationsverfassung von 1974 im Einklang.
Zu berücksichtigen ist allerdings, daß auch das Selbstbestimmungsrecht der Nationen Jugoslawiens sich dann als wirkungslos erweist, wenn man mit dem überwiegenden Teil der jugoslawischen Völkerrechtslehre davon ausgeht, daß das Selbstbestimmungsrecht mit der Gründung des sozialistischen Jugoslawiens konsumiert wurde[670] und danach insbesondere nicht mehr durch Sezession ausgeübt werden konnte. Schließlich beschrieb die jugoslawische Verfassung auch keinen Mechanismus zur Durchsetzung des Sezessionsrechts. Diese Tatsache sowie die Bestimmung des Art. 5 SFRJ-Verf 1974, wonach die Änderung der Staatsgrenzen der Zustimmung aller Republiken und Autonomen Provinzen bedurfte, werden als weitere Argumente gegen ein aus der jugoslawischen Verfas-

---

667 Dieser Widerspruch wird auch in Art. 2 der 3. Resolution des AVNOJ vom 29.11.1943 deutlich, wo von sechs föderativen Einheiten, aber nur von fünf staatstragenden Völkern die Rede ist: „Um das Prinzip der Souveränität der Nationen Jugoslawiens zu verwirklichen (...) wird Jugoslawien auf dem föderalen Prinzip aufgebaut, was die volle Gleichberechtigung der Serben, Kroaten, Slowenen, Mazedonier und Montenegriner bzw. der Nationen Serbiens, Kroatiens, Sloweniens, Mazedoiens, Montenegros und Bosnien-Herzegowinas garantieren wird.", zitiert nach Rauert, Kosovo, S. 130, Fn. 22.

668 Zu den Trägern des Selbstbestimmungsrechts der Völker im Völkerrecht, vgl. unten unter C. II. 2.

669 Vgl. hierzu Doehring, BerDGVR 14 (1974), S. 31; Baer, Zerfall Jugoslawiens, S. 363; Rauert, Kosovo, S. 130.

670 Vgl. dazu Beckmann-Petey, Jugoslawischer Föderalismus, S. 129 mit zahlreichen Nachweisen sowie Baer, Zerfall Jugoslawiens, S. 363; Ribicic, Self-Determination in Yugoslavia, S. 89 ff.; Hondius, Yugoslav Community, S. 141 f.; Bagwell, GJIL 21 (1991), S. 508 ff.; Frey, Selbstbestimmungsrecht, Sezession und Gewaltverbot, S. 57.

sung abzuleitendes Sezessionsrecht der Republiken angeführt[671]. Dementsprechend hat das jugoslawische Verfassungsgericht im Jahre 1989 eine Bestimmung der slowenischen Republiksverfassung von 1989 für verfassungswidrig erklärt, welche ein Recht auf Sezession ausdrücklich vorsah[672]. Da schließlich in der neuen Verfassung der Bundesrepublik Jugoslawien vom 27. April 1992 sowie in der Verfassung der Republik Serbien vom 28. September 1990 das Selbstbestimmungsrecht der Völker keine Erwähnung mehr findet, kann auch aus diesen Verfassungen kein Anspruch der Kosovo-Albaner auf Ausübung ihres Selbstbestimmungsrechts durch die Gründung einer Teilrepublik oder durch Sezession abgeleitet werden[673].

II. Schlußfolgerungen für die von den Kosovo-Albanern erhobene Forderung nach staatlicher Unabhängigkeit

Mit der innerstaatlichen Rechtsstellung der Kosovo-Albaner als „nationale Minderheit" ist bereits die Forderung nach einer eigenen Teilrepublik nicht vereinbar. Erst recht steht einer „nationalen Minderheit" nach jugoslawischem Recht kein Anspruch auf staatliche Unabhängigkeit zu. Dies gilt insbesondere auch im Hinblick darauf, daß sogar den ehemaligen Teilrepubliken, welchen vor dem Zerfall der SFRJ verfassungsrechtlich ein Recht auf Sezession zugestanden hätte, die Inanspruchnahme dieses Rechts von Seiten Jugoslawiens mit der Begründung verwehrt wurde, das Recht auf Selbstbestimmung sei mit der Gründung der SFRJ konsumiert worden. Für den Fall der Kosovo-Albaner steht damit fest, daß sie ein Recht auf staatliche Unabhängigkeit allenfalls aus dem Völkerrecht ableiten können[674]. Das setzt voraus, daß sie auf völkerrechtlicher Ebene als Träger des Selbstbestimmungsrechts qualifiziert werden können und daß sich aus dem völkerrechtlichen Selbstbestimmungsrecht ein Recht auf Sezession ableiten läßt.

---

[671] Vgl. Beckmann-Petey, Jugoslawischer Föderalismus, S. 129f. die zudem noch auf Art. 237 SFRJ-Verf. 1974 verweist, wonach jedem das Recht und die Pflicht zusteht, die territoriale Einheit des Staates zu schützen und zu verteidigen. Vgl. ferner Rich, EJIL 1993, S. 39.

[672] Nachweis bei Beckmann-Petey, Erfahrungen mit dem gescheiterten Föderalismus, S. 184, die gegen ein aus der Verfassung ableitbares Recht auf Sezession zudem anführt, daß ein solches Recht nur in den einer Präambel vergleichbaren Verfassungsgrundsätzen, nicht aber im normativen Teil der Verfassung erwähnt sei.

[673] Zur Lage der nationalen Minderheiten in der BRJ und in Serbien vgl. Stojic/Lutovac, Nationale Minderheiten, S. 207 ff.

[674] Dieselbe Feststellung trifft Baer, Zerfall Jugoslawiens, S. 364 für ein verfassungsmäßig gewährleistetes Sezessionsrecht der ehemaligen jugoslawischen Teilrepubliken.

C. Allgemeine Erwägungen zum Selbstbestimmungsrecht der Völker im Völkerrecht

Um die Forderung der Kosovo-Albaner nach staatlicher Unabhängigkeit im Rahmen des Selbstbestimmungsrechts der Völker würdigen zu können, ist zunächst eine allgemeine Darstellung der Entwicklung, der Rechtsnatur und des Inhalts des Selbstbestimmungsrechts der Völker erforderlich.

I. Entwicklung und Rechtsnatur des Selbstbestimmungsrechts der Völker

Die Entwicklung der Selbstbestimmungsrechtskonzeption ist begleitet von dem Meinungsstreit um die Rechtsnatur des Selbstbestimmungsrechts. Daher sollen zunächst der ideengeschichtliche Hintergrund des Selbstbestimmungsrechts aufgezeigt und anschließend die Rechtsgrundlagen des Selbstbestimmungsrechts im geltenden Völkerrecht dargestellt werden, welche Aufschluß über den gegenwärtigen Entwicklungsstand geben können.

1. Ideengeschichtlicher Hintergrund[675]

Die Selbstbestimmungsidee findet im Zeitalter der Aufklärung[676] ihre ersten rechtlichen Verankerungen in der Amerikanischen Unabhängigkeitserklärung von 1776 und in der Französischen Revolution von 1789. Diese Ereignisse brachten die Überzeugung zum Ausdruck, daß die Menschen das Recht haben, Inhaber von Freiheitsrechten zu sein und in Ausübung dieser Rechte an der Staatsmacht zu partizipieren und eine die Freiheitsrechte nicht gewährleistende Regierungsform abzuwählen oder aufzuheben[677].

Die auf das Selbstbestimmungsrecht gegründete Forderung nach Teilhabe an der Staatsmacht weitete sich im 19. Jahrhundert zu dem Anspruch aus, als Volk auch einen eigenen Nationalstaat zu gründen. Ziel des „nationalen Selbstbestimmungsrechts“[678] war demnach die Gründung von Nationalstaaten unter der Befreiung von Fremdherrschaft[679]. Da aber die Idee einer völligen Entsprechung von Volk und Staat in der Praxis nicht umzusetzen war, brachte das „nationale Selbstbestimmungsrecht“ auch die Idee des Minderheitenschutzes hervor[680].

---

[675] Vgl. hierzu Dann, Politische Studien, Sonderheft 6/1993, S. 5 ff.

[676] Vgl. Klein, Selbstbestimmungsrecht und deutsche Frage S. 11 ff.; Gornig, Politische Studien, Sonderheft 6/1993, S. 19; Simma-Doehring, nach Art. 1 UNO-Charta, Rn. 6 ff.

[677] Vgl. Simma-Doehring, nach Art. 1 UNO-Charta, Rn. 7; Thürer, AVR 22 (1984), S. 115.

[678] Vgl. dazu Dann, Politische Studien, Sonderheft 6/1993, S. 6 ff.; Thürer, AVR 22 (1984), S. 116; Musgrave, Self-Determination, S. 2 ff.

[679] Vgl. dazu Bluntschli: „Jede Nation ist berufen und berechtigt, einen Staat zu bilden. Wie die Menschheit in eine Anzahl von Nationen geteilt ist, soll die Welt in ebenso viele Staaten zerlegt werden. Jede Nation sei ein Staat, jeder Staat eine Nation.“; zitiert nach Blumenwitz, Volksgruppen und Minderheiten, S. 59 (Fn. 91).

[680] Vgl. Blumenwitz, Volksgruppen und Minderheiten, S. 59 f.; Veiter, Nationalitätenkonflikt und Volksgruppenrecht, S. 24.

Mit dem Ende des 1. Weltkrieges entwickelte sich das „nationale Selbstbestimmungsrecht“ zum Prinzip der internationalen Politik. Der damalige amerikanische Präsidenten *Woodrow Wilson* ernannte die Selbstbestimmungsidee zur Grundlage seiner Weltordnung und forderte in seiner 14-Punkte Rede vom 8. Januar 1918 für die territoriale Neuordnung Europas die Berücksichtigung der Interessen der betroffenen Bevölkerungen[681]. Wilsons Forderungen wurden jedoch politisch nicht umgesetzt. Die Kolonialreiche blieben bestehen und die Grenzveränderungen nach dem Ende des 1. Weltkrieges erfolgten ohne Rücksicht auf den Willen der betroffenen Bevölkerungen[682].

Parallel zu der Selbstbestimmungskonzeption Wilsons entwickelte *Lenin* eine „sozialistische Selbstbestimmungskonzeption“, welche die Möglichkeit der Sezession einschloß, womit sich die Selbstbestimmungsidee erstmals nicht nur auf die innerstaatliche Neuordnung bezog. Träger des Selbstbestimmungsrechts sollte nach der kommunistischen Vorstellung allerdings nicht das Volk, sondern die Nation sein, die eine geschlossene Siedlungsstruktur aufwies. Dadurch wurde verstreut siedelnden Volksgruppen die Berufung auf das Selbstbestimmungsrecht versagt[683]. In ideologischer Hinsicht diente das „sozialistische Selbstbestimmungsrecht“ als Programm der Weltrevolution der Beseitigung der imperialistischen Herrschaft und der Schaffung der kommunistischen Gesellschaft[684].

In der jugoslawischen Föderationsverfassung von 1946, welche sich eng an der sowjetischen Verfassung von 1936 orientierte, findet sich dieses Gedankengut insbesondere in der ausdrücklichen Erwähnung eines aus dem Selbstbestimmungsrecht abzuleitenden Rechts auf Sezession wieder[685].

Während des Zweiten Weltkrieges erfuhr das Selbstbestimmungsrecht der Völker eine rechtliche Verankerung in der Atlantik Charta vom 14. August 1941[686], wonach keine Gebietsveränderungen vorgenommen werden sollten, die nicht dem freien Willen der betroffenen Völker entsprachen (Ziff. 2). Ferner sollte das freie Recht aller Völker geachtet werden, sich die Regierungsform zu wählen,

---

[681] Vgl. Thürer, Selbstbestimmungsrecht und Anerkennung, S. 43 sowie Kimminich, Minderheiten und Selbstbestimmung, S. 190.

[682] Vgl. dazu Ermacora, Entwicklung des Selbstbestimmungsrechts, S. 11.

[683] Blumenwitz, Volksgruppen und Minderheiten, S. 61.

[684] Dazu Heidelmeyer, Selbstbestimmungsrecht, S. 63. Zur sozialistischen Selbstbestimmungskonzeption vgl. auch Ermacora, Entwicklung des Selbstbestimmungsrechts, S. 15 f.

[685] Vgl. bereits oben unter B. I.

[686] Der Text der Atlantik-Charta findet sich in ZaöRV 11(1942/43), S. 89 ff. Die Atlantik-Charta stellte zunächst eine 8-Punkte-Erklärung des amerikanischen Präsidenten Roosevelt und des britischen Premierministers Churchill dar. Auf der Interalliierten Konferenz in London am 24.09.1941 stimmten der Erklärung auf Antrag Großbritanniens die Vertreter Belgiens, der Tschecheslowakai, Griechenlands, Luxemburgs, Norwegens, der Niederlande, Polens, der UdSSR, Jugoslawiens und Frankreichs zu. Vgl. hierzu Heidelmeyer, Selbstbestimmungsrecht, S. 121 ff.

unter der sie zu leben wünschten (Ziff. 3)[687]. Die Selbstbestimmungsidee wurde 1945 auch in die Charta der Vereinten Nationen aufgenommen, wo die „Selbstbestimmung der Völker“ in Art. 1 Ziff. 2 UNO-Charta und in Art. 55 UNO-Charta als Grundsatz der Vereinten Nationen genannt wird.
Eine Umsetzung der Selbstbestimmungsidee fand aber zunächst nur im Rahmen der Entkolonialisierung statt. Das „koloniale Selbstbestimmungsrecht“ wurde in der Charta der Vereinten Nationen verankert und spricht den Kolonialvölkern das Recht zu, sich ihre Regierungsform frei zu wählen. Die Umsetzung des „kolonialen Selbstbestimmungsrechts“ ist in den Kapiteln XI bis XIII der UNO-Charta sowie in zahlreichen Resolutionen umfassend geregelt. Danach soll den Kolonialvölkern das Recht zukommen, sich selbst als Staat zu konzipieren[688], wobei allerdings die konkrete Ausübung des Selbstbestimmungsrechts nicht uneingeschränkt möglich war. Die wohl bedeutendste Schranke stellte das Prinzip des uti possidetis iuris dar, wonach bei der Ausübung des Selbstbestimmungsrechts die Grenzen des Vorgängerstaates beachtet werden mußten[689] Die detaillierte Ausgestaltung des „kolonialen Selbstbestimmungsrechts“ in der UNO-Charta ist aber für die gegenwärtigen Probleme des Selbstbestimmungsrechts nur von bedingtem Nutzen, weil die Inanspruchnahme des Selbstbestimmungsrechts im Rahmen der Entkolonialisierung unabhängig von ethnischen Grenzziehungen erfolgte[690].
Das Selbstbestimmungsrecht hat daher mit dem Ende des Kalten Krieges eine Neuorientierung erfahren, wobei Form, Inhalt und Voraussetzungen dieses „neuen Selbstbestimmungsrechts“ in Ermangelung völkervertraglicher Regelungen weitgehend ungeklärt und dementsprechend umstritten sind.
Nach dem Zerfall der Sowjetunion, der Tschecheslowakei und des sozialistischen Jugoslawiens begründeten die neu entstehenden Staaten ihre Existenzberechtigung mit dem Selbstbestimmungsrecht der Völker. Sie erhoben damit den Anspruch, daß das Selbstbestimmungsrecht nicht mehr nur Völkern unter Fremdherrschaft, also insbesondere Kolonialvölkern, zukommen soll, sondern als allgemeines rechtliches Konzept der Neuordnung eines Staatsgebiets gelten sollte. Diese Forderungen sind aber nur dann berechtigt, wenn sich aus dem Selbstbestimmungsrecht ein entsprechender völkerrechtlicher Anspruch ableiten läßt. Ob dies der Fall ist, ist in der Völkerrechtslehre heftig umstritten.

2. *Rechtsgrundlagen des Selbstbestimmungsrechts der Völker*

Im folgenden sollen die wichtigsten völkervertragsrechtlichen Grundlagen des Selbstbestimmungsrechts dargestellt werde. Erst durch die Auslegung dieser

---

[687] Vgl. hierzu Blumenwitz, Menschenrechtspakte und Selbstbestimmungsrecht, S. 21-22.

[688] Dazu Ipsen, Völkerrecht, S. 6.

[689] Zur Anwendung des uti possidetis-Prinzips auf die Innengrenzen Jugoslawiens vgl. unter E. III. 2.

[690] Vgl. auch unten unter II. 2 a (2).

Normen lassen sich der Rechtscharakter und der Inhalt des Selbstbestimmungsrechts ermitteln.

a. Das Selbstbestimmungsrecht auf der Ebene der Vereinten Nationen

Das Selbstbestimmungsrecht der Völker findet in der Charta der Vereinten Nationen - außerhalb der in einem deutlich kolonialen Kontext stehenden Bestimmungen der Art. 73 lit. b und Art. 76 lit. b UNO-Charta[691] - in Art. 1 Ziff. 2 und in Art. 55 UNO-Charta Erwähnung[692]:

Nach Art. 1 Ziff. 2 UNO-Charta ist es ein Ziel des Vereinten Nationen,

> „freundschaftliche, auf der Achtung vor dem Grundsatz der Gleichberechtigung und Selbstbestimmung der Völker beruhende Beziehungen zwischen den Nationen zu entwickeln und andere geeignete Maßnahmen zur Fertigung des Weltfriedens zu treffen."

Der Wortlaut dieser Bestimmung macht deutlich, daß die Verwirklichung des Selbstbestimmungsrechts nicht ein bloßes Ziel der Vereinten Nationen darstellt, sondern als ein bestimmtes Mittel anerkannt ist, das der Erreichung des Ziels der „Fertigung des Weltfriedens" dienen soll[693]. Das wird auch in Art. 55 UNO-Charta deutlich, wonach friedliche und freundschaftliche Beziehungen zwischen den Nationen die Achtung vor dem Grundsatz der Selbstbestimmung der Völker voraussetzen.

Einen wichtigen Schritt zur rechtlichen Normierung und Ausgestaltung stellt die Aufnahme des Selbstbestimmungsrechts in die UN-Menschenrechtspakte[694] dar. Während in den oben genannten Bestimmungen der UNO-Charta stets von einem „Grundsatz" der Selbstbestimmung die Rede ist, gehen die gleichlautenden Art. 1 der UN-Menschenrechtspakte von einem Recht auf Selbstbestimmung aus. Sie lauten:

---

[691] Zwar wird in diesen Bestimmungen das Selbstbestimmungsrecht nicht ausdrücklich erwähnt. Um die Selbstregierung der ehemaligen Kolonien zu verwirklichen, werden aber die Verwaltungsmächte verpflichtet, „die politischen Bestrebungen dieser Völker[der Kolonialvölker, d. Verf.] gebührend zu berücksichtigen und sie bei der fortschreitenden Entwicklung ihrer freien politischen Einrichtungen zu unterstützen" (Art. 73 lit. b UNO-Charta) sowie im Einklang mit den in Art. 1 UNO-Charta dargelegten Zielen der Vereinten Nationen, den„politischen, wirtschaftlichen, sozialen und erzieherischen Fortschritt der Einwohner der Treuhandgebiete und ihre fortschreitende Entwicklung zur Selbstregierung oder Unabhängigkeit" zu fördern (Art. 76 lit. b UNO-Charta).

[692] Zum sowjetischen Beitrag bezüglich der Aufnahme des Selbstbestimmungsrechts in der UNO-Charta vgl. Blumenwitz, Menschenrechtspakte und Selbstbestimmungsrecht, S. 22.

[693] Vgl. Blumenwitz, Volksgruppen und Minderheiten, S. 63; Thürer, Selbstbestimmungsrecht und Anerkennung, S. 47, der darauf hinweist, daß das Selbstbestimmungsrecht durch das übergeordnete Ziel der Friedenssicherung zugleich immanent beschränkt werde.

[694] Internationaler Pakt über bürgerliche und politische Rechte vom 19.12.1966 (BGBl. 1973 II, S. 1533); Internationaler Pakt über wirtschaftliche, soziale und kulturelle Rechte vom 19.12.1966 (BGBl. 1973 II, S. 1569).

„Alle Völker haben das Recht auf Selbstbestimmung. Kraft dieses Rechts entscheiden sie frei über ihren politischen Status und gestalten in Freiheit ihre wirtschaftliche, soziale und kulturelle Entwicklung".

Mit der Aufnahme des Selbstbestimmungsrechts in die UN-Menschenrechtspakte ist das Selbstbestimmungsrecht erstmals als ein subjektives Recht der Völker rechtsverbindlich festgelegt worden[695].

Das Selbstbestimmungsrecht der Völker ist neben seiner völkervertragsrechtlichen Verankerung in der UNO-Charta und in den UN-Menschenrechtspakten auch Gegenstand zahlreicher Resolutionen der UN-Generalversammlung[696]. Den Resolutionen der Generalversammlung kommt zwar keine verbindliche Wirkung zu; sie geben aber Aufschluß über die Auslegung der UNO-Charta und können auf diesem Wege zur Ermittlung der Rechtsauffassung der Staatengemeinschaft beitragen[697]. Im Zusammenhang mit dem Selbstbestimmungsrecht kommt der sog. Friendly-Relations-Declaration der Generalversammlung vom 24. Oktober 1970[698] besondere Bedeutung zu. Zu Beginn des V. Prinzip der Friendly-Relations-Declaration heißt es:

„Auf Grund des in der Charta der Vereinten Nationen verankerten Grundsatzes der Gleichberechtigung und Selbstbestimmung der Völker haben alle Völker das Recht, frei und ohne Einmischung von außen über ihren politischen Status zu entscheiden und ihre wirtschaftliche, soziale und kulturelle Entwicklung zu gestalten, und jeder Staat ist verpflichtet, dieses Recht im Einklang mit den Bestimmungen der Charta zu achten."

In 4. Absatz des V. Prinzips zählt die Friendly-Relations-Declaration dann die Verwirklichungsformen des Selbstbestimmungsrechts der Völker auf, wonach das Selbstbestimmungsrecht in der Gründung eines souveränen und unabhängigen Staates oder in der freien Eingliederung in einen solchen Staat oder in dem Entstehen eines anderen, durch ein Volk frei bestimmten politischen Status seinen Ausdruck finden kann.

Die Friendly-Relations-Declaration hat den Inhalt des Selbstbestimmungsrechts und die Arten seiner Anwendung weiter entwickelt und darüber hinaus den Rechtscharakter des Selbstbestimmungsrechts bestätigt. Im 7. Absatz des V. Prinzips setzt die Friendly-Relations-Declaration der Verwirklichung des Selbstbestimmungsrechts aber mit der staatlichen Souveränität auch die für die bisherige Staatenpraxis zum Selbstbestimmungsrecht entscheidende Grenze. Danach ist das Selbstbestimmungsrecht

„nicht als Ermächtigung oder Ermunterung zu Maßnahmen aufzufassen, welche die territoriale Unversehrtheit oder die politische Einheit souverä-

---

[695] Vgl. Blumenwitz, Volksgruppen und Minderheiten, S. 65; Schmitz, Tibet und das Selbstbestimmungsrecht, S. 33;

[696] Vgl. die Nachweise bei Gros-Espiell, Das Selbstbestimmungsrecht des Volkes Südtirol, S. 22 ff.

[697] Ipsen, Völkerrecht, S. 208.

[698] GV-Resolution Nr. 2625 (XXV) vom 24.10.1970. Deutscher Text in: VN 1978, S. 138.

> ner und unabhängiger Staaten teilweise oder vollständig auflösen oder beeinträchtigen würden, die sich in ihrem Verhalten von dem oben erwähnten Grundsatz der Gleichberechtigung und Selbstbestimmung der Völker leiten lassen und daher eine Regierung besitzen, welche die gesamte Bevölkerung des Gebiets ohne Unterschied der Rasse, des Glaubens oder der Hautfarbe vertritt".

Die im letzten Halbsatz vorgenommene Einschränkung, wonach nur diejenigen Staaten den Schutz ihrer territorialen Integrität genießen sollen, die sich in Übereinstimmung mit dem Selbstbestimmungsrecht verhalten, stellt den grundsätzlichen Vorrang der staatlichen Souveränität gegenüber dem Selbstbestimmungsrecht schließlich wieder in Frage. Hier wird angedeutet, daß der staatlichen Souveränität nicht zwingend der Vorrang vor dem Selbstbestimmungsrecht eingeräumt werden muß. Der Diskussion um die Existenz eines aus dem Selbstbestimmungsrecht abzuleitenden Rechts auf Sezession dient daher der letzte Halbsatz der zitierten Bestimmung als wichtiger Ansatzpunkt[699].

b. Das Selbstbestimmungsrecht im europäischen Kontext

Im europäischen Kontext hat das Selbstbestimmungsrecht der Völker durch die KSZE/OSZE - Dokumente eine nähere Ausgestaltung erfahren, die zum Teil über die Regelungen auf der Ebene der Vereinten Nationen hinaus geht. Zwar geht von den KSZE/OSZE-Dokumenten keine unmittelbare völkerrechtliche Bindungswirkung aus, weil sie keine völkerrechtlichen Verträge sind[700]. Sie bestätigen aber geltendes Völkerrecht und können als völkerrechtliches „soft law" angesehen werden, welches die Staatenpraxis im Bereich des Selbstbestimmungsrechts wiedergibt und auf diesem Wege zur Auslegung verbindlichen Völkerrechts beiträgt[701]. Die Dokumente des KSZE/OSZE-Prozesses machen insbesondere deutlich, daß das Selbstbestimmungsrecht auch im europäischen und damit nicht nur im kolonialen Kontext zur Anwendung kommen soll[702]. Im Prinzip VIII des ersten Abschnitts der Helsinki-Schlußakte der KSZE vom 1. August 1975[703] heißt es:

> „Die Teilnehmerstaaten werden die Gleichberechtigung der Völker und ihr Selbstbestimmungsrecht achten, indem sie jederzeit in Übereinstimmung mit den Zielen und Grundsätzen der Charta der Vereinten Nationen und den einschlägigen Normen des Völkerrechts handeln, einschließlich jener, die sich auf die territoriale Integrität der Staaten beziehen".

---

[699] Vgl. dazu im einzelnen unter D. IV. 1.

[700] Frey, Selbstbestimmungsrecht, Sezession und Gewaltverbot, S. 54 m.w.N.

[701] Tretter/Müller/Demaj, Die Verfolgung der albanischen Volksgruppe, S. 144. Zum Begriff des soft law vgl. ferner Ipsen, Völkerrecht, S. 216.

[702] Blumenwitz, Volksgruppen und Minderheiten, S. 65.

[703] Abgedruckt bei Fastenrath, Dokumente, A. 1.

In der Charta von Paris vom 1. November 1990[704] wird diese Formulierung aufgegriffen und das Selbstbestimmungsrecht noch enger an das Prinzip der territorialen Integrität gebunden[705]. Die Bindung des Selbstbestimmungsrechts an die territoriale Integrität wird auch in den jüngsten OSZE-Dokumenten deutlich. So bekräftigten die OSZE-Staaten in der Wiener Erklärung der Parlamentarischen Versammlung der OSZE vom 8. Juli 1994[706], daß Gewalt kein Mittel zur Umsetzung des Rechts auf Selbstbestimmung sein könne und Selbstbestimmung demnach nur so weit gehen könne, als es die Achtung der territorialen Integrität bestehender Staaten erlaube.

3. Der Rechtscharakter des Selbstbestimmungsrechts der Völker

Mit der vom kolonialen Kontext unabhängigen Verankerung des Selbstbestimmungsrechts in den UN-Menschenrechtspakten, in der Friendly Relations Declaration und in den KSZE/OSZE-Dokumenten steht nach überwiegender Meinung inzwischen fest, daß das Selbstbestimmungsrecht nicht nur ein politisches Prinzip ist, sondern Rechtscharakter hat[707].

Fraglich ist, ob das Selbstbestimmungsrecht der Völker darüber hinaus als Norm des ius cogens qualifiziert werden kann. Wenn dies der Fall ist, dann könnte die Bundesrepublik Jugoslawien unabhängig von einer vertraglichen Bindung verpflichtet sein, ein mögliches Selbstbestimmungsrecht der Kosovo-Albaner zu beachten.

In der völkerrechtlichen Literatur sowie in der Praxis der Vereinten Nationen ist inzwischen weitgehend anerkannt, daß dem Selbstbestimmungsrecht der Cha-

[704] ILM 30 (1991), S. 190 ff. ; Fastenrath, Dokumente, A. 2.

[705] Dazu Rauert, Kosovo, S. 149.

[706] Abgedruckt bei Fastenrath, Dokumente, D. 3.

[707] Vgl. insofern die Feststellung von Doehring auf der 13. Tagung der Deutschen Gesllschaft für Völkerrecht im Jahre 1973: „Die Verwendung der Begriffe Selbstbestimmung und Selbstbestimmungsrecht in zweiseitigen und mehrseitigen Verträgen läßt den Schluß zu, daß mit ihr im Zweifel eine rechtliche Verpflichtung zum Ausdruck gebracht werden soll." (BerDGVR 14 (1974), S. 47). Das war in der Völkerrechtslehre lange Zeit umstritten. Vgl. zu dieser Debatte etwa Kimminich, Rechtscharakter und Inhalt des Selbstbestimmungsrechts, in: Blumenwitz/Meissner, Selbstbestimmungsrecht und deutsche Frage, S. 37 f. Der Rechtscharakter wurde dem Selbstbestimmungsrecht insbesondere auch mit der Begründung aberkannt, daß in Art. 1 Ziff. 2 und Art. 55 UNO-Charta nur von einem „Grundsatz" der Selbstbestimmung die Rede sei. Dagegen vertritt Doehring, a.a.O., S. 16, die Ansicht, daß die Formulierung der Selbstbestimmung als Grundsatz gerade für eine besondere Rechtsqualität des Selbstbestimmungsrechts spreche. Den Rechtscharakter des Selbstbestimmungsrechts lehnt dagegen Seidl-Hohenveldern noch in seinem Völkerrechtslehrbuch von 1987, Rn. 1557 ab. Ihm zufolge könne man kaum sagen, daß das Selbstbestimmungsrecht mehr als ein politisches Schlagwort zur Zerschlagung oder Schwächung gegnerischer Staaten sei. Zum Rechtsanspruch könne sich das Selbstbestimmungsrecht erst dann verdichten, wenn durch eine genaue Definition seines Inhalts und seiner Träger diese Gefahren zumindest verringert würden. Ähnlich Fisch, Selbstbestimmungsrecht, S. 26 f.

rakter zwingenden Rechts zukommt[708], obwohl diese Auffassung auch auf Ablehnung stößt[709]. Der ius cogens-Charakter des Selbstbestimmungsrechts und die damit verbundene Wirkung erga omnes wird zum Teil damit begründet, daß das Selbstbestimmungsrecht im Rahmen der Entwicklung des Art. 53 S. 2 WVK als ein mögliches Beispiel für eine ius cogens - Norm genannt worden sei[710]. Zum Teil wird auf den ILC-Entwurf zur Staatenverantwortlichkeit verwiesen, wonach die Verletzung des Selbstbestimmungsrechts ein internationales Verbrechen darstellen soll und woraus sich mittelbar die Einordnung des Selbstbestimmungsrechts als zwingendes Recht ergebe[711].
Ferner soll das Selbstbestimmungsrecht auch über die völkervertragliche Verankerung hinaus gelten. Insofern stellt das Selbstbestimmungsrecht der Völker also auch eine Norm des Völkergewohnheitsrechts dar[712], auch wenn der Inhalt des Selbstbestimmungsrechts im einzelnen noch ungeklärt ist[713].

II. Inhalt und Träger des Selbstbestimmungsrechts der Völker

Nachdem die Untersuchung der jüngsten Entwicklungen des Selbstbestimmungsrechts zu dem Ergebnis gekommen ist, daß dem Selbstbestimmungsrecht nicht mehr der Rechtscharakter abgesprochen werden kann, stellt sich nun die Frage nach dem Inhalt des Selbstbestimmungsrechts der Völker. Der Überblick über die historische Entwicklung des Selbstbestimmungsrechts hat deutlich gemacht, daß der Inhalt des kolonialen Selbstbestimmungsrechts nicht auf die Situationen übertragen werden kann, welche durch den Zerfall der europäischen Vielvölkerstaaten entstanden sind[714]. Der Inhalt des Selbstbestimmungsrechts muß deshalb neu bestimmt werden. Dabei hängt die Frage nach dem Inhalt des Selbstbestimmungsrechts eng mit der Frage nach den möglichen Trägern des

---

708 Vgl. statt vieler Blumenwitz, JOR 1991, S. 9; Simma-Doehring, nach Art. 1 UNO-Charta, Rn. 57; Frowein, Self-Determination, S. 216; Kimminich, Rechtscharakter und Inhalt des Selbstbestimmungsrechts, S. 46; Ermacora, Die Entwicklung des Selbstbestimmungsrechts, S. 12.

709 Vgl. etwa Pomerance, Self-Determination, S. 70 ff.

710 So etwa Simma-Doehring, nach Art. 1 UNO-Charta, Rn. 57.

711 Vgl. ILC, in: YILC 1980 II/ 2, S. 32.

712 Vgl. Thürer, Selbstbestimmungsrecht und Anerkennung, S. 45; Harris, Kosovo, S. 1; Eine ausführliche Auseinandersetzung mit der Frage ob das Selbstbestimmungsrecht eine Norm des Völkergewohnheitsrechts darstellt findet sich auch bei Schmitz, Tibet und das Selbstbestimmungsrecht der Völker, S. 36-66.

713 In diesem Sinne sehen auch Gusy, AVR 30 (1992), S. 386 ff. und Oeter, ZaöRV 52 (1992), S. 743 die Probleme in der Auslotung des Anwendungsbereichs des Selbstbestimmungsrechts und nicht in dessen Rechtscharakter. Das ist auch zutreffend, da die Tatsache, daß der Inhalt eines Rechts wandelbar ist, nicht den Rechtscharakter als solchen in Frage stellt.

714 Oben unter I. 1.

Selbstbestimmungsrechts zusammen und umgekehrt. Diese gegenseitige Wechselwirkung wird insbesondere bei der Frage nach einem Selbstbestimmungsrecht von Minderheiten innerhalb eines bestehenden Staatsverbandes deutlich, weil hier, wie noch zu zeigen sein wird, üblicherweise die Verwirklichung des „inneren Selbstbestimmungsrechts“ bejaht, hingegen die Geltendmachung eines „äußeren Selbstbestimmungsrechts“ verneint wird.

1. Der Inhalt des Selbstbestimmungsrechts

Das Selbstbestimmungsrecht stellt allgemein ausgedrückt, das Recht eines „Volkes“ dar, frei über seinen politischen und rechtlichen Status zu entscheiden[715] Diese Entscheidung kann unterschiedlich ausfallen, so daß inzwischen mehrere Ansätze bestehen, die verschiedenen Verwirklichungsformen des Selbstbestimmungsrechts zu systematisieren. Es werden das „äußere“ und das „innere“, das „offensive“ und das „defensive“, das „positive“ und das „negative“ sowie das „föderale Selbstbestimmungsrecht“ diskutiert.

a. Systematisierung des Inhalts des Selbstbestimmungsrechts

Als „äußeres Selbstbestimmungsrecht“ bezeichnet man das Recht eines Volkes, seinen politischen Status, insbesondere seinen Territorialstatus, im Verhältnis zu anderen Völkern und Staaten festzulegen[716]. Dieser äußere Aspekt des Selbstbestimmungsrechts gilt als der umstrittenste, insbesondere in Bezug auf das Selbstbestimmungsrecht von Minderheiten, da hier eine Neubestimmung des Territorialstatus in der Regel mit einer Sezession aus dem bestehenden Staatenverband einher geht. Das Selbstbestimmungsrecht der Völker steht hier in einem Spannungsverhältnis zu den Konzepten der territorialen Integrität und Souveränität der Staaten.

Das „innere Selbstbestimmungsrecht“ hat dagegen in erster Linie den Verfassungsstatus im Auge, also das Recht eines Volkes oder einer Volksgruppe, seinen politischen Status innerhalb eines Staates zu bestimmen. Es beinhaltet „the right of an ethnic, racial or religious segment of the population in a sovereign country not to be oppressed by a discriminatory government“[717] und berechtigt „a people to participate effectively in the decision-making process which affects the political, economic, social and cultural conditions under which it lives“[718]. Wie das innere Selbstbestimmungsrecht im konkreten Fall verwirklicht werden

[715] Vgl. die Legaldefinition in Art. 1 der UN-Menschenrechtspakte. Dort heißt es: „Alle Völker haben das Recht auf Selbstbestimmung. Kraft dieses Rechts entscheiden sie frei über ihren politischen Status und gestalten in Freiheit ihre wirtschaftliche, soziale und kulturelle Entwicklung.“

[716] Vgl. statt vieler Klein, Selbstbestimmungsrecht und deutsche Frage, S. 43; Gusy, AVR 30 (1992), S. 398; Neuhold, Zerfall Jugoslawiens, S. 150.

[717] Cassese, International Law in a divided world, S. 130.

[718] Hannum, Autonomy, S. 113.

kann, läßt sich dem Grundsatz der inneren Selbstbestimmung nicht entnehmen. Hierfür sind auch die Vorstellungen des Rechtsträgers ausschlaggebend, wie er das Ziel des inneren Selbstbestimmungsrechts, seine Identität innerhalb eines bestehenden Staatsverbands zu wahren, auszugestalten gedenkt. Als ein klassisches Beispiel der Verwirklichung „innerer Selbstbestimmung“ wird häufig die territoriale Autonomie genannt[719]. Diese verleiht einem von einer Bevölkerungsgruppe besiedelten Gebiet einen territorialen Sonderstatus, in dessen Rahmen der Gebietskörperschaft das Recht zukommt, Selbstverwaltungsangelegenheiten wahrzunehmen, die über die Befugnisse der kommunalen und regionalen Selbstverwaltungskörperschaften hinausgehen[720]. Die Territorialautonomie kommt als Ausübungsform eines möglichen inneren Selbstbestimmungsrechts von Minderheiten innerhalb eines souveränen Staates dann in Betracht, wenn die Minderheit auf einem Gebiet geschlossen siedelt und dort die Bevölkerungsmehrheit darstellt[721].

Aus einem anderen Blickwinkel wird das Selbstbestimmungsrecht durch das Begriffspaar „offensives“ und „defensives“ Selbstbestimmungsrecht[722] betrachtet. Im Falle des „offensiven Selbstbestimmungsrechts“ geht es um die Veränderung, im Falle des „defensiven Selbstbestimmungsrechts“ um die Erhaltung eines bestimmten Territorialstatus. Dabei sind im Bereich des „offensiven Selbstbestimmungsrechts“ grundsätzlich zwei Konstellationen zu unterscheiden: Zum einen der Fall, daß ein Volk aus einem vom Mehrheitsvolk geprägten Staat hinaus drängt, weil es meint, seine Identität nur in einem selbständigen Staat oder im Zusammenschluß mit einem dritten Staat finden zu können. Dies entspricht auch der Konstellation des „äußeren Selbstbestimmungsrechts“. Die andere Konstellation ist diejenige des Selbstbestimmungsrechts der Kolonialvölker. Der Bereich des „defensiven Selbstbestimmungsrechts“ ist dadurch charakterisiert, daß Völker, die ihren politischen und rechtlichen Status bereits gefunden haben, diesen ihrem Identitätsverständnis entsprechenden Zustand bewahren wollen[723]. Das defensive Selbstbestimmungsrecht ist damit regelmäßig diejenige Verwirklichungsform, die dem Staatsvolk als potentiellen Träger des Selbstbestimmungsrechts zusteht. Das defensive Selbstbestimmungsrecht gibt dem Staatsvolk dabei einen Anspruch auf Gleichheit mit anderen Staaten und bestätigt insofern das Prinzip der Gleichheit und Souveränität der Staaten[724].

---

719 Vgl. zuletzt Ermacora, AVR 38 (2000), S. 285 ff.

720 Blumenwitz, Volksgruppen und Minderheiten, S. 106; ders., Minderheiten-und Volksgruppenrecht, S. 72; Oeter, Minderheiten im institutionellen Staatsaufbau, S. 509.

721 Blumenwitz, Volksgruppen und Minderheiten, S. 106.

722 Diese Begriffsbildung geht auf Murswiek, Der Staat 23 (1984), S. 523 ff. zurück.

723 Vgl. Klein, Selbstbestimmungsrecht und deutsche Frage, S. 44; Gornig, Politische Studien, Sonderheft 6/ 1993, S. 21.

724 Vgl. Thürer, Das Subjekt des Selbstbestimmungsrechts, S. 35.

Weiterhin hat sich das Begriffspaar des „positiven" und des „negativen" Selbstbestimmungsrechts herausgebildet. Dabei beinhaltet das „negative Selbstbestimmungsrecht" das Recht eines Volkes, zu verhindern, daß in einem bestimmten Sinne über es verfügt wird. Das „positive Selbstbestimmungsrecht" beinhaltet das Recht, selbst einen internationalen Status oder eine bestimmte Zugehörigkeit zu verlangen[725]. Hingegen schützt das „negative Selbstbestimmungsrecht" eine Bevölkerung vor Veränderung der Staatsgrenzen gegen ihren Willen. Im Unterschied zum „defensiven Selbstbestimmungsrecht" geht es hier um das Selbstbestimmungsrecht eines Volkes oder einer Volksgruppe und nicht um das Selbstbestimmungsrecht eines Staatsvolkes auf Verteidigung eines bestehenden Zustandes[726].

Schließlich existieren noch die Begriffe des „föderalen Selbstbestimmungsrechts" und des „neutralen Selbstbestimmungsrechts". Kennzeichnend für das „föderale Selbstbestimmungsrecht" ist die Ausübung des Selbstbestimmungsrechts in Vielvölkerstaaten . Der Begriff des Vielvölkerstaates bezeichnet dabei das Gegenteil des Nationalstaates[727]. Insofern stellt das „föderale Selbstbestimmungsrecht" eigentlich keine eigene Ausübungsform dar, sondern kann dem „inneren Selbstbestimmungsrecht" zugeordnet werden, da es zum Ausdruck bringt, daß der Föderalismus oft als besonders tragfähige Konstruktion für die Vereinbarung von Selbstbestimmungsrecht und staatlicher Souveränität in Frage kommen kann[728]. Das „neutrale Selbstbestimmungsrecht" bezieht sich auf Situationen, in denen die Existenz und das Ausmaß der territorialen Souveränität unklar sind und es daher naheliegt, für die Bestimmung des Trägers der territorialen Souveränität unmittelbar auf den Willen des Volkes zurückzugreifen[729]. Als ein Anwendungsfall des „neutralen Selbstbestimmungsrechts" kann Palästina genannt werden[730].

b. Ergebnis

Trotz der vielfältigen Versuche, den Inhalt des Selbstbestimmungsrechts zu systematisieren, ist die Unterscheidung zwischen „innerem" und „äußerem" Selbstbestimmungsrecht vorzugswürdig. Diese Begriffe sind am weitesten gefaßt und umfassen dennoch die entscheidenden Inhalte des Selbstbestimmungs-

---

[725] Thürer, Das Selbstbestimmungsrecht der Völker. Mit einem Exkurs zur Jurafrage, S. 49.

[726] Gornig, Politische Studien, Sonderheft 6/1993, S. 22 f.

[727] Brunner, JOR 24 (1984), S. 11, stellt im Zusammenhang mit diesen Begriffen fest, daß der Begriff der „ethnischen Minderheit" nur in einem Nationalstaat angebracht scheint, da es nur in einem solchen auch eine „ethnische Minderheit" gebe. Zum Begriff der „ethnischen Minderheit" vgl. 2 b (2).

[728] Vgl. dazu Kimminich, VN 1993, S. 5 ff.

[729] Thürer, Das Subjekt des Selbstbestimmungsrechts, S. 37.

[730] Thürer, Das Selbstbestimmungsrecht der Völker und die Anerkennung von Staaten, S. 50.

rechts, nämlich die Änderung eines bestehenden Territorialstatus und den Fall, daß das Selbstbestimmungsrecht nur innerstaatliche Wirkung entfaltet.
Bei der Unterscheidung zwischen „innerem“ und „äußerem“ Selbstbestimmungsrecht ist aber zum einen zu berücksichtigen, daß auch diese Systematisierung des Selbstbestimmungsrechts keinen Aufschluß darüber geben kann, welche Rechtsansprüche sich konkret aus dem „inneren“ und „äußeren“ Selbstbestimmungsrecht ableiten lassen. Diese Frage setzt eine Untersuchung einzelner Selbstbestimmungsfälle unter Berücksichtigung der Staatenpraxis voraus und soll hier am Beispiel des Kosovo beantwortet werden. Dabei wird deutlich werden, daß die Staatenpraxis den Inhalt des Selbstbestimmungsrechts auch von den jeweiligen Trägern des Selbstbestimungsrechts abhängig macht. Zum anderen kann aus dieser, aus praktischen Erwägungen vorgenommen Systematisierung des Selbstbestimmungsrechts nicht der Schluß gezogen werden, es gebe zwei verschiedene Arten des Selbstbestimmungsrechts, welche einander ausschlössen. Das Selbstbestimmungsrecht ist vielmehr grundsätzlich unteilbar[731].

2. *Die Träger des Selbstbestimmungsrechts*

a. *Das „Volk“ als Träger des Selbstbestimmungsrechts*

Die Menschenrechtspakte der Vereinten Nationen gehen in ihrem jeweiligen Art. 1 von einem Selbstbestimmungsrecht der „Völker“ aus, ohne zu definieren, was unter dem Begriff des „Volkes“ verstanden werden soll.

(1) Das Staatsvolk als Träger des Selbstbestimmungsrechts

Inzwischen ist weitgehend anerkannt, daß unter „Volk“ im Sinne der Menschenrechtspakte nicht nur das Staatsvolk zu verstehen ist[732]. Insoweit stimmten das Selbstbestimmungsrecht und das Souveränitätsprinzip stets überein[733]. Implizierte „Volk“ nur „Staatsvolk“, so würden sich die Träger des Selbstbestimmungsrechts mit Veränderungen des Staatsgebietes willkürlich ändern und das Selbstbestimmungsrecht hätte damit keine eigenständige Bedeutung mehr. Dies ergibt sich daraus, daß das Staatsvolk sich über die Bestimmungen des nationalen Staatsangehörigkeitsrechts definiert und keine Rücksicht auf die völkische Zugehörigkeit zu nehmen braucht[734]. Zum Schutz des Staatsvolkes als Träger des Selbstbestimmungsrechts greift darüber hinaus bereits das Interventionsver-

---

[731] Ebenso Gusy, AVR 30 (1992), S. 398; Geistlinger, Selbstbestimmungsrecht und multiethnische Staaten, S. 287, spricht insofern von einem „Recht ohne materielle Grenzen“.

[732] Vgl. statt vieler Blumenwitz, Volksgruppen und Minderheiten, S. 67; Murswiek, Der Staat 23 (1984), S. 528; Nowak, CCPR-Kommentar, Art. 1, Rn. 28 m.w.N.; Ermacora, AVR 38 (2000), S. 293.; Thürer, Selbstbestimmungsrecht und Anerkennung, S. 45. Kritisch dagegen Gusy, AVR 30 (1992), S. 392 ff. sowie Wolfrum-Partsch, S. 745 ff., Rn. 24.

[733] Thürer, Das Selbstbestimmungsrecht der Völker. Mit einem Exkurs zur Jurafrage, S. 181.

[734] Doehring, BerDGVR 14 (1974), S. 22.

bot ein[735], mit der Folge daß letztlich auch nicht staatlich organisierte Völker Träger des Selbstbestimmungsrechts sein können.

(2) Kolonialvölker als Träger des Selbstbestimmungsrechts

Die Erkenntnis, daß nicht nur Staatsvölker Träger des Selbstbestimmungsrechts sind, ist im Rahmen der Entkolonialisierung auch durch die Staatenpraxis bestätigt worden. Träger des Selbstbestimmungsrechts waren dabei die Kolonialvölker, die erst auf der Grundlage des Selbstbestimmungsrechts einen Staat erst begründen konnten[736]. Aus dem Überblick über die Entwicklung der Idee des Selbstbestimmungsrechts sowie aus den Rechtsgrundlagen des Selbstbestimmungsrechts ist aber schon deutlich geworden, daß mit einer Beschränkung der Selbstbestimmungsträger auf Kolonialvölker die gegenwärtigen Fragen des Selbstbestimmungsrechts nicht beantworten werden können, da die Kolonialvölker nicht ethnisch homogen waren, während die Berufung auf das Selbstbestimmungsrecht in den gegenwärtigen Selbstbestimmungsfällen häufig mit den nationalen und kulturellen Eigenheiten des Selbstbestimmungsträgers zu begründen ist[737].

(3) Das Volk im ethnischen Sinne als Träger des Selbstbestimmungsrechts

Es hat sich daher eine „ethnische Konzeption" des Selbstbestimmungsrechts entwickelt, nach welcher auch ethnische Gruppen als „Völker" und somit als Träger des Selbstbestimmungsrechts definiert werden[738]. Folglich bezieht sich der Ausdruck „alle Völker" im Sinne der UN - Menschenrechtspakte nicht nur

---

[735] Vgl. Simma-Doehring, nach Art. 1 UNO-Charta, Rn. 31 sowie Heintze, Selbstbestimmungsrecht und Minderheitenrechte im Völkerrecht, S. 40:„Der Inhalt des Selbstbestimmungsrechts wird nach der Staatsbildung durch die staatliche Souveränität erfaßt." Im übrigen unterscheidet sich das Selbstbestimmungsrecht der Völker bereits in seinem Wortlaut von anderen Völkerrechtsnormen, die grundsätzlich nur Rechte und Pflichten von Staaten beinhalten.

[736] Nach Gusy, AVR 30 (1992), S. 391 spricht dies allerdings für eine Beschränkung der Träger des Selbstbestimmungsrechts auf Staatsvölker. Gusy argumentiert, daß die Kolonien erst kraft ihres Rechtsstatus als „Staatsvolk im Werden" als Träger des Selbstbestimmungsrechts qualifiziert werden könnten. Gegen diese Argumentation läßt sich anführen, daß dann, wenn ein Selbstbestimmungsträger auf der Grundlage des Selbstbestimmungsrechts einen eigenen Staat gründen will, immer von einem „Staatsvolk im Werden" gesprochen werden könnte. Ein solches „Staatsvolk im Werden" können daher aber auch Völker im ethnischen Sinne sein.

[737] Gusy, AVR 30 (1992), S. 386, stellt dementsprechend fest, daß die Entkolonialisierung erst durch ein Absehen von ethnischen Aspekten möglich geworden sei.

[738] Musgrave , Self-Determination, S. 154, spricht daher auch von einer „ethnic definition" des Volksbegriffs und weist zutreffend darauf hin, daß bereits das Aaland-Gutachten den Begriff des „Volkes" in engem Zusammenhang mit ethnischen Gruppen definiert hat. Zum Streit um die Aalandinseln und der Bedeutung des Aalandgutachtens für die Entwicklung des Selbstbestimmungsrechts vgl. Blumenwitz, Volksgruppen und Minderheiten, S. 62 f. Vgl. zu diesem Aspekt auch Raschhofer, Selbstbestimmungsrecht und Völkerbund, S. 31 ff.

auf Völker, die unter Kolonial- oder sonstiger Fremdherrschaft, Unterdrückung und Ausbeutung leben. Dieses Ergebnis wird zum einen aus den travaux preperatoires der Menschenrechtspakte hergeleitet, zum anderen aus der bewußten Verwendung des Begriffes people statt nation in den Art. 1 der Menschenrechtspakte geschlossen[739]. Damit ergibt die historische Auslegung der Menschenrechtspakte, daß als Träger des Selbstbestimmungsrechts auch das Volk im ethnischen Sinne gemeint ist[740].
Fraglich ist aber, anhand welcher Kriterien sich das Volk im ethnischen Sinne definieren läßt. Eine abstrakte Definition des Volksbegriffs existiert nämlich nicht[741]. Allerdings bestehen Annäherungen an den Begriff, mit deren Hilfe der Selbstbestimmungsträger im Einzelfall ermittelt werden kann. Dabei werden in der Literatur ein subjektiver und ein objektiver Ansatz vertreten.
Für die Bestimmung des Trägers des Selbstbestimmungsrechts nach subjektiven Kriterien soll allein der Wille einer Menschengruppe entscheidend sein, sich selbst als Volk zu verstehen[742]. Dieser rein subjektiven Betrachtungsweise hält Murswiek[743] zu recht entgegen, daß das Selbstbestimmungsrecht nur vorhandenen Völkern zustehen und nicht Individuen dabei helfen soll, sich aus eigener Kraft als Volk zu konstituieren. Der subjektive Volksbegriff ist daher um objektive Kriterien zu ergänzen:
Als Volk und damit als geeigneter Träger des Selbstbestimmungsrechts der Völker kommt eine Gruppe von Menschen in Betracht, die auf ihrem angestammten Territorium eine geschlossene Siedlungsstruktur aufweisen[744], die eigene rassische, religiöse, sprachliche oder andere kulturelle Merkmale aufweisen und zusätzlich den Willen zur Bewahrung ihrer Eigenheit haben[745]. Desweiteren bestimmt sich das Volk auch über bestehende Staatsgrenzen hinweg[746].

---

739 Vgl. Blumenwitz, Menschenrechtspakte und Selbstbestimmungsrecht, S. 24; Nowak, CCPR-Kommentar, Art. 1 Rn. 28 m.w.N.

740 Blumenwitz, Volksgruppen und Minderheiten, S. 67.

741 Simma-Doehring, nach Art. 1 UNO-Charta, Rn. 27. In Ermangelung einer Definition des Begriffs „Volk“ wird zum Teil die Existenz eines Rechts auf Selbstbestimmung geleugnet. So hält etwa Ivor Jennings, The Approach to Self-determination, 1956, S. 56, das Selbstbestimmungsrecht für „lächerlich“, da „the people cannot decide until someone decides who are the people“; zitiert nach Blumenwitz, Volksgruppen und Minderheiten, S. 67.

742 Wengler, Selbstbestimmungsrecht als Menschenrecht, S. 14.

743 Murswiek, Der Staat 23 (1984), S. 530.

744 Vgl. Simma-Doehring, nach Art. 1 UNO-Charta, Rn. 29; Klein, Selbstbestimmungsrecht und deutsche Frage, S. 37; Murswiek, Der Staat 23 (1984), S. 529.; Thürer, Selbstbestimmungsrecht und Anerkennung, S. 46; ders., Politische Studien, Sonderheft 6 / 1993, S. 32, der eine „gemeinsame territoriale Basis“ fordert. Rauert, Kosovo, S. 156 stellt das Erfordernis der geschlossenen Siedlungsstruktur in Frage, da dieses Kriterium nicht zwingend konstitutiv für den Volksbegriff sei, sondern vielmehr praktischen Erwägungen folge. Praktische Erwägungen stehen aber der Bestimmung des Volksbegriffs nicht entgegen.

745 Vgl. Simma-Doehring, nach Art. 1 UNO-Charta, Rn. 29, der diese Definition aber auf

Darüber hinaus wird vereinzelt gefordert, daß das Volk als Träger des Selbstbestimmungsrechts eine verfassungsrechtliche Anerkennung innerhalb eines multiethnischen Staates erfahren solle[747]. Da hierdurch die Gefahr entsteht, durch eine rein innerstaatliche Festlegung der Rechtssubjekte die Wirkung des Selbstbestimmungsrechts erheblich einzuschränken, ist diese Auffassung grundsätzlich abzulehnen, auch wenn im Zusammenhang mit dem Zerfall des ehemaligen Jugoslawiens die Staatenpraxis gezeigt hat, daß bei der Festlegung der Träger des Selbstbestimmungsrechts die innerstaatliche Rechtsstellung der Selbstbestimmungsträger sehr wohl eine Rolle spielen kann[748].
Im Ergebnis muß an dem oben genannten Volksbegriff festgehalten werden. Danach ist ein Volk im Sinne des Selbstbestimmungsrechts eine Menschengruppe, die auf einem abgrenzbaren Territorium lebt, eigene rassische, religiöse, sprachliche oder sonstige kulturelle Merkmale aufweist und den Willen zur Bewahrung ihrer Eigenheit hat[749]. Aus dieser Definition des Volkes als Träger des Selbstbestimmungsrechts ergibt sich aber noch nicht, daß auch die Minderheit als Teil des Volkes das Selbstbestimmungsrecht für sich in Anspruch nehmen kann.
Cristescu hat in seiner von den Vereinten Nationen in Auftrag gegebenen Studie über das Selbstbestimmungsrecht eine Ergänzung des oben genannten Volksbegriffs dahingehend gefordert, daß ein Volk als Träger des Selbstbestimmungsrechts keine „Minderheit" im Sinne des Art. 27 IPBPR sein dürfe[750]. Dem ist entgegenzuhalten, daß sich die Begriffe Volk und Minderheit nicht klar voneinander unterscheiden lassen und daß eine Minderheit jedenfalls dann als Träger des Selbstbestimmungsrechts in Betracht kommen kann, wenn sie alle Merkmale eines Volks im ethnischen Sinne erfüllt[751]. Dies soll im Rahmen des folgenden Abschnitts verdeutlicht werden.

Minderheiten in einem ethnisch fremden Staatsverband als „klassische Träger des Selbstbestimmungsrechts" bezieht; Gusy, AVR 30 (1992), S. 389.

[746] Vgl. Baer, Zerfall Jugoslawiens, S. 206 sowie Veiter, Nationalitätenkonflikt und Volksgruppenrecht, S. 241. Ebenso in Bezug auf die Kosovo-Albaner Rauert, Kosovo, S. 157.

[747] Cassese, Political Self-Determination, S. 96. Vgl. auch Partsch, VN 1992, S. 182.

[748] Durch die Bestimmung der Rechtsträger des Selbstbestimmungsrechts nach dem Prinzip uti possidetis iuris ist im Falle Jugoslawiens den verfassungsrechtlichen Gegebenheiten Rechnung getragen worden. Vgl. dazu sowie zur Kritik an dieser Vorgehensweise ausführlich unter E. III. 2 und E. IV. 2.

[749] Heintze, Selbstbestimmungsrecht und Minderheitenrechte im Völkerrecht, S. 187 weist zudem darauf hin, daß das völkerrechtliche Verständnis des Volksbegriffs von der Vorstellung eines Staates im Werden geprägt sei, indem die Kriterien der Staatlichkeit (Territorium, Bevölkerung und Machtorgane) auf das Volk übertragen würden. Daher sei das Bedürfnis nach einer detaillierten Defintion des „Volkes" aus rechtlicher Sicht zweifelhaft.

[750] Cristescu, The Right to Self-Determination,S. 39 ff.

[751] So auch Niewerth, Schutz von Minderheiten, S. 84.

b. Die Minderheit als Träger des Selbstbestimmungsrechts

Die Frage, ob Minderheiten innerhalb eines bestehenden Staatsverbandes Träger des Selbstbestimmungsrechts sein können, ist sehr umstritten, weil ein Selbstbestimmungsrecht von Minderheiten mit dem Grundsatz der Staatensouveränität kollidieren kann. Da eine Zubilligung des Selbstbestimmungsrechts grundsätzlich auch alle Ausübungsformen beinhalten kann, die diesem Recht zu eigen sind, steht ein Selbstbestimmungsrecht von Minderheiten - besonders in der Form des „äußeren Selbstbestimmungsrechts" - im Widerstreit zum Grundsatz der staatlichen Souveränität und somit auch zum Selbstbestimmungsrecht eines bestehenden Staatsvolkes. Aus diesem Grund wird in der Völkerrechtslehre und in der Staatenpraxis ein Selbstbestimmungsrecht von Minderheiten entweder grundsätzlich abgelehnt[752] oder das Selbstbestimmungsrecht wird in diesem Fall auf ein „inneres Selbstbestimmungsrecht" beschränkt[753]. Die Befürchtung, die Zubilligung des Selbstbestimmungsrechts an Minderheiten in einem bestehenden Staatenverband könne zu einer Zersplitterung der Staatenwelt und damit zu einer Bedrohung des Weltfriedens führen, hat der ehemalige UN-Generalsekretär Boutros Boutros-Gali 1992 in seiner Agenda For Peace zum Ausdruck gebracht:

> „Yet if every ethnic, religious or linguistic group claimed statehood, there would be no limit to fragmentation, and peace, security and economic well-being for all would become ever more difficult to achieve."[754]

Diese Äußerung Boutros-Galis verdeutlicht, daß der Ablehnung eines Selbstbestimmungsrechts von Minderheiten die Vorstellung zugrunde liegt, das Selbstbestimmungsrecht würde regelmäßig durch die Gründung eines eigenen Staates ausgeübt werden, wie dies auch bei Entkolonialisierungen der Fall gewesen war. Die Verwirklichungsformen des Selbstbestimmungsrechts sind jedoch, wie gezeigt, nicht auf das „äußere Selbstbestimmungsrecht" beschränkt[755]. Die Überle-

---

[752] Cassese, Self-Determination of Peoples, S. 45; Cristescu, The Right to Self-Determination, S. 41; Heintze, Selbstbestimmungsrecht und Minderheitenrechte im Völkerrecht, S. 45 f.; Thürer, Das Selbstbestimmungsrecht der Völker. Mit einem Exkurs zur Jurafrage, S. 115.

[753] Vgl. dazu Heintze, Selbstbestimmungsrecht und Minderheiten, S. 61. ; ders. Selbstbestimmungsrecht und Minderheitenrechte im Völkerrecht, S. 46 m.w.N.

[754] UN-Doc. S/24111, para. 17. Dieselbe Befürchtung äußerte auch der damalige Bundespräsident Roman Herzog 1995, in dem er „die bange Frage [aufwirft], was eigentlich geschehen soll, wenn alle 3.500 Ethnien der Welt jeweils einen eigenen Staat bilden wollen." Vgl. Bulletin der Bundesregierung 8/1995, S. 61.

[755] Vgl. dazu auch die Feststellung des Aalandgutachtens: „Nun ist der Grundsatz, der den Völkern das Recht zuerkennt, über sich selbst zu bestimmen, verschiedener Anwendung fähig. Ihre wichtigsten sind einesteils die Bildung eines unabhängigen Staates, andererseits das Recht, zwischen zwei schon bestehenden Staaten zu wählen. Aber auch der Grundsatz des Schutzes der Minderheiten steht damit im Zusammenhang. Ihnen ist ein Zweck gemeinsam, nämlich der, einer Bevölkerung Bestand und freie Entwicklung ihres sozialen, volklichen und religiösen Charakters zu sichern." (zitiert nach Blumenwitz, JOR 1991, S. 13)

gung, Minderheiten als Selbstbestimmungsträger zu qualifizieren, kann deshalb nicht von vorneherein mit dem Verweis auf den Grundsatz der territorialen Integrität zurückgewiesen werden.
Die Untersuchung eines möglichen Selbstbestimmungsrechts von Minderheiten macht es zunächst erforderlich, den Begriff der „Minderheit" zu definieren.

(1)Arten von Minderheiten[756]

Es wird zwischen religiösen, sprachlichen, nationalen und ethnischen Minderheiten unterschieden. Die religiöse Minderheit ist eine Gruppe, die sich in ihren religiösen Vorstellungen von der Mehrheit der Bevölkerung unterscheidet, während bei der sprachlichen Minderheit die Sprache als Unterscheidungsmerkmal dient. Der Begriff der nationalen Minderheit wird im europäischen Rechtsraum überwiegend für die Minderheiten der osteuropäischen Staaten verwandt und taucht dementsprechend auch in Art. 14 EMRK sowie im ersten Teil der KSZE-Schlußakte auf. Eine nationale Minderheit ist eine Gruppe, die innerhalb eines Staatsverbandes ein eigenes Volkstum aufweist und die außerhalb dieses Staatsverbandes über einen eigenen Nationalstaat verfügt. Dieses Merkmal trifft auf die Deutschen in Polen ebenso zu wie auf die Kosovo-Albaner, da für sie außerhalb Jugoslawiens mit Albanien ein eigener Nationalstaat existiert.
Der Begriff der ethnischen Minderheit schließt darüber hinaus die nationale Minderheit ein, ist aber weiter gefaßt[757]. Die ethnische Minderheit erfüllt die Merkmale einer nationalen Minderheit, weist also ein eigenes Volkstum auf und auch den Willen dieses zu bewahren. Sie muß aber nicht notwendigerweise außerhalb ihres Beherbergungsstaates über einen eigenen Nationalstaat verfügen. Der Begriff der ethnischen Minderheit wird als der am weitesten gefaßte Begriff den folgenden Ausführungen zugrunde gelegt.

(2)Begriff der Minderheit

Auch wenn bisher noch keine einheitliche Definition des Begriffs der „Minderheit" besteht, steht fest, daß der Begriff der „Minderheit" sich auf diejenigen Gruppen beschränkt, die sich nicht in der Fremde, sondern in ihrer Heimat befinden[758], also Staatsangehörige ihres Aufenthaltsstaates sind. Nur deshalb besteht überhaupt neben dem Fremdenrecht das Bedürfnis, Minderheiten durch spezielle Regelungen zu schützen.
Auf den Umstand einer fehlenden Definition des Begriffs der „Minderheit" werden die zahlreichen Schwierigkeiten bei der Umsetzung eines internationalen Minderheitenschutzsystems zurückgeführt. Sieht ein Minderheitenschutzabkommen nämlich bestimmte Programme zum Schutz von Minderheiten vor, so kann die Einhaltung des völkerrechtlichen Vertrages regelmäßig dadurch umgangen werden, daß ein Vertragsstaat bereits die Existenz einer Minderheit

---

[756] Vgl. hierzu Nowak, CCPR-Kommentar, Art. 27 Rn. 22-25.

[757] Blumenwitz, Minderheiten- und Volksgruppenrecht, S. 30.

[758] Blumenwitz, Minderheiten- und Volksgruppenrecht, S. 27 m.w.N.

leugnet[759]. Der am meisten verwendete Minderheitenbegriff, der auch als amtliche Definition der Vereinten Nationen angenommen worden ist, geht auf eine Studie des UN-Spezialberichterstatters Francesco Capotorti zurück. Capotorti definiert die Minderheit als eine

> „der übrigen Bevölkerung eines Staates zahlenmäßig unterlegene Gruppe, die keine herrschende Stellung einnimmt, deren Angehörige - Bürger dieses Staates - in ethnischer, religiöser und sprachlicher Hinsicht Merkmale aufweisen, die sie von der übrigen Bevölkerung unterscheiden, und die zumindest implizit ein Gefühl der Solidarität bezeigen, das auf die Bewahrung der eigenen Kultur, der eigenen Traditionen, der eigenen Religion oder der eigenen Sprache gerichtet ist"[760].

Dieser Minderheitenbegriff verdeutlicht einen für das Selbstbestimmungsrecht wesentlichen Unterschied zwischen Volk und Minderheit: Während das Volk als Träger des Selbstbestimmungsrechts auf einem abgrenzbaren Territorium angesiedelt sein soll, ist dies für die Qualifikation einer Gruppe als Minderheit grundsätzlich nicht erforderlich. Das Vorliegen der territorialen Verbundenheit oder des geschlossenen Siedlungsgebietes muß allerdings zumindest für diejenigen Minderheiten erforderlich sein, welche die Gründung eines neuen oder den Anschluß an einen bestehenden Staat anstreben[761]. Minderheiten, die dieses Merkmal aufweisen, werden daher zum Teil auch als „Volksgruppe" bezeichnet[762].

Bezieht man das Kriterium der geschlossenen Siedlungsgemeinschaft in den Begriff der Minderheit mit ein, so zeigt sich , daß eine klare Abgrenzung zwischen Minderheit und Volk nicht vorgenommen werden kann. Die Kriterien der ethnischen Homogenität und der eigenen kulturellen Merkmale sind sowohl für den Begriff des Volkes als auch für den der Minderheit konstitutiv. Ein Unterschied zwischen dem Volksbegriff und dem Begriff der Minderheit oder „Volksgruppe" besteht dann nur noch im Hinblick auf den territorialen Bezug:

---

[759] Vgl. Pircher, Der vertragliche Schutz ethnischer, sprachlicher und religiöser Minderheiten, S. 218.

[760] Vgl. die Übersetzung bei Capotorti, Die Rechte von Angehörigen von Minderheiten, in: VN 1980, S. 118 Anm. 30. Gegen das subjektive Element des Minderheitenbegriffes hatte insbesondere Jugoslawien eingewandt, daß das Gefühl der Gruppenidentität in hohem Maße von der jeweiligen politischen Atmosphäre und den kulturellen und sozialen Lebensbedingungen der Gruppe abhinge.

[761] Vgl. Blumenwitz, Volksgruppen und Minderheiten, S. 72: „Nicht jede Minderheit kann sich aber auf ein Sezessionsrecht berufen. Die Gründung eines neuen oder der Anschluß an einen bestehenden Staat setzt begriffslogisch voraus, daß die Minderheit kompakt siedelt und in diesem Gebiet die überzeugende Mehrheit der Bevölkerung stellt. Der verstreut siedelnden Minderheit verbleibt mangels möglicher Eigenstaatlichkeit nur das innere Selbstbestimmungsrecht.". Ebenso Thürer, Selbstbestimmungsrecht und Anerkennung, S. 46 und Murswiek, AVR 31 (1993), S. 314, der von einer „territorialbezogenen ethnischen Gruppe" als Träger des Selbstbestimmungsrechts spricht.

[762] Pernthaler, Volksgruppe und Minderheit als Rechtsbegriffe, S. 10.

Während die Minderheit nach der oben genannten Definition von Capotorti eine im Verhältnis zu der Bevölkerung des Gesamtstaates eine „zahlenmäßig unterlegene Gruppe“ sein soll, kann sie als Volksgruppe gleichzeitig Teil eines „Volkes“ sein, wenn sie auf einem abgrenzbaren Territorium innerhalb des Gesamtstaates die Bevölkerungsmehrheit darstellt. So stellen die Kosovo-Albaner auf dem Gebiet des gesamten Jugoslawiens zahlenmäßig eine Minderheit, auf dem Gebiet des Kosovo jedoch die Bevölkerungsmehrheit dar. Um dennoch eine Abgrenzung zwischen den Rechtsbegriffen des Volkes und der Minderheit vornehmen zu können, ist es erforderlich, auf das Verhältnis von Minderheitenschutz und Selbstbestimmungsrecht einzugehen.

(3) Das Verhältnis von Minderheitenschutz und Selbstbestimmungsrecht[763]

Die Frage nach dem Zusammenhang zwischen Minderheitenschutz und Selbstbestimmungsrecht ist eng mit der Frage verbunden, ob Minderheiten überhaupt als Träger des Selbstbestimmungsrechts in Betracht kommen. Bejaht man diese Frage ohne Einschränkung, so kann sich der Minderheitenschutz als ein Aspekt des inneren Selbstbestimmungsrechts der Völker darstellen. Dem inneren Selbstbestimmungsrecht und dem Minderheitenschutz ist dabei gemeinsam, daß sie mit der territorialen Integrität des Staates, dessen Staatsangehörigkeit die Angehörigen der Minderheit besitzen, vereinbar sind[764]. Folgt man hingegen der Auffassung, daß Minderheiten nur dann ein Selbstbestimmungsrecht gewährt werden könne, wenn ihnen der Minderheitenschutz versagt werde, dann wird damit zugleich betont, daß Minderheitenschutz und Selbstbestimmungsrecht unterschiedliche Konzepte sind und daß das Selbstbestimmungsrecht unteilbar ist. Letzteres gilt insofern, als die Minderheit, welcher ein Minderheitenschutz versagt wird, frei wählen kann, ob sie ihr Selbstbestimmungsrecht innerhalb ihres Aufenthaltstaates ausüben (innerer Aspekt) oder auf Sezession dringen will (äußerer Aspekt). Der Unterschied zwischen beiden Ansichten ist wohl in erster Linie terminologischer Natur, da beide sich zunächst darin einig sind, daß Minderheiten eines Schutzes bedürfen, der vorzugsweise mit der territorialen Souveränität des Wohnstaates vereinbar ist.

Der Schutz von Minderheiten innerhalb eines bestehenden Staatenverbandes kann sich dabei auf unterschiedlichen Ebenen entfalten: Zum einen werden Minderheiten indirekt durch die Gewährung von Menschenrechten geschützt.

---

[763] Vgl. hierzu ausführlich Mohr, Abgrenzung von Selbstbestimmungsrecht und Minderheitenschutz, S. 122 ff. sowie Blumenwitz, Volksgruppen und Minderheiten, S. 71 ff.

[764] Den inhaltlichen Zusammenhang von Selbstbestimmungsrecht und Minderheitenschutz hat bereits das Aaland-Gutachten hervorgehoben: „ (...) auch der Grundsatz des Schutzes der Minderheiten steht damit (mit dem Grundsatz der Selbstbestimmung, d.Verf.) im Zusammenhang. Ihnen ist ein Zweck gemeinsam, nämlich der, einer Bevölkerung Bestand und freie Entwicklung ihres sozialen, volklichen und religiösen Charakters zu sichern“, vgl. Raschhofer, Selbstbestimmungsrecht und Völkerbund, S. 41. Eine strikte Trennung von Selbstbestimmungsrecht und Minderheitenschutz fordert dagegen z.B. Partsch, EuGRZ 1991, S. 469 ff., dagegen Oeter, ZaöRV 52 (1992), S. 762.

Ein direkter Schutz wird durch die Normierung von Gruppenrechten gewährt, welche bis hin zur Autonomie reichen können und schließlich durch speziell die Minderheit fördernde Maßnahmen[765].

Gegen die Verknüpfung von Minderheitenschutz und Selbstbestimmungsrecht wird eingewandt, daß der auf universeller Ebene in erster Linie durch Art. 27 IPBPR vertraglich geregelte Minderheitenschutz Individualrechte gewähre, während das Selbstbestimmungsrecht als Kollektivrecht konzipiert sei[766]. Dem kann zunächst entgegengehalten werden, daß auch der in Art. 27 IPBPR verankerte Minderheitenschutz einen kollektiven Bezug aufweist[767]. Dies wird schon in der Formulierung des Art. 27 IPBPR deutlich, wonach Angehörigen von ethnischen, religiösen und sprachlichen Minderheiten das Recht zusteht, „gemeinsam mit anderen Angehörigen ihrer Gruppe ihr eigenes kulturelles Leben zu pflegen, ihre eigene Religion zu bekennen und auszuüben oder sich ihrer eigenen Sprache zu bedienen“. Daß sich die Konzepte des Minderheitenschutzes und des Selbstbestimmungsrechts überschneiden, läßt sich ferner mit der Überlegung begründen, daß ein Individualrecht zwangsläufig eines Gruppenrechtes zu seiner Absicherung bedarf[768]. Ohne den Schutz der Minderheit in ihrem Bestand besteht nämlich die Gefahr, daß das Individualrecht ausgehöhlt wird[769], oder anders ausgedrückt: Das Recht auf Identität als Minderheitenangehöriger kann nur bestehen, wenn gleichzeitig auch ein Recht der Gruppe auf Bestandsschutz gewährt wird[770]. Damit kann im Ergebnis die These, daß der Minderheitenschutz ein aliud zum Selbstbestimmungsrecht sei, nur für den Individualschutz, nicht hingegen für den im Rahmen dieser Untersuchung entscheidenden Gruppenschutz überzeugen[771]. Schließlich stellt der Minderheitenschutz auch eine der historischen Wurzeln des Selbstbestimmungsrechts dar[772].

Der konzeptionelle Unterschied zwischen dem Minderheitenschutz und einem Selbstbestimmungsrecht von Minderheiten ergibt sich aber aus einer anderen Überlegung: Die Ausgestaltung des Minderheitenschutzes ist eine Frage des *in-*

---

765 Zum Recht der Minderheiten auf Förderung vgl. Heintze, Selbstbestimmungsrecht und Minderheiten, S. 67 ff.

766 Klein, Selbstbestimmungsrecht und deutsche Frage, S. 60 f.; Partsch, EuGRZ 1991, S. 474.

767 Vgl. Brunner, Nationalitätenstaat und Minderheiten, S. 28; Tomuschat, Art. 27 CCPR, S. 966.

768 Niewerth, Schutz von Minderheiten, S. 66; Heintze, Selbstbestimmungsrecht und Minderheiten, S. 62. Vgl. auch Wolfrum-Capotorti, S. 604, der zwar die Individuen als die von Art. 27 IPBPR geschützten Subjekte sieht, aber von der „Notwendigkeit einer kollektiven Ausübung dieser Rechte“ spricht.

769 Vgl. Nowak, CCPR-Kommentar, Art. 27 Rn. 35; Tomuschat, Art. 27 CCPR, S. 966.

770 Ermacora, RdC 182 (1983), Part IV, S. 250 ff.

771 Blumenwitz, Volksgruppen und Minderheiten, S. 69.

772 Vgl. Gusy, AVR 30 (1992), S. 689.

nerstaatlichen Rechts. Dem vertraglich zum Minderheitenschutz verpflichteten Staat steht es also zumindest im einzelnen frei, wie er den Minderheitenschutz gesetzlich ausgestaltet. Das gilt insbesondere im Hinblick auf die Territorialautonomie als höchste Verwirklichungsform des Minderheitenschutzes.
Dem gegenüber ergibt sich aus dem Selbstbestimmungsrecht grundsätzlich ein Rechtsanspruch von Minderheiten auf die eigene Wahl ihres politischen Status[773]. Je umfassender und detaillierter daher auf völkervertraglicher Ebene der Minderheitenschutz ausgestaltet wird, desto besser kann die Gefahr eingedämmt werden, daß Minderheiten in Situationen geraten, in denen sie sich auf das Selbstbestimmungsrecht in all seinen Ausübungsformen berufen können. Da aber auf der Ebene des Völkervertragsrechts die Mechanismen zur Durchsetzung von Minderheitenrechten noch wenig ausgestaltet sind[774], bleibt den betroffenen Minderheiten oft nur die Berufung auf das Selbstbestimmungsrecht.

(4) Minderheit als Volk

Die Unterscheidung zwischen „Volk" und „Minderheit" wird dann unerheblich, wenn die sich auf das Selbstbestimmungsrecht berufende Minderheit zugleich als „Volk" und somit zweifelsfrei als Träger des Selbstbestimmungsrechts qualifiziert werden kann.
Da sich - wie gezeigt - die konstitutiven Merkmale eines „Volkes" mit denen der „Minderheit" in vielen Bereichen überschneiden, ist es durchaus möglich, daß eine Minderheit innerhalb eines bestehenden Staatsverbandes zugleich die Merkmale des Volksbegriffes erfüllt[775]. In diesem Fall sollen nach zutreffender Ansicht auch Minderheiten Träger des Selbstbestimmungsrechts der Völker sein können[776].

---

[773] Vgl. Kimminich, AVR 28 (1990), S. 198, der diesen Unterschied wie folgt ausdrückt: „Selbstbestimmungsrecht bedeutet Anerkennung der Gleichheit. Minderheitenschutz bedeutet Zementierung der Ungleichheit". Vgl. hierzu auch Rauert, Kosovo, S. 168.

[774] Vgl. zur Durchsetzung von Minderheitenrechten Heintze, Selbstbestimmungsrecht und Minderheitenrechte, S. 144 ff.

[775] Vgl. Ipsen, Völkerrecht, S. 361, wo Minderheiten, die zugleich Völker oder Teil eines Volkes sind, das in einem anderen Staat staatstragend ist, entsprechend der Terminologie des jugoslawischen Verfassungsrechts als sog. „nationale Minderheiten" bezeichnet werden.

[776] Vgl. Blumenwitz, Minderheiten- und Volksgruppenrecht, S. 31, ihm folgend Baer, Zerfall Jugoslawiens, S. 209; Doehring, BdGVR 14 (1974), S. 26-27; Heintze, Selbstbestimmungsrecht und Minderheiten, S. 73 ff.; Kimminich, Minderheiten und Selbstbestimmung, S. 202; Oeter, ZaöRV 52 (1992) S. 762.; Ermacora, AVR 38 (2000), S. 293. Nach Nowak, Minderheitenschutz und Selbstbestimmungsrecht, S. 215 sollen Minderheiten jedenfalls dann auch als „Volk" Träger des Selbstbestimmungsrechts sein können, wenn sie in Vielvölkerstaaten über eine eigene Teilrepublik verfügen. Eine ähnliche Rechtsauffassung liegt der Staatenpraxis im Zusammenhang mit dem Zerfall Jugoslawiens auch zugrunde. Eine Bewertung dieser Konzeption erfolgt unter E. III. 2 und E. IV. 2.

III. Schlußfolgerungen für das Selbstbestimmungsrecht der Kosovo-Albaner

Nachdem in den vorangegangenen Abschnitten bestimmt wurde, welche Ausübungsformen das Selbstbestimmungsrecht ermöglicht und welche Rechtssubjekte als Träger des Selbstbestimmungsrechts in Betracht kommen, sollen nun die gewonnenen Ergebnisse auf den Selbstbestimmungsfall der Kosovo-Albaner übertragen werden.

Die innerstaatliche Rechtsstellung der Kosovo-Albaner als nationale Minderheit findet sich auch auf der Ebene des Völkerrechts wieder. Zieht man das gesamte Territorium der Bundesrepublik Jugoslawien als Bezugspunkt heran, so stellen die Kosovo-Albaner mit einem Bevölkerungsanteil von etwa 10 %[777] eine zahlenmäßig unterlegene Gruppe dar, die sich in ihren ethnischen Merkmalen von der Bevölkerungsmehrheit unterscheidet.

Fraglich ist, ob die Kosovo-Albaner sich darüber hinaus als „Volk" und somit als Träger des Selbstbestimmungsrechts qualifizieren lassen. Das ist nach der oben genannten Definition dann der Fall, wenn sie auf einem angestammten Territorium über eine geschlossene Siedlungsstruktur verfügen, eigene rassische, religiöse und sonstige kulturelle Merkmale aufweisen und ihre Eigenständigkeit bewahren wollen.

Die Albaner besiedeln das Gebiet des heutigen Kosovo seit über 500 Jahren und stellen auf diesen Gebiet mit einem Bevölkerungsanteil von 90 % die Bevölkerungsmehrheit dar. Desweiteren unterscheiden sich die Kosovo-Albaner von der übrigen Bevölkerung der serbischen Teilrepublik sowie von der Bevölkerung Jugoslawiens durch ihre ethnische und kulturelle Herkunft: Sie betrachten sich selbst als Nachfahren der Illyrer, nicht als Slawen, sprechen eine eigene Sprache, die sich von der serbischen Amtssprache unterscheidet und verwenden nicht das kyrillische, sondern das lateinische Alphabet. Die Kosovo-Albaner sind zudem überwiegend muslimischen Glaubens, während die Serben christlich-orthodox sind. In kultureller Hinsicht stand das Kosovo jahrhundertelang unter byzantinisch-romanischem Einfluß, während die Kultur der Serben von der christlich-orthodoxen Kirche und dem Heiligen Römischen Reich geprägt wurde. Seit das Gebiet des Kosovo in Folge der Londoner Botschafterkonferenz 1913 Serbien zugesprochen wurde[778], haben sich die Kosovo-Albaner den Assimilierungsversuchen Serbiens widersetzt, wodurch sie den Willen zur Bewahrung ihrer Eigenheit zum Ausdruck gebracht haben. Dieser Wille äußerte sich zunächst in den Forderungen nach einer eigenen Teilrepublik innerhalb Jugoslawiens und ist inzwischen in die Forderung nach einem unabhängigen Staat übergegangen. Damit erfüllen die Kosovo-Albaner alle Merkmale eines „Volkes".

---

[777] Rauert, Kosovo, S. 158 unter Bezugnahme auf Seewann, Südosteuropa 1993, S. 79.

[778] Vgl. 1. Kapitel unter A. II.

Sie sind somit auf der Ebene des Völkerrechts als Träger des Selbstbestimmungsrechts der Völker zu betrachten. Ob sich aus dieser Rechtsstellung ein Anspruch auf Sezession ableiten läßt, soll im folgenden untersucht werden.

D. Die Voraussetzungen eines „Rechts auf Sezession" nach der Völkerrechtslehre

Die Forderung der Kosovo-Albaner nach einem unabhängigen Staat betrifft den äußeren Aspekt des Selbstbestimmungsrechts. Ob sich ein Recht auf Sezession aber überhaupt aus dem Selbstbestimmungsrecht ableiten läßt, ist in der Völkerrechtslehre heftig umstritten. Während die Kolonialvölker ihr Selbstbestimmungsrecht durch die Gründung eines eigenen Staates verwirklichten, das Selbstbestimmungsrecht in diesen Fällen also sogar regelmäßig auf seinen äußeren Aspekt beschränkt war, wirft die Geltendmachung des äußeren Selbstbestimmungsrechts durch Völker im ethnischen Sinne Probleme auf. Das ist darauf zurückzuführen, daß ein „Recht auf Sezession" zwangsläufig mit dem Grundsatz der staatlichen Souveränität kollidiert, wenn wie im Falle der Kosovo-Albaner, ein Volk im ethnischen Sinne innerhalb eines Staatsverbandes die Gründung eines eigenen Staates begehrt. Da die staatliche Souveränität aber, wie dies schon im 2. Kapitel dargestellt wurde, nicht uneingeschränkt gilt, will der überwiegende Teil der Völkerrechtslehre Völkern oder Volksgruppen innerhalb eines Staates ein Recht auf Sezession jedenfalls dann zubilligen, wenn das Volk oder die Volksgruppe massiven Menschenrechtsverletzungen ausgesetzt ist[779]. Diese von der Völkerrechtslehre entwickelte humanitäre Konzeption des Sezessionsrechts ist in der Staatenpraxis bisher nicht bestätigt worden. Vielmehr stand die Staatenpraxis einem *Recht* auf Sezession stets ablehnend gegenüber. Die Sezessionsbestrebungen eines Volkes wurden von der Staatenpraxis bislang nur dann gebilligt, wenn sie erfolgreich waren. Allerdings deutet die Anerkennungspraxis der europäischen Staaten anläßlich des Zerfalls Jugoslawiens darauf hin, daß die Voraussetzungen eines aus dem Selbstbestimmungsrecht abzuleitenden Rechts auf Sezession in der Völkerrechtslehre neu überdacht werden müssen.

Der von den Kosovo-Albanern auf der Grundlage des Selbstbestimmungsrechts erhobene Anspruch auf Unabhängigkeit muß daher sowohl unter die von der Völkerrechtslehre entwickelten Voraussetzungen eines Rechts auf Sezession subsumiert, als auch im Lichte der neuen Entwicklungen in der Staatenpraxis betrachtet werden.

---

[779] Vgl. statt vieler Buchheit, Secession, S. 220 ff.; Doehring, BerDGVR 14 (1974), S. 30 ff.; ders., Politische Studien, Sonderheft 6/1993, S. 68 f.; Zieger, Gebietsänderungen und Selbstbestimmungsrecht, S. 86 f.

I. Der Begriff der Sezession

Um die Voraussetzungen des von den Kosovo-Albanern geltend gemachten Anspruchs auf Sezession aufstellen zu können, ist es zunächst erforderlich den Begriff der Sezession zu bestimmen.
Die Sezession ist zunächst ein faktischer Vorgang[780], den das Völkerrecht weder verbietet noch ausdrücklich erlaubt. Eine Sezession bedeutet die Abspaltung eines Gebietsteils von einem bestehenden Staat mit dem Ziel, einen neuen Staat zu gründen oder sich einem anderen Staat anzuschließen[781]. Als faktischer Vorgang wurde daher die Sezession als Typ der Staatennachfolge im Zusammenhang mit der Kodifikation der Staatensukzession diskutiert[782].
Eines Rückgriffs auf das Selbstbestimmungsrecht der Völker als Legitimationsprinzip bedarf es bei einer Sezession dann nicht, wenn ein Volk im Einvernehmen mit seinem bisherigen Beherbergungsstaat einen neuen Staat gründet. Diese „unechten Sezessionen" werfen im Hinblick auf den Grundsatz der Staatensouveränität keine rechtlichen Probleme auf, da die Parteien frei darüber entscheiden können, sich im Wege von Verhandlungen auf Gebietsveränderungen zu einigen. Als Beispiele solcher unechten Sezessionen können die Abspaltung Syriens von den Vereinigten Arabischen Emiraten, sowie die Loslösung des Senegal von Mali genannt werden. Im europäischen Raum stellt der Fall der Selbstauflösung der CSFR insofern eine „unechte Sezession" dar, als sich die tschechische und die slowakische Republik in gegenseitigem Einvernehmen getrennt haben[783]. Als eine „unechte Sezession" kann schließlich auch der Fall bezeichnet werden, daß ein Volk, das sich bereits in einem unabhängigen Staat konstituiert hatte und seine Staatsgewalt infolge einer völkerrechtswidrigen Annexion verlor, seinen ursprünglichen Status wiedererlangen will. In diesen Fällen gebietet es bereits die aus dem Gewaltverbot ableitbare Stimson-Doktrin[784], die Annexi-

---

[780] Haverland, Secession, EPIL Vol. IV (2000), S. 354; ebenso Harris, Kosovo, S. 1; Thürer, Selbstbestimmungsrecht und Anerkennung, S. 50.

[781] Vgl. auch die Definiton aus dem „Quebec-Urteil" des Kanadischen Supreme Court. Danach ist Sezession „the effort of a group or section of a state to withdraw itself from the political and constitutional authority of that state, with a view of achieving for a new territorial unit on the international plane. In a federal state, secession typically takes the form of a territorial unit seeking to withdraw from the federation. Secession is a legal act as well as a political one." Zitiert nach http:// www.droit.unmontreal.ca/doc/csc-scc/en/rec/texte/renvoi.en.txt, S. 24.

[782] Vgl. dazu Heintze, Selbstbestimmungsrecht und Minderheitenrechte, S. 88.

[783] Die Föderale Versammlung verabschiedete am 25.11.1992 das „Verfassungsgesetz über den Untergang der Tschechischen und Slowakischen Föderativen Republik". Nach Art. 1 Abs. 1 des Verfassungsgesetzes sollte die CSFR mit Ablauf des 31.12.1992 aufhören zu bestehen. Nach Art. 1 Abs. 2 und Art. 2 wurden die Slowakische Republik und die Tschechische Republik als Nachfolgestaaten erklärt.

[784] Der nach dem ehemaligen US-amerikanischen Außenminister Stimson benannten Doktrin liegt die Annahme zugrunde, daß durch einen rechtswidrigen Akt kein Recht, im Fall der Annexion also keine Staatssouveränität im Rechtssinne erlangt werden kann (ex iniuria ius

on nicht anzuerkennen, was zur Folge hat, daß sich die gewaltsame herbeigeführte Staatsgewalt nicht auf den Grundsatz der territorialen Souveränität berufen kann. Die Wiedererlangung der staatlichen Souveränität durch die baltischen Staaten kann als ein Beispiel für solche „unechten Sezessionen“ genannt werden[785], ebenso wie die Bemühungen Ost-Timors um Unabhängigkeit nach der völkerrechtswidrigen Annexion durch Indonesien im Jahre 1975[786].
Weigert sich dagegen ein Staat, ein auf seinem Gebiet ansässiges Volk in die Unabhängigkeit zu entlassen, weil dies für ihn den Verlust von Staatsgebiet, Staatsvolk und Herrschaftsgewalt bedeutet, dann bedarf es des Rückgriffs auf das Selbstbestimmungsrecht um diese „echte Sezession“ zu legitimieren.

II. Sezessionsrecht und staatliche Souveränität

Die Frage, ob aus dem Selbstbestimmungsrecht ein Recht auf Sezession abgeleitet werden kann, ist aus der Sicht des Völkerrechts deshalb besonders problematisch, weil in diesem Fall das Selbstbestimmungsrecht mit dem Prinzip der staatlichen Souveränität kollidiert. Das Spannungsverhältnis dieser beiden Regelungen des Völkerrechts wird bereits in den genannten Kodifikationen des Selbstbestimmungsrechts deutlich, in denen der staatlichen Souveränität regelmäßig der Vorrang gegenüber dem Selbstbestimmungsrecht eingeräumt ist[787].

---

non oritur). Die Aussage der Stimson-Doktrin findet sich in zahlreichen Erklärungen der Vereinten Nationen und hat insbesondere auch Eingang in die Friendly-Relations-Declaration sowie in die Aggressionsdefinition gefunden. Da die rechtswidrige Inbesitznahme eines souveränen Staates einen Verstoß gegen das Gewaltverbot darstellt, kommt der Stimson-Doktrin der Charakter von Völkergewohnheitsrecht zu, vgl. Ipsen, Völkerrecht, S. 264.

[785] Die Sowjetunion anerkannte 1918 als Rechtsnachfolger des Russischen Reichs die Souveränität Estlands, Lettlands und Litauens. Dennoch bestetzte und annektierte die Sowjetunion 1940 die baltischen Staaten im Zuge des zuvor mit Deutschland abgeschlossenen Nichtangriffspaktes und der Vereinbarungen zwischen Molotov und Rippentrop. Nachdem die Molotov-Rippentrop-Vereinbarungen 1989 durch den Kongreß der Volksdeputierten der Union Sozialistischer Sowjetrepubliken für nichtig erklärt worden waren, erklärten sich 1990 Litauen, 1991 Estland und Lettland für unabhängig. Die Sezession der baltischen Staaten wurde von der Staatengemeinschaft innerhalb kürzester Zeit anerkannt. Zu den Sezessionen der baltischen Staaten vgl. Cassese, Self-Determination of Peoples, S. 263 ff.; Brilmayer, 16 Yale Journal of International Law 1991, S. 189; Frey, Selbstbestimmungsrecht, Sezession und Gewaltverbot, S. 57.

[786] Hilpold, Osttimor-Fall, S. 70 f. führt aus, daß die Intervention Indonesiens - unabhängig von der Frage, ob Ost-Timor vor 1975 Staatsqualität besaß - jedenfalls auch einen Verstoß gegen die Rechte Portugals als Kolonialmacht darstellte.

[787] Das ergibt sich nicht nur aus dem oben dargestellten Wortlaut der Kodifikationen, sondern auch aus der Entstehungsgeschichte der entsprechenden völkerrechtlichen Verträge. So wurde etwa bei der Entstehung von Art. 1 Ziff. 2 UNO-Charta betont, daß das Selbstbestimmungsrecht kein Recht auf Sezession umfassen sollte; vgl. Simma-Wolfrum, Art. 1 UNO-Charta, Rn. 12. Auch bei der Entstehung der Menschenrechtspakte stand die Auffassung im Vordergrund, daß innerstaatliche Gruppen kein Recht auf Autonomie oder gar auf

Dementsprechend wird ein aus dem Selbstbestimmungsrecht abzuleitendes Recht auf Sezession auch von dem überwiegenden Teil der Völkerrechtslehre jedenfalls dann abgelehnt, wenn es Völkern oder Volksgruppen innerhalb eines bestehenden Staatsverbandes zustehen soll[788]. Während die Sezession als eine dynamische Entwicklung die Völkerrechtsordnung umgestaltet und dadurch die Stabilität des Staatengefüges in Frage stellt, sichert die staatliche Souveränität den *status quo*, um auf diesem Wege den Weltfrieden und die internationale Sicherheit entsprechend Art. 1 Ziff. 1 UNO-Charta zu wahren[789]. Das Selbstbestimmungsrecht, insbesondere in der Variante eines Sezessionsrechts, und die Staatensouveränität müssen folglich in Relation zueinander gesetzt werden[790]. Dabei ist zu beachten, daß sich der Konflikt zwischen dem Selbstbestimmungsrecht und der staatlichen Souveränität nicht im Verhältnis zwischen dem selbstbestimmungsberechtigten Volk und dem betroffenen Staat stellt, sondern im Verhältnis dieser Rechtssubjekte zu dritten Staaten[791]. Letztere sind völkervertraglich[792] und kraft Völkergewohnheitsrechts[793] verpflichtet, sowohl die Staatensouveränität zu achten als auch dem Selbstbestimmungsrecht Rechnung zu tragen. Besonders deutlich kann daher der Konflikt zwischen Selbstbestimmungsrecht und staatlicher Souveränität in Erscheinung treten, wenn dritte Staaten im Wege der humanitären Intervention die Sezessionsforderungen eines Volkes militärisch unterstützen[794]. Wie dies aber schon bei der Darstellung der völkerrechtlichen Rahmenbedingungen der humanitären Intervention[795] deutlich wurde, gilt die staatliche Souveränität nicht uneingeschränkt. Durch die Qualifi-

---

Sezession zugestanden werden sollte; vgl. dazu Thürer, Das Selbstbestimmungsrecht der Völker. Mit einem Exkurs zur Jura-Frage, S. 115 ff.

[788] Vgl. Heintze, Selbstbestimmungsrecht und Minderheiten, S. 62;

[789] Vgl. Neuhold, Die völkerrechtliche Dimension des Zerfalls Jugoslawiens, S. 147. Auf die Gefahr, ein auf Sezession gerichteter Selbstbestimmungsanspruch könne die Stabilität des Staatesgefüges und damit den Weltfrieden gefährden, weist bereits das Aaland-Gutachten hin. Das Gutachten führt aus, die Zubilligung eines Sezessionsrechts führe zu „a lack of stability which would not only be contrary to the very idea embodied in the term State, but would also endanger the interests of the international community"; zitiert nach Blumenwitz, Volksgruppen und Minderheiten, S. 71.

[790] So auch Oeter, ZaöRV 52 (1992), S. 748.

[791] Vgl. Baer, Zerfall Jugoslawiens, S. 215; Kimminich, Renaissance des Selbstbestimmungsrechts, S. 610. Zu den Konsequenzen, die sich hieraus für die Durchsetzung eines Rechts auf Sezession ergeben, vgl. unten

[792] Zu den völkervertragsrechtlichen Verankerungen des Selbstbestimmungsrechts vgl. oben unter C. I. 2.

[793] Zu der Einordnung des Selbstbestimmungsrechts als Völkergewohnheitsrecht vgl. oben unter C. I. 3.

[794] In diesem Fall tritt das Gewaltverbot zu dem Konfliktfeld Souveränität und Selbstbestimmungsrecht hinzu.

[795] Vgl. 2. Kapitel unter A. II.

kation des Schutzes fundamentaler Menschenrechte als eine Verpflichtung *erga omnes* hat die Staatensouveränität insofern eine Einschränkung erfahren, als Staaten, die gegenüber ihren Staatsangehörigen schwerwiegende Menschenrechtsverletzungen begehen, den Anspruch auf unbedingte Achtung ihrer Souveränität insofern verwirken, als sie sich nicht auf das Interventionsverbot berufen können. In der von der Völkerrechtswissenschaft geführten Diskussion um ein Recht auf Sezession spielt daher die Menschenrechtslage des selbstbestimmungsberechtigten Volkes eine bedeutende Rolle.

III. Die Verletzung fundamentaler Menschenrechte als Auslöser eines Rechts auf Sezession

Obwohl die Zubilligung eines Sezessionsrechts an Völker oder Volksgruppen innerhalb eines bestehenden Staatenverbandes in der Völkerrechtslehre grundsätzlich abgelehnt wird, soll sich aus dem Selbstbestimmungsrecht im Ausnahmefall jedenfalls dann ein Recht auf Sezession ergeben, wenn die Angehörigen eines Volkes massiven Menschenrechtsverletzungen ausgesetzt sind und das Volk bzw. die Volksgruppe vergeblich versucht hat, sein bzw. ihr Selbstbestimmungsrecht innerhalb ihres Beherbergungsstaates zu verwirklichen[796].

1. Abgrenzung von Menschenrechtsschutz und Selbstbestimmungsrecht

Die Überlegung, daß nur im Falle massiver Menschenrechtsverletzungen das Selbstbestimmungsrecht in Form einer Sezession ausgeübt werden kann, läßt sich auf den engen Zusammenhang zwischen Selbstbestimmungsrecht und Menschenrechtsschutz zurückführen. Die rechtliche Verankerung des Selbstbestimmungsrechts in den jeweiligen Art. 1 der UN-Menschenrechtspakte hat in der Völkerrechtslehre zu einer Diskussion über die Frage geführt, in welchem Verhältnis Selbstbestimmungsrecht und Menschenrechtsschutz zueinander stehen. Obwohl zwar die Menschenrechte Individualrechte darstellen und das Selbstbestimmungsrecht der Völker zweifellos ein Kollektivrecht ist, kann die Aufnahme des Selbstbestimmungsrechts in die UN-Menschenrechtspakte nicht als systemwidrig bezeichnet werden[797]. Die Menschenrechte zielen darauf ab, den Freiheitsbereich des einzelnen zu schützen und ihn in den Stand zu versetzen, aktiv an der Gestaltung einer Ordnung mitzuwirken, in der diese Grundwerte verwirklicht sind[798]. Dann muß das Recht des einzelnen aber zwangsläufig auch das Recht beinhalten, sich zu der Gemeinschaft zu bekennen, der er sich nach objektiven und subjektiven Aspekten zugehörig fühlt und in der seine individuellen

---

[796] Vgl. statt vieler Simma-Doehring, nach Art. 1 UNO-Charta, Rn. 40; Blumenwitz, Volksgruppen und Minderheiten, S. 72; Brilmayer, 16 Yale Journal of International Law, S. 177 ff; Buchheit, Secession, S. 220-223; Zieger, Gebietsveränderungen und Selbstbestimmungsrecht, S. 86 f.; a.A. Partsch, EuGRZ 1991, S. 474.

[797] So aber wohl Seidl-Hohenveldern, AWD 1974, S. 10.

[798] Vgl. Hu Chou-Young, Das Selbstbestimmungsrecht als eine Vorbedingung für den völligen Genuß aller Menschenrechte, S. 240 ff.

Bedürfnisse am besten gewährleistet werden können[799]. Ob man aus dieser Beobachtung den Schluß zieht, daß das Selbstbestimmungsrecht die Vorbedingung für die Ausübung der Menschenrechte darstellt[800] oder umgekehrt die Gewährleistung von Menschenrechten Voraussetzung für das Selbstbestimmungsrecht ist[801], oder schließlich Selbstbestimmungsrecht und Menschenrechtsschutz einander ergänzen[802] ist letztlich unerheblich[803], da zumindest feststeht, daß Menschenrechtsschutz und Selbstbestimmungsrecht zwei sich gegenseitig ergänzende und durchdringende Konzepte der modernen Völkerrechtsordnung darstellen[804].

2. Art und Ausmaß der Diskriminierung

Fraglich ist, unter welchen Voraussetzungen Menschenrechtsverletzungen ein Recht auf Sezession auslösen können. Unter den Befürwortern eines im Ausnahmefall aus dem Selbstbestimmungsrecht abzuleitenden Rechts auf Sezession besteht dahingehend Einigkeit, daß ein Recht auf Sezession Menschenrechtsverletzungen von einer bestimmten Schwere voraussetzt die sich gerade gegen die Gruppeneigenschaften richten[805]. Um das Ausmaß der Menschenrechtsverletzungen beschreiben zu können, wird vereinzelt an die Voraussetzungen des Beschwerdeverfahrens vor dem UN-Menschenrechtsausschuß angeknüpft[806]: Nach Art. 1 der Resolution 1503 des Wirtschafts- und Sozialrates vom 27. Mai 1970[807] können Minderheiten ein Verfahren vor der UN-Menschenrechtskommission einleiten, wenn sie einem „consistent pattern of gross and reliably attested violations of human rights" ausgesetzt sind. Nach anderer Ansicht müssen die Menschenrechtsverletzungen für das selbstbestim-

---

[799] Vgl. Pellet, EJIL 1992, S. 179 ; Baer, Zerfall Jugoslawiens, S. 210.

[800] So Hu Chou-Young, Das Selbstbestimmungsrecht als eine Vorbedingung für den völligen Genuß aller Menschenrechte, der mit dem Titel seiner Dissertation auf die Resolution 637 (VIII) der UN-Generalversammlung vom 16.12.1952 Bezug nimmt. Dort heißt es: „the right of peoples and nations of self-determination is a prerequisite of the full enjoyment of all fundamental human rights".; Thürer, Das Selbstbestimmungsrecht der Völker. Mit einem Exkurs zur Jura-Frage, S. 110; ders., Selbstbestimmungsrecht und Anerkennung, S. 47.

[801] Klein, Selbstbestimmungsrecht und deutsche Frage, S. 42.

[802]Vgl. Ermacora, Entwicklung des Selbstbestimmungsrechts, S. 13.

[803] So auch Baer, Zerfall Jugoslawiens, S. 210. Die These, wonach das Selbstbestimmungsrecht ein Menschenrecht darstelle (vgl. hierzu die Abhandlung von Wengler, Das Selbstbestimmungsrecht der Völker als Menschenrecht) ist hingegen nicht haltbar, vgl.Gusy, AVR 30 (1992), S. 397.

[804] Vgl. Thürer, Politische Studien 6 / 1993, S. 33.

[805] Doehring, Politische Studien, Sonderheft 6/1993, S. 47.

[806] Vgl. White, NILR 28 (1981),S. 168.

[807] UN-Doc. E/Res./1503 (XLVIII) v. 27.05.1770. Vgl. hierzu Simma-Partsch, Art. 68 UNO-Charta, Rn. 88 ff.

mungsberechtigte Volk jedenfalls unzumutbar sein[808] und sich gegen die Lebensgrundlagen des Volkes als kulturelle oder ethnische Gemeinschaft richten[809]. Als Beispiele solcher diskriminierender Maßnahmen, die ein Sezessionsrecht auszulösen vermögen, werden dementsprechend Sprach- und Religionsverbote, Verbote der Eheschließung unter Gruppenangehörigen, die Untersagung jeder Teilnahme an politischer Mitwirkung im Staat, Eigentumsentzug bis hin zur Existenzgefährdung genannt, aus welchen sich schließen lasse, daß ein Staat die Gruppe als solche aussondern möchte[810].
Die Bezeichnungen von Menschenrechtsverletzungen als „grob und systematisch", als „unzumutbar" oder als „unerträglich"[811] veranschaulichen zwar die besondere Schwere, die Menschenrechtsverletzungen erreichen müssen, um ein „Recht auf Sezession" auszulösen. Sie können aber rechtlich nicht begründen, warum in diesen Fällen die staatliche Souveränität hinter dem Selbstbestimmungsrecht zurücktreten und ein Recht auf Sezession bestehen soll. Eine solche rechtliche Begründung kann erst dann erfolgen, wenn man die Verletzung derjenigen Menschenrechte als Auslöser eines „Rechts auf Sezession" ansieht, denen die Qualität zwingenden Rechts zukommt. Da die fundamentalen Menschenrechte des sog. „humanitären Mindeststandards" der domaine reservee der einzelnen Staaten entzogen sind[812], kann bei ihrer Verletzung die staatliche Souveränität keinen unbedingten Vorrang vor dem Selbstbestimmungsrecht beanspruchen, da sie in diesem Fall nicht schützenswert ist. Die bei der Diskussion um die Zulässigkeit der humanitären Intervention vorgenommene Gegenüberstellung von Gewaltverbot und Menschenrechtsschutz findet sich damit in dem Spannungsverhältnis von Staatensouveränität und Selbstbestimmungsrecht wieder. Der Ansatz zur Lösung dieser Spannungsverhältnisse liegt in beiden Fällen im Menschenrechtsschutz.
Als Zwischenergebnis kann an dieser Stelle festgehalten werden, daß allenfalls die Verletzung von Menschenrechten mit ius cogens-Charakter ein „Recht auf Sezession" des selbstbestimmungsberechtigten Volkes auszulösen vermag.

3. Sezession als ultima ratio

Da die Bejahung eines aus dem Selbstbestimmungsrecht abzuleitenden Rechts auf Sezession einen schwerwiegenden Eingriff in die Staatensouveränität und in die durch sie garantierte Stabilität des Staatengefüges darstellt, soll die Sezession über die Verletzung fundamentaler Menschenrechtsverletzungen hinaus nur

---

808 Vgl. Kimminich, Rechtscharakter und Inhalt des Selbstbestimmungsrechts, S. 41; ders., VN 1993, S. 7.

809 Vgl. ausführlich Doehring, BerDGVR 14 (1974), S. 31.

810 Vgl. Gornig, Politische Studien, Sonderheft 6/1993, S. 23; Doehring, BerDGVR 14 (1974), S. 33 ; ders., Politische Studien, Sonderheft 6/1993, S. 47.

811 Vgl. Baer, Zerfall Jugoslawiens, S. 248.

812 Vgl. bereits 2. Kapitel unter A. II. 2.

als ultima ratio-Maßnahme zulässig sein[813]. Für das selbstbestimmungsberechtigte Volk bedeutet diese weitere Voraussetzung, daß es erst dann ein Recht auf Sezession geltend machen darf, wenn es zuvor vergeblich versucht hat, sein Selbstbestimmungsrecht innerhalb eines bestehenden Staates zu verwirklichen, das Volk also im Sinne der auch sonst im Völkerrecht geltenden local remedy rule[814] zunächst versucht haben muß, vor den innerstaatlichen Instanzen des es nicht respektierenden Staates sein Recht zu suchen[815]. Dieses Stufenverhältnis zwischen innerem und äußerem Selbstbestimmungsrecht wird in der Friendly-Relations-Declaration angedeutet, nach der die Sezessionsbestrebungen eines Volkes erst dann berechtigt sein sollen, wenn ein Staat im Inneren das Selbstbestimmungsrecht nicht respektiert[816]. Ferner ist diese Voraussetzung auch Ausdruck des Verhältnismäßigkeitsgrundsatzes, welcher als allgemeiner Rechtsgrundsatz im Sinne von Art. 38 lit. c) IGH-Statut in der Völkerrechtsordnung gilt. Wann letztlich der Versuch, das Selbstbestimmungsrecht im Einklang mit der staatlichen Souveränität auszuüben, gescheitert ist, läßt sich ebenso schwer beantworten, wie die Frage, auf welche Weise der Nachweis von Menschenrechtsverletzungen erbracht ist, wenn die de iure bestehende Verfassungslage nicht mit der Verfassungswirklichkeit übereinstimmt. Im Falle des Kosovo argumentierte dementsprechend Jugoslawien, das Verfassungsrecht gewähre dem Kosovo territoriale Autonomie[817]. In der Verfassungswirklichkeit hat diese Autonomie aber kein inneres Selbstbestimmungsrecht gewähren können, weil sie zum einen von der Zustimmung der Bundesorgane zu Fragen der Selbstverwaltung abhängt[818] und zum anderen angesichts der Menschenrechtsverletzungen seit Anfang der 90er Jahre wirkungslos war. Die Verwirklichung des Selbstbestimmungsrechts innerhalb des bestehenden Staates wird daher immer dann ausgeschlossen sein, wenn massive Menschenrechtsverletzungen vorliegen. Insofern lassen sich die beiden Voraussetzungen des Sezessionsrechts nicht genau voneinander unterscheiden.

IV. Die Rechtsgrundlagen eines Rechts auf Sezession

Als Nachweis dafür, daß aus dem Selbstbestimmungsrecht ein „Recht auf Sezession" abgeleitet werden kann, wird in der Literatur überwiegend auf das V.

---

[813] Vgl. Doehring, BerDGV 14 (1974), S. 10-11; Thürer, Entwicklung, Träger und Inhalt des Selbstbestimmungsrechts, S. 48; Buchheit, Secession, S. 222, der von der Sezession als eine „last remedy rule" spricht.

[814] Die „local remedy rule" verlangt, daß der in seinen Rechten Verletzte mit allen ihm rechtlich zur Verfügung stehenden Mitteln versuchen muß, innerstaatlich das Unrecht abzuwenden. Vgl. Ipsen, Völkerrecht, S. 304.

[815] Doehring, Politische Studien, Sonderheft 6/1993, S. 47.

[816] Vgl. dazu unter IV. 1.

[817] Dujak, Argumentationslinien, S. 49.

[818] Vgl. dazu Marko, Minderheitenschutz in den jugoslawischen Nachfolgestaaten, S. 219 ff.

Prinzip der Friendly-Relations-Declaration, auf die Legitimationsgrundlagen der Staatsgewalt sowie auf die allgemeine Zielsetzung des Selbstbestimmungsrechts verwiesen[819].

1. Das V. Prinzip der„Friendly Relations Declaration“ [820]

Aus dem 7. Abschnitt des V. Prinzips der Friendly-Relations-Declaration, wonach die Souveränität von Staaten, welche sich in ihrem Verhalten von dem Grundsatz der Selbstbestimmung leiten lassen „und daher eine Regierung besitzen, welche die gesamte Bevölkerung des Gebiets ohne Unterschied der Rasse, des Glaubens oder der Hautfarbe vertritt“ , wird im Umkehrschluß gefolgert, daß ein Staat, der nicht von dem Grundsatz der Selbstbestimmung geleitet wird, sich gegenüber einer Sezessionsforderung nicht auf seine Souveränität berufen kann[821]. Oeter bezeichnet diese Konstruktion des Selbstbestimmungsrechts zutreffend als eine Art „Schranken-Schranke“[822]. Gegen ein solches argumentum e contrario wird zum einen angeführt, daß die zitierte Bestimmung der Friendly-Relations-Declaration auf den kolonialen Kontext zugeschnitten sei[823]. Das werde an der Wortwahl der Bestimmung deutlich, wonach das vom Grundsatz der Selbstbestimmung geleitete staatliche Verhalten sich in einer Regierung ausdrücke, die ihre Staatsangehörigen nicht aufgrund der Rasse, des Glaubens oder der Hautfarbe diskriminiere[824]. Zum anderen wird argumentiert, daß die die Resolution verabschiedenden Kommissionsmitglieder sich darin einig waren, daß das Selbstbestimmungsrecht kein Sezessionsrecht einschließe[825].

---

819 Vgl. dazu Buchheit, Secession, S. 221 ff.; Cassese, Self-Determination of Peoples, S. 118 ff.; Oeter, ZaöRV 52 (1992), S. 312 f.; Hannum, Autonomy, S. 473.

820 Ähnlich wie die Friendly-Relations-Declaration setzt auch das Abschlußdokument der Wiener Menschenrechtskonferenz vom 25.06.1993 Selbstbestimmungsrecht und Menschenrechte zueinander in Beziehung. Das Selbstbestimmungsrecht wird in diesem Dokument quasi als Leitlinie des Widerstandsrechts in Fällen massiver Menschenrechtsverletzungen anerkannt. Vgl. die Wiener Erklärung und Aktionsprogramm, in: EA 1993, D 498, D 500, I 2. Dazu auch Thürer, Selbstbestimmungsrecht und Anerkennung, S. 50 (Fn. 12).

821 Vgl. Heintze, Selbstbestimmungsrecht und Minderheitenrechte, S. 88; Hönig, Kaschmir-Konflikt, S. 194 bezeichnet die Friendly-Relations-Declaration deshalb zutreffend als eine „Richtschnur praktischer Konkordanz“.

822 Oeter, ZaöRV 52 (1992), S. 757. Zugleich weist Oeter darauf hin, daß sich aus der genannten Bestimmung der Friendly-Relations-Declaration implizit die Existenz eines „inneren Selbstbestimmungsrechts“ nachweisen läßt: „(...) anderenfalls ergäbe die „Schranken-Schranke“ keinen Sinn, derzufolge Staaten „intern“ den Grundsatz der Selbstbestimmung zu beachten haben, was sich in einer Staatsgewalt zu äußern habe, die das gesamte „Volk“ repräsentiere.“

823 So Cassese, Political Self-Determination, S. 145; Pomerance, Self-Determination, S. 39; Hannum, Autonomy, S. 473. Nach Murswiek, AVR 31 (1993), S. 310, läßt sich der Friendly-Relations-Declaration überhaupt kein Hinweis auf ein Sezessionsrecht entnehmen.

824 Partsch, EuGRZ 1991, S. 473.

825 Vgl. dazu die Nachweise bei zu Dohna, Grundprinzipien, S. 202 ff. sowie bei Gornig,

Diese Argumente können aber nicht gegen eine sezessionsfreundliche Auslegung der Friendly-Relations-Declaration angeführt werden. Die historische Entwicklung völkerrechtlicher Dokumente kann erst dann zum Zwecke der ergänzenden Auslegung herangezogen werden, wenn der Text des Dokuments oder die Staatenpraxis keine andere Auslegung zulassen[826]. Da das Selbstbestimmungsrecht aber inzwischen über den kolonialen Kontext hinaus als ein Recht mit universeller Gültigkeit anerkannt ist, muß diese Entwicklung auch bei der Auslegung der Friendly-Relations-Declaration berücksichtigt werden. Desweiteren läßt sich der zitierte Abschnitt der Friendly-Relations-Declaration als ein Hinweis auf die allgemeinen Grundlagen der Legitimation von Staatsgewalt deuten.

2. *Grundlagen der Legitimation von Staatsgewalt*

Wenn man auch aus dem V. Prinzip der Friendly-Relations-Declaration nicht den Schluß ziehen kann, daß all jenen Völkern, die in einem Staat nicht ausreichend repräsentiert sind, ein generelles Recht auf Sezession zustehen soll, so verdeutlicht die zitierte Bestimmung zumindest allgemein die Legitimationsgrundlagen eines Staates[827]. Da die Staatsgewalt das gesamte Volk zu repräsentieren hat, verwirkt ein Staat die Treuepflicht seiner Bürger, wenn er sie rechtlich und faktisch diskriminiert[828]. Daß mit dem Verlust der Legitimation der Staatsgewalt unter Umständen ein Sezessionsrecht einher gehen kann, deutet die Friendly-Relations-Declaration zumindest an.

Daß das Selbstbestimmungsrecht im Ausnahmefall auch ein Recht auf Sezession aus einem bestehenden Staatenverband umfassen kann, läßt sich schließlich auch mit der allgemeinen Zielsetzung des Selbstbestimmungsrechts begründen.

3. *Allgemeine Zielsetzung des Selbstbestimmungsrechts*

Die enge Verbindung des Selbstbestimmungsrechts mit Menschenrechts- und Minderheitenschutz verdeutlicht, daß das Selbstbestimmungsrecht in erster Linie

---

Politische Studien, Sonderheft 6/1993, S. 16, der insofern den britischen Delegierten mit den Worten zitiert, das Selbstbestimmungsrecht dürfe keine „licence for secession" darstellen.

[826] Vgl. Art. 32 WVK, wonach ergänzende Auslegungsmittel, insbesondere die vorbereitenden Arbeiten und die Umstände des Vertragsabschlusses herangezogen werden können, „um die sich unter Anwendung des Art. 31 ergebende Bedeutung zu bestätigen oder die Bedeutung zu bestimmen, wenn die Auslegung nach Art. 31 a) die Bedeutung mehrdeutig oder dunkel läßt oder b) zu einem offensichtlich sinnwidrigen oder unvernünftigen Ergebnis führt." Da die Friendly-Relations-Declaration als Resolution der Generalversammlung nicht den Charakter eines völkerrechtlichen Vertrages hat, können die Auslegungsvorschriften allerdings nur entsprechend angewandt werden.

[827] Oeter, ZaöRV 52 (1992), S. 757.

[828] Oeter, ZaöRV 52 (1992), S. 757 spricht deshalb von einem „Legitimationsmangel" des Staates. Aus diesem Grund kann auch die Argumentation Jugoslawiens, bei den gegenüber den Kosovo-Albanern begangenen Menschenrechtsverletzungen handele es sich um eine „zulässige Terrorismusbekämpfung" nicht überzeugen. Vgl. dazu 2. Kapitel unter C. I. 2.

der Friedenswahrung dient[829]. Da Frieden im gegenwärtigen Völkerrecht nicht mehr nur die Abwesenheit von Krieg bedeutet, sondern als gute Ordnung verstanden wird, die den Völkern und Menschen angemessene Existenzbedingungen gewährleistet[830], muß die Sezession im Einzelfall zur Wiederherstellung des Friedens möglich sein, wenn angesichts massiver Menschenrechtsverletzungen der Verbleib in einem Staatenverband für ein Volk unzumutbar ist. Rabl spricht deshalb auch von „Frieden durch Selbstbestimmung“[831].

V. Übertragung der von der Völkerrechtslehre entwickelten Voraussetzungen eines Rechts auf Sezession auf die Kosovo-Albaner

Nachdem in den vorangegangenen Abschnitten festgestellt wurde, daß ein aus dem Selbstbestimmungsrecht abzuleitendes Recht auf Sezession in der Völkerrechtslehre jedenfalls dann anerkannt wird, wenn eine Volksgruppe massiven Menschenrechtsverletzungen ausgesetzt ist, die ihr den Verbleib in einem Staat unzumutbar machen, soll diese Konzeption nun auf den Selbstbestimmungsfall der Kosovo-Albaner übertragen werden.

1. Die Verletzung fundamentaler Menschenrechte

Wie bereits im Rahmen des 2. Kapitels nachgewiesen wurde, sind die Kosovo-Albaner über Jahrzehnte hinweg schwerwiegenden Menschenrechtsverletzungen seitens der jugoslawischen und serbischen Armee- und Polizeieinheiten ausgesetzt gewesen[832]. Trotz aller Schwierigkeiten bei der Ermittlung von Menschenrechtsverletzungen, stellen die gegenüber den Kosovo-Albanern begangenen Taten sich als Verletzung des humanitären Mindeststandards dar. Da die Kosovo-Albaner zudem als selbstbestimmungsberechtigtes Volk massiven Menschenrechtsverletzungen ausgesetzt waren, ist die erste, von der Völkerrechtslehre entwickelte Voraussetzung eines „Rechts auf Sezession“ erfüllt.

2. Sezession als ultima ratio

Die Kosovo-Albaner haben zunächst versucht, ihr inneres Selbstbestimmungsrecht in Übereinstimmung mit der staatlichen Souveränität Jugoslawiens[833] auszuüben. Sie haben sich nach der verfassungswidrigen Abschaffung ihrer Auto-

---

[829] Eine Verbindung zwischen dem Selbstbestimmungsrecht und dem Weltfrieden stellt bereits die UNO-Charta selbst her: In Art. 1 Ziff. 2 UNO-Charta ist davon die Rede, daß ein Ziel der Vereinten Nationen zur Festigung des Weltfriedens die Entwicklung freundschaftlicher, auf der Achtung vor dem Grundsatz der Selbstbestimmung der Völker beruhenden Beziehungen ist. Derselbe Gedanke findet sich in Art. 55 UNO-Charta wieder.

[830] Blumenwitz, Politische Studien, Sonderheft 6/1993, S. 60.

[831] Rabl, Das Selbstbestimmungsrecht der Völker, S. 502 ff.

[832] Vgl. 2. Kapitel unter C. I. 3.

[833] Oben unter A.

nomie im Jahre 1989 bemüht, gegenüber Jugoslawien die Forderung nach einer eigenen Teilrepublik in einer jugoslawischen Föderation durchzusetzen.
Nach der Eskalation der militärischen Auseinandersetzungen zwischen der UCK und den jugoslawischen Einheiten ab 1998 waren allerdings Gespräche zwischen Kosovo-Albanern und Serben über eine friedliche Beilegung des Konflikts nicht mehr möglich. Zu diesem Zeitpunkt galt die Forderung der Kosovo-Albaner nach staatlicher Unabhängigkeit bereits als unabdingbar[834]. Diese Haltung war und ist mit der Position Belgrads unvereinbar, wonach das Kosovo eine „innere Angelegenheit" Serbiens darstellt.

3. Ergebnis

Die Kosovo-Albaner erfüllen die Voraussetzungen, welche die Völkerrechtslehre an ein aus dem Selbstbestimmungsrecht abzuleitendes Recht auf Sezession stellen will. Sie sind in ihren fundamentalen Menschenrechten verletzt worden und haben vergeblich versucht, ihr Selbstbestimmungsrecht im Einklang mit der staatlichen Souveränität Jugoslawiens auszuüben.

VI. Durchsetzung eines „Rechts auf Sezession"

Erkennt man mit der Völkerrechtslehre ein aus dem Selbstbestimmungsrecht der Völker erwachsendes Recht auf Sezession in Extremfällen an, so stellt sich die entscheidende Frage nach der Durchsetzbarkeit dieses Rechts und damit auch die Frage nach den Möglichkeiten dritter Staaten, die Sezession eines Volkes, das schweren Menschenrechtsverletzungen ausgesetzt ist, zu fördern. Als Reaktionsmöglichkeiten dritter Staaten kommen die militärische Unterstützung des Selbstbestimmungsträgers im Wege der humanitären Intervention sowie die implizite Förderung der Sezession durch vorzeitige Anerkennung des sezedierenden Volkes als Staatsvolk in Betracht.

1. Unterstützung der Sezession durch humanitäre Intervention?[835]

Dritte Staaten könnten die Sezession eines unterdrückten Volkes dadurch unterstützen, daß sie zugunsten des Trägers des Selbstbestimmungsrechts militärisch intervenieren. Fraglich ist, ob eine solche Intervention mit dem Ziel, einem Selbstbestimmungsträger zu staatlicher Unabhängigkeit zu verhelfen, auch dann völkerrechtlich zulässig sein kann, wenn ihr kein Mandat des UN-Sicherheitsrates zugrunde liegt. Bei der Beantwortung dieser Frage tritt zu dem bereits dargestellten Spannungsverhältnis zwischen Selbstbestimmungsrecht und staatlicher Souveränität[836] das Verbot der Androhung und Anwendung von Gewalt hinzu, das über seine völkervertragsrechtliche Verankerung in Art. 2 Ziff. 4

---

[834] Oben unter A. II.

[835] Vgl. hierzu Blumenwitz, Politische Studien, Sonderheft 6 /1993, S. 52 ff. Doehring, Politische Studien, Sonderheft 6/1993, S.43 ff. ; Hilpold, Trügerische Faszination, S. 167 ff.

[836] Vgl. oben unter D II.

UNO-Charta hinaus Völkergewohnheitsrecht darstellt und als zwingendes Recht erga omnes wirkt[837].

a. *Vergleich der Voraussetzungen des Sezessionsrechts mit den Voraussetzungen der humanitären Intervention*

Betrachtet man die Voraussetzungen, unter denen sich aus dem Selbstbestimmungsrecht der Völker ein Recht auf Sezession ableiten lassen kann, so fällt auf, daß diese mit denjenigen Voraussetzungen nahezu identisch sind, unter denen eine humanitäre Intervention ohne ein entsprechendes Mandat des UN-Sicherheitsrates diskutiert wird: Die Beendigung fundamentaler Menschenrechtsverletzungen soll das Ziel der humanitären Intervention sein. Zugleich sollen fundamentale Menschenrechtsverletzungen ein Recht auf Sezession auslösen. Sowohl die Zulässigkeit der Anwendung von Gewalt im Falle der humanitären Intervention als auch die Ausübung des Rechts auf Sezession sollen nur als *ultima ratio* zulässig sein. Das erfordert im Falle der humanitären Intervention die Erschöpfung aller unterhalb der Schwelle der Gewaltanwendung liegenden Sanktionsmöglichkeiten. Im Falle eines Sezessionsrechts gebietet es der Grundsatz der Verhältnismäßigkeit dem Träger des Selbstbestimmungsrechts, zunächst zu versuchen, sein Selbstbestimmungsrecht innerhalb eines Staates zu verwirklichen[838]. Erst wenn dieser Versuch scheitert und die Angehörigen des selbstbestimmungsberechtigten Volkes massiven Menschenrechtsverletzungen ausgesetzt sind, soll im Ausnahmefall ein Recht auf Sezession bejaht werden.

b. *Der koloniale Befreiungskampf*

Die Diskussion um die Zulässigkeit einer militärischen Intervention dritter Staaten zur Durchsetzung eines aus dem Selbstbestimmungsrecht abzuleitenden Rechts auf Sezession findet sich traditionell im Zusammenhang mit den „gerechten Befreiungskämpfen“ der ehemaligen Kolonien[839]. Bei diesen „Befreiungskämpfen“ standen sich die Verwaltungsmacht und das Kolonialvolk als Träger des Selbstbestimmungsrechts gegenüber. Um sich von der Fremdherrschaft zu befreien griffen die Kolonialvölker auch zur Gewalt, um ihr Selbstbestimmungsrecht durchzusetzen[840]. Die herrschende westliche Völkerrechtslehre hat die gewaltsamen Auseinandersetzungen zwischen den Kolonien und den

---

[837] Vgl. hierzu die Darstellung des Inhalts und der Rahmenbedingungen des universellen Gewaltverbotes im 2. Kapitel unter A II 1.

[838] Vgl. auch Heintze, Selbstbestimmungsrecht und Minderheitenrechte, S. 88.

[839] Vgl. hierzu Frey, Selbstbestimmungsrecht, Sezession und Gewaltverbot, S. 69 f. Zur Definition des Befreiungskampfes vgl. Schindler, BerDGVR 26 (1986), S. 24. Zum Begriff der „Befreiungsbewegung“ vgl. Wolfrum-Benningsen, S. 38 ff. Zum Befreiungskampf als mögliche Ausnahme vom Gewaltverbot vgl. Simma-Doehring, nach Art. 1 UNO-Charta, Rn. 54 ff. ; Simma-Randelzhofer, Art. 2 Ziff. 4 UNO-Charta Rn. 45 f.; Klein, ZaöRV 36 (1976), S. 618 ff; Bothe, Use of Force, S. 291 f.

[840] Vgl. hierzu Baer, Zerfall Jugoslawiens, S. 382 m.w.N.

Verwaltungsmächten überwiegend als Bürgerkriege einordnet und damit dem Anwendungsbereich des Gewaltverbotes entzogen[841]. Dagegen betrachteten die Generalversammlung sowie die Staaten der Dritten Welt und die sozialistischen Staaten diese Auseinandersetzungen auf der Grundlage des Selbstbestimmungsrechts der Völker als internationale Konflikte. Dogmatisch begründet wurde dies damit, daß der Kolonialismus einen permanenten bewaffneten Angriff darstelle, gegen den die Gewaltanwendung als individuelle oder kollektive Selbstverteidigung erlaubt sei[842]. Diese Internationalisierung sollte dadurch erreicht werden, daß das grundsätzlich nur zwischen Staaten geltende Gewaltverbot nun auch in den Beziehungen zwischen der Verwaltungsmacht und dem um sein Sezessionsrecht kämpfenden Selbstbestimmungsträger Anwendung finden sollte. Die beabsichtigte Ausweitung des Anwendungsbereiches des Gewaltverbotes zeigt sich in mehreren Resolutionen der Generalversammlung[843]. Besonders deutlich werden die Konsequenzen, die sich daraus für die Möglichkeit dritter Staaten, zugunsten des Selbstbestimmungsträgers militärisch einzugreifen ergeben, in Art. 7 der am 14. Dezember 1974 von der Generalversammlung der Vereinten Nationen verabschiedeten Aggressionsdefinition[844]. Danach beeinträchtigen die Bestimmungen der Aggressionsdefinition nicht

> „(...) das Recht auf Selbstbestimmung, Freiheit und Unabhängigkeit von Völkern (...), denen dieses Recht gewaltsam entzogen wurde (...), insbesondere Völker unter Kolonial-und Rassenherrschaft oder anderen Formen der Fremdherrschaft; auch nicht das Recht dieser Völker, zu diesem Zweck zu kämpfen und zu versuchen, Unterstützung zu erhalten, im Einklang mit den Grundsätzen der Charta und in Übereinstimmung mit der oben erwähnten Erklärung."

Diese Passage der Aggressionsdefinition ließe sich wie folgt interpretieren: Das Gewaltverbot findet in den Beziehungen zwischen der Verwaltungsmacht und dem Kolonialvolk Anwendung, da die Unterdrückung von Sezessionsbestrebungen im kolonialen Kontext unzulässig ist. Das hat zur Folge, daß dritte Staaten dem um Selbstbestimmung kämpfenden Kolonialvolk auch militärische Nothilfe leisten können[845].

---

841 Vgl. dazu Verdross/Simma, Völkerrecht, § 411; Schindler, BerDGVR 26 (1986), S. 25; Blumenwitz, BayVBl 1986, S. 741.

842 Vgl. Simma-Randelzhofer, Art. 2 Ziff. 4 UNO-Charta, Rn. 45 mit zahlreichen Nachweisen; ders., Use of Force, EPIL IV (2000), S. 1253 f.; Wolfrum-Bruha, Gewaltverbot, S. 236.

843 Vgl. bereits die „Declaration on the Granting of Independence to Colonial Countries and Peoples" (GA Res. 1514 (XV) vom 14.12.1960) sowie die „Declaration on the Elimination of all Forms of Racial Discrimination" (GA Res. 1904 (XVIII) vom 20.11.1963). Weitere Nachweise bei Frey, Selbstbestimmungsrecht, Sezession und Gewaltverbot, S. 69.

844 UN-Generalversammlung Resolution Nr. 3314 (XXIX) vom 14.12.1974. Deutsche Übersetzung in VN 1975, S. 120.

845 Dieser Auslegung kann wiederum entgegengehalten werden, daß Art. 7 der Agresssionsdefinition in seiner endgültigen Fassung nur den Kampf („struggle") um das Selbstbestim-

Diese von der östlichen Völkerrechtslehre und der Generalversammlung entwickelte Ausnahme vom Gewaltverbot ist in der Staatenpraxis nicht bestätigt worden und kann, aufgrund des Widerstandes der westlichen Staaten nicht die Geltung als Völkergewohnheitsrecht beanspruchen[846].
Das Argumentationsmuster, das der Begründung der Zulässigkeit der militärischen Unterstützung des nationalen Befreiungskampfes der Kolonien zugrunde liegt, könnte aber dennoch für die moderne humanitäre Intervention zugunsten eines Selbstbestimmungsträgers, dem ein Sezessionsrecht aufgrund von Menschenrechtsverletzungen zusteht, nutzbar gemacht werden[847].

c. *Übertragung auf die humanitäre Intervention in Selbstbestimmungskonflikten*

Da eine militärische Intervention unabhängig von ihrer Zielsetzung gegen das Gewaltverbot verstößt, bedarf sie einer Rechtfertigung. Die Verletzung fundamentaler Menschenrechte stellt zwar einen Verstoß gegen die allen Staaten obliegende Pflicht zur Beachtung des humanitären Mindeststandards dar, kann aber die humanitäre Intervention weder rechtfertigen noch entschuldigen, da weder das geschriebene noch das ungeschriebene Völkerrecht eine entsprechende Ausnahme vom Gewaltverbot vorsehen. Anders könnte sich die Rechtslage hingegen darstellen, wenn fundamentale Menschenrechte eines selbstbestimmungsberechtigten Volkes verletzt werden und diesem infolgedessen ein Recht auf Sezession zustünde[848]. Billigt man nämlich einem Träger des Selbstbestimmungsrechts in Ausnahmefällen ein Recht auf Sezession zu, dann hat man sich bei der Abwägung zwischen Staatensouveränität und Selbstbestimmungsrecht bereits gegen die Bewahrung der staatlichen Souveränität entschieden. Das Ergebnis dieser Abwägung muß auch bei der Rechtfertigung des Verstoßes gegen das Gewaltverbot berücksichtigt werden, welches ja eine besondere Absicherung der staatlichen Souveränität darstellt[849]. Eine dogmatische Grundlage für die humanitäre Intervention zur Durchsetzung eines Sezessionsrechts könnte Art. 51 UNO-Charta bieten, wonach die militärische Nothilfe zugunsten von Mitglie-

mungsrecht erlaube, nicht hingegen, wie dies noch im Entwurf der Agressionsdefinition vorgesehen war, die Anwendung von Gewalt („use of force"), dazu: Randelzhofer, Use of Force, EPIL Vol. IV (2000), S. 1254; Klein, Selbstbestimmungsrecht und deutsche Frage, S. 54.

[846] Vgl. die Nachweise bei Schindler, BerDGVR 26 (1986), S. 27.

[847] Vgl. Frey, Selbstbestimmungsrecht, Sezession und Gewaltverbot, S. 69 ff.

[848] Vgl. dazu Blumenwitz, Humanitäre Intervention bei schweren Verletzungen von Volksgruppenrechten, S. 61 ff. Nach Schilling, AVR 35 (1997), S. 444 f. kommt es für die Zulässigkeit der Nothilfe im Falle eines Sezessionsversuchs nicht einmal darauf an, ob das Sezessionsrecht aufgrund von Menschenrechtsverletzungen oder aus anderen Gründen besteht. Das ist auch zutreffend, da hier bei der Frage nach der Zulässigkeit der militärischen Intervention die Abwägung zwischen staatlicher Souveränität und Selbstbestimmungsrecht im Vordergrund steht.

[849] Vgl. 2. Kapitel unter A. II. 1 b.

dern der Vereinten Nationen - und kraft Völkergewohnheitsrechts auch zugunsten anderer Staaten - im Falle eines bewaffneten Angriffs zulässig ist[850]. Steht einem Volk als Träger des Selbstbestimmungsrechts aufgrund unzumutbarer Menschenrechtsverletzungen ein Recht auf Sezession, also auf staatliche Unabhängigkeit zu, dann stellt dieses Volk einen „Staat im Werden" dar und besitzt damit auch Völkerrechtssubjektivität. Das Sezessionsrecht internationalisiert insoweit den innerstaatlichen Konflikt, als das Gewaltverbot in den Beziehungen zwischen dem nach Unabhängigkeit strebenden Selbstbestimmungsträger und seinem bisherigen Wohnstaat zur Anwendung gelangt. Werden also, wie dies bei Sezessionsforderungen, die als Folge von Menschenrechtsverletzungen entstehen regelmäßig der Fall sein wird, die Unabhängigkeitsbestrebungen eines Volkes gewaltsam unterdrückt, dann könnte hierin eine Völkerrechtsverletzung liegen, die einem verbotenen bewaffneten Angriff zumindest gleichwertig wäre[851]. Dritte Staaten könnten dem selbstbestimmungsberechtigten Volk dann auch ohne ein entsprechendes Mandat des UN-Sicherheitsrates Nothilfe leisten[852].

Dieser Argumentationsansatz zur Begründung der Zulässigkeit einer militärischen Intervention zur Durchsetzung eines Sezessionsrechts wird in der Literatur zum Teil heftig kritisiert[853]. Die Kritik ist auch insoweit berechtigt, als sich ein Recht zur militärischen Nothilfe nur durch eine erweiterte Auslegung des Begriffs des „bewaffneten Angriffs" im Sinne von Art. 51 UNO-Charta herleiten läßt. Das in Art. 51 UNO-Charta normierte Selbstverteidigungsrecht stellt aber seiner Zielsetzung nach ein defensives Recht zur Verteidigung des status quo und damit zur Verteidigung der staatlichen Souveränität dar und erfaßt grundsätzlich nicht offensive Gewaltmaßnahmen zur Durchsetzung des Selbstbestimmungsrechts[854]. Dennoch ist festzuhalten, daß sich die Zulässigkeit einer humanitären Intervention zur Durchsetzung eines aufgrund von Menschenrechtsverletzungen bestehenden Sezessionsrechts in der Theorie mit besseren Argumenten begründen läßt, als dies bei einer humanitären Intervention der Fall ist, die nicht auf die Durchsetzung des äußeren Selbstbestimmungsrechts abzielt. Im Falle der humanitären Intervention zur Durchsetzung eines Sezessionsrechts geht es nämlich um die Nothilfe zugunsten eines Völkerrechtssubjekts, dem man durch die Zubilligung eines Sezessionsrechts quasi Staatsqualität zubilligt[855].

---

[850] Vgl. 2. Kapitel unter C. III. 1 a.

[851] So Ipsen, Relativierung, S. 118 f. Cassese, Self-Determination of peoples, S. 153 ff. schlägt dagegen eine Kompromißlösung vor. Danach sollen nationale Befreiungsbewegungen lediglich eine „licence" zur Gewaltanwendung haben.

[852] Simma-Doehring, nach Art. 1 UNO-Charta, Rn. 63; Gusy, AVR 30 (1992) S. 407. Dagegen etwa Thürer, AVR 22 (1984) , S. 130.

[853] Vgl. etwa Schöbener, ZfP 2000, S. 307 f. ; Kreß, NJW 1999, S. 3080.

[854] Klein, ZaöRV 36 (1976), S. 647.

[855] Ähnlich Schilling, AVR 35 (1997), S. 444 ff. : „Als Staatsvolk läßt sich aber auch eine Gruppe von Menschen ansehen, die ihren Staat zu machen fähig ist. Das ergibt sich daraus,

Eine Nothilfe zugunsten von Staaten ist mit Art. 51 UNO-Charta vereinbar. Schließlich ist auch die Gefahr des Mißbrauchs der humanitären Intervention im Falle der Durchsetzung eines Sezessionsrechts gering, da ein Sezessionsrecht, wie oben dargestellt, nur unter engen Voraussetzungen bestehen kann. Menschenrechtsverletzungen lösen nicht grundsätzlich ein Sezessionsrecht aus, sondern nur dann, wenn sie gegen ein Volk als Träger des Selbstbestimmungsrechts gerichtet sind. Daß eine Menschengruppe innerhalb eines bestehenden Staatenverbandes ein solches Volk darstellt, wird selten der Fall sein, da - wie gezeigt – an den Volksbegriff hohe Anforderungen gestellt werden, insbesondere dann, wenn eine Minderheit innerhalb eines Staates Träger des Selbstbestimmungsrechts sein soll[856].
In der praktischen Umsetzung setzt dieser Ansatz zur Begründung einer humanitären Intervention allerdings voraus, daß das von der Völkerrechtslehre geforderte Recht auf Sezession auch von der Staatenpraxis bestätigt wird[857]

2. Förderung der Sezession durch vorzeitige Anerkennung?

Eine weitere Möglichkeit dritter Staaten, der Sezession zum Durchbruch zu verhelfen, stellt die vorzeitige Anerkennung eines sezessionswilligen Volkes als Staat dar.
So hat sich für die Bewertung der Sezessionsbestrebungen der ehemaligen jugoslawischen Teilrepubliken die Anerkennungspraxis der nicht unmittelbar am Konflikt beteiligten Staaten als ein wichtiges Indiz erwiesen[858]. Diese Feststellung ist insofern neu, als die Anerkennung nach der bisher herrschenden Meinung nur deklaratorischen Charakter haben soll[859] und nur die Feststellung beinhaltet, daß alle Voraussetzungen völkerrechtlicher Staatlichkeit erfüllt sind, also ein Staatsgebiet, ein Staatsvolk und eine effektive Staatsgewalt vorliegen[860]. Die

---

daß eine neue Einheit, die gegebenenfalls aufgrund der Sezession einer solchen Gruppe entsteht und die Kriterien der Staatlichkeit erfüllt, völkerrechtlich als Staat betrachtet wird. Will man nicht annehmen, daß diese Gruppe ein Staatsvolk erst mit der Entstehung dieses Staates wird, daß der Staat also von einem Nicht-Staat geschaffen wurde, so muß man ihr die Staatsvolkeigenschaft auch schon vor der (erfolgreichen) Sezession zusprechen."(S. 445).

[856] Die Minderheit muß insbesondere über ein geschlossenes Siedlungsgebiet verfügen. Vgl. oben unter C. II. 2 b.

[857] Vgl. die Untersuchung der Staatenpraxis im Jugoslawienkonflikt unter sowie die Schlußfolgerungen aus dieser Staatenpraxis für die Bewertung der humanitären Intervention der NATO unter E. II. und III. sowie E. IV.

[858] Vgl. statt vieler Frey, Selbstbestimmungsrecht, Sezession und Gewaltverbot, S. 59. Oeter, ZaöRV52 (1992), S. 766 bezeichnet die Anerkennung insofern als „spektakulärstes Instrument der Absicherung der Sezession."

[859] Vgl. zu der Diskussion um den „deklaratorischen" oder den „konstitutiven" Charakter der Anerkennung statt vieler Berber, Völkerrecht, S. 255 ff.; Frowein, de facto-Regime, S. 14 ff.; Hilpold, AVR 31 (1993), S. 388 ff.

[860] Vgl. dementsprechend bereits Art. 1 der Interamerikanischen Konvention über die Rechte und Pflichten der Staaten vom 16. 12. 1933 (Montevideo-Konvention): „The State as a per-

Anerkennung kann deshalb grundsätzlich nicht die Staatsqualität und damit die Völkerrechtssubjektivität begründen[861] und orientiert sich allein am Effektivitätsgrundsatz[862], indem sie nur eine faktische, keine rechtliche Wertung zum Ausdruck bringt. Wird allerdings eine Anerkennung ausgesprochen, obwohl die Voraussetzungen der Staatlichkeit noch nicht vorliegen, dann kann in dieser vorzeitigen, weil sich über völkerrechtliche Prinzipien hinwegsetzenden, Anerkennung eine rechtliche Bewertung eines Sezessionsvorgangs zum Ausdruck kommen[863]. Die Anerkennung gewinnt also rechtsgestaltende Züge[864]. Die vorzeitige Anerkennung stellt grundsätzlich einen Verstoß gegen das Interventionsverbot dar[865] und bedarf daher einer Legitimation, die in Bezug auf das Anerkennungsverhalten der EG-Mitgliedstaaten im Selbstbestimmungsrecht der Völker zu finden ist. Das Selbstbestimmungsrecht wird hier, so der Inhalt der Anerkennungsrichtlinien[866], als Kriterium für die Bestimmung des zulässigen Zeitpunkts der Anerkennung herangezogen. Dies läßt Rückschlüsse auf den Inhalt des Selbstbestimmungsrechts zu, so daß dem Anerkennungsverhalten der EG-Mitgliedstaaten bei der Untersuchung der Staatenpraxis zum Sezessionsrecht im Jugoslawienkonflikt eine besondere Bedeutung zukommt.

VII. Zwischenergebnis

In der Völkerrechtslehre wird überwiegend die Auffassung vertreten, daß das Selbstbestimmungsrecht von Völkern und Volksgruppen innerhalb eines bestehenden Staates jedenfalls dann auch ein Recht auf Sezession umfaßt, wenn dem Selbstbestimmungsträger der Verbleib in seinem Beherbergungsstaat infolge fundamentaler Menschenrechtsverletzungen nicht zugemutet werden kann. Diese „humanitäre Konzeption" des Sezessionsrechts läßt sich auch dogmatisch begründen, da die staatliche Souveränität, welche die Möglichkeiten zur Verwirklichung des Selbstbestimmungsrechts beschränkt, jedenfalls dann nicht schutz-

---

son of international law should possess the following qualifications: a) a permanent population; b) a defined territory; c) a government; and d) capacity to enter into relations with other states."

[861] Zur Theorie von der konstitutiven Anerkennung, nach der die Existenz eines Neustaates vom Willen der Altstaaten abhängen soll, sowie zu deren Kritik vgl. Hilpold, AVR 31 (1993), S. 396 –398 m.w.N.

[862] Vgl. Hilpold, AVR 31 (1993), S. 393 ff.; Ipsen, Völkerrecht, S. 231.

[863] Hilpold, AVR 31 (1993), S. 394, spricht von einem möglichen „prima facie-Beweis für die Staatlichkeit des betreffenden Gebiets". Vgl. aber auch Simma-Doehring, nach Art. 1 UNO-Charta, Rn. 46. Doehring zufolge hat auch die vorzeitige Anerkennung bei Staatsgründungen auf der Grundlage des Selbstbestimmungsrechts insofern keinen konstitutiven Charakter, als das Selbstbestimmungsrecht als zwingendes Recht nicht von der Anerkennung durch dritte Staaten abhängig sein könne.

[864] Oeter, ZaöRV 52 (1992), S. 769.

[865] Ipsen, Völkerrecht, S. 236.

[866] Zum Inhalt der Anerkennungsrichtlinien vgl. unten unter II. 1.

würdig ist, wenn Menschenrechte verletzt werden, die den inneren Angelegenheiten des Staates entzogen sind. Diese Überlegungen verschaffen der Forderung der Kosovo-Albaner nach staatlicher Unabhängigkeit zumindest theoretisch eine Grundlage im Völkerrecht. Ob allerdings in Ausnahmefällen tatsächlich von einem Recht auf Sezession gesprochen werden kann, die Staatengemeinschaft also die Möglichkeiten ergreift, der Sezession mittels humanitärer Intervention oder vorzeitiger Anerkennung zum Durchbruch zu verhelfen, kann erst nach einer Untersuchung der Staatenpraxis beantwortet werden.

E. Das Sezessionsrecht in der Staatenpraxis

I. Die bisherige Praxis der Staatengemeinschaft

Die bisherige Staatenpraxis hat die von der Völkerrechtslehre entwickelte humanitäre Konzeption des Sezessionsrechts nicht bestätigt, sondern sich gegenüber den Sezessionsforderungen vielmehr neutral verhalten, indem sie eine Anerkennung des sezedierenden Volkes jeweils erst dann ausgesprochen hat, nachdem die Sezession erfolgreich verlaufen war[867]. Diese Beobachtung trifft auf die erfolglosen Sezessionsfälle des Volkes der Ibo in Biafra[868] und der Tibeter[869] ebenso zu wie auf die erfolgreichen Sezessionen Bangladeshs[870] und Eritreas[871].

1. Erfolglose Sezessionen

Die Versuche des Ibo-Volkes und der Tibeter, in Ausübung ihres Selbstbestimmungsrechts einen unabhängigen Staat zu gründen, sind von der Staatengemeinschaft nicht unterstützt worden, obwohl in beiden Fällen massive Menschenrechtsverletzungen der Auslöser für die Sezessionsforderung waren.
Das in Biafra lebende Ibo-Volk erklärte am 30. Mai 1967 seine Unabhängigkeit von Nigeria, nachdem es infolge blutiger Stammesauseinandersetzungen die Existenz seines Volkes bedroht sah. Während lediglich einzelne afrikanische Staaten[872] die Unabhängigkeit Biafras anerkannten und dadurch die von der Völkerrechtslehre entwickelte humanitäre Konzeption des Sezessionsrechts in

---

[867] Quaye, Liberation Struggles, S. 211, konstatiert dementsprechend: „The Legitimacy of secessionist struggles depend whether or not they succeed."

[868] Vgl. hierzu Rabl, Das Selbstbestimmungsrecht der Völker, S. 446 f.; Buchheit, Secession, S. 162 ff.

[869] Vgl. hierzu insbesondere Schmitz, Tibet und das Selbstbestimmungsrecht der Völker.

[870] Zum Selbstbestimmungsfall Bangladesh vgl. Buchheit, Secession, S. 198 ff.; Rabl, Das Selbstbestimmungsrecht der Völker, S. 450 ff; Wolfrum-Siehr, S. 442 ff.; de Zayas, Selbstbestimmungsrecht und Vereinte Nationen, S. 162.

[871] Vgl. hierzu Cassese, Self-Determination of Peoples, S. 218 ff; de Zayas, Selbstbestimmungsrecht und Vereinte Nationen, S. 164.

[872] Diese Staaten waren die Elfenbeinküste, Gabun, Haiti, Sambia und Tansania, vgl. Ipsen, Völkerrecht, S. 235.

der Praxis umsetzten, wurde der Sezessionsversuch Biafras in der übrigen Staatengemeinschaft nicht berücksichtigt. Diese strikt souveränitätsbezogene Haltung der Staatengemeinschaft veranschaulicht eine Bemerkung des damaligen UN-Generalsekretär U Thant, der sich zu dem Sezessionsfall Biafras wie folgt äußerte:

> „As far as the question of secession of a particular section of a Member State is concerned the United Nations` attitude is inequivocable. As an international organisation, the United Nations has never accepted and does not accept and I do not believe it will ever accept a principle of secession of a part of a Member State.“[873]

Diese Einschätzung U Thants bestätigt sich auch in der Haltung der Staatengemeinschaft gegenüber der Sezession Tibets.

Das Verhältnis zwischen Tibet und China war jahrhundertelang von den Versuchen Chinas geprägt, Tibet dem chinesischen Staatsverband einzuverleiben[874]. 1912 erklärte der Dalai Lama die tibetische Unabhängigkeit. Nachdem 1950 chinesische Truppen in Tibet einmarschiert waren und Tibet einer Militärverwaltung unterstellt hatten, wurde 1965 die heutige „Autonome Provinz Tibet" errichtet[875]. China hat seit der Besetzung Tibets im Jahre 1950 die Aufstände des tibetischen Volkes gewaltsam niedergeschlagen und massive Menschenrechtsverletzungen an der Zivilbevölkerung begangen. Die Forderung Tibets nach staatlicher Unabhängigkeit wird von der Staatengemeinschaft zurückgewiesen. Auch wenn China immer wieder aufgerufen wird, die Menschenrechte seiner Bevölkerung zu beachten, so haben diese Aufforderungen ein von der Staatenpraxis bestätigtes Sezessionsrecht der Tibeter jedoch nicht zur Folge, obwohl die Sezession im Falle Tibets nicht nur durch die Menschenrechtsverletzungen eine Legitimation erhält, sondern auch im Hinblick auf die völkerrechtswidrige Annexion durch China eine Grundlage im Völkerrecht haben kann[876]. Am Beispiel Tibets zeigt sich folglich, wie in der Staatenpraxis das Selbstbestimmungsrecht machtpolitischen Interessen ausgeliefert ist, da China ein ständiges Mitglied im Sicherheitsrat der Vereinten Nationen ist, und so ein Tätigwerden des Sicherheitsrates der Vereinten Nationen in Tibet durch sein Veto verhindern kann.

---

[873] UN Monthly Chronicle 1970, S. 36, zitiert nach Ipsen, Völkerrecht, S. 368.

[874] Zu den sino-tibetischen Beziehungen bis zum Beginn des 20. Jahrhunderts vgl. Schmitz, Tibet und das Selbstbestimmungsrecht der Völker, S. 3 ff.

[875] Schmitz, Tibet und das Selbstbestimmungsrecht der Völker, S. 11.

[876] Insofern könnte die Staatengemeinschaft sogar zu einer Anerkennung Tibets als unabhängiger Staat verpflichtet sein, wenn man Tibet für die Zeit von 1912 bis 1950 Staatsqualität zuerkennt. Eine Auseinandersetzung mit diesem Aspekt findet sich bei Schmitz, Tibet und das Selbstbestimmungsrecht der Völker, S. 182 ff. Schmitz spricht dort von einem „Selbstbestimmungsrecht als Restitutionsanspruch". Als ein „unechter Selbstbestimmungsfall" wird Tibet auch von Thürer, Politische Studien, Sonderheft 6/1993, S. 36 bezeichnet.

2. *Erfolgreiche Sezessionen*

Auch aus den erfolgreichen Sezessionen Bangladeshs und Eritreas kann nicht der Schluß gezogen werden, daß die Staatenpraxis der Vereinten Nationen sich an den von der Völkerrechtslehre entwickelten Voraussetzungen eines aus dem Selbstbestimmungsrecht abzuleitenden Sezessionsrechts orientiert.

Im Falle des am 25. März 1971 für unabhängig erklärten Bangladeshs hat zwar die Staatengemeinschaft die militärische Intervention Indiens zum Schutz der Bengalen in Ost-Pakistan nicht verurteilt und Bangladesh kurz nach der Intervention als Mitglied in die Vereinten Nationen aufgenommen[877]. Daraus kann aber nicht die Schlußfolgerung gezogen werden, daß die Staatenpraxis die humanitäre Konzeption des Sezessionsrechts bestätigt hat, da zum einen der Fall Bangladeshs eine nicht verallgemeinerungsfähige Ausnahme darstellt. Zum anderen kann die erfolgreiche Sezession Bangladeshs insofern als eine „unechte Sezession" bezeichnet werden, als nach der Kapitulation der pakistanischen Armee Pakistan der Sezession Bangladeshs zugestimmt hat.

Aus massiven Menschenrechtsverletzungen kann schließlich auch nach der Staatenpraxis in Eritrea[878] nicht auf ein Sezessionsrecht geschlossen werden. Die ehemalige italienische Kolonie Eritrea war von 1941 bis 1952 von Großbritannien verwaltet worden, ehe sie auf Empfehlung der UN-Generalversammlung Ende 1952 als autonome Einheit in das äthiopische Königreich eingegliedert wurde. Zehn Jahre später wurde die zu diesem Zeitpunkt bereits faktisch ausgehöhlte Autonomie Eritreas abgeschafft, ohne daß die Vereinten Nationen hierzu Stellung nahmen. Es folgte ein über dreißigjähriger Bürgerkrieg, den die eritreische Guerilla 1991 für sich entscheiden konnte.

3. *Ergebnis*

Die bisherige Staatenpraxis der Vereinten Nationen hat die Auffassung der Völkerrechtslehre nicht bestätigt, wonach massive Menschenrechtsverletzungen gegenüber einem Selbstbestimmungsträger ein Recht auf Sezession auslösen können. Die Staatenpraxis könnte sich aber im Zuge der neuesten europäischen Entwicklungen geändert haben, was in den folgenden Abschnitten untersucht werden soll. Für den Selbstbestimmungsfall der Kosovo-Albaner ist dabei die Haltung der Staatengemeinschaft gegenüber den Sezessionsbestrebungen der ehemaligen jugoslawischen Teilrepubliken der maßgebliche Bezugsrahmen.

II. Die Anerkennung der ehemaligen jugoslawischen Teilrepubliken durch die EG-Mitgliedstaaten

Eine mögliche Änderung der bisherigen Staatenpraxis, die einem Sezessionsrecht ablehnend gegenüber stand, könnte dem Anerkennungsverhalten der Staa-

---

[877] Vgl. Frey, Selbstbestimmungsrecht, Sezession und Gewaltverbot, S. 52.

[878] Vgl. hierzu die Übersicht über die Hintergründe des Sezessionsfalls Eritrea in: VN1993, S. 49.

tengemeinschaft gegenüber den ehemaligen jugoslawischen Teilrepubliken entnommen werden, welche ihren Anspruch auf Unabhängigkeit von der SFRJ mit dem Selbstbestimmungsrecht der Völker begründeten. Bei der Untersuchung der Anerkennungspraxis steht das Verhalten der europäischen Staaten im Vordergrund, da es für die Anerkennung der aus dem Zerfall Jugoslawiens neu entstandenen Staaten durch die übrigen Staaten der Staatengemeinschaft richtungsweisend war. Aus dem Anerkennungsverhalten können sich jedenfalls dann Rückschlüsse auf ein Sezessionsrecht ziehen lassen, wenn die Anerkennung vorzeitig ausgesprochen worden ist[879]. Vor diesem Hintergrund soll zunächst die Entwicklung des Engagements der EG-Mitgliedstaaten im Jugoslawien-Konflikt dargestellt und anschließend konkret auf die Anerkennung der ehemaligen jugoslawischen Teilrepubliken eingegangen werden.

1. Die Entwicklung des Engagements der EG-Mitgliedstaaten im Jugoslawien-Konflikt

In der ersten Hälfte des Jahres 1991 haben sich die europäischen Staaten zwar zur Anwendbarkeit des Selbstbestimmungsrechts der Völker im Jugoslawienkonflikt bekannt[880]. Sie sprachen sich aber zugleich dafür aus, die staatliche Einheit Jugoslawiens zu erhalten[881] und lehnten damit ein Recht auf Sezession ab, wodurch die bisherige Staatenpraxis bestätigt wurde. Auch die entsprechenden Erklärungen im Rahmen der KSZE betonten zwar das Recht der Völker Jugoslawiens, über die Zukunft ihres Landes selbst zu entscheiden. Sie sicherten Jugoslawien aber zugleich Unterstützung für den Erhalt seiner territorialen Integrität zu[882]. Die Unabhängigkeitserklärungen Kroatiens und Sloweniens vom 25. Juni 1991 wurden daher zunächst als einseitige Maßnahmen gewertet, und eine Anerkennung der Teilrepubliken als unabhängige Staaten wurde ausgeschlossen[883]. Die Vermittlungsbemühungen der europäischen Staaten be-

---

[879] Zur Durchsetzung des Sezessionsrechts durch vorzeitige Anerkennung vgl. bereits oben unter D. VI. 2.

[880] Vgl. die EPZ-Erklärung zur Lage in Jugoslawien vom 05.07.1991, in: EA 1991, D 536 sowie die Brioni-Erklärung vom 07.07.1991, in: EA 1991, D 537. Zu letzterer vgl. Frey, Selbstbestimmungsrecht, Sezession und Gewaltverbot, S. 57 f.

[881] Vgl. die entsprechenden Erklärungen der EPZ vom 26.03.1991 („Nach Auffassung der Zwölf hat ein geeinigtes, demokratisches Jugoslawien die besten Aussichten, sich harmonisch in das neue Europa einzugliedern.") 09.05.1991 sowie vom 08.06.1991, in: EA 1991, D 527 ff. Vgl. ferner zur Haltung der Staatengemeinschaft insgesamt Petkovic, Südosteuropa 1990, S. 484 ff.

[882] Vgl. die Erklärung des Außenministerrates der KSZE vom 19.06.1991, in: EA 1991, D 355, in welcher die Minister ihre Unterstützung für die Einheit und territoriale Integrität Jugoslawiens bekunden, sowie das Kommunique des Ausschusses Hoher Beamter (AHB) vom 03.07.1991, in: EA 1991, D 534 ff.

[883] Reuter, Südosteuropa 1993, S. 333 zitiert in diesem Zusammenhang den italienischen Außenminister De Michelis, der sich bei einem Besuch in Slowenien gegenüber seinen Gastgebern wie folgt äußerte: „Meine Herren, in Europa ist kein Platz für neue Staaten, und

schränkten sich in dieser Zeit auf die Eindämmung des Konflikts sowie den Versuch, die verfassungsmäßige Ordnung Jugoslawiens wiederherzustellen[884]. Diese Haltung änderte sich angesichts der andauernden Kämpfe zwischen Belgrad und Kroatien, die ungeachtet der von den europäischen Staaten vermittelten Waffenstillstandsvereinbarungen anhielten[885].
Vor dem Hintergrund, daß sie sich im Rahmen des KSZE/OSZE-Prozesses für die Beachtung von Menschen- und Minderheitenrechten ausgesprochen und sich zum Selbstbestimmungsrecht der Völker bekannt haben, machten die europäischen Staaten ab der zweiten Hälfte des Jahres 1991 deutlich, daß sie alle gewaltsamen Veränderungen der inneren und äußeren Grenzen Jugoslawiens ablehnten[886]. Damit gaben sie zu erkennen, daß sie an der staatlichen Einheit Jugoslawiens nicht mehr unter allen Umständen festhalten wollten[887], sondern alle Verhandlungen über die Zukunft Jugoslawiens unterstützen würden, solange diese Verhandlungen nicht von militärischen Auseinandersetzungen begleitet würden[888]. Diese Haltung wird auch in der von den europäischen Staaten zu Beginn der Jugoslawien-Konferenz abgegebenen Erklärung deutlich. Darin wurden das Verbot gewaltsamer einseitiger Grenzveränderungen, der Schutz der Rechte aller Menschen in Jugoslawien und die uneingeschränkte Berücksichtigung aller berechtigten Anliegen und Bestrebungen zu den allgemeinen Prinzipien für die

---

Sie wollen ja wohl nicht auf einen anderen Kontinent übersiedeln."

[884] Vgl. dazu EA 1991, D 525.

[885] Bereits 1990 war es in Kroatien zu erheblichen Auseinandersetzungen mit der serbischen Volksgruppe in Kroatien gekommen, die einen unabhängigen kroatischen Staat ablehnte. Ab Juli 1991 kam es zu heftigen Kämpfen zwischen den serbischen Freischärlern, der jugoslawischen Bundesarmee und den kroatischen Truppen vorwiegend in den serbisch besiedelten Regionen in Slawonien, Dalmatien, sowie in den Gebieten um Knin, Banija und Kordun. Die zahlreichen von den EG.Mitgliedstaaten vermittelten Waffenstillstandsvereinbarungen wurden regelmäßig nicht eingehalten. Vgl. zu dieser Entwicklung in Kroatien ausführlich Baer, Zerfall Jugoslawiens, S. 352 ff; Grotzky, Balkankrieg, S. 92 ff; Libal, Ende Jugoslawiens, S. 171 ff.; Sunjic, Woher der Haß, S. 102 ff. Zu den Auswirkungen dieser Kämpfe in Bezug auf die Bewertung des Anerkennungsverhaltens der EG-Mitgliedstaaten vgl. unter III. 3.

[886] Vgl. die EPZ-Erklärungen vom 06.08.1991 und vom 20.08.1991, in: EA 1991, D 540 ff. sowie Weller, AJIL 1992, S. 588.

[887] Vgl. in diesem Sinne Reuter, Südosteuropa 1993, S. 337.

[888] Vgl. das Kommunique des Ausschusses Hoher Beamter im Rahmen des KSZE-Krisenmechanismus vom 08./ 09.08.1991 in: EA 1991, D 541 sowie die EPZ-Erklärung zu Jugoslawien vom 27.08.1991 in: EA 1991, D 534 f., in welcher die europäischen Staaten die serbischen Gewaltmaßnahmen verurteilen und sich damit zugunsten der Teilrepubliken aussprechen. Vgl. ferner die Erklärung des damaligen Bundeskanzlers Helmut Kohl vom 29.06.1991: „Die Einheit Jugoslawiens kann nicht mit Waffengewalt aufrecht erhalten werden. Nur wirklich ernsthafte Verhandlungen über die Neugestaltung der staatlichen Strukturen können eine dauerhafte Lösung bringen. Hierbei müssen die in der KSZE-Schlußakte sowie in der Charta von Paris niedergelegten Prinzipien Anwendung finden (...).", in: Bulletin des Presse- und Informationsamtes der Bundesregierung 1991, S. 635.

Umbildung des jugoslawischen Staates erklärt[889]. Die Abkehr von der Vorstellung, Jugoslawien als Staat erhalten zu können, wird schließlich in dem vom Vorsitzenden der Jugoslawienkonferenz, Lord Carrington am 25. Oktober 1991 vorgelegten Friedensplan[890] besonders deutlich. Dieser bestimmte als Elemente der Friedensregelungen die Beziehungen der Teilrepubliken untereinander als „sovereign and independent republics with international personality for those that wish it."[891] Zugleich wurde eine Anerkennung der Teilrepubliken als unabhängige Staaten erstmals in Betracht gezogen[892].
Die endgültige Entscheidung der EG-Mitgliedstaaten, den auf staatliche Unabhängigkeit gerichteten Selbstbestimmungsansprüchen der jugoslawischen Teilrepubliken mit Hilfe ihrer Anerkennung zum Durchbruch zu verhelfen, verdeutlichen die am 16. Dezember 1991 verabschiedeten „Richtlinien für die Anerkennung neuer Staaten in Osteuropa und in der Sowjetunion" [893]. Danach sollte die Anerkennung der jugoslawischen Teilrepubliken im wesentlichen von den folgenden Bedingungen[894] abhängig gemacht werden:

- Der Achtung der Bestimmungen der UN-Charta und der Verpflichtung aus der Schlußakte von Helsinki und der Charta von Paris; insbesondere im Hinblick auf Rechtsstaatlichkeit, Demokratie und Menschenrechte;
- Garantien für die Rechte ethnischer und nationaler Gruppen und Minderheiten im Einklang mit den im Rahmen der KSZE eingegangenen Verpflichtungen;
- Achtung der Unverletzlichkeit aller Grenzen, die nur auf friedlichem Wege und einvernehmlich geändert werden dürfen;
- Übernahme aller einschlägigen Verpflichtungen in bezug auf Abrüstung und nukleare Nichtverbreitung sowie auf Sicherheit und regionale Stabilität;

---

[889] EPZ-Erklärung vom 03.09.1991, in: EA 1991, D 545.

[890] UN-Doc. S/23169 Annex VII, in Auszügen abgedruckt bei Weller, Crisis, S. 80.

[891] Nach Auffassung von Baer, Zerfall Jugoslawiens, S. 133 ist der Friedensplan aber noch nicht als Akzeptanz der Abspaltung oder gar als Überzeugung vom Untergang Jugoslawiens zu werten. Der Friedensplan stelle vielmehr insoweit einen Kompromiß dar, als er zwar auf der Eigenstaatlichkeit der Republiken beruhe, aber dennoch versuche, den institutionellen Rahmen Jugoslawiens aufrecht zu erhalten.

[892] EPZ-Erklärung vom 28.10.1991, in: EA 1992 D 117 f.; EPZ-Erklärung vom 08.11.1991, in: EA 1992, D 118.

[893] Bulletin der Bundesregierung vom 19.12.1991, Nr. 144, S. 1173 sowie EA 1992, D 120 f.

[894] Zur Zulässigkeit von Bedingungen und Auflagen als Voraussetzungen für die Anerkennung vgl. ausführlich Baer, Zerfall Jugoslawiens, S. 330 ff. sowie Hilpold, AVR 31 (1993), S. 401 f. Die Anerkennung unter Bedingungen ist von der vorzeitigen Anerkennung zu unterscheiden. Während bei der bedingten Anerkennung die Voraussetzungen der Staatlichkeit vorliegen, die deklaratorische- Anerkennung aber von weiteren Legitimationskriterien abhängig gemacht wird, liegen bei der vorzeitigen Anerkennung die Voraussetzungen der Staatlichkeit gerade nicht vor.

- Verpflichtung zur Regelung aller Fragen im Zusammenhang mit Staatennachfolge und regionalen Streitigkeiten durch Vereinbarung und, wo angebracht, durch Rückgriff auf Schiedsverfahren[895].

Indem die Anerkennung der aus dem Zerfall Jugoslawiens hervorgegangenen Neustaaten von diesen Bedingungen abhängig gemacht wurde, sollte sichergestellt werden, daß neue Mitglieder der europäischen Staatengemeinschaft deren gemeinsame Wertvorstellungen übernehmen[896].

In dem ebenfalls am 16. Dezember 1991 ausgesprochenen Anerkennungsbeschluß („Gemeinsamen Standpunkt im Hinblick auf die Anerkennung jugoslawischer Republiken"[897]) forderten die EG-Mitgliedstaaten alle jugoslawischen Republiken auf, bis zum 23. Dezember 1991 zu erklären, ob sie in Übereinstimmung mit diesen, in den Anerkennungsrichtlinien aufgestellten Bedingungen als unabhängige Staaten anerkannt zu werden wünschten. Die Anerkennungsgesuche sollten von der im Rahmen der Jugoslawien-Konferenz eingesetzten Badinter-Kommission[898] auf ihre Berechtigung überprüft werden, ehe der Anerkennungsbeschluß am 15. Januar 1992 umgesetzt werden sollte.

Der Aufforderung vom 16. Dezember 1991 folgend, gingen die Anerkennungsgesuche aller ehemaligen jugoslawischen Teilrepubliken, einschließlich der Gesuche Serbiens und des Kosovo[899] bei der Jugoslawienkonferenz ein, welche diese an die Badinter-Kommission weiterleitete. Den Empfehlungen der Badinter-Kommission entsprechend, sprachen die EG-Mitgliedstaaten ab Januar 1992 ihre Anerkennung gegenüber den ehemaligen jugoslawischen Teilrepubliken aus.

2. *Die Anerkennung von Slowenien und Mazedonien*

Als aus völkerrechtlicher Sicht unproblematisch stellt sich die Anerkennung von Slowenien dar. Die Badinter-Kommission kam in ihrem Gutachten Nr. 7 zu dem Ergebnis, daß Slowenien alle von den Anerkennungsrichtlinien geforderten Voraussetzungen erfüllte. Slowenien wurde daraufhin am 15. Januar 1992 von den EG-Mitgliedstaaten als unabhängiger Staat anerkannt. Diesem Schritt schlossen sich zahlreiche weitere Staaten an[900]. Am 22. Mai 1992 wurde Slowe-

---

[895] Vgl. EA 1992, D 120 ff.

[896] Neuhold, Die völkerrechtliche Dimension des Zerfalls Jugooslawiens, S. 159.

[897] Bulletin der Bundesregierung vom 19.12.1991, Nr. 144, S. 1173 sowie EA 1992, D 121.

[898] Zur Einrichtung und zu den Aufgaben der Badinter-Kommission vgl. die EPZ-Erklärung vom 27.08.1991, in: EA 1991, D 543 ff. sowie Weller, AJIL 86 (1992), S. 589. Das Schiedsverfahren sollte danach wie folgt eingerichtet werde: „Die zuständigen Behörden werden ihre Meinungsverschiedenheiten einer Schiedskommission unterbreiten, die sich aus fünf Mitgliedern , welche aus dem Kreis der Präsidenten der in der Gemeinschaft bestehenden Verfassungsgerichte ausgewählt werden.

[899] Das Anerkennungsgesuch des Kosovo wurde von der Jugoslawienkonferenz nicht an die Badinter-Kommission weitergeleitet. Vgl. Weller, Crisis, S. 75.

[900] So sprachen etwa Australien, Argentinien, Kanada ihre Anerkennung Sloweniens unmit-

nien als Mitglied der Vereinten Nationen aufgenommen[901]. Im Zeitpunkt der Anerkennung Sloweniens durch die EG-Mitgliedstaaten hatte sich die jugoslawische Bundesarmee bereits aus der Republik zurückgezogen. Slowenien verfügte über eine effektive Staatsgewalt und somit über alle Voraussetzungen der Staatlichkeit. Deshalb lassen sich aus der Anerkennung Sloweniens keine unmittelbaren Rückschlüsse auf ein Sezessionsrecht schließen, obwohl die europäischen Staaten durch die Änderung ihrer Haltung zur staatlichen Einheit Jugoslawiens den Staatswerdungsprozess Sloweniens maßgeblich beeinflußt haben. Da die Anerkennung nicht vorzeitig erfolgte, bestätigt sich am Beispiel Sloweniens die bisherige Staatenpraxis, wonach Sezessionsvorgänge in erster Linie nach ihrem Erfolg beurteilt worden sind.

Auch aus der Anerkennung Mazedoniens lassen sich keine unmittelbaren Rückschlüsse auf eine Neubestimmung des Sezessionsrechts ziehen. Die Badinter-Kommission urteilte in ihrem Gutachten Nr. 6, daß Mazedonien alle Anerkennungsvoraussetzungen erfülle und insbesondere alle mit ihrem Namen verbundenen Gebietsansprüche zurückgewiesen habe. Die EG-Mitgliedstaaten enthielten sich zunächst einer Anerkennung, da Griechenland seine Zustimmung von einem Namenswechsel der Republik abhängig machen wollte[902]. Am 2. Mai 1992 erklärten schließlich die EU-Außenminister, Mazedonien als unabhängigen Staat anzuerkennen „unter einem Namen, der von allen Parteien akzeptiert werden kann.“[903] Unter Vermittlung der Vereinten Nationen[904] und der Europäischen Union fand sich die Bezeichnung als „ehemalige jugoslawische Republik Mazedonien“, unter welcher Mazedonien am 7. April 1993 als Mitglied der Vereinten Nationen aufgenommen wurde[905].

Das Anerkennungsverhalten gegenüber Mazedonien bestätigt die bisherige Funktion der deklaratorischen Anerkennung, als politisches Druckmittel zu dienen[906]. Rechtsgestaltend wirkte sich das Anerkennungsverhalten im Falle Maze-

---

telbar im Anschluß an die EG-Mitgliedstaaten aus. Rußland (am 17.02.1992), Japan (am 17.03.1992), die USA (am 07.04.1992), China (am 27.04.1992) und Indien (am 11.05.1992) folgten diesem Beispiel in den folgenden Monaten. Vgl. die Nachweise bei Rich, EJIL 1993, S. 49.

901 Vgl. dazu Baer, Zerfall Jugoslawiens, S. 152.

902 Die Makedonier wollten die Bezeichnung „Republik Mazedonien“ als Staatsnamen führen. Griechenland argumentierte dagegen, daß es sich bei „Mazedonien“ um einen geographischen Begriff handele, mit welchem auch griechisches Gebiet umfaßt werde. Der Name „Mazedonien“ impliziere daher Gebietsansprüche gegen Griechenland. Zu den Auseinandersetzungen um den Namen Mazedoniens vgl. ausführlich Axt, EA 1993, S. 65 ff.

903 AdG 1993, 37737. Vgl. auch Baer, Zerfall Jugoslawiens, S. 152.

904 Vgl. die Empfehlung des Sicherheitsrates in der Resolution 817 (1993), in: VN 1993, S. 78.

905 Über die Flagge Makedoniens konnten sich Griechenland und Makedonien erst 1995 verständigen. Vgl. AdG 1995, 40406.

906 Vgl. zur deklaratorischen Anerkennung bereits oben unter VI. 2.

doniens aber nicht aus, da die Anerkennung der ehemaligen Teilrepublik weder von der Badinter-Kommission als vorzeitige empfohlen worden war, noch als solche ausgesprochen wurde.
Als Zwischenergebnis kann festgehalten werden, daß die Anerkennung Sloweniens und Mazedoniens nicht vorzeitig erfolgte, so daß sich aus Verhalten der EG-Mitgliedstaaten keine Rückschlüsse auf die implizite Anerkennung eines Rechts auf Sezession ziehen lassen.

3. Die Anerkennung von Kroatien und Bosnien-Herzegowina

Im Gegensatz zur Anerkennung von Slowenien und Mazedonien lassen sich allerdings aus der Anerkennung Kroatiens und Bosnien-Herzegowinas Rückschlüsse auf die Haltung der europäischen Staaten zu einem aus dem Selbstbestimmungsrecht abzuleitenden Recht auf Sezession ziehen.
Die *Badinter*-Kommission kam in ihrem Gutachten Nr. 5 zu dem Ergebnis, daß die Minderheitenschutzbestimmungen der kroatischen Verfassung nicht den Anforderungen genügten, die der EG-Friedensplan - auf welchen die Anerkennungsrichtlinien inhaltlich Bezug nehmen - aufgestellt hatte[907]. Daher konnte die Anerkennung Kroatiens am 15. Januar 1992 nur unter dem Vorbehalt ausgesprochen werden, daß Kroatien seine Verfassung entsprechend nachbesserte. In dem hier interessierenden Zusammenhang der Bewertung eines Sezessionsvorgangs durch vorzeitige Anerkennung ist bemerkenswert, daß es für die Anerkennung kein Hindernis darstellte, daß die kroatische Regierung zum Zeitpunkt der Anerkennung nicht die effektive Staatsgewalt über das gesamte Staatsgebiet ausübte[908]. Die serbische Minderheit in der Krajina, die ca. 31 % der Bevölkerung Kroatiens ausmacht, hatte sich bereits am 28. Februar 1991 für die Unabhängigkeit von der kroatischen Teilrepublik ausgesprochen[909]. Bis September 1991 gelang es ihr mit Unterstützung der jugoslawischen Bundesarmee, etwa ein Drittel des von Kroatien beanpruchten Staatsgebietes zu kontrollieren[910]. Am 19.12.1991 rief die serbische Minderheit die „Republik Serbische Krajina" aus[911]. Die Auseinandersetzungen zwischen Serben und Kroaten hielten trotz der Vermittlungsbemühungen der Vereinten Nationen[912] auch zum Zeitpunkt der

---

[907] Zum kroatischen Minderheitenverfassungsgesetz und dessen Änderung am 08.05.1992 vgl. ausführlich Baer, Zerfall Jugoslawiens, S. 292 ff.

[908] Nach Libal, Ende Jugoslawiens, S. 150 übte die kroatische Regierung aufgrund der anhaltenden Kämpfe in Kroatien bereits zum Zeitpunkt der Unabhängigkeitserklärung keine effektive Staatsgewalt über das gesamte Territorium aus.

[909] Vgl. AdG 1991, 35631 A. Am 13.05.1991 sprachen sich 99 % der Beteiligten in einem Referendum für den Anschluß der Krajina-Region an Serbien aus, was von Serbien jedoch abgelehnt wurde.Vgl. Grotzky, Balkankrieg, S. 86.

[910] Vgl. ausführlich Baer, Zerfall Jugoslawiens, S. 102; Boric, Perspektiven, S. 75.

[911] Vgl. Grotzky, Balkankrieg, S. 103.

[912] Zur Annahme des von dem UN-Vermittler Vance erarbeiteten Friedensplan im Frühjahr 1992 vgl. AdG 1992, 36383 B 1.

Anerkennung Kroatiens noch an[913]. Da die Badinter-Kommission und ihr folgend die Staatengemeinschaft trotz der Auseinandersetzungen Kroatien als unabhängigen Staat anerkannten, obwohl die Voraussetzungen der Staatlichkeit noch nicht vorlagen, erfolgte die Anerkennung Kroatiens vorzeitig[914].
Dasselbe gilt für die Anerkennung Bosnien-Herzegowinas. Nach dem Gutachten Nr. 4 der Badinter-Kommission stand der Anerkennung Bosnien-Herzegowinas am 15. Januar 1991 lediglich entgegen, daß der Unabhängigkeitsforderung der ehemaligen Teilrepublik kein Referendum zugrunde lag[915], das zum Ausdruck brachte, daß die Ausübung des Selbstbestimmungsrechts durch Sezession dem überwiegenden Willen der Bevölkerung entsprach. Zu diesem Zeitpunkt hatte die serbische Bevölkerung bereits die „Serbische Republik Bosnien-Herzegowina" proklamiert[916]. Das von der Badinter-Kommission geforderte Referendum wurde zwischen dem 29. März und dem 1. April 1992 unter Boykott der serbischen Bevölkerungsgruppe nachgeholt[917]. Daraufhin eskalierten die Auseinandersetzungen zwischen den muslimischen und serbischen Volksgruppen[918] mit der Folge, daß Bosnien-Herzegowina über keine effektive Staatsgewalt verfügte, welche nach der deklaratorischen Theorie Voraussetzung für die Anerkennung ist. Wie wenig die Staatsgewalt Bosnien-Herzegowinas in der Lage war, die Republik effektiv zu beherrschen, zeigt sich an dem Hilfegesuch Präsident Izetbegovic` an die Vereinten Nationen, in welchem Izetbegovic zugab, daß die Republik zur Verteidigung ihrer Unabhängigkeit ohne militärische Hilfe von außen nicht in der Lage sei[919]. Dennoch wurde Bosnien-Herzegowina am 7. April 1992 von der EG-Mitgliedstaaten und den USA vorzeitig anerkannt[920].

---

913 So auch Baer, Zerfall Jugoslawiens, S. 353.

914 Ebenso Rich, EJIL 1993, S. 56; Murswiek, AVR 31 (1993), S. 318; Oeter, ZaöRV 52 (1992), S. 766 f.; Hilpold, AVR 31 (1993), S. 405; Frey, Selbstbestimmungsrecht, Sezession und Gewaltverbot, S. 59.

915 Vgl. hierzu Pellet, EJIL 1992, S. 178.

916 Vgl. dazu Reuter, Südosteuropa 1992, S. 677.

917 Vgl. Rich, EJIL 1993, sowie Baer, Zerfall Jugoslawiens, S. 110.

918 Vgl. Grotzky, Balkankrieg, S. 107 ff.; Weller, AJIL 1992, S. 597 ff.

919 Rich, EJIL 1993, S. 51, der Izetbegovic mit den Worten zitiert, seine Republik „could not protect its independence without foreign military aid."

920 Vgl. FAZ vom 08.04.1992, S. 2 sowie Reuter, Südosteuropa 1993, S. 338 und Frey, Selbstbestimmungsrecht, Sezession und Gewaltverbot, S. 59. Hilpold, AVR 31 (1993), S. 406 bezeichnet die Katastrophe in Bosnien als „exemplarischer Fall dessen, was durch das Verbot einer vorzeitigen Anerkennung im Völkerrecht verhindert werden soll." Die Anerkennung Bosnien-Herzegowinas durch die EG-Mitgliedstaaten stelle eine Art „unvollständiger Intervention" dar, welche die Eskalation der Gewaltanwendung nur gefördert habe.

4. Ergebnis

Die Untersuchung des Anerkennungsverhaltens der EG-Mitgliedstaaten gegenüber den ehemaligen jugoslawischen Teilrepubliken hat ergeben, daß die Anerkennung Kroatiens und Bosnien-Herzegowinas vorzeitig erfolgte, da beide Republiken im Zeitpunkt ihrer Anerkennung keine effektive Staatsgewalt über ihr Territorium ausübten. Die trotzdem ausgesprochene Anerkennung stellt einen Verstoß gegen das Interventionsverbot dar und bedarf daher einer Rechtfertigung. Daß diese Rechtfertigung in einem unter bestimmten Bedingungen anzuerkennenden Recht auf Sezession liegen kann, deuteten die Teilnehmerstaaten der KSZE am 10. Juli 1992 in Helsinki selbst an, indem sie in Ziff. 5 ihrer Abschlußerklärung betonten:

> „Das Streben der Völker, ihren inneren und äußeren politischen Status frei zu bestimmen, hat zur Ausbreitung der Demokratie geführt und jüngst seinen Ausdruck in der Entstehung einer Reihe souveräner Staaten gefunden."[921]

Diese Erklärung bestätigt die bereits oben[922] aufgestellte These, wonach die vorzeitig ausgesprochene Anerkennung Schlußfolgerungen auf ein Sezessionsrecht zuläßt. Welche Schlußfolgerungen sich konkret aus der Anerkennungspraxis der EG-Mitgliedstaaten für die Voraussetzungen eines Sezessionsrechts ergeben, soll im folgenden Abschnitt untersucht werden.

III. Schlußfolgerungen aus der Anerkennungspraxis für die Voraussetzungen eines Sezessionsrechts

Die dargestellte Anerkennungspraxis der EG-Mitgliedstaaten gegenüber den ehemaligen jugoslawischen Teilrepubliken gibt Anlaß, die von der Völkerrechtslehre entwickelte Konzeption eines Sezessionsrechts neu zu überdenken und zu überprüfen, inwiefern die von der Literatur entwickelten Voraussetzungen eines Sezessionsrechts in der jüngsten Staatenpraxis bestätigt wurden. Diese Überprüfung ist für die Kosovo-Albaner von besonderer Bedeutung, da ihnen nach der Völkerrechtslehre ein Sezessionsrecht zustehen soll, von einem völkerrechtlichen Anspruch auf einen unabhängigen Staat aber erst dann gesprochen werden kann, wenn die Staatenpraxis bestätigt, daß fundamentale Menschenrechtsverletzungen ein Recht auf Sezession nach sich ziehen.

1. Scheitern eines friedlichen Verhandlungsprozesses

In der Literatur wird aus dem Anerkennungsverhalten der europäischen Staaten zum Teil gefolgert, daß ein Sezessionsrecht nach der Staatenpraxis nur dann be-

---

[921] Vgl. EA 1992, D 533.

[922] Vgl. oben unter VI. 2.

stehen solle, wenn der friedliche Verhandlungsprozeß zwischen dem Selbstbestimmungsträger und dem Beherbergungsstaat gescheitert sei[923].
Diese Voraussetzung eines Sezessionsrechts stimmt mit von der Völkerrechtslehre vertretenen Position überein, wonach die Sezession eines unterdrückten Volkes als ultima ratio der Ausübung des Selbstbestimmungsrechts zu verstehen ist, die erst dann mit dem Völkerrecht in Einklang stehen soll, wenn die Wege, innerstaatlich Selbstbestimmung zu erreichen, erschöpft sind[924].
Aus dem Anerkennungsverhalten gegenüber den ehemaligen jugoslawischen Teilrepubliken läßt sich desweiteren schließen, daß ein Sezessionsrecht nach der Staatenpraxis nur solchen Völkern zustehen soll, die innerhalb eines Staates in einem besonderen Territorialverband leben. An diesem Punkt weicht die Staatenpraxis von den Voraussetzungen, die die Völkerrechtslehre an ein Sezessionsrecht stellt, ab, was im folgenden dargestellt werden soll.

2. Republiken als Träger des Selbstbestimmungsrechts

Anhand der Gutachten der Badinter-Kommission, an denen die europäischen Staaten ihre Anerkennungspraxis ausgerichtet haben, wird deutlich, daß ein Sezessionsrecht nur einem Volk zustehen soll, das in einem Vielvölkerstaat als Republik organisiert ist.
Diese Feststellung wird in der Entscheidung der Badinter-Kommission bestätigt, in ihren Gutachten den innerstaatlichen Republiksgrenzen den Charakter internationaler Grenzen zu verschaffen. Das hat zur Folge, daß die Republiken sich innerhalb ihrer Grenzen auf staatliche Souveränität berufen konnten, wodurch auch das Gewaltverbot in den Beziehungen zwischen den Teilrepubliken und Rest-Jugoslawien Anwendung findet.
Auf die Frage, ob die Grenzen zwischen Kroatien und Serbien und zwischen Bosnien-Herzegowina als internationale Grenzen anerkannt werden könnten, antwortete die Kommission dementsprechend:

> „ (...) Except where otherwise agreed, the former boundaries become frontiers protected by international law. This conclusion follows from the principle of respect for the territorial status quo and in particular from the principle of uti possidetis. Uti possidetis, though initially appplied in settling decolonialisation issues in America and Africa, is today recognized as a general principle, as stated by the International Court of Justice in its Judgement of 22 December 1986 in the case between Burkina Faso and Mali (Frontier dispute, (1986) Law Reports 554 at 565).
> (...) The principle applies all the more readily to the Republic since the second and fourth paragraph of the Constitution of the SFRY stipulated that the Republic`s territories and boundaries could not be altered without their consent“.[925]

---

[923] Murswiek, AVR 31 (1993), S. 330 f.

[924] Vgl. oben unter D. III. 3.

[925] Opinion No. 3 in: EJIL 1992, S. 185.

Dagegen sollten nach Ansicht der Kommission Völkern, die nicht in einer Republik als Territorialverband organisiert waren, ein Recht auf Sezession nicht zustehen. Die Kommission lehnte es in ihrem Gutachten Nr. 2 infolgedessen ab, der serbischen Bevölkerung in Kroatien und Bosnien-Herzegowina ein Recht auf Sezession zuzubilligen[926]. Zwar wurde den serbischen Volksgruppen in Kroatien und Bosnien-Herzegowina das Recht auf Selbstbestimmung nicht per se verweigert. Ihr Selbstbestimmungsrecht soll aber innerhalb der bestehenden Grenzen der Teilrepubliken ausgeübt werden. Das Selbstbestimmungsrecht von Volksgruppen umfaßt nach Auffassung der Kommission daher nur die Anerkennung ihres Rechts auf kulturelle Identität und ihren rechtlichen Schutz ensprechend den anwendbaren internationalen Vereinbarungen[927].
Die Badinter-Kommission hat durch ihre Entscheidung, die Anerkennung als unabhängiger Staat nur gegenüber den ehemaligen Teilrepubliken Jugoslawiens auszusprechen, dem aus dem kolonialen Kontext stammenden Prinzip des uti possidetis iuris einen neuen Anwendungsbereich verschafft, wie dies auch in dem oben zitierten Ausschnitt aus dem Gutachten Nr. 3 der Kommission zum Ausdruck kommt.
Das Prinzip des uti possidetis iuris besagte in seinem ursprünglichen kolonialen Kontext[928], daß die Grenzen der aus der Entkolonialisierung hervorgegangenen Neustaaten mit den kolonialen Verwaltungsgrenzen identisch sein mußten[929].
Die Übertragung dieses Prinzips auf den Jugoslawienkonflikt ist in der Literatur zum Teil auf heftige Kritik gestoßen. Zum einen wird bereits die Bezugnahme auf das Urteil des Internationalen Gerichtshofes in der Rechtssache Burkina Faso/Mali durch die Badinter-Kommission für fragwürdig gehalten, da die Loslösung in diesem Fall friedlich erfolgt sei[930] und der Internationale Gerichtshof die Qualifikation des uti possidetis-Prinzips als allgemeiner Rechtsgrundsatz ausdrücklich nur für den Fall der Dekolonialisierung bezogen habe[931]. Zum anderen

---

[926] Opinion No. 2 in: EJIL 1992, S. 184.

[927] Opinion No. 2 in: EJIL 1992, S. 184. Der Carrington-Plan der Jugoslawienkonferenz verlangt darüber hinaus für Volksgruppen einen „special status"(Vgl. Ziff. II c lit. d und e der Jugoslawienkonferenz vom 23.10.1991). Dieser Sonderstatus soll eine gesetzgebende Körperschaft, Verwaltungsstrukturen einshließlich regionaler Polizeikräfte, eine eigene Gerichtsbarkeit sowie Bestimmungen über eine effektive internationale Kontrolle umfassen. Damit hat die Staatenpraxis auch den Inhalt des „inneren Selbstbestimmungsrechts" konkretisiert.

[928] Zu den historischen Hintergründen des uti-possidetis-Prinzips vgl. ausführlich Simmler, Uti possidetis-Prinzip, sowie zum uti possidetis-Prinzip im südamerikanischen Raum Wagner, Beagle-Kanal, S. 55 ff. Vgl. ferner Ipsen, Völkerrecht, S. 272; Oellers-Frahm, Frontier Dispute Case (Burkina Faso/Mali), EPIL Vol. II (1995), S. 490 f.

[929] Vgl. Ipsen, Völkerrecht, S. 272 und S. 366; Wooldridge, Uti Possidetis Doctrine, EPIL Vol. IV (2000), S. 1259.

[930] Fastenrath, in: FAZ vom 02.03.1995, S. 6.

[931] Vgl. zu dem entsprechenden Inhalt der Entscheidung Oellers-Frahm, Frontier Dispute Case (Burkina Faso/Mali), EPIL Vol. II (1995), S. 491.

wird argumentiert, das uti possidetis-Prinzip konterkariere das Selbstbestimmungsrecht der Völker, weil es ethnische Grenzziehungen nicht berücksichtige[932]. Ratner erhebt gar den Vorwurf, die Bestätigung der Republiksgrenzen des zerfallenden Jugoslawiens durch die Anwendung des uti possidetis-Prinzips habe die blutigen Auseinandersetzungen gefördert und eine Lösung des Konflikts auf der Grundlage des Selbstbestimmungsrechts verhindert[933]. Diese Kritik ist insofern berechtigt, als die Ermittlung der Träger des Selbstbestimmungsrechts anhand des uti possidetis-Prinzips aus der Zeit des kolonialen Selbstbestimmungsrechts stammt, welches unabhängig von ethnischen Grenzziehungen in Anspruch genommen werden konnte. Träger des kolonialen Selbstbestimmungsrechts war die Kolonie als Territorialverband[934]. Der Inhalt des Selbstbestimmungsrechts hat sich seitdem gewandelt. Da die gegenwärtige Konzeption des Selbstbestimmungsrechts dem Volk im ethnischen Sinne das Recht auf Selbstbestimmung gewähren will, ist das uti-possidetis-Prinzip zur Ermittlung der Träger eines Selbstbestimmungsrechts nur dann geeignet, wenn die innerstaatlichen Republiksgrenzen den ethnischen Grenzziehungen in einem Vielvölkerstaat entsprechen. Die Anwendung des uti possidetis-Prinzips auf Jugoslawien ist vor diesem Hintergrund nicht abwegig[935], denn bei der Gründung der jugoslawischen Teilrepubliken wurden ethnische Grenzziehungen berücksichtigt. Die Zuordnung einer Republik zu einem Volk bildete 1945 die Grundlage der SFRJ[936]. Daher läßt sich das ehemalige jugoslawische Staatssystem auch als ethnischer Föderalismus bezeichnen[937]. Allerdings erfüllt von den ehemaligen jugoslawischen Teilrepubliken nur Slowenien das Merkmal der ethnischen Homogenität und weist einen Minderheitenanteil von weniger als 10 % der Gesamtbevölkerung auf[938]. Ob für die Anerkennungspraxis der europäischen Staaten diese Überlegungen ausschlaggebend waren, läßt sich nicht mit Bestimmtheit sagen. Fest steht allerdings, daß aus der Anerkennung der ehemaligen Teilrepubliken als unabhängige Staaten und aus der Weigerung, eine solche Anerkennung gegenüber den Volksgruppen innerhalb der Teilrepubliken auszuspre-

---

[932] Vgl. die Nachweise bei Simmler, VRÜ 32 (1999), S. 212 sowie die kritische Defenition des uti possidetis-Prinzips von Fisch, Selbstbestimmungsrecht, S. 23: „(...) wobei nur gefragt werden darf, wo die kolonialen Verwaltungsgrenzen verliefen und nicht wie sie zustande gekommen sind und noch weniger, unter welchen Gesichtspunkten sie vernünftig oder unvernünftig sind."

[933] Ratner, AJIL 1996, S. 616.

[934] Vgl. oben unter, sowie Simmler, VRÜ 32 (1999), S. 223; Ipsen, Völkerrecht, S. 366.

[935] Vgl. auch Frowein, Self-Determination, S. 216.

[936] Vgl. Baer, Zerfall Jugoslawiens, S. 372 sowie 1. Kapitel unter B.

[937] Reissmüller, Jugoslawien, S. 76.

[938] Vgl. Neuhold, Die völkerrechtliche Dimension des Zerfalls Jugoslawiens, S. 153, der zudem darauf hinweist, daß von den zahlreichen neu entstandenen Staaten in Ostmittel- und Osteuropa neben Slowenien nur noch die Tschechische Republik ethnisch homogen sei.

chen, der Schluß gezogen werden kann, daß ein Sezessionsrecht nur den ehemaligen Teilrepubliken zustehen sollte[939].
Da die Völkerrechtslehre im Gegensatz zu der soeben dargestellten Staatenpraxis ein Sezessionsrecht unabhängig vom Territorialstatus eines Selbstbestimmungsträgers anerkennt, wenn ein Volk massiven Menschenrechtsverletzungen ausgesetzt ist, stellt sich insbesondere für den Selbstbestimmungsfall der Kosovo-Albaner die Frage, inwieweit auch Menschenrechtsverletzungen Einfluß auf die Anerkennungspraxis der europäischen Staaten gehabt haben. Von einer von der Konzeption der Völkerrechtslehre abweichenden Staatenpraxis kann nämlich nur dann gesprochen werden, wenn Menschenrechtsverletzungen bei der Entscheidung, die ehemaligen jugoslawischen Teilrepubliken als unabhängige Staaten anzuerkennen, keine Berücksichtigung gefunden haben.

3. Die Bedeutung von Menschenrechtsverletzungen für die Anerkennung der jugoslawischen Teilrepubliken

Die europäischen Staaten haben ihr Ziel, den jugoslawischen Staat zu erhalten, erst aufgegeben, als nach den Unabhängigkeitserklärungen der Teilrepubliken die Auseinandersetzungen zwischen Belgrad und Kroatien sowie Bosnien-Herzegowina die Züge eines Vernichtungskrieges angenommen hatten. Daraus ließe sich schließen, daß die im Zuge dieser Kämpfe begangenen Menschenrechtsverletzungen[940] ausschlaggebend waren für die Anerkennung eines Sezessionsrechts der Teilrepubliken. Allerdings besteht die Schwierigkeit, diese Frage hinsichtlich der vorzeitigen Anerkennung von Kroatien und Bosnien-Herzegowina zu beantworten, darin, daß es zu gezielten Diskriminierungen der kroatischen und muslimischen Volksgruppen[941] von Seiten Belgrads erst zu einem Zeitpunkt kam, als sich diese ehemaligen Teilrepubliken bereits für unabhängig erklärt hatten. Anders als im Falle des Kosovo haben hier also nicht die Menschenrechtsverletzungen zur Geltendmachung des Sezessionsanspruchs geführt, vielmehr wurde die Forderung nach Sezession mit Menschenrechtsverletzungen beantwortet. Die Menschenrechtsverletzungen waren also nicht der Auslöser des Sezessionsrechts, sondern haben der Sezessionsforderung allenfalls Nachdruck verliehen. Hierfür spricht auch, daß die europäischen Staaten in ihren im Rahmen der EPZ und der KSZE abgegebenen Erklärungen in erster Linie die Gewaltanwendung zwischen den Konfliktparteien verurteilten, nicht aber die

---

[939] Im Ergebnis ebenso Rauert, Kosovo, S. 205.

[940] Vgl. hierzu Roggemann, Neue Justiz 1994, S. 340.

[941] Zum Völkermord an den bosnischen Muslimen vgl. etwa Oeter, ZaöRV 53 (1993), S. 31 ff. Zu den Menschenrechtsverletzungen in Kroatien vgl. die Nachweise bei Baer, Zerfall Jugoslawiens, S. 376 sowie Murswiek, AVR 31 (1993), S. 322 f., der allerdings zu dem Schluß kommt, daß die Staatenpraxis in Kroatien die Lehrmeinung bestätigt hat, wonach unzumutbare Diskriminierungen ein Recht auf Sezession auslösen können (S. 322).

Menschenrechtsverletzungen[942]. Diese Beobachtung trifft zumindest auf die zeitlich vor der Anerkennung der Teilrepubliken abgegebenen Erklärungen zu.
In der Literatur wird der Zeitpunkt der Menschenrechtsverletzungen dagegen zum Teil für unerheblich gehalten. So kommt es nach Auffassung Webers lediglich darauf an, daß die Zentralregierung, die der Sezession und ihrer internationalen Anerkennung widerspreche, die Menschenrechtsverletzungen zu vertreten habe[943]. Nach Ansicht Gornigs liegen die Voraussetzungen des „klassischen" humanitären Sezessionsrechts auch dann vor, wenn Menschenrechtsverletzungen erst als Antwort auf Sezessionsbestrebungen begangen werden[944].
Diese Auffassungen stimmen mit der klassischen Konzeption der Völkerrechtslehre nicht überein. Da die von der Völkerrechtslehre entwickelte Konzeption eines Sezessionsrechts, Volksgruppen innerhalb eines bestehenden Staatenverbandes ein solches Recht als ultima ratio nur dann zubilligen will, wenn schwerwiegende Menschenrechtsverletzungen den Verbleib im Wohnstaat unzumutbar machen, ist der Zeitpunkt der Menschenrechtsverletzungen für die Annahme eines Sezessionsrechts sehr wohl entscheidend. Erst dann nämlich, wenn schwerwiegende Menschenrechtsverletzungen vorliegen, kann das innere Selbstbestimmungsrecht überhaupt erst in ein Sezessionsrecht umschlagen[945].
Die Frage, ob die Staatenpraxis im Jugoslawien-Konflikt die von der Völkerrechtslehre entwickelte humanitäre Konzeption des Sezessionsrechts bestätigt hat, ist deshalb zu verneinen. Zwar hatten die Menschenrechtsverletzungen gegenüber den kroatischen und muslimischen Volksgruppen Einfluß auf die Entscheidung der Staaten, die Teilrepubliken anzuerkennen. Sie stellten aber nicht die Rechtsgrundlage eines Rechts auf Sezession dar. Entscheidend war vielmehr, daß der Anspruch auf Sezession von einer Gruppe erhoben wurde, die nach innerstaatlichem Recht in einem besonderen Territorialverband organisiert war, wie dies bei den Teilrepubliken der Fall gewesen ist.
Die von der Völkerrechtslehre entwickelte humanitäre Konzeption des Sezessionsrechts hat sich somit im Jugoslawienkonflikt nicht bestätigt[946].

4. Ableitung des Sezessionsrechts aus dem Gewaltverbot?

Aus der Entscheidung der europäischen Staaten, in die Auseinandersetzungen zwischen Rest-Jugoslawien und den Teilrepubliken erst zu einem Zeitpunkt einzugreifen, als die Kämpfe zwischen den Konfliktparteien eskaliert waren, wird in der Literatur zum Teil gefolgert, das Sezessionsrecht setze den gewaltsamen

---

942 Vgl. etwa EPZ-Erklärung vom 27.08.1991, in: EA 1991, D 543; Kommunique des AHB vom 3./4.09.1991, in: EA 1991, D 546.

943 Weber, HuV 1993, S. 11.

944 Gornig, Politische Studien, Sonderheft 6/1993, S. 23.

945 Im Ergebnis ebenso Rauert, Kosovo, S. 202.

946 Marauhn, HuV 1991, S. 111 stellt daher zutreffend fest, daß im europäischen Kontext ein Sezessionsrecht bestehe, ohne daß es vorher zu massiven Menschenrechtsverletzungen gekommen sein müsse.

Umsturz eines Verfassungssystems voraus[947]. Baer zieht aus der Staatenpraxis im Jugoslawien-Konflikt sogar den Schluß, daß das Sezessionsrecht als eine Sanktion für die Verletzung des Gewaltverbotes zugebilligt worden sei[948]. Indem die europäischen Staaten die Gewaltanwendung zwischen Jugoslawien und Kroatien sowie zwischen Jugoslawien und Bosnien-Herzegowina verurteilten, hätten sie implizit zum Ausdruck gebracht, daß das Gewaltverbot auf innerstaatliche Konflikte Anwendung finde[949]. Daraus ließe sich folgern, daß den Republiken ein Sezessionsrecht zustehen könne.
Diese Argumentation beruht allerdings auf einem Zirkelschluß. Das Gewaltverbot kann auf die Beziehungen zwischen den jugoslawischen Teilrepubliken und Rest-Jugoslawien erst dann Anwendung finden, wenn zwischen den Konfliktparteien „internationale Beziehungen" im Sinne von Art. 2 Ziff. 4 UNO-Charta vorliegen. Das ist regelmäßig nur dann der Fall, wenn es sich bei den Konfliktparteien um Staaten handelt. Zwar kann das Gewaltverbot auch auf den Konflikt zwischen einem Staat und einem Träger des Sezessionsrechts Anwendung finden, da das Sezessionsrechts einen Anspruch auf Eigenstaatlichkeit gibt[950]. Die in einer vorzeitigen Anerkennung zum Ausdruck kommende Zubilligung eines Sezessionsrechts ermöglicht in diesem Fall aber erst die Anwendung des Gewaltverbotes. Dagegen kann der Verstoß gegen das Gewaltverbot nicht umgekehrt ein Recht auf Sezession auslösen.

5. *Zwischenergebnis*

Entscheidend für die Bereitschaft der europäischen Staaten, durch eine vorzeitig ausgesprochene Anerkennung die Sezession der ehemaligen jugoslawischen Teilrepubliken zu fördern, war, daß diese Selbstbestimmungsträger innerhalb Jugoslawiens den Rechtsstatus einer Teilrepublik innehatten. Zwar ist fraglich, ob in diesem Verhalten bereits der Beginn einer grundsätzliche Neuorientierung der Staatenpraxis zum Sezessionsrecht zu sehen ist[951]. Dagegen spricht zum einen, daß die europäischen Staaten in ihren Erklärungen stets betonten, sie wollten die territoriale Souveränität achten. Der Grundsatz der territorialen Souveränität wurde also lediglich auf die Teilrepubliken ausgeweitet. Zum anderen hat sich die Anerkennung eines Sezessionsrechts von besonderen Territorialverbän-

---

[947] Oeter, ZaöRV 52 (1992), S. 765; Marauhn, Anspruch auf Sezession?, S. 120.

[948] Baer, Zerfall Jugoslawiens, S. 396 ff, insbes. S. 404 ff.

[949] Vgl. auch die Resolution 787 des UN-Sicherheitsrates vom 16.11.1992, in welcher die Gewaltanwendung innerhalb Bosnien-Herzegowinas ebenfalls als „rechtswidrig" verurteilt worden ist. Dazu Nolte, Eingreifen auf Einladung, S. 204 ff.

[950] Vgl. oben VI. 1 c.

[951] Zumindest wird die Anerkennungspraxis in der Literatur als ein Schritt in Richtung auf ein sich für Europa herausbildendes Verbot gedeutet, die gewaltsame Unterdrückung von Sezessionsforderungen auf der Seite des bestehenden Staates zu unterstützen. Vgl. etwa Frey, Selbstbestimmung, Sezession und Gewaltverbot, S. 54 ff sowie unter Berufung auf die KSZE/OSZE-Prinzipien Oeter, ZaöRV 52 (1992), S. 765 ff.

den innerhalb eines Staates, die nach Unabhängigkeit streben, in der weiteren Staatenpraxis bisher nicht bestätigt. Die OSZE-Staaten haben etwa eine Unterstützung der Sezession Tschetscheniens abgelehnt[952], obwohl Tschetschenien innerhalb Rußlands einen besonderen Territorialverband darstellt und die tschetschenische Bevölkerung darüber hinaus schwerwiegenden Menschenrechtsverletzungen ausgesetzt ist.
Nachdem für die Forderung der Kosovo-Albaner nach staatlicher Unabhängigkeit allerdings das Anerkennungsverhalten gegenüber den jugoslawischen Teilrepubliken den maßgeblichen Bezugsrahmen darstellt, sind die Voraussetzungen, die nach diesem Verhalten ein Recht auf Sezession auslösen konnten, für sie maßgeblich.

IV. Übertragung auf den Selbstbestimmungsfall der Kosovo-Albaner

Da die Kosovo-Albaner als Teil des albanischen Volks Träger des Selbstbestimmungsrechts sind und jahrzehntelang schwerwiegenden Menschenrechtsverletzungen seitens der serbischen Regierung ausgesetzt waren, erfüllen sie die Voraussetzungen, welche die Völkerrechtslehre an ein aus dem Selbstbestimmungsrecht abzuleitendes Recht auf Sezession stellt[953]. Die im Anerkennungsverhalten der europäischen Staaten zum Ausdruck kommende Staatenpraxis hat ein Recht der Kosovo-Albaner auf einen unabhängigen Staat hingegen nicht bestätigt.

1. Kein Recht auf Sezession

Da das Kosovo innerhalb des jugoslawischen Staatsverbands nur eine Autonome Provinz und keine Teilrepublik ist, haben die Kosovo-Albaner nach der dargestellten Staatenpraxis keinen Anspruch auf staatliche Unabhängigkeit. Die gegenüber einem Volk gerichteten Menschenrechtsverletzungen waren für die Anerkennungspraxis der europäischen Staaten nicht ausschlaggebend[954].
Dementsprechend wurde der Antrag Kosovos, auf der Grundlage der EG-Anerkennungsrichtlinien vom 16. Dezember 1991 als unabhängiger Staat anerkannt zu werden[955], von der Badinter-Kommission nicht berücksichtigt[956].
Als die Auseinandersetzungen zwischen den jugoslawischen Einheiten und den Verbänden der UCK ab 1998 eskalierten und die Menschenrechtsverletzungen gegenüber der albanischen Zivilbevölkerung des Kosovo in der internationalen Öffentlichkeit als „ethnische Säuberungen" charakterisiert wurden, hielten die

---

[952] Vgl. die Entscheidung des Ständigen Rates der OSZE vom 03.02.1995, in: OSCE Newsletter No. 2 (1995), S. 1 ff. (zit. nach Nolte, Eingreifen auf Einladung, S. 253 m.w.N.)

[953] Vgl. bereits oben unter D. V.

[954] Vgl. oben unter III. 3.

[955] Vgl. das Schreiben des kosovarischen Präsidenten Rugova an den Vorsitzenden der Jugoslawienkonferenz Lord Carrington vom 22.12.1991 bei Weller, Crisis, S. 81.

[956] Vgl. Weller, Crisis, S. 76.

europäischen Staaten an ihrem Standpunkt fest. Die Kontaktgruppe machte deutlich, daß sie weder die Unabhängigkeitsforderung des Kosovo noch den status quo unterstütze[957] und der damalige Bundesaußenminister Kinkel erklärte, der kosovarische Präsident Rugova solle sich „keine Illusionen" über ein unabhängiges Kosovo machen[958]. Der Sicherheitsrat hat an der territorialen Zugehörigkeit des Kosovo zu Jugoslawien ebenfalls keinen Zweifel gelassen. In allen einschlägigen Resolutionen wurde das Kosovo regelmäßig als „Kosovo, Federal Republic of Serbia" bezeichnet.
Auch zum gegenwärtigen Zeitpunkt ist die Staatengemeinschaft nicht bereit, den Kosovo-Albanern einen unabhängigen Staat zuzubilligen. Den Kosovo-Albanern soll lediglich substantielle Autonomie innerhalb des jugoslawischen Staatsverbands gewährt werden.

2. *Bewertung*

Es stellt sich die Frage, wie die Anerkennungspraxis der europäischen Staaten, die darauf abstellt, daß eine Republik ein Sezessionsrecht geltend macht und nicht ein Volk, das schwerwiegenden Menschenrechtsverletzungen ausgesetzt ist, im Falle der Kosovo-Albaner zu bewerten ist.
Indem die Staatenpraxis ein Sezessionsrecht nur den ehemaligen Teilrepubliken zubilligte, orientierte sie sich an der im Zeitpunkt des Zerfalls Jugoslawiens noch geltenden Föderationsverfassung von 1974, wonach Slowenien, Kroatien, Bosnien-Herzegowina und Mazedonien als „Nationen" Träger des Selbstbestimmungsrechts waren und dieses Selbstbestimmungsrecht im Rahmen einer eigenen Teilrepublik verwirklichen konnten[959]. Die europäischen Staaten haben bei ihrer Entscheidung, die ehemaligen Teilrepubliken als unabhängige Staaten anzuerkennen, allerdings nicht berücksichtigt, daß auch das Kosovo unter der Verfassung von 1974 einen Sonderstatus innehatte, durch welchen sich die Kosovo-Albaner von der serbischen Bevölkerung der Krajina, deren Anspruch auf äußere Selbstbestimmung die Badinter-Kommission zurückwies[960], unterschieden. Nach der Verfassung von 1974 war das Kosovo als Autonome Provinz konstitutiver Bestandteil der Föderation und damit den Teilrepubliken de facto gleichgestellt[961]. Folglich erfüllte das Kosovo im Zeitpunkt des Zerfalls Jugoslawiens nicht nur die Voraussetzungen, die die Völkerrechtslehre an ein Recht auf Sezession stellen will, sondern es wies mit seiner territorialen Sonderstellung auch ein Merkmal auf, das für die Zubilligung eines Sezessionsrechts durch die Staatenpraxis ausschlaggebend war. Erst durch die verfassungswidrige Ab-

---

[957] Vgl. FAZ vom 07.02.1998, S. 12; 10.03.1998, S. 1 und 2; ferner FAZ vom 26.03.1998, S. 1; 25.06.1998.

[958] FAZ vom 26.06.1998, S. 1.

[959] Vgl. 1. Kapitel unter II. 2.

[960] Vgl. oben unter III. 2.

[961] Vgl. 1. Kapitel unter II. 2.

schaffung der Autonomie des Kosovo durch die serbische Regierung in den Jahren 1989 und 1990 verlor das Kosovo seinen Sonderstatus und die Kosovo-Albaner waren fortan schwerwiegenden Menschenrechtsverletzungen ausgesetzt. Die Tatsache, daß diese Entwicklung von den europäischen Staaten nicht beachtet worden ist, zeigt, daß Menschenrechtsverletzungen - entgegen der Staatenpraxis im Jugoslawienkonflikt – bei der Zubilligung eines aus dem Selbstbestimmungsrecht abzuleitenden Rechts auf Sezession Beachtung finden müssen.

Billigt man nämlich, wie dies die europäischen Staaten getan haben, einem Volk nur dann ein Sezessionsrecht zu, wenn es bereits als innerstaatliche Republik organisiert ist, dann besteht die Gefahr, daß die Staaten in der Praxis den Völkern territoriale Autonomie vorenthalten, aus der berechtigten Befürchtung heraus, daß diese ein Sezessionsrecht geltend machen könnten[962]. Für die Kosovo-Albaner hat sich diese Gefahr verwirklicht. Ihre Forderung nach einer eigenen Teilrepublik, also nach territorialer Autonomie innerhalb der jugoslawischen Föderation, ist von Serbien und Jugoslawien gewaltsam unterdrückt worden. Mit der Abschaffung der Autonomie des Kosovo hat Milosevic` Politik letztlich verhindert, daß das Kosovo von den europäischen Staaten als unabhängiger Staat anerkannt werden konnte[963].

Dieses Ergebnis läuft der Idee des Selbstbestimmungsrechts als Konzept der Friedenswahrung zuwider. Gerade durch die Gewährung von Autonomie oder durch den Aufbau föderaler Strukturen kann grundsätzlich ein optimaler Ausgleich zwischen dem Selbstbestimmungsrecht und der staatlichen Souveränität geschaffen werden[964]. Blumenwitz stellt insofern fest: „Nur die Einräumung des inneren Selbstbestimmungsrechts schützt den Staat wirksam vor Sezessionsforderungen."[965] Daher müssen massive Menschenrechtsverletzungen das maßgebliche Kriterium für ein aus dem Selbstbestimmungsrecht abzuleitendes Recht auf Sezession bleiben. Die Gefahr, daß Staaten Autonomie verweigern, um Sezessionsforderungen vorzubeugen, besteht bei der von der Völkerrechtslehre vertretenen humanitären Konzeption des Sezessionsrechts nicht, weil Menschenrechtsverletzungen unabhängig von dem Verfassungsstatus eines Volkes ein Sezessionsrecht des Selbstbestimmungsträgers auslösen können. Ein Staat hat es in

---

[962] Vgl. Murswiek, AVR 31 (1993), S. 331; Heintze, Selbstbestimmungsrecht und Minderheitenrechte, S. 117 ff.

[963] In diesem Sinne auch Rauert, Kosovo, S. 205. Zu den Konsequenzen einer Übertragung des uti-possidetis-Prinzips auf interne Verwaltungsgrenzen führt Wolf, FS Schiedermair, S. 860 aus: „Völkerrechtlich steht die Unabhängigkeitsforderung der Kosovo-Albaner auf keinen schwächeren Füßen als die seinerzeitigen Forderungen Sloweniens, Mazedoniens und Kroatiens nach Unabhängigkeit."

[964] Blumenwitz, Volksgruppen und Minderheiten, S. 73. Ebenso Murswiek, AVR 31 (1993), S. 331 f. und Heintze, Selbstbestimmungsrecht und Minderheitenrechte, S. 114 ff.

[965] Blumenwitz, Volksgruppen und Minderheiten, S. 73. Im gleichen Sinne auch Murswiek, AVR 31 (1993), S. 332.

diesem Fall also nicht selbst in der Hand, die Inanspruchnahme des Selbstbestimmungsrechts durch die Einräumung oder Verweigerung eines bestimmten Territorialstatus zu steuern. Vielmehr kann ein Sezessionsrecht als Sanktion für Menschenrechtsverletzungen auch als eine Drohung dienen und einen Staat dazu anhalten, Menschenrechte zu beachten und einem Volk seine innere Selbstbestimmung zu gewähren.

3. Folgen der Ablehnung eines Sezessionsrechts durch die Staatenpraxis für die Bewertung der humanitären Intervention der NATO

Die Ablehnung eines Rechts der Kosovo-Albaner auf Sezession durch die Staatenpraxis hat auch Auswirkungen auf die rechtliche Bewertung der humanitären Intervention der NATO. Es wurde bereits nachgewiesen[966], daß die humanitäre Intervention eine Möglichkeit dritter Staaten darstellen kann, der Sezession zum Durchbruch zu verhelfen, wenn mit der Völkerrechtslehre angenommen wird, daß die Verletzung fundamentaler Menschenrechte ein solches Recht auf Sezession auslöst. Der Verstoß gegen das Gewaltverbot ließe sich in diesem Fall als Nothilfe auf der Grundlage von Art. 51 UNO-Charta rechtfertigen, weil die Gewaltanwendung der Absicherung eines anerkannten Anspruchs auf Eigenstaatlichkeit dienen würde. Dieser Mechanismus wurde im Kosovo-Konflikt von der Staatengemeinschaft jedoch nicht instrumentalisiert[967]. Nach der Staatenpraxis soll den Kosovo-Albanern gerade kein Anspruch auf Eigenstaatlichkeit zustehen, weil der Unabhängigkeit des Kosovo die territoriale Souveränität und Integrität Jugoslawiens entgegen stehe. Die territoriale Souveränität und Integrität Jugoslawiens wurden aber gleichzeitig verletzt, indem die NATO-Staaten in den Kosovo-Konflikt militärisch eingriffen, ohne daß ihnen der Sicherheitsrat der Vereinten Nationen ein entsprechendes Mandat erteilt hatte. Dieses Verhalten der Staatenpraxis ist widersprüchlich. Daß die Intervention der NATO dem Ziel diente, die gegenüber den Kosovo-Albanern begangenen Menschenrechtsverletzungen zu beenden, vermag für sich genommen den Verstoß gegen das Gewaltverbot nicht zu rechtfertigen. Eine Rechtfertigung der Gewaltanwendung als Nothilfe käme allenfalls dann in Betracht, wenn die gegen einen Träger des Selbstbestimmungsrechts gerichteten Menschenrechtsverletzungen ein Recht auf Sezession auslösen würden. Da ein solches Recht der Kosovo-Albaner auf Sezession von der Staatenpraxis aber nicht anerkannt wurde, bleibt es bei der im Rahmen des 2. Kapitels festgestellten Rechtswidrigkeit der NATO-Intervention.
Die Nichtbeachtung des Selbstbestimmungsrechts der Kosovo-Albaner durch die Staatengemeinschaft wirkt sich schließlich auch auf die Folgen der humanitären Intervention der NATO aus. Während eine humanitäre Intervention, die der Durchsetzung eines Sezessionsanspruchs dient, einen endgültigen territorialen Status für die betroffene Volksgruppe schaffen könnte, hat die Intervention der NATO zu keiner abschließenden Lösung des Kosovo-Konflikts beigetragen.

---

[966] Vgl. unter D. VI. 1.

[967] Blumenwitz, Politische Studien, Sonderheft 4/1999, S. 28.

Die Kosovo-Albaner haben ihre Forderung nach staatlicher Unabhängigkeit nicht aufgegeben, weil die Menschenrechtsverletzungen ihr Vertrauen in eine innerstaatliche Konfliktlösung zunichte gemacht haben, mit der Folge, daß Jugoslawien gezwungen sein könnte, die Sezessionsbestrebungen erneut gewaltsam zu unterdrücken.
Um eine solche weitere Gewalteskalation zu vermeiden, haben die Vereinten Nationen im Kosovo eine zivile Übergangsverwaltung (United Nations Interim Administration in Kosovo, UNMIK) eingerichtet, mit dem Ziel, dem Kosovo zu „substantieller Autonomie" innerhalb des jugoslawischen Staatsverbandes zu verhelfen. Die Arbeit der UNMIK wird durch eine von der NATO geführte internationale Sicherheitstruppe entsprechend dem militärisch-technischen Abkommen zwischen den internationalen Sicherheitskräften (KFOR) und den Regierungen der BRJ und der Republik Serbien vom 15. Juni 1999[968], unterstützt[969]. Die dem Kosovo auf der Grundlage der Resolution 1244 einzuräumende Autonomie stellt sich aus völkerrechtlicher Sicht als eine Ausübungsform des „inneren Selbstbestimmungsrechts" in Form einer Territorialautonomie dar[970]. Inwieweit die Gewährung „innerer Selbstbestimmung" zum gegenwärtigen Zeitpunkt allerdings noch geeignet ist, einen Ausgleich zwischen dem jugoslawischen Gebietsanspruch und dem Recht der Kosovo-Albaner auf Selbstbestimmung zu schaffen, soll im folgenden Abschnitt untersucht werden.

F. Das Selbstbestimmungsrecht der Kosovo-Albaner unter der Verwaltung der Vereinten Nationen

Die Staatenpraxis im Jugoslawienkonflikt hat zwar ein Recht der Kosovo-Albaner auf Sezession abgelehnt, den Kosovo-Albanern aber die Ausübung ihres Selbstbestimmungsrechts nicht grundsätzlich verwehrt. Um ihr Selbstbestimmungsrecht im Rahmen der territorialen Souveränität der BRJ verwirklichen zu können, soll den Kosovo-Albanern eine umfassende Selbstverwaltung im Rahmen einer „substantiellen Autonomie" eingeräumt werden, zu deren Beachtung sich die BRJ verpflichtet hat[971]und deren Einräumung von den Vereinten Nationen überwacht wird.
Im folgenden soll zunächst der rechtliche Rahmen der Autonomielösung dargestellt und anschließend überprüft werden, ob die Gewährung „substantieller Autonomie" angesichts der politischen Realität geeignet erscheint, den Konflikt zwischen Serben und Albanern einer dauerhaften Lösung zuzuführen.

---

[968] UN-Doc. S/1999/682.

[969] Vgl. bereits 1. Kapitel unter E.

[970] Zur Autonomie als Ausübungsform des „inneren Selbstbestimmungsrechts" vgl. bereits oben unter C. II. 1a.

[971] Vgl. bereits 1. Kapitel unter D. III.

I. Die Resolution 1244 als rechtlicher Rahmen

Die rechtliche Grundlage für den gegenwärtigen Status des Kosovo stellt die Sicherheitsrats-Resolution 1244 vom 10. Juni 1999 dar, in welcher die Beachtung der Souveränität Jugoslawiens und die Selbstverwaltung des Kosovo als Rahmenbedingungen einer endgültigen Lösung des Konflikts zwischen Serben und Albanern genannt werden[972]. Dementsprechend kommen in der Präambel der Resolution die „Bekräftigung des Eintretens aller Mitgliedstaaten für die Souveränität und territoriale Unversehrtheit der Bundesrepublik Jugoslawien und der anderen Staaten der Region" sowie die „Bekräftigung der in früheren Resolutionen geforderten substantiellen Autonomie und tatsächlichen Selbstverwaltung des Kosovo" zum Ausdruck. Um diese Autonomielösung zu ermöglichen, sieht die Resolution 1244 die Einrichtung einer Übergangsverwaltung im Kosovo vor, sowie die Etablierung einer internationalen Sicherheitspräsenz, welcher nach Art. 1 Abs. 2 des militärisch-technischen Abkommens zwischen den internationalen Sicherheitskräften (KFOR) und den Regierungen der BRJ und der Republik Serbien[973] die Aufgabe zukommt, „jede Handlung zu setzen, die notwendig ist, um eine sichere Umgebung für alle Bürger des Kosovo zu etablieren und aufrechtzuerhalten (...)."

1. Kapitel VII UNO-Charta als Rechtsgrundlage der Resolution

Der Aufbau einer Zivilverwaltung in einem Teil eines Staates, dessen territoriale Souveränität die Staatengemeinschaft ausdrücklich anerkennt, stellt keine klassische Maßnahme der Friedensschaffung dar. Dennoch stützt der Sicherheitsrat den Erlaß der Resolution 1244 auf Kapitel VII UNO-Charta, ohne auf einen bestimmten Artikel Bezug zu nehmen[974]. Der Sicherheitsrat qualifiziert zwar die Situation im Kosovo auch nach dem Ende der NATO-Intervention als „Friedensbedrohung" im Sinne von Art. 39 UNO-Charta[975]. Die Errichtung einer zivilen Übergangsverwaltung stellt aber weder eine militärische Zwangsmaßnahme nach Art. 42 UNO-Charta noch eine typische Maßnahme auf der Grundlage von Art. 41 UNO-Charta dar[976]. Da allerdings Art. 41 UNO-Charta die vom Sicherheitsrat zu verhängenden nicht-militärischen Maßnahmen nur beispielhaft aufzählt, liegt es grundsätzlich im Ermessen des Sicherheitsrates auch andere, in

---

972 Zum Aufbau der Zivilverwaltung im Kosovo vgl. auch Joetze, Der letzte Krieg in Europa?, S. 179 ff.

973 UN-Doc. S/1999/682 vom 15.06.1999.

974 Eine Parallele zu dieser Vorgehensweise stellt die Einrichtung der Strafgerichte für das ehemalige Jugoslawien und für Ruanda dar. Zur Befugnis des Sicherheitsrates zur Schaffung des Jugoslawien-Tribunals vgl. Herbst, Rechtskontrolle, S. 366 ff.

975 Vgl. den Wortlaut der Resolution 1244: „(...) feststellend, daß die Situation in der Region auch weiterhin eine Bedrohung des Weltfriedens und der internationalen Sicherheit darstellt."

976 Vgl. Wagner, VN 1999, S. 133. Art. 41 UNO-Charta nennt als typische nicht-militärische Maßnahmen nach Kapitel VII UNO-Charta Boykottmaßnahmen.

Art. 41 UNO-Charta nicht ausdrücklich genannte Maßnahmen zu ergreifen[977]. Die Befugnis des Sicherheitsrates zur Einrichtung einer Zivilverwaltung im Kosovo, die dem Ziel dient, der Region „internationale Verfassungshilfe“[978] zu gewähren, kann deshalb nicht bezweifelt werden[979].

2. Die „substantielle Autonomie“ des Kosovo nach der Resolution 1244

Die Gewährung von Autonomie als Kompromißlösung zwischen den Gebietsansprüchen der Serben und dem Anspruch der Kosovo-Albaner auf Selbstbestimmung ist bereits in den Resolutionen 1160, 1199, 1203 sowie in dem Interimsabkommen von Rambouillet[980] vorgesehen. Auf diese Dokumente nimmt die Resolution 1244 ausdrücklich Bezug[981].

Nach der Resolution 1244 soll der Aufbau einer Autonomie des Kosovo durch die internationalen Sicherheitskräfte und die zivile Verwaltung der Vereinten Nationen gewährleistet werden, deren Aufgabenbereiche im folgenden dargestellt werden.

---

[977] Simma-Frowein, Art. 41 UNO-Charta, Rn. 9. Umständlich ist dagegen die Argumentation Wagners, VN 4/1999, S. 133, der ohne Begründung Art. 41 UNO-Charta als Befugnisnorm ablehnt und die Rechtmäßigkeit der Resolution 1244 aus einer teleologischen Interpretation der UNO-Charta sowie aus dem instant customary law herleitet.

[978] Vgl. zu diesem Begriff Frowein, BerDGVR 39 (2000), S. 440 ff. Als „internationale Verfassungshilfe“ ist nach Frowein die „freiwillig oder mit multilateralem Druck erzeugte Hinführung neuer Staaten oder Verfassungssysteme zu den global oder regional anerkennten Grundlagen“ zu verstehen (S. 440). Vor der Einsetzung der UN-Verwaltung im Kosovo fand eine solche „internationale Verfassungshilfe“ bereits in den Anerkennungsrichtlinien der EG-Mitgliedstaaten Ausdruck, wonach die Anerkennung der ehemaligen jugoslawischen Teilrepubliken von der Bedingung abhängig gemacht wurde, daß die Neustaaten gewissen demokratischen und rechtsstaatlichen Anforderungen genügten. Vgl. zum Inhalt der Anerkennungsrichtlinien bereits oben unter E. II. 1. Ein weiteres Beispiel stellt die Übernahme von Gesetzgebungs- und Verfassungszuständigkeiten durch den Hohen Repräsentanten in Bosnien-Herzegowina auf der Grundlage des Dayton-Abkommens dar, welche als Modell für die UN-Verwaltung im Kosovo diente.

[979] Der Sicherheitsrat hat mit der Resolution 1272 vom 25.10.1999 (Text in: VN 6/1999, S. 219 ff.) inzwischen eine der UNMIK vergleichbare Übergangsverwaltung der Vereinten Nationen in Osttimor eingesetzt (UNTAET). Im Gegensatz zur UNMIK dient die UNTAET allerdings der Absicherung der Unabhängigkeit Ost-Timors nach dem am 30.08.1999 durchgeführten Referendum.

[980] Vgl. zum Inhalt des Rambouillet-Abkommens bereits 1. Kapitel unter D. II. 2.

[981] In Abs. 2 der Präambel der Resolution 1244 weist der Sicherheitsrat auf seine bisherigen Resolutionen zum Kosovo hin. In Ziff. 11 lit. e) des operativen Teils der Resolution wird als eine der Hauptaufgaben der internationalen zivilen Präsenz die „Erleichterung eines politischen Prozesses mit dem Ziel, unter Berücksichtigung des Rambouillet-Abkommens (S/1999/648) den künftigen Status des Kosovo zu bestimmen“ genannt.

a. Aufgaben der Sicherheitspräsenz und der zivilen Verwaltung

In Ziff. 5 des operativen Teils der Resolution 1244 beschließt der Sicherheitsrat „unter der Schirmherrschaft der Vereinten Nationen im Kosovo internationale zivile und Sicherheitspräsenzen zu dislozieren, die über das erforderliche Gerät und Personal verfügen (...)." Die Aufgabe der internationalen Sicherheitspräsenz besteht nach Ziff. 9 der Resolution in erster Linie darin, die Waffenruhe aufrecht zu erhalten und zu diesem Zweck zunächst den Abzug der jugoslawischen Einheiten aus dem Kosovo sowie die Demilitarisierung der UCK zu überwachen. Während die internationale Sicherheitspräsenz der äußeren Sicherheit der Kosovo-Albaner dienen soll, können die Aufgaben der zivilen Präsenz Aufschluß über die den Kosovo-Albanern einzuräumende Autonomie geben. Die Hauptaufgabe der zivilen Präsenz soll nach Ziff. 11 lit. a) des operativen Teils der Resolution darin liegen, bis zu einer endgültigen Regelung die Herstellung substantieller Autonomie und Selbstverwaltung im Kosovo unter Berücksichtigung des Rambouillet-Abkommens zu fördern. Zu diesem Zweck soll die zivile Präsenz nach Ziff. 11 lit. b)-k) grundlegende zivile Verwaltungsaufgaben wahrnehmen, den Aufbau vorläufiger Institutionen für eine demokratische und autonome Selbstverwaltung sowie die Abhaltung von Wahlen organisieren und überwachen. Die zivile Präsenz soll die zunächst von ihr wahrzunehmenden Verwaltungsaufgaben auf die neu geschaffenen kosovarischen Institutionen schrittweise übertragen, den wirtschaftlichen Wiederaufbau des Kosovo unterstützen, durch die Schaffung einer örtlichen Polizeitruppe die zivile öffentliche Ordnung aufrechterhalten und schließlich die Rückkehr der Vertriebenen gewährleisten.

b. Schlußfolgerungen für das Selbstbestimmungsrecht der Kosovo-Albaner

Aus den dargestellten Aufgabenbereichen von KFOR und UNMIK lassen sich keine eindeutigen Schlußfolgerungen auf die nähere Ausgestaltung der „substantiellen Autonomie" des Kosovo ziehen[982]. Fest steht lediglich, daß dem Kosovo territoriale Autonomie innerhalb der BRJ zukommen soll, womit der Status des Kosovo über den Status der kommunalen und regionalen Selbstverwaltungskörperschaften hinausgeht und das Recht zur Selbstverwaltung von bestimmten Aufgaben umfaßt[983].

Angesichts des weitgehend unklaren Rechtsrahmens der von der Resolution 1244 geschaffen worden ist[984], muß die substantielle Autonomie des Kosovo vorwiegend anhand der politischen Realität konkretisiert und bewertet werden.

---

[982] Vgl. dazu auch FAZ vom 24.02.2000, S. 8.

[983] Zum Inhalt der Territorialautonomie vgl. Blumenwitz, Volksgruppen und Minderheiten, S. 106 ff.

[984] Dieser Mangel an Klarheit ergibt sich bereits aus der Tatsache, daß „Autonomie" allgemein einen unbestimmten Rechtsbegriff darstellt, welcher der Konkretisierung bedarf. Vgl. hierzu etwa Heintze, Selbstbestimmungsrecht und Minderheitenrechte, S. 114 f.

II. Die substantielle Autonomie in der politischen Realität

Der Versuch, den Konflikt zwischen Kosovo-Albanern und Serben durch die Gewährung innerer Selbstbestimmung in Form einer substantiellen Autonomie dauerhaft beizulegen, stößt in der politischen Realität auf Schwierigkeiten. Da die Verwaltung der Vereinten Nationen in einem weiten Rechtsrahmen tätig wird[985] und zudem nur für eine Übergangszeit eingerichtet worden ist, stößt die Umsetzung der Resolution 1244 auf Schwierigkeiten. Auch haben sich die politischen Forderungen der Kosovo-Albaner nicht geändert.

1. Die Umsetzung der Resolution 1244

Obwohl die Resolution 1244 die Achtung vor der territorialen Souveränität der BRJ besonders hervorhebt und dadurch dem von den Kosovo-Albanern geltend gemachten Anspruch auf staatliche Unabhängigkeit eine klare Absage erteilt, hat die Umsetzung der Resolution dazu geführt, daß das Kosovo inzwischen weitgehend aus dem Rechtsrahmen der BRJ herausgelöst worden ist.
Diese Entwicklung läßt sich zum einen darauf zurückführen, daß die Resolution 1244 die Entscheidungen über die konkrete Ausgestaltung der im Kosovo aufzubauenden Autonomie im Bereich der Zivilverwaltung[986] weitgehend dem UN-Generalsekretär überlassen hat, welcher seine Zuständigkeit wiederum auf seinen Sonderbeauftragten übertragen hat[987]. Zum anderen erschwert der provisorische Charakter der Übergangsverwaltung die Umsetzung der Resolution.

a. Die Befugnis zur Umsetzung der Resolution

In Ziff. 10 des operativen Teils der Resolution 1244 ermächtigt der Sicherheitsrat den Generalsekretär, „mit Hilfe der zuständigen internationalen Organisationen eine zivile Präsenz im Kosovo einzurichten, um eine Übergangsverwaltung für das Kosovo bereitzustellen, unter der die Bevölkerung des Kosovo substantielle Autonomie innerhalb der Bundesrepublik Jugoslawien genießen kann (...)".
In seinem Bericht vom 12. Juli 1999[988], der die Mission in ihrer gegenwärtigen Form skizziert[989] hat der Generalsekretär seine Aufgaben weitgehend seinem

---

[985] Vgl. soeben unter 2 b.

[986] Ähnlich weitreichend ist auch die in Ziff. 7 der Resolution 1244 erteilte Ermächtigung an die internationalen Sicherheitskräfte: „Der Sicherheitsrat [...] ermächtigt die Mitgliedstaaten und die zuständigen internationalen Organisationen, die internationale Sicherheitspräsenz im Kosovo gemäß Punkt 4 der Anlage 2 zu errichten und mit allen Mitteln auszustatten, die sie für die Wahrnehmung ihrer Aufgaben nach Ziffer 9 benötigt." Zu den Aufgaben der internationalen Sicherheitspräsenz nach Ziff. 9 der Resolution vgl. bereits oben unter I. 2 a.

[987] Damit obliegt die Auslegung der Resolution 1244 letztlich dem UN-Generalsekretär. Kritisch hierzu Frowein, BerDGVR 39 (2000), S. 441.

[988] UN-Doc. S/1999/779.

[989] Die UNMIK gliedert sich in vier Aufgabenbereiche: Zivilverwaltung, humanitäre Unterstützung, Aufbau demokratischer Strukturen und Wiederaufbau. Diese Aufgabenbereiche

Sonderbeauftragten übertragen[990]. Der Generalsekretär bekennt sich in seinem Bericht zur Beachtung der Gesetze der BRJ, allerdings nur insoweit „ as they do not conflict with internationally recognized human rights standards or with regulations issued by the Special Representative in the fulfillment of the mandate given to the United Nations by the Security Council."[991] Die zuletzt genannte Einschränkung einer grundsätzlichen Achtung der Souveränität Jugoslawiens setzt sich in den umfassenden Befugnissen des Sonderbeauftragten fort: „He may change, repeal or suspend existing laws to the extent necessary for the carrying out of his functions, or where existing laws are incompatible with the mandate, aims and purposes of theinterim civil administration."[992]
In Ausübung dieser weitreichenden Befugnisse hat der Sonderbeauftragte etwa den jugoslawischen Dinar durch die Deutsche Mark ersetzt, eigenständige politische Strukturen geschaffen, die Zollkontrollen an den Grenzen übernommen und neue KfZ-Kennzeichen eingeführt. Die Steuern werden im Kosovo zudem nicht an Belgrad, sondern an die UNMIK abgeführt[993]. Durch diese Maßnahmen ist das Kosovo zum gegenwärtigen Zeitpunkt de facto weitestgehend aus dem Rechtsrahmen Serbiens herausgelöst worden, auch wenn de jure das Kosovo Bestandteil Serbiens geblieben ist. Die Verselbständigung des Kosovo hat sich ferner durch die Kommunalwahlen vom Oktober 2000[994] und die Parlamentswahlen vom November 2001 fortgesetzt.
Diese Entwicklungen zeigen, daß sich die in der Resolution 1244 vorgesehene Autonomielösung bisher in der politischen Realität nicht verwirklichen konnte. Da die UN-Verwaltung zudem nur für eine Übergangszeit im Kosovo tätig sein soll, stellt sich die Frage, ob angesichts der unveränderten Forderungen der Kosovo-Albaner nach staatlicher Unabhängigkeit, die Zubilligung eines nur „inneren Selbstbestimmungsrechts" noch geeignet ist, den Konflikt zwischen Serben und Albanern dauerhaft beizulegen.

b. Der provisorische Charakter der UN-Verwaltung

Die Resolution 1244 läßt den endgültigen politischen und rechtlichen Status des Kosovo letztlich offen[995] Die von den Vereinten Nationen eingesetzte Zivilver-

---

bestehen auch nach der Reform der UN-verwaltung vom Februar 2000. Vgl. zu den Aufgaben der UNMIK und zu deren Reform ausführlich Wagner, VN 2000, S. 134 ff.

[990] Sonderbeauftragter des Generalsekretärs im Kosovo war zunächst der ehemalige französische Gesundheitsminister Kouchner. Im Januar 2001 übernahm der ehemalige dänische Verteidigungsminister Haekkerup die Position des Sonderbeauftragten. Haekerup legte sein Amt Ende 2001 nieder. Vgl. zur Ernennung Haekerups Press Release SG/A/758 vom 8. Dezember 1999.

[991] UN-Doc. S/1999/779 para. 36.

[992] UN-Doc. S/1999/779 para. 39.

[993] Vgl. zu diesen Maßnahmen Biermann, Internationale Politik 9/2000, S. 52.

[994] FAZ vom 02.11.2000, S. 16.

[995] Vgl. auch Biermann, Internationale Poitik 9/2000, S. 51.

waltung wird ausdrücklich als eine Übergangs-Verwaltung bezeichnet und in Ziff. 11 des operativen Teils der Resolution kommt der provisorische Charakter der UN-Verwaltung in den Formulierungen „bis zu einer endgültigen Regelung“[996] bzw. „bis zu einer politischen Regelung“[997] zum Ausdruck. Wie eine solche „endgültige Regelung“ aussehen soll, ist ungeklärt. Die Staatengemeinschaft hält zwar nach wie vor daran fest, daß eine Lösung des Kosovo-Konflikts nur innerhalb Jugoslawiens erfolgen könne, aber die politischen Forderungen der Kosovo-Albaner zeigen, daß eine Autonomielösung ohne ein langfristiges Engagement der Vereinten Nationen nicht realistisch erscheint.

2. *Die politischen Forderungen der Kosovo-Albaner*

Trotz der Einrichtung der zivilen Übergangsverwaltung der Vereinten Nationen im Kosovo hat sich der Konflikt zwischen Serben und Albanern nämlich nicht entschärft. Die Kosovo-Albaner fordern nach wie vor die staatliche Unabhängigkeit des Kosovo[998], während die jugoslawische Bundesregierung auf dem Verbleib des Kosovo im Staatsverband der BRJ besteht.

Ein Großteil der serbischen Bevölkerung des Kosovo ist inzwischen aus der Region geflohen[999], so daß sich das von den Vereinten Nationen vorgesehene multiethnische Zusammenleben zwischen Serben und Albanern im Kosovo nicht verwirklichen konnte[1000]. Die noch im Kosovo verbliebenen Serben müssen von der KFOR vor Anschlägen radikaler Albaner geschützt werden[1001], was als ein weiteres Indiz dafür gewertet werden kann, daß im Kosovo gegenwärtig die Voraussetzungen für eine gemeinsame Staatlichkeit von Serben und Albanern nicht bestehen.

III. Bewertung

Die politischen Entwicklungen im Kosovo zeigen, daß die Gewährung innerer Selbstbestimmung durch die Einräumung „substantieller Autonomie“ zum gegenwärtigen Zeitpunkt nicht geeignet ist, den Konflikt zwischen Serben und Albanern zu entschärfen, so daß sich die Frage stellt, ob der Kosovo-Konflikt letztlich nur noch dadurch gelöst werden kann, daß die Staatengemeinschaft entgegen ihrer bisherigen Praxis ein Recht der Kosovo-Albaner auf Sezession anerkennt[1002]. In jüngster Zeit mehren sich daher die Forderungen nach einer

---

[996] Ziff. 11 lit. a).

[997] Ziff. 11 lit. c).

[998] Vgl. FAZ vom 20.09.1999, S. 7; 24.02.2000, S. 8;

[999] FAZ vom 08.03.2000, S. 6.

[1000] Vgl. Biermann, Internationale Politik 2000, S. 51; FAZ vom 20.09.1999, S. 7; 24.02.2000, S. 10;

[1001] Vgl. FAZ vom 08.03.2000, S. 6.

[1002] Eine solche Lösung entspräche dem von Musgrave, Self-Determination, S. 257 f. beschriebenen Fall: „Yet despite the essentially negative character of ethnic self-

Anerkennung der Unabhängigkeit des Kosovo durch die Staatengemeinschaft[1003]. Im Oktober 2000 hat eine unabhängige internationale Kommission den Vereinten Nationen eine „bedingte Unabhängigkeit" für das Kosovo vorgeschlagen[1004]. Nach Ansicht des Vorsitzenden der Kommission, des südafrikanischen Verfassungsrichters und ehemaligen Staatsanwalts für das UN-Kriegsverbrechertribunal Jugoslawien Goldstone, sei es „nicht realistisch oder gerechtfertigt" zu erwarten, daß sich die Kosovo-Albaner nach den Vertreibungen und Menschenrechtsverletzungen von Jugoslawien regieren ließen[1005]. Daher solle die Staatengemeinschaft beginnen, mit den Balkanstaaten Verhandlungen über eine zukünftige Unabhängigkeit des Kosovo zu führen. Diese Unabhängigkeit sei von mehreren Bedingungen abhängig: Für ein politisches und wirtschaftliches Überleben brauche das Kosovo offene Grenzen. Ferner sei eine „hinreichend demokratische Verfassung" des Kosovo mit weitgehenden Minderheitenrechten für die serbische Bevölkerung des Kosovo Voraussetzung für die Unabgängigkeit.
Die Auswirkungen der Anerkennung eines Sezessionsrechts der Kosovo-Albaner für die Balkanregion sind zum gegenwärtigen Zeitpunkt allerdings nicht absehbar. Auch im Hinblick auf die Gewaltausbrüche in den Grenzregionen des Kosovo im Frühjar 2001[1006] ist fraglich, ob die staatliche Unabhängigkeit des Kosovo tatsächlich zu einer Stabilisierung des Balkans führen könnte, wie dies der kosovarische Präsident Rugova behauptet[1007]. Die Radikalisierung der albanischen Bevölkerungsgruppen im Süden Serbiens und in Nordmazedonien läßt vielmehr befürchten, daß ein Nachgeben der Staatengemeinschaft gegenüber dem Unabhängigkeitsstreben der Kosovo-Albaner Forderungen nach einer Zusammenlegung aller albanischen Siedlungsgebiete auf dem Balkan nach sich ziehen könnte[1008], was den Balkan weiter destabilieren würde. Vor diesem

determination, it may in some instances be the only way in resolving ethnic conflict. Ethnic groups may be divided by such profound cultural and religious differences, or hold such intense animosity towards each other, or be so blinded by nationalism, that coexistence within a single state is simply not possible. In such circumstances the creation of nation-states may in fact be the only way of resolving ongoing and intractable political and social strife between such groups. Therefore international law, while not encouraging the creation of nation-states, must allow for the inability of ethnic groups to coexist within a single state."

1003 FAZ vom 24.02.2000, S. 8 und 10; Biermann, Internationale Politik 2000, S. 53; Wagner, VN 2000, S. 32 ff.

1004 FAZ vom 25.10.2000, S. 10.

1005 FAZ vom 25.10.2000, S. 10.

1006 Vgl. zu diesen Entwicklungen Joetze, Der letzte Krieg in Europa?, S. 186 ff. sowie FAZ vom 15.03.2001, S. 1 , 16.03.2001, S. 1 und 5; 17.03.2001, S. 3; 24.03.2001, S. 3.

1007 Vgl. FAZ vom 17.05.1999, S. 1.

1008 Albanische Politiker weisen allerdings seit Jahren die Idee eines Großalbaniens zurück. Bereits 1998 lehnte der damalige albanische Präsident Nano sowohl ein unabhängiges Kosovo als auch einen Anschluß des Kosovo an Albanien ab. Vgl. FAZ vom 24.06.1998, S. 1; 05.08.1998, S. 5.

Hintergrund läßt sich die bisher ungelöste Frage nach einem endgültigen politischen und rechtlichen Status des Kosovo nicht isoliert beantworten. Eine Lösung des Kosovo-Konflikts ist vielmehr nur im Rahmen einer politischen Gesamtstrategie der Staatengemeinschaft für die ethnischen Konflikte auf dem Balkan möglich, welche dem Selbstbestimmungsrecht der verschiedenen Volksgruppen in den jugoslawischen Teilrepubliken Rechnung tragen muß.
Das Selbstbestimmungsrecht der Kosovo-Albaner muß bei einer solchen Lösung entgegen der bisherigen Staatenpraxis besonders berücksichtigt werden.

G. Zusammenfassung des 3. Kapitels

Die Kosovo-Albaner begründen ihre Forderung nach staatlicher Unabhängigkeit mit dem Selbstbestimmungsrecht der Völker. Da die Kosovo-Albaner alle Merkmale eines Volks im ethnischen Sinne erfüllen, lassen sie sich als Träger des Selbstbestimmungsrechts qualifizieren. Weil ihr Siedlungsgebiet allerdings innerhalb der Bundesrepublik Jugoslawien liegt, sind den Kosovo-Albanern bei der Ausübung ihres Selbstbestimmungsrechts durch die territoriale Souveränität Schranken gesetzt, so daß sie ihr Selbstbestimmungsrecht grundsätzlich nur innerhalb der bestehenden Grenzen ausüben können. Nach einer von der Völkerrechtslehre entwickelten Konzeption kann das Selbstbestimmungsrecht innerstaatlicher Rechtsgemeinschaften aber dann auch einen Anspruch auf Sezession umfassen, wenn die Volksgruppe massiven Menschenrechtsverletzungen ausgesetzt ist, die ihr ein Verbleiben in ihrem Wohnstaat unzumutbar machen. Diese Voraussetzung wird von den Kosovo-Albanern erfüllt, da sie seit der Abschaffung ihrer Autonomie in den Jahren 1989 und 1990 einer gezielten Repressionspolitik ausgesetzt gewesen sind.
Die Staatenpraxis hat diese Konzeption eines aus dem Selbstbestimmungsrecht der Völker abzuleitenden Sezessionsrechts allerdings nicht bestätigt. Dem Anerkennungsverhalten der europäischen Staaten gegenüber den ehemaligen jugoslawischen Teilrepubliken läßt sich entnehmen, daß für die Zubilligung eines Sezessionsrechts in den Fällen Slowenien, Mazedonien, Kroatien und Bosnien-Herzegowina ausschlaggebend war, daß diese neuen Staaten innerhalb des ehemaligen sozialistischen Jugoslawiens in einer Republik als Territorialverband organisiert waren. Da die Kosovo-Albaner unter der jugoslawischen Bundesverfassung von 1974 nur den Status einer Autonomen Provinz innehatten, ist ihnen ein Sezessionsrecht bisher verwehrt worden, obwohl die Verfassung von 1974 die Autonomen Provinzen den Teilrepubliken faktisch gleichgestellt hatte. Statt dessen sollen die Kosovo-Albaner nach den Vorstellungen der Staatengemeinschaft ihr Selbstbestimmungsrecht in Form einer substantiellen Autonomie innerhalb der Bundesrepublik Jugoslawien ausüben. Obwohl die Gewährung innerer Selbstbestimmung in Form von territorialer Autonomie grundsätzlich geeignet ist, einen Ausgleich zwischen den Selbstbestimmungsforderungen einer Volksgruppe und der staatlichen Souveränität zu schaffen, ist diese Lösung aus der Sicht der Kosovo-Albaner untragbar. Die serbische Repressionspolitik des vergangenen Jahrzehnts hat dazu geführt, daß unter den Kosovo-Albanern ein

tiefes Mißtrauen gegenüber den Serben gewachsen und die Bereitschaft zu gemeinsamer Staatlichkeit trotz des Machtwechsels in Belgrad im Jahr 2000 erloschen ist. Diese Beobachtung wird von den derzeitigen politischen Entwicklungen bestätigt.

Zusammenfassung und Ausblick

In der Einleitung dieser Untersuchung wurde die Frage aufgeworfen, ob und wie sich das Gewaltverbot, die Verpflichtung zum Schutz fundamentaler Menschenrechte und das Selbstbestimmungsrecht der Völker im Kosovo-Konflikt vereinbaren lassen.
Die vorliegende Untersuchung hat gezeigt, daß an der umfassenden Geltung des Gewaltverbotes auch auf die Gefahr hin festzuhalten ist, daß eine effektive Durchsetzung des humanitären Mindeststandards nicht immer erfolgen kann. Der militärische Einsatz der NATO-Staaten im Kosovo-Konflikt macht deutlich, daß die Gefahr des Mißbrauchs der humanitären Intervention selbst dann nicht ausgeschlossen werden kann, wenn mit der NATO ein Bündnis demokratischer Staaten militärische Gewalt anwendet, um Menschenrechtsverletzungen zu beenden. Die Feststellung der Rechtswidrigkeit der NATO-Intervention führt allerdings nicht zu dem Schluß, daß das universelle Gewaltverbot des Art. 2 Ziff. 4 UNO-Charta und die Verpflichtung zum Schutz fundamentaler Menschenrechte unvereinbar sind. Wenn nämlich der Sicherheitsrat zur Einhaltung fundamentaler Menschenrechte militärische Maßnahmen ergreift, läßt sich eine Konkordanz zwischen dem Gewaltverbot und dem Menschenrechtsschutz herstellen. Die zur Rechtfertigung des Kosovo-Einsatzes der NATO häufig vertretene Sichtweise „entweder Gewaltverbot oder Menschenrechtsschutz" läßt zudem außer acht, daß einzelne Staaten über eine Vielzahl von Einwirkungsmöglichkeiten unterhalb der Schwelle der Gewaltanwendung verfügen, um auf Menschenrechtsverletzungen innerhalb eines Staates zu reagieren. Diese sind im Kosovo-Konflikt zum Teil nicht genutzt worden.
Auf eine gerichtliche Entscheidung über die Rechtmäßigkeit des Vorgehens der NATO im Kosovo, die nach den im Rahmen dieser Untersuchung angestellten Überlegungen zu einer Feststellung der Rechtswidrigkeit des Einsatzes führen müßte, wird man indes wohl vergeblich warten. Der Internationale Gerichtshof hat bereits 1999 den Erlaß vorläufiger Maßnahmen gegen die NATO-Staaten mit der Begründung abgelehnt, ein Verstoß der NATO-Staaten gegen die Genozidkonvention sei nicht evident, weshalb seine Zuständigkeit letztlich nicht mit der erforderlichen Sicherheit feststehe. Auf die materielle Rechtslage mußte der IGH also nicht eingehen.
Ebensowenig wird es zu einer gerichtlichen Überprüfung der Rechtmäßigkeit des NATO-Einsatzes auf europäischer Ebene kommen. Der Europäische Gerichtshof für Menschenrechte hat am 19. Dezember 2001 die Beschwerde sechs jugoslawischer Bürger wegen der Bombardierung eines serbischen Rundfunksenders durch die NATO als unzulässig zurückgewiesen[1009]. Die Große Kammer des Gerichtshof erklärte die Europäische Menschenrechtskonvention unter Beru-

[1009] Vgl. eine Zusammenfassung der Entscheidung unter http://www.echr.int/Eng/Press/2001/Dec/Bankovicadmissibilitydecesionpress.htm sowie FAZ vom 20.12.2001, S. 4.

fung auf Art. 1 der Konvention für unanwendbar, wonach die Unterzeichnerstaaten der Konvention die Rechte der Konvention „allen ihrer Herrschaftsgewalt unterstehenden Personen“ gewährleisten müssen. Nach Auffassung der Richter haben die NATO-Bombardements nicht dazu geführt, daß die jugoslawischen Bürger der Hoheitsgewalt der NATO-Staaten unterworfen waren. Diese Auslegung von Art. 1 der Europäischen Menschenrechtskonvention ist keineswegs zwingend, nachdem der Europäische Gerichtshof in seiner Louizidou-Entscheidung festgestellt hatte, daß die völkerrechtliche Haftung eines Staates sich auch auch auf Handlungen außerhalb seines Territoriums erstreckt, wenn ein Staat als Folge militärischer Aktionen die effektive Kontrolle über ein fremdes Staatsgebiet ausübt. Die Entscheidungen des IGH und des Europäischen Gerichtshofs zeigen jedoch, wie schwer sich eine rechtliche Beurteilung des Kosovo-Einsatzes von einer politischen Bewertung trennen läßt.

Das Selbstbestimmungsrecht der Kosovo-Albaner ist bei der Diskussion um die humanitäre Intervention der NATO in den Hintergrund getreten, obwohl die von den Kosovo-Albanern auf der Grundlage des Selbstbestimmungsrechts erhobene Forderung nach staatlicher Unabhängigkeit in engem Zusammenhang mit den an ihnen begangenen Menschenrechtsverletzungen steht. Die Kosovo-Albaner sind als Volk Träger des Selbstbestimmungsrechts und können daher ihren politischen Status frei wählen. Bei der Ausübung ihres Selbstbestimmungsrechts müssen die Kosovo-Albaner zwar grundsätzlich die territoriale Souveränität der Bundesrepublik Jugoslawien achten, aber die Repressionspolitik der letzten Jahrzehnte hat ihnen einen Verbleib im jugoslawischen Staatsverband unzumutbar gemacht. Da die Kosovo-Albaner nicht in der Lage sind, aus eigener Kraft einen unabhängigen Staat zu gründen, sind sie auf die Unterstützung der Staatengemeinschaft angewiesen. Eine Untersuchung der Staatenpraxis kommt jedoch zu dem Ergebnis, daß von einem aus dem Selbstbestimmungsrecht der Völker abzuleitenden Recht der Kosovo-Albaner auf Sezession nicht gesprochen werden kann, auch wenn wie im Kosovo die Voraussetzungen gemeinsamer Staatlichkeit für Serben und Albaner in der politischen Realität erloschen sind. Im Hinblick auf die Zukunft muß die Staatengemeinschaft angesichts der politischen Entwicklungen im Kosovo ihre ablehnende Haltung gegenüber einer Unabhängigkeit des Kosovo überdenken. Dies ist umso dringender geboten, als die gegenwärtigen politischen Entwicklungen zeigen, daß ohne eine eindeutige Entscheidung der Staatengemeinschaft über die politische Zukunft des Kosovo die Balkanregion nicht stabilisiert werden kann.
Die Erfahrungen des Kosovo-Konflikts lassen langfristig eine Sezession des Kosovo als realpolitisch unvermeidbar erscheinen. Die staatliche Unabhängigkeit des Kosovo ist auch völkerrechtlich mit dem Selbstbestimmungsrecht der Völker zu rechtfertigen.

Literaturverzeichnis

ALEXY, ROBERT: Theorie der Grundrechte. 2. Auflage. Frankfurt a. M. 1994.

AXT, HEINZ-GÜNTHER: Mazedonien: ein Streit um Namen oder ein Konflikt vor dem Ausbruch?, in: EA 1993, S. 65 ff.

AXT, HEINZ-GÜNTHER: Hat Genscher Jugoslawien entzweit? Mythen und Fakten zur Außenpolitik des vereinten Deutschlands, in: EA 1993, S. 351 ff.

BAER, STEFANIE: Der Zerfall Jugoslawiens im Lichte des Völkerrechts. Frankfurt a.M. 1995.

BAGGETT, TED: Human rights abuses in Yugoslavia: To bring an end to political oppression, the International Community should assist in establishing an independent Kosovo, in: Georgia Journal of International and Comparative Law, Vol. 27 (1999), S. 457 ff.

BAGWELL, BEN: Yugoslavian Constitutional Questions: Self Determination and Secession of Member Republics, in: Georgia Journal of International and Comparative Law 21 (1991), S. 489 ff.

BANK, ROLAND: Der Fall Pinochet: Aufbruch zu neuen Ufern bei der Feststellung von Menschenrechtsverletzungen?, in: ZaöRV 59 (1999), S. 677.

BARTL, JÜRGEN: Die humanitäre Intervention durch den Sicherheitsrat der Vereinten Nationen im „failed state". Das Beispiel Somalia. Frankfurt a.M. u.a. 1999.

BARTL, PETER: Die Albaner, in: Weithmann, Michael W. (Hrsg.), Der ruhelose Balkann. Die Konfliktregionen Südosteuropas. München 1993, S. 176 ff.

BARTL, PETER: Grundzüge der jugoslawischen Geschichte. Darmstadt 1985.

BARTL, PETER: Albanien. Vom Mittelalter bis zur Gegenwart. Regensburg 1995.

BECKMANN-PETEY, MONIKA: Der jugoslawische Föderalismus. München/Wien 1990.

BECKMANN-PETEY, MONIKA: Erfahrungen mit dem gescheiterten Föderalismus in Jugoslawien, in: BRUNNER, GEORG/ LEMBERG, HANS (Hrsg.), Volksgruppen in Ostmittel- und Südosteuropa, Baden-Baden 1994, S. 173 ff.

BENNINGSEN, SABINE: Befreiungsbewegungen, in: Wolfrum, Rüdiger (Hrsg.), Handbuch Vereinte Nationen. München 1991, S. 38 ff.

BERBER, FRIEDRICH: Lehrbuch des Völkerrechts. Zweiter Band. Kriegsrecht. München 1969.

BEYERLIN, ULRICH: Interventionsverbot, in: Wolfrum, Rüdiger (Hrsg.), Handbuch Vereinte Nationen. München 1991, S. 378 ff.

BEYERLIN, ULRICH: Humanitarian Intervention, in: EPIL Vol. II (1995), S. 926 ff.

BIERMANN, RAFAEL: Der künftige Status Kosovos. Vorbereitung auf das Unvermeidliche, in: Internationale Politik 2000, S. 51 ff.

BLANKE, HERRMANN-JOSEF: Menschenrechte als völkerrechtlicher Interventionstitel, in: AVR 36 (1998), S. 257 ff.

BLECKMANN, ALBERT: Kommentierung zu Art. 2 Ziff. 1 UNO-Charta, in: Simma, Bruno (Hrsg.), Charta der Vereinten Nationen. München 1991.

BLUMENWITZ, DIETER: Selbstbestimmungsrecht und Volksgruppenrecht, in: JOR 1991, S. 9 ff.

BLUMENWITZ, DIETER: Die Menschenrechtspakte der Vereinten Nationen und das Selbstbestimmungsrecht der Völker, in: Ermacora, Felix/Blumenwitz, Dieter/Hacker, Jens/Czaja, Herbert (Hrsg.), Menschenrechte und Selbstbestimmung unter Berücksichtigung der Ostdeutschen, S. 21 ff. Bonn 1980.

BLUMENWITZ, DIETER: Volksgruppen und Minderheiten. Politische Vertretung und Kulturautonomie. Berlin 1995.

BLUMENWITZ, DIETER: Minderheiten- und Volksgruppenrecht. Aktuelle Entwicklung. Bonn 1992.

BLUMENWITZ, DIETER: Humanitäre Intervention bei schweren Verletzungen von Volksgruppenrechten, in: Blumenwitz, Dieter/ Gornig, Gilbert (Hrsg.), Minderheiten-und Volksgruppenrechte in Theorie und Praxis, Bonn 1993, S. 61 ff.

BLUMENWITZ, DIETER: Humanitäre Intervention bei Minderheiten-Konflikten, in: Selbstbestimmungsrecht und Frieden, Politische Studien, Sonderheft 6/1993, S. 52 ff.

BLUMENWITZ, DIETER: Gewaltverbot, Souveränität und Menschenrechte, in: Die Kosovo-Krise - eine vorläufige Bilanz. Politische Studien Sonderheft 4 /1999, S. 23 ff.

BLUMENWITZ, DIETER: Humanitäre Intervention, in: APuZ 47 /1994, S. 3 ff.

BLUMENWITZ, DIETER: Das universelle Gewaltanwendungsverbot und die grenzüberschreitende Terrorismusbekämpfung, in: BayVBl 1986, S. 737 ff.

BLUMENWITZ, DIETER: Menschenrechte und wirtschaftliche Gegenleistungen. Aspekte ihrer völkerrechtlichen Verknüpfungen. Köln 1987.

BLUMENWITZ, DIETER: Staatennachfolge und die Einigung Deutschlands. Teil I. Berlin 1992.

BLUMENWITZ, DIETER: Der Einsatz deutscher Streitkräfte nach der Entscheidung des BVerfG vom 12. Juli 1994, in: BayVBl 1994, S. 641 ff., S. 678 ff.

BONK, HEINZ-JOACHIM: Art. 16 a GG, in: Sachs, Michael (Hrsg.), Grundgesetz. Kommentar. München 1996.

BORIC, TOMISLAV: Perspektiven eines zukünftigen Jugo-slawien, in: Marko, Joseph/ Boric, Tomislav (Hrsg.), Slowenien-Kroatien-Serbien. Die neuen Verfassungen. Wien/Köln/Graz 1991, S. 51 ff.

BOTHE, MICHAEL: Kosovo - Anlässe zum völkerrechtlichen Nachdenken, in: Ipsen, Knut u.a. (Hrsg.), Wehrrecht und Friedenssicherung. Festschrift für Klaus Dau zum 65. Geburtstag. Neuwied 1999, S. 13 ff.

BOTHE, MICHAEL: The legitimacy of the use of force to protect peoples and minorities, in: Brölmann, Catherine/Lefeber, Rene/Zieck, Marjoleine (Hrsg.), Peoples and Minorities in International Law. 1993, S. 289 ff.

BOTHE, MICHAEL/ MARTENCZUK, BERND: Die NATO und die Vereinten Nationen nach dem Kosovo-Konflikt. Eine völkerrechtliche Standortbestimmung, in: VN 1999, S. 125 ff.

BOWETT, DEREK W.: Self-Defence in International Law. Manchester 1958.

BOWETT, DEREK W.: International Incidents: New Genre or New Delusion?, in: 12 Yale Journal of International Law 1987, S. 386 ff.

BRILMAYER, LEA: Secession and Self-Determination: A Territorial Interpretation, in: 16 Yale Journal of International Law 1991, S. 177 ff.

BROWNLIE, IAN: Principles of Public International Law. Fourth Edition. Oxford 1990.

BROWNLIE, IAN: Humanitarian Intervention, in: Moore, J. (Hrsg.), Law and Civil War in the Modern World. Baltimore/London 1973, S. 217 ff.

BRUHA, THOMAS: Gewaltverbot, in: Wolfrum, Rüdiger (Hrsg.), Handbuch Vereinte Nationen. München 1991, S. 234 ff.

BRUNNER, GEORG: Der Schutz ethnischer Minderheiten in Osteuropa, in: JOR 24 (1984), S. 9 ff.

BRUNNER, GEORG: Nationalitätenstaat und Minderheiten im östlichen Teil Europas, in: Blumenwitz, Dieter/von Mangoldt, Hans (Hrsg.): Menschenrechtsverpflichtungen und ihre Verwirklichung im Alltag. Köln 1992, S. 11 ff.

BRYDE, BRUN-OTTO: Verpflichtungen Erga Omnes aus Menschenrechten, in: BerDGVR 33 (1994), S. 165 ff.

BRYDE, BRUN-OTTO: Self-Defence, in: EPIL Vol. IV (2000), S. 361 ff.

BRYDE, BRUN-OTTO: Diskussionsbeitrag, in: BerDGVR 26 (1986), S. 117 f.

BUCHHEIT, LEE C.: Secession: The Legitimacy of Self-Determination. London 1978.

BÜSCHENFELD, HERBERT: Kosovo: Nationalitätenkonflikt im Armenhaus Jugoslawiens. Köln 1991.

CALIC, MARIE-JANINE: Die Jugoslawienpolitik des Westens seit Dayton, in: APuZ 34 (1999), S. 22 ff.

CAPLAN, RICHARD: International diplomacy and the crisis in Kosovo, in: International Affairs 74 (1998), S. 745 ff.

CAPOTORTI, FRANCESCO: Die Rechte von Angehörigen von Minderheiten, in: VN 1980, S. 118 ff.

CAPOTORTI, FRANCESCO: Minderheiten, in: Wolfrum, Rüdiger (Hrsg.), Handbuch Vereinte Nationen. München 1991, S. 598 ff.

CASSESE, ANTONIO: Political Self-Determination – old concepts and new developments, in: Cassese, Antonio (Hrsg.), UN Law/ Fundamental Rights. Two Topics in International Law. Alphen 1979, S. 137 ff.

CASSESE, ANTONIO: The Self-Determination of Peoples, in: Henkin, Louis (Hrsg.), The International Bill of Rights. The Covenant on Civil and Political Rights, New York 1982, S. 92 ff.

CASSESE, ANTONIO: Self-Determination of Peoples. A legal reappraisal. Cambridge 1995.

CASSESE, ANTONIO: Ex iniuria ius oritur: Are We Moving towards International Legitimation of Forcible Humanitarian Countermeasures in the World Community ?, in: EJIL 1999, S. 23 ff.

CASSESE, ANTONIO: Internationale Law in a divided world. Oxford, u.a. 1986.

CRISTESCU, AURELIO: The Right to Self-Determination. Historical and Current Development on the Basis of United Nations Instruments. Study for the Sub-Commission on Prevention of Discrimination and Protection of Minorities of the Commission on Human Rights. UN-Doc. E/CN.4/Sub.2/404/Rev.1. Sales No. E.80.XIV.3. New York 1981.

CVIIC, CHRISTOPHER: Das Ende Jugoslawiens, in: EA 1991, S. 409 ff.

DAHM, GEORG: Völkerrecht. Band II. Stuttgart 1961.

DANN, OTTO: Das Selbstbestimmungsrecht in Westeuropa. Thesen zu seiner historischen Entwicklung und aktuellen Struktur, in: Politische Studien, Sonderheft 6/1993, S. 5 ff.

DEISEROTH, DIETER: „Humanitäre Intervention" und Völkerrecht, in: NJW 1999, S. 3084 ff.

DELBRÜCK, JOST: Effektivität des UN-Gewaltverbots, in: Die Friedenswarte 74 (1999), S. 139 ff.

DELBRÜCK, JOST: Proportionality, in: EPIL 7 (1984), S. 396 ff.

DENNINGER, KARL: Menschenrechte, Menschenwürde und staatliche Souveränität, in: ZRP 2000, S. 192 ff.

DOEHRING, KARL: Völkerrecht. Heidelberg 1999.

DOEHRING, KARL: Kommentierung nach Art. 1 UNO-Charta, in: Simma, Bruno (Hrsg.), Charta der Vereinten Nationen. München 1991.

DOEHRING, KARL: Das Selbstbestimmungsrecht der Völker als Grundsatz des Völkerrechts. BerDGVR 14 (1974), S. 7 ff.

DOEHRING, KARL: Selbstbestimmungsrecht und Intervention dritter Staaten, in: Selbstbestimmungsrecht und Frieden, Politische Studien, Sonderheft 6/1993, S. 43 ff.

DOEHRING, KARL: Die humanitäre Intervention – Überlegungen zu ihrer Rechtfertigung, in: Trindade, Antonio Augusto Concado (Hrsg.), The modern world of human rights. Essays in honour of Thomas Buergenthal. San Jose 1996, S. 549 ff.

DOHNA, BERNT ZU: Die Grundprinzipien des Völkerrechts über die freundschaftlichen Beziehungen und Zusammenarbeit zwischen den Staaten. Berlin 1973.

DUJAK, SABINA: Politische und rechtliche Argumentationslinien der serbischen/jugoslawischen Führung, in: Marko, Joseph (Hrsg.), Gordischer Knoten Kosovo/a: Durchschlagen oder entwirren? Völkerrechtliche, rechtsvergleichende und politikwissenschaftliche Analysen und Perspektiven zum jüngsten Balkan-Konflikt. Baden-Baden, 1999, S. 47 ff.

DONNER, MICHAEL : Die Begrenzung bewaffneter Konflikte durch das moderne ius ad bellum, in: AVR 33 (1995), S. 168 ff.

EPPING, VOLKER: Nachbetrachtung: Der Kosovo-(Kampf-)Einsatz der Bundeswehr, in: Epping, Volker, u.a. (Hrsg.): Brücken bauen und begehen. Festschrift für Knut Ipsen zum 65. Geburtstag. München 2000, S. 615 ff.

ERMACORA, FELIX: Die Entwicklung des Selbstbestimmungsrechts der Völker, in: Ermacora, Felix/Blumenwitz, Dieter/Hacker, Jens/Czaja, Herbert (Hrsg.), Menschenrechte und Selbstbestimmung unter Berücksichtigung der Ostdeutschen, S. 9 ff. Bonn 1980.

ERMACORA, FELIX: Autonomie als innere Selbstbestimmung, in: AVR 38 (2000), S. 285 ff.

ERMACORA, FELIX: Kommentierung zu Art. 2 Ziff. 7 UNO-Charta, in: Simma, Bruno (Hrsg.), Charta der Vereinten Nationen. München 1991, S. 100 ff.

ERMACORA, FELIX: Geiselbefreiung als humanitäre Intervention im Lichte der UN-Charta, in: Kipp, Heinrich (Hrsg.), Um Recht und Freiheit: Festschrift für Friedrich August von der Heydte zur Vollendung des 70. Lebensjahres. Berlin1977, S. 147 ff.

ERMACORA, FELIX: The protection of minorities before the United Nations, in: RdC 182 (1983 IV), S. 247 ff.

FASTENRATH, ULRICH: Das Recht der Staatennachfolge, in: Neuhold, Hanspeter/Simma, Bruno (Hrsg.), Neues europäisches Völkerrecht nach dem Ende des Ost-West-Konfliktes?, Baden-Baden, 1996, S. 65 ff.

FASTENRATH, ULRICH: Anerkennung von Staaten in den bestehenden Grenzen, in: FAZ vom 02.03.1995, S. 6.

FASTENRATH, ULRICH: Intervention ohne UN-Mandat?, in: FAZ vom 22.04.1999, S. 5

FASTENRATH, ULRICH (Hrsg.): KSZE-OSZE. Dokumente der Konferenz über Sicherheit und Zusammenarbeit in Europa. Berlin. Loseblattsammlung, Stand 1995.

FASTENRATH, ULRICH: Lücken im Völkerrecht - zu Rechtscharakter, Quellen, Systemzusammenhang, Methodenlehre und Funktionen des Völkerrechts. Berlin 1991.

FINK, UDO: Verfassungsrechtliche und verfassungsprozessuale Fragen im Zusammenhang mit dem Kosovo-Einsatz der Bundeswehr, in: JZ 1999, S. 1016 ff.

FINK, UDO: Der Kosovo-Konflikt und die Entstehung von Völkergewohnheitsrecht, in: Dörr, Dieter (Hrsg.): Die Macht des Geistes: Festschrift für Hartmut Schiedermair. Heidelberg 2001, S. 803 ff.

FISCH, JÖRG: Das Selbstbestimmungsrecht - Opium für die Völker, in: Reiter, Erich (Hrsg.), Grenzen des Selbstbestimmungsrechts. Die Neuordnung Europas und das Selbstbestimmungsrecht der Völker. Graz/Wien/Köln 1996, S. 11 ff.

FLECK, DIETER (Hrsg.): Handbuch des humanitären Völkerrechts in bewaffneten Konflikten/in Zusammenarbeit mit Michael Bothe. München 1994.

FONTEYNE, JEAN-PIERRE: The Customary International Law Doctrine of Humanitarian Intervention: Its current Validity under the U.N. Charter, in: Cal. W. Int`l L. 4 (1974), S. 203 ff.

FREY, DIETER: Selbstbestimmung, Sezession und Gewaltverbot, in: Seidl-Hohenveldern, Ignaz/ Schrötter, Hans Jörg (Hrsg.), Vereinte Nationen, Menschenrechte und Sicherheitspolitik – Völkerrechtliche Fragen zu internationalen Konfliktbegrenzungen. Köln 1994, S. 31 ff.

FROWEIN, JOCHEN ABR.: Die Verpflichtungen erga omnes im Völkerrecht und ihre Durchsetzung, in: Bernhardt, Rudolf u.a. (Hrsg.), Völkerrecht als Rechtsordnung, Internationale Gerichtsbarkeit, Menschenrechte. Festschrift für Hermann Mosler. Heidelberg 1983, S. 241 ff.

FROWEIN, JOCHEN ABR.: Unilateral Interpretation of Security Council Resolutions, in: Götz, Volkmar/Selmer, Peter/Wolfrum, Rüdiger (Hrsg.): Liber amicoram Günther Jaenicke. Heidelberg 1998, S. 97 ff.

FROWEIN, JOCHEN ABR. : Kommentierung zu Art. 39 bis 43 UNO-Charta, in: Simma, Bruno (Hrsg.), Charta der Vereinten Nationen. München 1991.

FROWEIN, JOCHEN ABR.: Self-Determination as a Limit to Obligations under International Law, in: Tomuschat, Christian (Hrsg.), Modern Law of Self-Determination, Dordrecht 1993, S. 211 ff.

FROWEIN, JOCHEN ABR.: Das de facto-Regime im Völkerrecht. Köln/Berlin 1968.

FROWEIN, JOCHEN ABR.: Konstitutionalisierung des Völkerrechts, in: BerDGVR 39 (2000), S. 427 ff.

GADING, HEIKE: Der Schutz grundlegender Menschenrechte durch militärische Maßnahmen des Sicherheitsrates – das Ende staatlicher Souveränität? Berlin 1996.

GASHI, DARDAN/ STEINER, INGRID: Albanien: archaisch, orientalisch, europäisch. Wien 1994.

GEIGER, RUDOLF: Grundgesetz und Völkerrecht. München 1994.

GEISTLINGER, MICHAEL: Das Selbstbestimmungsrecht der Völker und multiethnische Staaten – praktische Erfahrungen und theoretische Rückschlüsse aus dem Kaukasus, in: Reiter, Erich (Hrsg.), Grenzen des Selbstbestimmungsrechts. Die Neuordnung Europas und das Selbstbestimmungsrecht der Völker. Graz/Wien/Köln 1997, S. 269 ff.

GIERSCH, CARSTEN: Konfliktregulierung ohne Konzept und Konsens, in: FAZ vom 23.03.2000, S. 15.

GOWLLAND-DEBBAS, VERA: The Limits of Unilateral Enforcement of Community Objectives in the Framework of UN Peace Maintenance, in: EJIL 2000, S. 361 ff.

GORNIG, GILBERT: Der Inhalt des Selbstbestimmungsrechts, in: Politische Studien, Sonderheft 6/1993, S. 11 ff.

GREENWOOD, CHRISTOPHER: Gibt es ein Recht auf humanitäre Intervention?, in: EA 1993, S. 93 ff.

GROS ESPIELL, HECTOR: Das Selbstbestimmungsrecht des Volkes Südtirol aufgrund des Völkerrechts. Bruneck 1987.

GROTZKY, JOHANNES: Balkankrieg. München 1993.

GUICHERD, CATHERINE: International Law and the War in Kosovo, in: Survival, Jg. 41, Nr. 2, 1999, S. 19 ff.

GUSY, CHRISTOPH: Selbstbestimmung im Wandel. Von der Selbstbestimmung durch den Staat zur Selbstbestimmung im Staat, in: AVR 30 (1992), S. 385 ff.

HAILBRONNER, KAI: Die Grenzen des völkerrechtlichen Gewaltverbotes, in: BerDGVR 26 (1986), S. 49 ff.

HALBACH, UWE: Rußlands Tschetschenien-Kriege und ihre historischen Hintergründe, in: Die Friedenswarte 75 (2000), S. 129 ff.

HANNUM, HORST: Autonomy, Sovereignty, and Self-Determination: The Accomodation of Conflicting Rights. Philadelphia 1990.

HANNUM, HORST/ LILLICH, RICHARD B.: The Concept of Autonomy in International Law, in: Dinstein, Yoram (Hrsg.), Models of Autonomy, New Brunswick/London 1981, S. 215 ff.

HARRIS, JENNIFER: Kosovo: An Application of the Principle of Self-Determination, in: H.R.Brief 6/1999 (http://www.wcl.american.edu/pub/humright/brief/v6i3/kosovo.htm)

HASANI, SEIT: Kosova – an entity waiting for a solution according to the right of self-determination, in: Reiter, Erich (Hrsg.), Grenzen des Selbstbestimmungsrechts. Die Neuordnung Europas und das Selbstbestimmungsrecht der Völker. Graz/Wien/Köln 1997, S. 228 ff.

HAVERLAND, CHRISTINE: Secession, in: EPIL Vol. IV (2000), S. 354 ff.

HEIDELMEYER, WOLFGANG: Das Selbstbestimmungsrecht der Völker. Zur Geschichte und Bedeutung eines internationalen Prinzips. Paderborn 1973.

HEINTZE, HANS-JOACHIM: Selbstbestimmungsrecht und Minderheiten, in: Reiter, Erich (Hrsg.), Grenzen des Selbstbestimmungsrechts. Die Neuordnung Europas und das Selbstbestimmungsrecht der Völker. Graz/Wien/Köln 1997, S. 61 ff.

HEINTZE, HANS-JOACHIM: Selbstbestimmungsrecht und Minderheitenrechte im Völkerrecht. Herausforderungen an den globalen und regionalen Menschenrechtsschutz. Baden-Baden 1994.

HERBST, JOCHEN: Rechtskontrolle des UN-Sicherheitsrates. Frankfurt a.M. u.a.1999.

HERDEGEN, MATTHIAS: Der Sicherheitsrat und die autoritative Konkretisierung des VII. Kapitels der UN-Charta, in: Beyerlin, Ulrich u.a. (Hrsg.), Recht zwischen Umbruch und Bewahrung. Festschrift für Rudolf Bernhardt. Berlin u.a. 1995, S. 103 ff.

HESELHAUS, SEBASTIAN: Völkerrechtliche Grundfragen im Zusammenhang mit dem Kosovo-Konfliikt, in: JA 1999, S. 984 ff.

HESELHAUS, SEBASTIAN: Die Entscheidung des IGH über den Erlaß vorsorglicher Maßnahmen in den Fällen Legality of Use of Force vom 2. Juni 1999, in: AVR 38 (2000), S. 328 ff.

HESSE, KONRAD: Grundzüge des Verfassungsrechts der Bundesrepublik Deutschland. 20. Auflage. Heidelberg 1995.

HILPOLD, PETER: Der Osttimor-Fall: eine Standortbestimmung zum Selbstbestimmungsrecht der Völker. Frankfurt a.M. 1996.

HILPOLD, PETER: Auf der Suche nach Instrumenten zur Lösung des Kosovo-Konfliktes; Die trügerische Faszination von Sezession und humanitärer Interevention, in: Marko, Joseph (Hrsg.), Gordischer Knoten Kosovo/a: Durchschlagen oder entwirren? Völkerrechtliche, rechtsvergleichende und politikwissenschaftliche Analysen und Perspektiven zum jüngsten Balkankonflikt. Baden-Baden 1999, S. 157 ff.

HILPOLD, PETER: Die Anerkennung der Neustaaten auf dem Balkan, in: AVR 31 (1993), S. 387 ff.

HOBE, STEPHAN: NATO-Intervention im Kosovo: Rückkehr zur Lehre vom gerechten Krieg?, in: Dörr, Dieter (Hrsg.): Die Macht des Geistes. Festschrift für Hartmut Schiedermair. Heidelberg 2001, S. 819 ff.

HÖHN, CHRISTIANE: Zur Rechtmäßigkeit der NATO-Luftangriffe im Kosovo-Konflikt. Anmerkungen zum Urteil der Arrondissementsrechtbank `s - Gravenhage vom 7. April 1999, in: ZaöRV 59 (1999), S. 863 ff.

HÖNIG, PATRICK: Der Kaschmirkonflikt und das Recht der Völker auf Selbstbestimmung. Berlin 2000.

HOLSTEIN, ALEXIA: Das Verhältnis des Sicherheitsrates der Vereinten Nationen zu NATO und OSZE. Stuttgart/München u.a. 1996.

HONDIUS, FREDERIK WILHELM: The Yugoslav Community of Nations. The Hague/Paris 1968.

HU CHOU-YOUNG: Das Selbstbestimmungsrecht als eine Vorbedingung des völligen Genusses aller Menschenrechte - Eine Studie zu Art. 1 der Menschenrechtskonventionen vom 16. Dezember 1966. Zürich 1972.

HUMMER, WALDEMAR/ MAYR-SINGER, JELKA: SFRJ, BRJ und IGH. Das heutige Jugoslawien und die Organe der Vereinten Nationen , in: VN 1999, S. 104 ff.

IPSEN, KNUT: Völkerrecht, 4. Auflage. München 1999.

IPSEN, KNUT: Relativierung des »absoluten« Gewaltverbots? – Zur Problematik der Erstanwendung zwischenstaatlicher Waffengewalt, in: Ipsen, Knut u.a. (Hrsg.), Wehrrecht und Friedenssicherung. Festschrift für Klaus Dau zum 65. Geburtstag. Neuwied 1999, S. 103 ff.

IPSEN, KNUT: Der Kosovo-Einsatz - Illegal? Gerechtfertigt? Entschuldbar?, in: Die Friedenswarte 74 (1999), S. 19 ff.

ISENSEE, JOSEPH: Weltpolizei für Menschenrechte, in: JZ 1995, S. 421 ff.

ISAK, HUBERT: Die Neustrukturierung Tito-Jugoslawiens als Fallstudie für Selbstbestimmung in Europa, in: Marko, Joseph/ Boric, Tomislav (Hrsg.), Slowenien-Kroatien-Serbien. Die neuen Verfassungen. Wien/Köln/Graz 1991, S. 80 ff.

JAHN, MATTHIAS: Aufrufe zum Ungehorsam. Verfahren wegen des Kosovo-Krieges vor den Moabiter Strafgerichten, in: KJ 2000, S. 489 ff.

JENNINGS, ROBERT/ WATTS, ARTHUR: Oppenheim`s International Law, Vol. I, Introduction and Part 1. 9th Edition. London 1992.

JOETZE, GÜNTER: Der letzte Krieg in Europa? Das Kosovo und die deutsche Politik. Stuttgart/München 2001.

KADELBACH, STEFAN: Zwingendes Völkerrecht. Berlin 1992.

KÄLIN, WALTER: Menschenrechtsverträge als Gewährleistung einer objektiven Ordnung, in: BerDGVR 33 (1994), S. 9 ff.

KAUFMANN, ERICH: Der serbisch-kroatisch-slowenische Staat – ein neuer Staat, in: ZIR 31 (1923), S. 14 ff.

KELSEN, HANS: The Law of the United Nations. London 1951.

KIMMINICH, OTTO: Einführung in das Völkerrecht. 5. Auflage. München 1999

KIMMINICH, OTTO: Die Staatensouveränität wird durchlässig - Zur Frage eines föderalen Selbstbestimmungsrechts, in: VN 1993, S. 5 ff.

KIMMINICH, OTTO: Rechtscharakter und Inhalt des Selbstbestimmungsrechts, in: Blumenwitz, Dieter/ Meissner, Boris (Hrsg.), Das Selbstbestimmungsrecht der Völker und die deutsche Frage. Köln 1984, S. 37 ff.

KIMMINICH, OTTO: Die Menschenrechte in der Friedensregelung nach dem Zweiten Weltkrieg. Berlin 1990.

KIMMINICH, OTTO: Ansätze für ein europäisches Volksgruppenrecht, in: AVR 28 (1990), S. 1 ff.

KIMMINICH, OTTO: Der Mythos der humanitären Intervention, in: AVR 33(1995), S. 430 ff.

KIMMINICH, OTTO: Die Renaissance des Selbstbestimmungsrechts nach dem Ende des Kolonialismus, in: Brunner, Georg u.a. (Hrsg.), Sowjetsystem und Ostrecht. Festschrift für Boris Meissner zum 70. Geburtstag. Berlin 1985, S. 601 ff.

KIMMINICH, OTTO: Minderheiten und Selbstbestimmung, in: Ermacora, Felix/Tretter, Hannes/Pelzl, Alexander (Hrsg.), Volksgruppen im Spannungsfeld von Recht und Souveränität in Mittel- und Osteuropa. Wien 1993, S. 188 ff.

KLEIN, ECKART: Das Selbstbestimmungsrecht der Völker und die deutsche Frage. Berlin 1990.

KLEIN, ECKART: Nationale Befreiungsbewegungen und Dekolonisierungspolitik der Vereinten Nationen: Zu einigen völkerrechtlichen Tendenzen, in: ZaöRV 36 (1976), S. 618 ff.

KLEIN, ECKART: Keine innere Angelegenheit. Warum die NATO-Aktion im Kosovo aus völkerrechtlicher Sicht zulässig war, in: FAZ vom 21.06.1999, S. 15.

KLEIN, ECKART/SCHMAHL, STEFANIE: Die neue NATO-Strategie und ihre völkerrechtlichen und verfassungsrechtlichen Implikationen, in: Recht und Politik 35 (1999), S. 198 ff.

KOHL, CHRISTINE VON / LIBAL, WOLFGANG: Kosovo: Der gordische Knoten des Balkan. Wien/ Zürich 1992.

KOHL, CHRISTINE VON / LIBAL, WOLFGANG: Europa darf das Kosovo nicht vergessen, in: Europäische Rundschau 1992, S. 71 ff.

KRAMER, JÜRGEN: Aus dem Bereich der Vereinten Nationen: Jugoslawien - Ein Staat zerfällt, in: VN 1992, S. 56 ff.

KRBEK, IVO: Die Verfassung der Sozialistischen Föderativen Republik Jugoslawien vom 7.4.1963, in: JöR 1964, S. 243 ff.

KRESS, CLAUS: Staat und Individuum in Krieg und Bürgerkrieg, in: NJW 1999, S. 3077 ff.

KRESS, CLAUS: Die Rettungsoperationen der Bundeswehr in Albanien am 14. März 1997 aus völker- und verfassungsrechtlicher Sicht, in: ZaöRV 57 (1997), S. 329 ff.

LANGE, CHRISTIAN: Zu Fragen der Rechtmäßigkeit des NATO-Einsatzes im Kosovo, in: EuGRZ 1999, S. 313 ff.

LAUBACH, BIRGIT: Angriffskrieg oder humanitäre Intervention?, in: ZRP 1999, S. 276 ff.

LIBAL, WOLFGANG: Das Ende Jugoslawiens. 2. Auflage. Wien 1993.

LILLICH, RICHARD B.: Humanitarian Intervention Through the United Nations: Towards the Development of Criteria, in: ZaöRV 53 (1993), S. 557 ff.

LIPOWSCHEK, ANTON: Das Selbstbestimmungsrecht im innerjugoslawischen Bereich, in: Meissner, Boris (Hrsg.), Das Selbstbestimmungsrecht der Völker in Osteuropa und China. Köln 1968, S. 128 ff.

LOQUAI, HEINZ: Der Kosovo-Konflikt - Wege in einen vermeidbaren Krieg. Baden-Baden 2000.

LUCHTERHANDT, OTTO: Nationale Minderheiten und Loyalität. Köln 1997.

LUTZ, DIETER S.: Von Siegerdefinitionen und „Dirty Secrets“, zweifelsfreier Gewißheit und einseitiger Parteinahme. Anmerkungen zum Kosovo-Krieg der NATO, in: Epping, Volker u.a. (Hrsg.), Brücken bauen und begehen. Festschrift für Knut Ipsen zum 65. Geburtstag. München 2000, S. 265 ff.

MALANCZUK, PETER: Humanitarian Intervention and the Legitimacy of the Use of Force. Amsterdam 1993.

MARAUHN, THILO: Der aktuelle Fall: Die Auseinandersetzungen um die Unabhängigkeitsbestrebungen der jugoslawischen Teilrepublik Slowenien - Das Selbstbestimmungsrecht der Völker im Wandel, in: HuV 1991, S. 107 ff.

MARAUHN, THILO: Anspruch auf Sezession?, in: Heintze, Hans-Joachim (Hrsg.), Selbstbestimmungsrecht der Völker - Herausforderung an die Staatenwelt. Zerfällt die internationale Gemeinschaft in Hunderte von Staaten?. Bonn 1997, S. 105 ff.

MARKO, JOSEPH: Der Minderheitenschutz in den jugoslawischen Nachfolgestaaten. Bonn 1996.

MARKO, JOSEPH/ BORIC, TOMISLAV (Hrsg.): Slowenien-Kroatien-Serbien. Die neuen Verfassungen. Wien/Köln/Graz 1991.

MARKO, JOSEPH/ TRETTER, HANNES/ BORIC, TOMISLAV: Perspektiven des zukünftigen politischen und rechtlichen Status Kosovos, in: JRP 1993, S. 20 ff.

MARKOVIC, ANTE: Autonomous Provinces in the contemporary constitutional sytem of the SFRY, in: Yugoslav Law 1985, S. 103 ff.

MERKEL, REINHARD: Das Elend der Beschützten. Rechtsethische Grundlagen und Grenzen der sog. humanitären Intervention und die Verwerflichkeit der NATO-Aktion im Kosovo-Krieg, in: der (Hrsg.): Der Kosovo-Krieg und das Völkerrecht. Frankfurt a.M. 2000, S. 66 ff.

MEYER, BERTHOLD/SCHLOTTER, PETER: Die Kosovo-Kriege 1998/99. Die internationalen Interventionen und ihre Folgen. Frankfurt a.M. 2000.

MOHR, MANFRED: Abgrenzung von Selbstbestimmungsrecht und Minderheitenschutz, in: Heintze, Hans-Joachim (Hrsg.), Selbstbestimmungsrecht der Völker – Herausforderung an die Staatenwelt. Zerfällt die internationale Gemeinschaft in Hunderte von Staaten? Bonn 1997, S. 122 ff.

MONNESLAND, SVEN: Land ohne Wiederkehr. Ex-Jugoslawien: Die Wurzeln des Krieges. Klagenfurt/Celovec 1997.

MÜNCH, FRITZ: Veto, in: EPIL Vol. IV (2000), S. 1283 ff.

MÜNZEL, FRANK: Läßt sich die Unabhängigkeit Kosovas völkerrechtlich begründen?, in: Marko, Joseph (Hrsg.): Gordischer Knoten Kosovo/a: Durchschlagen oder entwirren? Völkerrechtliche, rechtsvergleichende und politikwissenschaftliche Analysen und Perspektiven zum jüngsten Balkankonflikt. Baden-Baden 1999, S. 199 ff.

MURSWIEK, DIETER: Offensives und defensives Selbstbestimmungsrecht, in: Der Staat 23 (1984), S. 523 ff.

MURSWIEK, DIETER: Die Problematik eines Rechts auf Sezession – neu betrachtet, in: AVR 31 (1993), S. 307 ff.

MURSWIEK, DIETER: Souveränität und humanitäre Intervention, in: Der Staat 35 (1996), S. 31 ff.

MUSGRAVE, THOMAS D.: Self-Determination and National Minorities. Oxford 1997.

NASSAUER, OTFRIED: Junger Wein in alten Schläuchen. Vereinte Nationen oder Nordatlantikpakt-Organisation? (II), in: VN 1999, S. 132 ff.

NAUMANN, KLAUS D.: Rolle und Aufgaben der NATO nach dem Gipfel 1999 und erste Erfahrungen aus dem Kosovo-Konflikt, in: Ipsen, Knut u.a. (Hrsg.), Wehrrecht und Friedenssicherung. Festschrift für Klaus Dau zum 65. Geburtstag. Neuwied 1999, S. 175 ff.

NEUHOLD, HANSPETER: Die völkerrechtliche Dimension des Zerfalls Jugoslawiens, in: Reiter, Erich (Hrsg.), Grenzen des Selbstbestimmungsrechts. Die Neuordnung Europas und das Selbstbestimmungsrecht der Völker. Graz/Wien/Köln 1997, S. 147 ff.

NIEWERTH, JOHANNES: Der kollektive und der positive Schutz von Minderheiten und ihre Durchsetzung im Völkerrecht. Berlin 1996.

NOLTE, GEORG: Eingreifen auf Einladung: Zur völkerrechtlichen Zulässigkeit des Einsatzes fremder Truppen im internen Konflikt auf Einladung der Regierung. Berlin u.a. 1999.

NOLTE, GEORG: Kosovo und Konstitutionalisierung. Zur humanitären Intervention der NATO-Staaten, in: ZaöRV 59 (2000), S. 941 ff.

NOLTE, GEORG: Bundeswehreinsätze in kollektiven Sicherheitssystemen. Zum Urteil des Bundesverfassungsgerichts vom 12. Juli 1994, in: ZaöRV 54 (1994), S. 652 ff.

NOWAK, MANFRED: UNO-Pakt über bürgerliche und politische Rechte und Fakultativprotokoll: CCPR-Kommentar. Kehl/Straßburg/Arlington 1989.

NOWAK, MANFRED: Minderheitenschutz und Selbstbestimmungsrecht in der Praxis des UNO-Ausschusses für Menschenrechte, in: Ermacora, Felix/Tretter, Hans/Pelzl, Alexander (Hrsg.), Volksgruppen im Spannungsfeld von Recht und Souveränität in Mittel- und Osteuropa. Wien 1993, S. 204 ff.

OELLERS-FRAHM, KARIN: Frontier Dispute Case (Burkina Faso/Mali), in: EPIL Vol. II (1995), S. 490 ff.

OETER, STEFAN: Selbstbestimmungsrecht im Wandel. Überlegungen zur Debatte um Selbstbestimmung, Sezessionsrecht und „vorzeitige Anerkennung", in: ZaöRV 52 (1992), S. 741 ff.

OETER, STEFAN: Minderheiten im institutionellen Staatsaufbau, in: Frowein, Jochen Abr./Hofmann, R./Oeter, Stefan (Hrsg.): Das Minderheitenrecht europäischer Staaten, Teil 2. Berlin 1994, S. 492 ff.

OPPERMANN, THOMAS: Intervention, in: EPIL Vol. II (1995), S. 1436 ff.

PAECHT, ARTHUR: Kosovo as a Precedent: Towards a Reform of the Security Council? International Law and Humanitarian Intervention, in: HuV 2000, S. 34 ff.

PAPE, MATTHIAS: Humanitäre Intervention. Zur Bedeutung der Menschenrechte in den Vereinten Nationen. Baden-Baden 1997.

PARTSCH, KARL JOSEPH: Von der Souveränität zur Solidarität: Wandelt sich das Völkerrecht?, in: EuGRZ 1991, S. 469 ff.

PARTSCH, KARL-JOSEPH: Belgrads leerer Stuhl im Glaspalast. Das Einfrieren der UN-Mitgliedschaft Jugoslawiens durch Sicherheitsrat und Generalversammlung, in: VN 1992, S. 181 ff.

PARTSCH, KARL-JOSEPH: Kommentierung zu Art. 68 UNO-Charta, in: Simma, Bruno (Hrsg.), Charta der Vereinten Nationen. München 1991.

PARTSCH, KARL-JOSEPH: Selbstbestimmungsrecht, in: Wolfrum, Rüdiger (Hrsg.), Handbuch der Vereinten Nationen. München 1991, S. 745 ff.

PAUER, ALEXANDER: Die humanitäre Intervention. Basel/Frankfurt a.M. 1985.

PELLET, ALAIN: The Opinions of the Badinter Arbitration Committee. A Second Breath for the Self-Determination of Peoples, in: EJIL 1992, S. 178 ff.

PELLET, ALAIN: Brief Remarks on the Unilateral Use of Force, in: EJIL 2000, S. 385 ff.

PERNICE, INGOLF: Kommentierung zu Art. 24, 25 und 26 GG, in: Dreier, Horst (Hrsg.), Grundgesetz-Kommentar, Bd. 2. Tübingen 1998.

PERNTHALER, PETER: Volksgruppe und Minderheit als Rechtsbegriffe, in: Wittmann, Fritz/Graf Bethlen, Stefan (Hrsg.), Volksgruppenrecht. Wien 1980, S. 9 ff.

PETKOVIC, RANKO: Die Haltung der Großmächte, der europäischen und insbesondere der Nachbarstaaten zur Wahrung der politischen Unabhängigkeit und territorialen Integrität Jugoslawiens, in: Südosteuropa 1990, S. 484 ff.

PICHL, ELMAR F.: Kosovo in den jugoslawischen Verfassungssystemen: 1974 bis 1998, in: Marko, Joseph (Hrsg.), Gordischer Knoten Kosovo/a: Durchschlagen oder entwirren? Völkerrechtliche, rechtsvergleichende und politikwissenschaftliche Analysen und Perspektiven zum jüngsten Balkan-Konflikt. Baden-Baden 1999, S. 75 ff.

PIRCHER, ERICH H.: Der vertragliche Schutz ethnischer, sprachlicher und religiöser Minderheiten im Völkerrecht. Bern 1979.

POMERANCE, MICHLA: Self-Determination in Law and Practice. The New Doctrine in the United Nations. The Hague/Boston/London 1982.

QUAYE, CHRISTOPHER O.: Liberation Struggles in International Law. Philadelphia 1991.

RABL, KURT: Das Selbstbestimmungsrecht der Völker. Geschichtliche Grundlagen. Umriß der gegenwärtigen Bedeutung. Ein Versuch. 2. Auflage. Köln/Wien 1973.

RANDELZHOFER, ALBRECHT: Kommentierung zu Art. 2 Ziff. 4 UNO-Charta, in: Simma, Bruno (Hrsg.), Charta der Vereinten Nationen. München 1991.

RANDELZHOFER, ALBRECHT: Kommentierung zu Art. 51 UNO-Charta, in: Simma, Bruno (Hrsg.), Charta der Vereinten Nationen. München 1991.

RANDELZHOFER, ALBRECHT: Use of Force, in: EPIL Vol. IV (2000), S. 1246 ff.

RANDELZHOFER; ALBRECHT: Kommentierung zu Art. 16 GG, in: Maunz, Theodor/ Dürig, Günter (Hrsg.), Grundgesetz-Kommentar. München, Loseblatt-sammlung EL 24, 1985.

RASCHHOFER, HERRMANN: Selbstbestimmungsrecht und Völkerbund. Köln 1969.

RATNER, STEVEN R.: Drawing a better Line: Uti Possidetis and the borders of New States, in: AJIL 1996, S. 590 ff.

RAUERT, FEE: Das Kosovo. Eine völkerrechtliche Studie. Wien 1999.

RAZOMOVSKY, DOROTHEA GRÄFIN: Chaos Jugoslawien. München 1993.

REISMANN, MICHAEL W.: Coercion and Self-Determination: Construing Charter Article 2(4), in: AJIL 1984, S. 642 ff.

REISSMÜLLER, JOHANN-GEORG: Jugoslawien - Vielvölkerstaat zwischen Ost und West. Düsseldorf 1971.

REPISHTI, SAMI: The Evolution of Kosova`s Autonomy within the Yugoslav Constitutional Framework, in: Pipa, Arshi/Repishti, Sami (Hrsg.), Studies on Kosova. New York 1984, S. 195 ff.

RESS, GEORG: Auslegung der Charta, in: Simma, Bruno (Hrsg.), Charta der Vereinten Nationen. München 1991.

REUTER, JENS: Die Albaner in Jugoslawien. München 1982.

REUTER, JENS: Die jüngste Entwicklung in Kosovo, in: Südosteuropa 1989, S. 333 ff.

REUTER, JENS: Die politische Entwicklung in Bosnien-Herzegowina, in: Südosteuropa 1992, S. 665 ff.

REUTER, JENS: Jugoslawien: Versagen der internationalen Gemeinschaft?, in: Südosteuropa 1993, S. 333 ff.

REUTER, JENS: Die politische Entwicklung im Kosovo 1992-1993, in: Südosteuropa 1994, S. 18 ff.

REUTER, JENS: Die Kosovo-Albaner im ehemaligen Jugoslawien, in: Brunner, Georg/Lemberg, Hans (Hrsg.), Volksgruppen in Ostmittel- und Südosteuropa. Baden-Baden 1994, S. 187 ff.

REUTER, JENS: Wer ist die UCK?, in: Blätter für deutsche und internationale Politik 1999, S. 281 ff.

REUTER, JENS/KATSAROPOULOU, MELPOMENI: Die Konferenz von Rambouillet und die Folgen, in: Südosteuropa 1999, S. 147 ff.

RIBICIC, CIRIL: Self-determination in Yugoslavia, in: Ginther, Konrad/ Isak, Hubert (Hrsg.), Self-determination in Europe. Wien/Köln/Weimar 1991, S. 87 ff.

RICH, ROLAND: Recognition of States: The Collapse of Yugoslavia and the Soviet Union, in: EJIL 1993, S. 36 ff.

RITTBERGER, VOLKER: Die NATO in den Fallstricken des Kosovo-Konfliktes, in: Die Friedenswarte 74 (1999), S. 24 ff.

ROGGEMANN, HERWIG: Die neuere Verfassungsentwicklung in Jugoslawien, in: Schroeder, Friedrich-Christian/Meissner, Boris (Hrsg.):Verfassungs- und Verwaltungsreformen in den sozialistischen Staaten. Berlin 1978, S. 257 ff.

ROGGEMANN, HERWIG (Hrsg.): Die Verfassungen der sozialistischen Staaten. Berlin 1980.

ROGGEMANN, HERWIG: Zur Verfassungsdiskussion in der SFR Jugoslawien – Rechts- und gesellschaftspolitische Aspekte gegenwärtiger Sozialismusreform, in: ROW 1989, S. 273 ff.

ROGGEMANN, HERWIG: Der neue Balkankrieg der 90er Jahre – eine Herausforderung an das internationale Recht, in: Neue Justiz 1994, S. 337 ff.

RÜB, MATTHIAS: Kosovo. Ursachen und Folgen eines Krieges in Europa. München 1999.

SCHILLING, THEODOR: Zur Rechtfertigung der einseitigen gewaltsamen humanitären Intervention als Repressalie oder als Nothilfe, in: AVR 35 (1997), S. 430 ff.

SCHINDLER, DIETRICH: Die Grenzen des völkerrechtlichen Gewaltverbots, in: BerDGVR, 26 (1986), S. 12 ff.

SCHINDLER, DIETRICH: Abgrenzungsfragen zwischen ius ad bellum und ius in bello, in: Hangartner, Yvo/Trechsel, Stefan (Hrsg.), Völkerrecht im Dienste des Menschen. Festschrift für Hans Haug. Bern/Stuttgart 1986, S. 249 ff.

SCHMIDT, CHRISTIAN: Der Kosovokonflikt, die verpaßte Lektion auf dem gemeinsamen Weg zur europäischen Außen- und Sicherheitspolitik, in: Politische Studien, Sonderheft 4/1999, S. 41 ff.

SCHMITZ, GERALD: Tibet und das Selbstbestimmungsrecht der Völker. Berlin 1998.

SCHÖBENER, BURKHARD: Schutz der Menschenrechte mit militärischer Gewalt: die humanitäre Intervention zwischen Völkerrecht und internationaler Politik, in: ZfP 2000, S. 293 ff.

SCHÖBENER, BURKHARD: Die humanitäre Intervention im Konstitutionalisierungsprozeß der Völkerrechtsordnung, in: KJ 2000, S. 557 ff.

SCHÖNFELD, ROLAND: Das jugoslawische Dilemma, in: EA 1989, S. 477 ff.

SCHORLEMER, SABINE VON: Menschenrechte und humanitäre Intervention, in: Internationale Politik 2000, S. 41 ff.

SCHULTZ, MARCUS: Die Auslandsentsendung von Bundeswehr und Bundesgrenzschutz zum Zwecke der Friedenswahrung und Verteidigung. Völker- und verfassungsrechtliche Analyse unter besonderer Berücksichtigung der Entscheidung des Bundesverfassungsgerichts zum Einsatz deutscher Streitkräfte vom 12. Juli 1994. Frankfurt a. Main. 1998.

SCHULZ, LOTHAR: Die Verfassungsentwicklung der Föderativen Volksrepublik Jugoslawien, in: JöR 1958, S. 289 ff.

SCHULZ, LOTHAR: Die neue Verfassung der Sozialistischen Föderativen Republik Jugoslawien vom 21. Februar 1974, in: JOR 1974, S. 13 ff.

SCHULZE, EVA-MARIA: Selbstverteidigung, in: Wolfrum, Rüdiger (Hrsg.), Handbuch Vereinte Nationen. München 1991, S. 753 ff.

SEEWANN, GERHARD: Ethnostruktur der Länder Südosteuropas aufgrund der beiden letzten Volkszählungen im Zeitraum 1977 - 1992, in: Südosteuropa 1993, S. 80 ff.

SEIDL-HOHENVELDERN, IGNAZ: Völkerrecht. 6. Auflage. Köln u.a. 1987.

SEIDL-HOHENVELDERN, IGNAZ: Das Recht auf wirtschaftliche Selbstbestimmung, in: AWD 1974, S. 9 ff.

SEIFERT, FRANK-FLORIAN: Das Selbstbestimmungsrecht der Sri Lanka-Tamilen zwischen Sezession und Integration. Stuttgart 2000.

SIEHR, ANGELIKA: Konflikte, subindischer Kontinent, in: Wolfrum, Rüdiger (Hrsg.), Handbuch Vereinte Nationen. München 1991, S. 436 ff.

SIMMA, BRUNO: NATO, the UN and the Use of Force: Legal Aspects, in: EJIL 1999, S. 1 ff.

SIMMLER, CHRISTIANE: Das uti possidetis-Prinzip. Zur Grenzziehung zwischen neu entstandenen Staaten. Berlin 1999.

SIMMLER, CHRISTIANE: Selbstbestimmungsrecht der Völker contra uti possidetis? Zum Verhältnis zweier sich angeblich widersprechender Regeln des Völkerrechts, in: VRÜ 32 (1999), S. 210 ff.

SINGLETON, FRED: A short history of the Yugoslav peoples. Cambridge 1985.

STEIN, ANDREAS: Der Sicherheitsrat der Vereinten Nationen und die Rule of Law. Baden-Baden 1999.

STEINKAMM, ARMIN A.: Zur humanitären Intervention – Völker- und wehrrechtliche Aspekte des Kosovo-Konflikts 1999, in: Ipsen, Knut u.a. (Hrsg.), Wehrrecht und Friedenssicherung: Festschrift zum 65. Geburtstag von Klaus Dau. Neuwied 1999, S. 261 ff.

STOJIC, EDITA/ LUTOVAC, ZORAN: Die Lage der nationalen Minderheiten in der Bundesrepublik Jugoslawien und Serbien, in: Reiter, Erich (Hrsg.), Grenzen des Selbstbestimmungsrechts. Die Neuordnung Europas und das Selbstbestimmungsrecht der Völker. Graz/Wien/Köln 1997, S. 207 ff.

STONE, JULIUS: Agression and World Order. London 1958.

STRUPP, KARL/ SCHLOCHAUER, HANS-JÜRGEN: Wörterbuch des Völkerrechts.

Band II: I-Q. Berlin 1961.

Band III: R-Z. Berlin 1962.

SUNDHAUSSEN, HOLM: Geschichte Jugoslawiens 1918-1980. Stuttgart/Berlin/Köln 1982.

SUNJIC, MELITA H.: Woher der Haß ? Wien 1992.

THÜRER, DANIEL: Das Selbstbestimmungsrecht der Völker und die Anerkennung neuer Staaten, in: Neuhold, Hanspeter/Simma, Bruno: Neues europäisches Völkerrecht nach dem Ende des Ost-West-Konfliktes?, Baden-Baden, 1996, S. 43 ff.

THÜRER, DANIEL: Das Selbstbestimmungsrecht der Völker. Mit einem Exkurs zur Jurafrage. Bern 1976.

THÜRER, DANIEL: Das Selbstbestimmungsrecht der Völker. Ein Überblick, in: AVR 22 (1984), S. 113 ff.

THÜRER, DANIEL: Das Subjekt des Selbstbestimmungsrechts, in: Selbstbestimmungsrecht und Frieden. Politische Studien, Sonderheft 6/1993, S. 30 ff.

THÜRER, DANIEL: Entwicklung, Inhalt und Träger des Selbstbestimmungsrechts, in: Reiter, Erich (Hrsg.), Grenzen des Selbstbestimmungsrechts. Die Neuordnung Europas und das Selbstbestimmungsrecht der Völker, Graz/Wien/Köln 1997, S. 34 ff.

THÜRER, DANIEL: Der Kosovo-Konflikt im Lichte des Völkerrechts: Von drei – echten und scheinbaren – Dilemmata, in: AVR 38 (2000), S. 1 ff.

TÖNNIES, SYBILLE: Die gute Absicht allein ist suspekt. Das Völkerrecht und die humanitäre Intervention, in: FAZ vom 07.06.1999, S. 12.

TOMUSCHAT, CHRISTIAN: Gewalt und Gewaltverbot als Bestimmungsfaktoren der Weltordnung, in: EA 1981, S. 225 ff.

TOMUSCHAT, CHRISTIAN: Protection of minorities under Art. 27 of the CCPR, in: Berhardt, Rudolf u.a.(Hrsg.), Völkerrecht als Rechtsordnung, internationale Gerichtsbarkeit, Menschenrechte. Festschrift für Hermann Mosler zum 75. Geburtstag. Heidelberg 1983, S. 949 ff.

TOMUSCHAT, CHRISTIAN: Ein zweites Versailles soll es nicht geben. Nach einer Waffenruhe kann die Nato nicht einseitig den Status des Kosovo bestimmen – Wichtige Rolle der UNO, in: Die Welt vom 14.04.1999, S. 6.

TOMUSCHAT, CHRISTIAN: Völkerrechtliche Aspekte des Kosovo-Konflikts, in: Friedenswarte 74 (1999), S. 33 ff.

TRETTER, HANS/MÜLLER, STEPHAN/ DEMAJ, VIOLETA: Die Verfolgung der albanischen Volksgruppe im Kosovo: Völkerrechtliche Konsequenzen der Verletzung des humanitären Rechts, in: Marko, Joseph (Hrsg.), Gordischer Knoten Kosovo/a: Durchschlagen oder entwirren? Völkerrechtliche, rechtsvergleichende und politikwissenschaftliche Analysen zum jüngsten Balkankonflikt. Baden-Baden 1999, S. 127 ff.

TROEBST, STEFAN: Conflict in Kosovo: Failure of Prevention ? An Analytical Documentation, 1992-1998. European Centre for Minority Issues (ECMI) Working Paper # 1. Flensburg 1998.

TROEBST, STEFAN: Chronologie einer gescheiterten Prävention. Vom Konflikt zum Krieg im Kosovo, 1989-1999, in: Osteuropa 1999, S. 777 ff.

TÜRK, DANILO: Recognition of States. A Comment, in: EJIL 1993, S. 66 ff.

UERPMANN, ROBERT: La primauté des droits de l`homme: licéité ou illicéité de l`intervention humanitaire. Manuskript eines im Oktober 2000 auf einer Sondertagung der Deutschen Gesellschaft für Völkerrecht gehaltenen Vortrags des Verfassers.(zitiert nach den Seiten des Manuskripts).

VEITER, Nationalitätenkonflikt und Volksgruppenrecht im ausgehenden 20. Jahrhundert. Die Entwicklung des ethnischen Konflikts. Rechtsprobleme im ausgehenden zwanzigsten Jahrhundert. Schlußfolgerungen. Band I. München 1984.

VERDROSS, ALBERT/SIMMA, BRUNO: Universelles Völkerrecht. 3. Auflage. Berlin 1984.

WALTER, CHRISTIAN: Vereinte Nationen und Regionalorganisationen. Berlin u.a. 1996.

WAGNER, ANDREA: Der argentinisch-chilenische Konflikt um den Beagle-Kanal. Frankfurt a.M. 1992.

WAGNER, MARKUS: Das erste Jahr der UNMIK. Die Organisation der Zivilverwaltung im Kosovo, in: VN 2000, S. 132 ff.

WEBER, HERRMANN: Der Jugoslawien-Konflikt und die Grenzen des Selbstbestimmungsrechts der Völker, in: HuV 1993, S. 4 ff.

WEBER, HERRMANN: Rechtsverstoß, Fortentwicklung oder Neuinterpretation? Wie die Nato-Aktion gegen Serbien im Lichte des Völkerrechts zu würdigen ist, in: FAZ vom 09.07.1999, S. 8.

WEHBERG, HANS: Krieg und Eroberung im Wandel des Völkerrechts. Frankfurt a.M./Berlin 1953.

WEITHMANN, MICHAEL W.: Balkan-Chronik: 2000 Jahre zwischen Orient und Okzident. Graz/Wien/Köln 1995.

WELLER, MARC: The International Response to the Dissolution of the Socialist Republic of Yugoslavia, in: AJIL 1992, S. 569 ff.

WELLER, MARC: The Rambouillet Conference on Kosovo, in: International Affairs 75 (1999), S. 211 ff.

WELLER, MARC: The Crisis in Kosovo 1989-1999. Cambridge 1999.

WENGLER, WILHELM: Das Selbstbestimmungsrecht der Völker als Menschenrecht, in: Ress, Georg/Will, Michael (Hrsg.), Vorträge, Reden und Berichte aus dem Europa-Institut, Nr. 76. Saarbrücken 1986.

WENGLER, WILHELM: Das völkerrechtliche Gewaltverbot. Berlin 1967.

WHITE, ROBIN C.A.: Self-Determination: Time for a Re-assessment?, in: NILR 28 (1981), S. 147 ff.

WIEDEMANN, ULRICH: Die neuen Verfassungen von 1990, in: JOR 1991, S. 355 ff.

WILMS, HEINRICH: Der Kosovo-Einsatz und das Völkerrecht, in: ZRP 1999, S. 227 ff.

WOLF, JOACHIM: Die Haltung der Europäischen Union im Kosovo-Konflikt – Eine europarechtliche und völkerrechtliche Analyse, in: Dörr, Dieter (Hrsg.): Die Macht des Geistes: Festschrift für Hartmut Schiedermair. Heidelberg 2001, S. 841 ff.

WOLFRUM, RÜDIGER: Der Beitrag regionaler Abmachungen zur Friedenssicherung: Möglichkeiten und Grenzen, in: ZaöRV 53 (1993), S. 576 ff.

WOLFRUM, RÜDIGER: Kommentierung zu Art. 1 UNO-Charta, in: Simma, Bruno (Hrsg.), Charta der Vereinten Nationen. 1991

WOOLDRIGE, FRANK: Uti possidetis Doctrine, in: EPIL Vol. IV (2000), S. 1259 ff.

ZAYAS, ALFRED DE: Selbstbestimmungsrecht und Vereinte Nationen, in: Heintze, Hans-Joachim (Hrsg.), Selbstbestimmungsrecht der Völker – Herausforderung an die Staatenwelt. Zerfällt die internationale Gemeinschaft in Hunderte von Staaten? Bonn 1997, S. 144 ff.

ZIEGER, GOTTFRIED: Gebietsveränderungen und Selbstbestimmungsrecht, in: Blumenwitz, Dieter/Meissner, Boris (Hrsg.), Das Selbstbestimmungsrecht der Völker und die deutsche Frage. Köln 1984, S. 73 ff.

ZIVIER, ERNST: Der Kosovo-Einsatz als Präzedenzfall? Zum strategischen Konzept der NATO vom 23./24. April 1999, in: Recht und Politik 35 (1999), S. 210 ff.

ZUCK, RÜDIGER: Der Krieg gegen Jugoslawien, in: ZRP 1999, S. 225 ff.

AUGSBURGER SCHRIFTEN ZUM STAATS- UND VÖLKERRECHT

Herausgegeben von Professor Dr. Dieter Blumenwitz

Band 1 Fritz-Harald Wenig: Rechtsprobleme des innerdeutschen Handels.

Band 2 Wilfried Niedermeier: Der Beitritt der Bundesrepublik Deutschland zum Statut des Internationalen Gerichtshofes unter besonderer Berücksichtigung der obligatorischen Gerichtsbarkeit.

Band 3 Johann G. Gleich: Die Anerkennung der DDR durch die Bundesrepublik.

Band 4 Matthias Weigand: Der Vertrag über die gegenseitigen Beziehungen zwischen der Bundesrepublik Deutschland und der Tschechoslowakischen Sozialistischen Republik vom 11. Dezember 1973 - Eine völkerrechtliche Analyse.

Band 5 Werner Trützschler von Falkenstein: Die sich ändernde Bedeutung der Feindstaatenartikel (Artikel 53 und 107 der Satzung der Vereinten Nationen) für Deutschland.

Band 6 Reiner Schenk: Die Viermächteverantwortung für Deutschland als Ganzes, insbesondere deren Entwicklung seit 1969.

Band 7 Wolfgang Wagner: Die Verwirklichung der Menschenrechte im Pakt der Vereinten Nationen über bürgerliche und politische Rechte vom 16. Dezember 1966, im Grundvertrag und den ihn begleitenden Nebeninstrumenten.

Band 8 Ulrich Wacker: Der Konflikt verschiedener Rechtssysteme vor, während und nach der Kolonialzeit in Kenia.

Band 9 Wolfgang Enders: Der mexikanische Bundesstaat. Die politische und sozioökonomische Problematik eines föderalen Verfassungssystems in einem Land der "Dritten Welt".

Band 10 Heiner Hasford: Die Jurisdiktion der Europäischen Gemeinschaften. Zur extraterritorialen Wirkung des Gemeinschaftsrechts.

SCHRIFTEN ZUM STAATS- UND VÖLKERRECHT

Band 11 Wolf Dieter Remmele: Die Selbstdarstellung der Bundesrepublik Deutschland im Ausland durch den Rundfunk als Problem des Staats- und Völkerrechts.

Band 12 Elisabeth Lichtenstern: Die Gesetzgebung im Spannungsverhältnis zwischen Bund und Ländern.

Band 13 Peter Gassner: Kollektivmacht und Individualschutz im amerikanischen Arbeitsrecht.

Band 14 Helga Walter: Das Selbstverständnis des modernen Algeriens. Die historisch-nationalen und islamischen Elemente.

Band 15 Dieter Schütz: Der internationale ordre public. Der Ausschluß völkerrechtswidrigen fremden Rechts im Internationalen Privatrecht der Bundesrepublik Deutschland.

Band 16 Klaus-Peter Kißler: Die Zulässigkeit von Wirtschaftssanktionen der Europäischen Gemeinschaft gegenüber Drittstaaten.

Band 17 Rainhardt Freiherr von Leoprechting: Die neue Rohrwaffen-Artillerie-Munition im Lichte des I. Genfer Zusatzprotokolles vom 12. Dezember 1977. Zur Frage der Völkerrechtskonformität der Verteidigung der Bundesrepublik Deutschland mit modernen konventionellen Artilleriesystemen.

Band 18 Roland Steinmeyer: Die Schiffsgläubigerrechte im südafrikanischen nationalen und internationalen Privatrecht. Eine rechtsvergleichende Darstellung unter Einbeziehung des englischen und deutschen internationalen Privatrechts und unter besonderer Berücksichtigung des ordre public.

Band 19 Martin C. Ney: Der Einsatz von Atomwaffen im Lichte des Völkerrechts. Summary: The Use of Nuclear Weapons and International Law.

Band 20 Teodoro Ribera Neumann: Das chilenische Verfassungsgericht und das deutsche Bundesverfassungsgericht - Ein Rechtsvergleich -. 1985.

Band 21 Theodora Antoniou: Europäische Integration und griechische Verfassung. 1985.

Band 22 Georg Teyssen: Deutschlandtheorien auf der Grundlage der Ostvertragspolitik. 1987.

Band 23 Karin Klüpfel: Selbstbestimmung durch Assoziation. Die Assoziation als Verwirklichung des Selbstbestimmungsrechts der Völker - dargestellt am Beispiel von Puerto Rico. 1987.

Band 24 Friedrich Dehner: Die Stellung Berlins im Bundesrat. 1987.

Band 25 Thilo Morhard: Die Rechtsnatur der Übereinkommen der Internationalen Arbeitsorganisation. Zugleich ein Beitrag zur Lehre vom "soft law". 1988.

Band 26 Ralf Jahn: Ansiedlung von Einzelhandelsgroßprojekten (§ 11 Abs. 3 BauNVO 1977). Zur Frage der Bestimmtheit grundrechtsbeschränkender Eingriffsnormen. 1988.

Band 27 Wolfgang Götzer: Der völkerrechtliche Status der Donau zwischen Regensburg und Kelheim. Eine völkerrechtliche Untersuchung des Donauabschnittes Regensburg - Kelheim unter Einbeziehung der gesamten deutschen Donau. 1988.

Band 28 Michael Hakenberg: Die Iran-Sanktionen der USA während der Teheraner Geiselaffäre aus völkerrechtlicher Sicht. 1988.

Band 29 Renate Oxenknecht: Der Schutz ethnischer, religiöser und sprachlicher Minderheiten in Art. 27 des Internationalen Paktes über bürgerliche und politische Rechte vom 16. Dezember 1966. 1988.

Band 30 Raphael Quarshie Avornyo: Deutschland und Togo. (1847-1987). 1988.

Band 31 Friedrich Frhr. Waitz von Eschen: Die völkerrechtliche Kompetenz der Vier Mächte zur Gestaltung der Rechtslage Deutschlands nach dem Abschluß der Ostvertragspolitik. 1988.

Band 32 Gisela Süß: Die Zulassung von Zahnärzten aus dem EG-Bereich zur deutschen Kassenarztpraxis. Ein Beitrag zu Standort und Bedeutung der Grundrechte im Europäischen Gemeinschaftsrecht. 1988.

Band 33 Meggy Steffens: Die deutsche Ostpolitik im Spiegel publizistischer Stellungnahmen in den USA 1969-1973. 1988.

Band 34 Norbert Karl Riedel: Der Einsatz deutscher Streitkräfte im Ausland - verfassungs- und völkerrechtliche Schranken -. 1989.

Band 35 Heidi Dünisch: Der Mundatwald - Zur Bereinigung letzter Kriegsfolgenprobleme zwischen Deutschland und Frankreich.1989.

Band 36 Sabine Niedermeyer-Krauß: Kommunalwahlrecht für Ausländer und Erleichterung der Einbürgerung. Integrationsmöglichkeiten für Ausländer aus verfassungs- und europarechtlicher Sicht. 1989.

Band 37 Dirk-Hermann Voß: Regionen und Regionalismus im Recht der Mitgliedstaaten der Europäischen Gemeinschaft: Strukturelemente einer Europäischen Verfassungsordnung. 1989.

Band 38 Tilo Klinner: Satellitenfernerkundung im Völkerrecht. Inwieweit existiert ein völkerrechtlicher Datenschutz? 1989.

Band 39 Barbara Schmidt: Die Erweiterung der seewärtigen Hoheitsrechte der Bundesrepublik Deutschland und der DDR unter besonderer Berücksichtigung deutschlandrechtlicher Probleme. 1989.

Band 40 Hans-Joachim Brauns: Wiedervereinigung und europäische Integration. 1990.

Band 41 Gilbert-Hanno Gornig: Der Hitler-Stalin-Pakt. Eine völkerrechtliche Studie. 1990.

Band 42 Gudrun Lehnberger: Kommunale Entwicklungshilfe. Eine Aufgabe der Gemeinden? - Bestandsaufnahme und rechtliche Würdigung unter besonderer Berücksichtigung der bayerischen Verwaltungspraxis. 1990.

Band 43 Heike Kaup: Der Schwangerschaftsabbruch aus verfassungsrechtlicher Sicht. Eine rechtsvergleichende Untersuchung anhand des deutschen und des amerikanischen Rechts. 1991.

Band 44 Bernadette Steinmeyer: Verfassungsrechtliche Ansätze zur Neuordnung der multirassischen Gesellschaft Südafrikas unter Berücksichtigung des Vorschlages des Verhandlungsforums der "KwaZulu/Natal Indaba". 1991.

Band 45 Burkhard Schöbener: Die amerikanische Besatzungspolitik und das Völkerrecht. 1991.

Band 46 Christian Raap: Die Souveränität der Bundesrepublik Deutschland unter besonderer Berücksichtigung des militärischen Bereichs und der deutschen Einheit. 1992.

Band 47 Andrea Wagner: Der argentinisch-chilenische Konflikt um den Beagle-Kanal. Ein Beitrag zu den Methoden friedlicher Streiterledigung. 1992.

Band 48 Ralf Wittkowski: Die Staatensukzession in völkerrechtliche Verträge unter besonderer Berücksichtigung der Herstellung der staatlichen Einheit Deutschlands. 1992.

Band 49 Michael Piazolo: Das Recht auf Abtreibung als Teilaspekt des Right of Privacy. 1992.

Band 50 Silke Wenk: Das konfiszierte deutsche Privatvermögen in Polen und der Tschechoslowakei. Die Rechtslage nach Abschluß des deutsch-polnischen und deutsch-tschechoslowakischen Nachbarschaftsvertrages. 1993.

Band 51 Antje Kießwetter: Die Verfassungsentwicklung in Namibia. 1993.

Band 52 Angelika Kleffner-Riedel: Regionalausschuß und Subsidiaritätsprinzip. Die Stellung der deutschen Bundesländer nach dem Vertrag über die Europäische Union. 1993.

Band 53 Jerzy Kranz: Entre l'influence et l'intervention. Certains aspects juridiques de l'assistance financière multilatérale. 1994.

Band 54 Knut Kettwig: Rechtsgrundlagen dezentraler grenzüberschreitender Zusammenarbeit im deutsch-polnischen und deutsch-tschechischen Grenzraum. 1994.

Band 55 Ulrich Seidenberger: Die diplomatischen und konsularischen Immunitäten und Privilegien. Ein Beitrag zur Diskussion über die Reformbedürftigkeit des Diplomaten- und Konsularrechts aus staats- und völkerrechtlicher Sicht. 1994.

Band 56 Christian Schede: Bundesrat und Europäische Union. Die Beteiligung des Bundesrates nach dem neuen Artikel 23 des Grundgesetzes. 1994.

Band 57 Florian Prugger: Die Nachfolge in das Vermögen der ehemaligen DDR. Ein Beitrag zu Art. 21 ff Einigungsvertrag unter besonderer Berücksichtigung der Firma F.C. Gerlach des Bereichs Kommerzielle Koordinierung. 1994.

Band 58 Mark Zimmer: Einsätze der Bundeswehr im Rahmen kollektiver Sicherheit. Staats- und völkerrechtliche Grundlagen unter Berücksichtigung des BVerfG-Urteils vom 12.07.1994. 1995.

Band 59 Gerd von Laffert: Die völkerrechtliche Lage des geteilten Zypern und Fragen seiner staatlichen Reorganisation. 1995.

Band 60 Wolfram Schneeweiß: Die rechtliche Stellung der Indianerstämme innerhalb der Vereinigten Staaten von Amerika. Ein Modell für den Schutz der *indigenous peoples*. 1995.

Band 61 Marianne Janik: Möglichkeiten und Grenzen einer gemeinsamen Exportkontrolle für sensitive Waren und Dienstleistungen im Lichte des europäischen Gemeinschaftsrechts. 1995.

Band 62 Michael Brems: Die politische Integration ethnischer Minderheiten aus staats- und völkerrechtlicher Sicht. 1995.

Band 63 Martin Vocke: Verfassungsinterpretation und Normbegründung - Grundlegung zu einer prozeduralen Theorie der Verfassungsgerichtsbarkeit. 1995.

Band 64 Stefan von der Beck: Die Konfiskationen in der Sowjetischen Besatzungszone von 1945 bis 1949. Ein Beitrag zu Geschichte und Rechtsproblemen der Enteignung auf besatzungsrechtlicher und besatzungshoheitlicher Grundlage. 1996.

Band 65 Stephanie Baer: Der Zerfall Jugoslawiens im Lichte des Völkerrechts. 1995.

Band 66 Christine Sauerwald: Die Unionsbürgerschaft und das Staatsangehörigkeitsrecht in den Mitgliedstaaten der Europäischen Union. 1996.

Band 67 Silke Buchner: Die Rechtswidrigkeit der Taten von "Mauerschützen" im Lichte von Art. 103 II GG unter besonderer Berücksichtigung des Völkerrechts. Ein Beitrag zum Problem der Verfolgung von staatlich legitimiertem Unrecht nach Beseitigung des Unrechtssystems. 1996.

Band 68 Bernd Weiß: Einführung und Umsetzung der Europäischen Charta der kommunalen Selbstverwaltung in Deutschland, insbesondere in Bayern und Nordrhein-Westfalen. 1996.

Band 69 Gesine Katharina Neumann: Boliviens Recht auf freien Zugang zum Pazifik. Zur völkerrechtlichen Problematik des Zugangs der Binnenstaaten zum Meer. 1997.

Band 70 Elvira Pfrang: Das Verhältnis zwischen Europäischem Gemeinschaftsrecht und deutschem Recht nach der Maastricht-Entscheidung des Bundesverfassungsgerichts. Eine Studie zu den Konflikten beider Rechtsordnungen auf dem Gebiet des Grundrechtsschutzes und der Kompetenzen. 1997.

Band 71 Dieter Blumenwitz / Burkhard Schöbener: Stabilitätspakt für Europa. Die Sicherstellung mitgliedstaatlicher Haushaltsdisziplin im Europa- und Völkerrecht. 1997.

Band 72 Matthias Weinberg: Schutz der deutschen Minderheit in Polen nach den Weltkriegen. Ein Vergleich unter Berücksichtigung der aktuellen Rechtslage. 1997.

Band 73 Reinhard Müller: Der "2+4-Vertrag und das Selbstbestimmungsrecht der Völker. 1997.

Band 74 Stefan Strobl: Das Nichtverbreitungsregime für Kernwaffen nach 1995 und der freie Zugang zu nuklearen Technologien und Materialien. 1997.

Band 75 Christine Weber: Das Gegenzeichnungsrecht unter besonderer Berücksichtigung der Verfassung des Fürstentums Liechtenstein. 1997.

Band 76 Stephan Semrau: Die Gemeinsame Außen- und Sicherheitspolitik der Europäischen Union. 1998.

Band 77 Marcus Schultz: Die Auslandsentsendung von Bundeswehr und Bundesgrenzschutz zum Zwecke der Friedenswahrung und Verteidigung. Völker- und verfassungsrechtliche Analyse unter besonderer Berücksichtigung der Entscheidung des Bundesverfassungsgerichtes zum Einsatz deutscher Streitkräfte vom 12. Juli 1994. 1998.

Band 78 Benedikt P. Kuttenkeuler: Die Verankerung des Subsidiaritätsprinzips im Grundgesetz. Ein Beitrag zur Bedeutung des Subsidiaritätsprinzips für die Kompetenzabgrenzung im Bundesstaat. 1998.

Band 79 Winfried Bausback: Verfassungsrechtliche Grenzen des Wahlrechts zum Deutschen Bundestag. 1998.

Band 80 Elvira Pfrang: Towards Liberalisation of the European Electricity Markets. The Directive concerning Common Rules for an Internal Market in Electricity in the Frame of the Competition and Internal Market Rules of the EC-Treaty. 1999.

Band 81 Alexander Wolf: Prozessuale Probleme des „Maastricht"-Urteils des Bundesverfassungsgerichts. 1999.

Band 82 Jürgen Bartl: Die humanitäre Intervention durch den Sicherheitsrat der Vereinten Nationen im "Failed State". Das Beispiel Somalia. 1999.

Band 83 Thomas Gnielinski: Die Reform des deutschen Staatsangehörigkeitsrechts. Eine Analyse und Bewertung der vorliegenden Gesetzesvorhaben. 1999.

Band 84 Margarita González: Der völkerrechtliche Status des Panamakanals nach Ablauf der Übergangszeit im Jahr 1999. 2000.

Band 85 Petra Johnen: Die Verfassungsentwicklung Südafrikas unter besonderer Berücksichtigung der verfassunggebenden Gewalt des Volkes. 2001.

Band 86 Markus Allstadt: Die offene Völkerrechtslage im deutsch-tschechischen Verhältnis und ihre Bedeutung für die Osterweiterung der Europäischen Union. Zugleich Überlegungen zu den Auswirkungen zwingenden Völkerrechts in der Vertriebenenfrage. 2000.

Band 87 Gerrit Aschmann: Europol aus Sicht der deutschen Länder. 2000.

Band 88 Mark Weber: Der Berlin-Status im intertemporalrechtlichen Konflikt. Dargestellt am Beispiel von Grundstücksenteignungen im Ostteil Groß-Berlins. 2001.

Band 89 Heidi Hellwig: Die Staatsangehörigkeit als Anknüpfung im deutschen IPR. Unter besonderer Berücksichtigung des Gesetzes zur Reform des Staatsangehörigkeitsrechts. 2001.

Band 90 Aline Bruer-Schäfer: Der Internationale Strafgerichtshof. Die Internationale Strafgerichtsbarkeit im Spannungsfeld von Recht und Politik. 2001.

Band 91 Andreas Rosenfeld: Die Verfassungsentwicklung von Mosambik. Ein Beitrag zur rechtsstaatlichen Transformation im südlichen Afrika. 2001.

Band 92 Markus Pallek: Der Minderheitenschutz im deutschen Verfassungsrecht. Eine analytische Untersuchung des Begriffs sowie der bundes- und landesverfassungsrechtlichen Stellung der ethnischen, nationalen, sprachlichen, kulturellen und religiösen Minderheiten in der Bundesrepublik Deutschland vor dem Hintergrund der völker- und europarechtlichen Rahmenbedingungen. 2001.

Band 93 Ansgar Firsching: Die Samen, ihre Rechtsstellung in Schweden und ihre Rechtsstellung im Lichte der Indigenous Peoples weltweit. 2002.

Band 95 Katharina Wodarz: Gewaltverbot, Menschenrechtsschutz und Selbstbestimmungsrecht im Kosovo-Konflikt. 2002.

Peter Lang · Europäischer Verlag der Wissenschaften

Aline Bruer-Schäfer

Der Internationale Strafgerichtshof

Die Internationale Strafgerichtsbarkeit im Spannungsfeld von Recht und Politik

Frankfurt/M., Berlin, Bern, Bruxelles, New York, Oxford, Wien, 2001. 388 S.
Schriften zum Staats- und Völkerrecht.
Herausgegeben von Dieter Blumenwitz. Bd. 90
ISBN 3-631-37940-4 · br. € 50.10*

Am 17. Juli 1998 wurde in Rom ein Statut beschlossen, das die Tür zur Errichtung eines Internationalen Strafgerichtshofs (IStGH) öffnet. Der IStGH will die Straflosigkeit schwerster Verletzungen der Menschenrechte verhindern und die Bestrafung der Täter auch bei hoheitlichem Tätigwerden sicherstellen. Vor diesem Hintergrund zeigt die Arbeit das zwischen (Völkerstraf-) Recht und Politik bestehende Spannungsverhältnis auf. Zur Einführung in die Thematik wird das Problemfeld Völkerrecht und Strafe erörtert und dadurch die Grundlage für die weitere Betrachtung geschaffen. Im Mittelpunkt der Arbeit steht die zu bejahende Frage, ob auf der Grundlage des Statuts von Rom ein unabhängig, unparteiisch und effektiv arbeitender IStGH errichtet werden kann.

Aus dem Inhalt: Das Spannungsfeld zwischen (Völkerstraf-) Recht und Politik · Die Problematik Völkerrecht und Strafe · Das Statut von Rom vom 17. Juli 1998 und die internationale Strafgerichtsbarkeit · Der IStGH auf der Grundlage des Statuts von Rom als wirksamer Beitrag zur Friedenssicherung und -erhaltung und als unabhängiger sowie effektiver Garant für Gerechtigkeit

Frankfurt/M · Berlin · Bern · Bruxelles · New York · Oxford · Wien
Auslieferung: Verlag Peter Lang AG
Jupiterstr. 15, CH-3000 Bern 15
Telefax (004131) 9402131

*inklusive der in Deutschland gültigen Mehrwertsteuer
Preisänderungen vorbehalten

Homepage http://www.peterlang.de

FSC
www.fsc.org
MIX
Papier | Fördert
gute Waldnutzung
FSC® C083411

Kolibri 360 GmbH
Ferdinand-Jühlke-Straße 7
99095 Erfurt, Deutschland
produktsicherheit@kolibri360.de

Druck:
CPI Druckdienstleistungen GmbH
im Auftrag der
Kolibri 360 GmbH
Ferdinand-Jühlke-Str. 7
99095 Erfurt